Konstitutionelle Verstimmung und manisch-depressives Irresein

Klinische Untersuchungen über den Zusammenhang von Veranlagung und Psychose

Von

Privatdozent Dr. Eduard Reiss
Oberarzt an der Kgl. Universitätsklinik für Gemüts- und Nervenkrankheiten zu Tübingen

Springer-Verlag Berlin Heidelberg GmbH
1910

Sonderabdruck aus der
Zeitschrift für die gesamte Neurologie und Psychiatrie.
Orig. Bd. II.

ISBN 978-3-662-32009-9 ISBN 978-3-662-32836-1 (eBook)
DOI 10.1007/978-3-662-32836-1

Inhaltsübersicht:

Die Untersuchungen der letzten Jahre haben die Grenzen des manisch-depressiven Irreseins mehr und mehr erweitert. Statt des wohlumschriebenen Krankheitsbildes der früheren Jahre fassen wir heute unter diesem Begriffe schon nahezu die gesamte Masse aller funktionellen Psychosen zusammen, wenn wir von der Dementia praecox einmal ganz absehen, deren funktionelle Natur ja überhaupt recht zweifelhaft ist. In dieser großen vielgestaltigen Gruppe krankhafter Veränderungen des Gemütslebens nehmen die konstitutionellen Verstimmungszustände heiterer wie depressiver Natur eine besondere Stellung ein. Als angeborene Störungen leichteren Grades gehören sie hinein in das große Gebiet psychopathischer Zustände, zu deren verschiedensten Formen sie in der Tat auch die mannigfaltigsten Beziehungen besitzen. Auf der anderen Seite zeigt aber ihr klinisches Symptomenbild eine so auffallende Analogie zu den entsprechenden Phasen des zirkulären Irreseins und die Neigung zu periodischen Stimmungsschwankungen erinnert so sehr an das Verhalten jener Erkrankung, daß hier eine innere Verwandtschaft äußerst wahrscheinlich wird. Kraepelin gebührt das Verdienst, dies als erster erkannt zu haben. Trotzdem hat er an ihrer klinischen Sonderstellung festgehalten, und das mit Recht. Denn im Gegensatze zu den übrigen zirkulären Erkrankungen haben wir hier einen angeborenen Dauerzustand vor uns, aus dem sich heraus die verschiedenen Psychosen entwickeln, und das vollkommen entsprechend der gemütlichen Veranlagung, dem Temperamente des Kranken. So eignen sich diese Krankheitszustände ganz besonders für Untersuchungen, die von der Veranlagung ausgehend in das Verständnis der wechselvollen Bilder des manisch-depressiven Irreseins einzudringen versuchen.

Rein äußere Gründe veranlaßten mich, mein Augenmerk vor allem auf die depressive Seite dieser Störungen zu richten. Die Anregung zu meiner Arbeit gab die Beobachtung meines verehrten Chefs, des Herrn Prof. Gaupp, daß das hiesige Material an Depressionszuständen von seinen an anderen Orten gemachten Erfahrungen in wesentlichen Zügen abwich. Einmal schienen die traurigen Verstimmungen in auffallender Weise die manischen Erkrankungen an Häufigkeit zu übertreffen, und dann traten unter diesen Depressionszuständen wieder die einfach gehemmten Formen sehr in den Hintergrund gegenüber den mehr melancholieartigen Erkrankungen, womit ich kurz Symptomenbilder in der Art der früheren klimakterischen Melancholie Kraepelins bezeichnen möchte. Erkundigte man sich nun bei diesen Kranken nach ihrer individuellen Gemütsveranlagung, so erhielt man vielfach die typische Schilderung des Bildes, das Kraepelin in seinem Lehrbuche von der konstitutionellen Verstimmung entworfen hat. Manische Zustände ließen sich bei der Mehrzahl der Fälle in der Anamnese nicht nachweisen, und das ganze Krankheitsbild entsprach so durchaus der angeborenen Gemütsveranlagung, daß es sich um weiter nichts zu handeln schien, als ein stärkeres Hervortreten und eine Steigerung der eigentümlichen Konstitution, wofür sich nicht selten auch noch ein äußerer Anlaß fand. Diese Krankheitsbilder entfernten sich weit von dem typisch zirkulären Anfalle und schienen in ihrer Eigenart so scharf umschrieben, daß man wohl den Eindruck gewinnen konnte, hier biete sich ganz von selbst eine eigene Gruppe dar, deren Abgrenzung ohne jede Schwierigkeit gelingen müsse.

Unterstützt wurde diese Auffassung durch die Beobachtung anderer Autoren. Schott[104]) hat im Jahre 1901 die sämtlichen Melancholiefälle der hiesigen Klinik, d. h. alle diejenigen Depressionszustände, die wir heute mit Kraepelin in dem Krankheitsbilde des manisch-depressiven Irreseins zusammenfassen, einer kritischen Bearbeitung unterzogen. Dabei war es ihm aufgefallen, daß sich bei einer großen Zahl seiner Kranken, nämlich bei etwa 50% aller derer, von denen er eine Notiz über die Veranlagung besaß, in der Vorgeschichte die Angabe fand, sie seien von jeher stille und zu ernster Lebensauffassung neigende Menschen gewesen. Und dabei scheint man bei Anfertigung der seiner Untersuchung zugrunde liegenden Krankengeschichten nicht einmal besonders auf solche Zusammenhänge geachtet zu haben; denn ein großer Bruchteil der Journale enthält über die gemütliche Veranlagung keinerlei Bemerkung. Es scheinen also hier ganz augenfällige Beziehungen vorzuliegen, die sich sogar einem Beobachter direkt aufdrängten, der dieser Frage kein besonderes Interesse entgegenbrachte. Daß gerade melancholieartige*) Depressionszustände unter der schwäbischen Bevölkerung besonders häufig angetroffen werden, bestätigen auch die Erfahrungen Fauser's[27]) in Stuttgart. Rehm[96]), der das Material der Münchener Klinik zusammenstellte, fand gleichfalls ein ganz auffälliges Überwiegen der Depressionszustände bei Kranken aus schwäbischen Landesteilen. Doch hat es sich bei seinen Fällen wohl in der Hauptsache um Bewohner der südwestlichen Provinzen Bayerns gehandelt, deren Bevölkerung mit den oberschwäbischen Teilen des Königreichs Württemberg in Religion und wohl auch in Rasse mehr übereinstimmt, als mit derjenigen der vorwiegend evangelischen mittleren Partien, die unseren Hauptaufnahmebezirk bilden, und die auch meinen Untersuchungen vor allem zugrunde liegen.

*) Im früheren Kraepelin'schen Sinn.

Solche Erfahrungen scheinen darauf hinzuweisen, daß bei dem schwäbischen Volksstamme unter den affektiven Störungen bestimmte Verlaufsformen, ganz besonders bevorzugt werden, ja daß sich vielleicht hier ganz besondere Krankheitstypen finden. Und da liegt die Vermutung nahe, es möchten wohl irgendwelche in Charakter oder Temperament begründete Eigentümlichkeiten den Anlaß für eine solche Prädisposition abgeben. Ist das richtig, dann müßten sich aber auch sonst im Volksleben allerlei Zügen nachweisen lassen, die auf eine solche Veranlagung hindeuteten, und eine ernste und schwerblütige Lebensauffassung müßte als Allgemeingut oder wenigstens als sehr häufige Eigenschaft dargetan werden. Wissenschaftlich werden sich solche Tatsachen nur sehr schwer feststellen lassen, da sie auf das Gebiet der individuellen Charaktereigentümlichkeiten hinübergreifen, die für uns heute einer exakten Untersuchung noch nicht zugänglich sind. An wirklichen brauchbaren Beobachtungen über derartige Fragen fehlt es in der Tat auch noch vollkommen. Und wenn wir das, was über den schwäbischen Volkscharakter bekannt geworden ist, zusammenstellen wollen, so müssen wir uns da mit allgemeinen Eindrücken begnügen, die Männer, welche Land und Leute gut zu beurteilen imstande sind, gelegentlich geäußert haben.

Einen gewissen von den übrigen deutschen Stämmen abweichenden Volkscharakter hat man wohl von jeher den Schwaben zuerkannt, und sie selbst haben diese Sonderstellung nicht ungern für sich in Anspruch genommen. So findet man hie und da in der Literatur verstreut eine ganze Reihe scharfer und recht zutreffender Bemerkungen über schwäbische Eigenart, schwäbischen Charakter und schwäbisches Wesen. Gute wie schlechte Seiten werden offen und ehrlich beleuchtet; nur findet sich leider gerade über die uns interessierende Frage der gemütlichen Veranlagung äußerst wenig, und von einer Neigung zu ernster und schwerer Lebensauffassung ist nur selten die Rede. So war die Ausbeute quantitativ leider nur sehr gering, doch besitzt das wenige, was wir zusammengetragen konnten, durch die Art der Persönlichkeiten, von denen es herrührt, einen gewissen Wert. Als erster ist da der berühmte Ästhetiker F. Th. Vischer[137]) zu nennen, wohl einer der besten Kenner schwäbischer Eigenart, der sich in seinem bekannten Romane „Auch Einer" gerade mit seinen Landsleuten ausführlich beschäftigt. „Meine sie nun zu kennen diese Schwaben. Schwerblütig, unvermögend sich aus sich herauszuleben. Wie leichtlebig dagegen selbst unsere mitteldeutschen Stämme! — Und dabei merkwürdig starkes Stammesgefühl. Meinen ihre Eigenheiten seien besser, als die Eigenheiten anderer Stämme. Meinen sie haben die Gemütlichkeit gepachtet... Nachdenkliches Wesen, viel Talent, aber stellt sich das T und L um: Talent bleibt latent. Sind so gescheid wie nur irgend einer, haben aber beschlossen, wie die Schildbürger heimlich gescheid zu sein... Sind übrigens auch fremdenscheu, fremdeln. Auch Gutes in dieser Verstocktheit? Hassen windiger Volubilität? Flunkerhaften Leichtredens? Gewiß auch darin viel Recht... Auch eine gewisse edle Scham, das Innere nur so geschwind herauszugeben? Selbstgefühl, das sich gegen Modelebtag sperrt. Ja auch davon ein Korn im übrigen Phlegma, oder ist es anders zu bezeichnen?... Formlosigkeit prinzipiell gemacht: sie gilt für wahre Natur; Form gilt für affektiert, vor allem höher belebte Form; doch auch einfach richtige Form, z. B. reines Deutsch. Wissen aber doch in Kunst und Wissenschaft sehr wohl, was große Form ist. Vieles offenbar auch Folge der langen Abgeschlossenheit vom großen Verkehr. Weltlosigkeit, Vergessenheit, Stagnation... Beamtenstand habe ich in Mehrheit sehr gewissenhaft gefunden. — Auch die Sitte im großen ganzen noch etwas intakter als anderswo... Mehr Ernst, Sorgfalt, Genauigkeit als bei den südöstlichen Nachbarn... keinen einzigen blasierten Menschen habe ich gefunden, und ich bin doch mit vielen umgegangen. Dies besagt nicht wenig."

Ähnlich lauten Schilderungen anderer seiner Landsleute. Kurz[77]) spricht von Schwerfälligkeit, unbehilflichem Eigensinn und ablehnendem Verhalten gegen Fremdes und bringt diese Eigenschaften mit einer angeborenen Scheu in Zusammenhang, über das zu sprechen, was den Menschen am tiefsten berührt. Er hält die Schwaben für innerlich isoliert, sehr leicht empfindlich und mit einem zarten Selbstgefühl versehen. Kölle[66]) hebt den übertriebenen oft unzweckmäßigen Fleiß, die falsch verstandene Sparsamkeit und den mangelnden Sinn für Bequemlichkeit hervor. Das Fehlen des Verständnisses für äußere Form und ein gewisser Mangel an Grazie werden auch von Krauß[74]) betont und zu der Gemächlichkeit und Schwerfälligkeit in Beziehung gebracht, die er für ein Hauptkennzeichen schwäbischer Gemütsart ansieht. Ausdauernder Fleiß, große Ehrlichkeit und starker Pflichteifer werden von ihm ebenso wie von den anderen besonders erwähnt. Dann kommt er näher auf die religiösen Verhältnisse zu sprechen, die in Württemberg einen besonderen Charakter tragen, und in denen sich nach seiner Ansicht in hervorragendem Maße die Volksart kundtut. In Schwaben finde sich viel ausgeprägter als in anderen deutschen Landesteilen ernstliches Bedürfnis „zu höherer religiöser Gefühlserwärmung" und diese Neigung habe dem in Württemberg so kräftigen Pietismus das Leben gegeben. In dem Drang zu einer möglichst intensiven Gottesverehrung hätten sich die zahlreichen Sekten gebildet, die heute über das ganze Land verstreut sind, habe sich das Stundenwesen zu einer Höhe wie sonst nirgends in Deutschland entwickelt, und mystische Neigungen aller Art seien dabei zur Blüte gelangt.

Das sind Erfahrungen, wie sie auch heute noch ein jeder machen kann, der Gelegenheit hat, mit der württembergischen Landbevölkerung aus den mittleren Provinzen, dem alten Kernlande, in nähere Berührung zu kommen, wenn auch der zunehmende Verkehr und die Industrialisierung dieser Gegenden hierin einen Wandel zu schaffen drohen. Recht häufig wird er dann ernsten, tief angelegten Bauernnaturen begegnen, denen die Ausübung ihrer religiösen Pflichten nicht zu einer Äußerlichkeit, zu einem angelernten gewohnheitsmäßigen Gebrauche geworden ist, sondern bei denen sie aus einer tiefgehenden Frömmigkeit, aus einem wirklichen inneren Bedürfnisse entspringt. Aus innerem Triebe beschäftigen sich diese Leute mit dem Studium der Bibel, vertiefen sich in ihre Lektüre mit unermüdlichem Eifer und kennen große Teile auswendig, ohne sie jemals extra gelernt zu haben, nur weil sie ihnen ans Herz gewachsen sind, und weil sie sie so oft gelesen haben. Die Bibel und das religiöse Leben in Stunden und Gemeinschaften ist ja auch das einzige, was den vom großen Treiben der Welt abgeschiedenen Bauern etwas über den Alltag mit seinem engen Kreis materieller Pflichten und Interessen zu erheben vermag. Es war und es ist für einzelne Teile auch heute noch das einzige, was ihnen zur Befriedigung höherer geistiger Bedürfnisse geboten wird. So spielt die Religion für weite Kreise des Volkes eine außerordentlich wichtige Rolle, und es ist gewiß kein Zufall, daß gerade die eifrigsten Stundengänger nüchterne, ernste und fleißige Menschen zu sein pflegen. Grüneisen[42]) hat sich als Theologe besonders für diese Seite des schwäbischen Volkes interessiert und ihr eine ausführlichere Betrachtung gewidmet. Auch er glaubt, daß die Neigung zu Gemeinschaftsbildungen, zu Sonderungen und Sektierungen zum vornehmsten Teil aus innen heraus, aus der Innerlichkeit schwäbischer Gemütsart stamme. Ihm ist gleichfalls das starke Bedürfnis der Landbevölkerung aufgefallen, über göttliche Dinge nachzudenken, in der Schrift zu forschen und zu grübeln, ihren Inhalt nicht nur sinnend sich anzueignen, sondern gründlich in der Erfahrung zu erleben. So spielen religiöse Anschauungen eine recht wichtige Rolle und greifen weit in das übrige Leben hinein. Wohl in keinem anderen protestantischen Lande sind Gebetheilungen und Behandlung körperlicher Leiden durch geistigen Zuspruch so verbreitet als in Württemberg, und es ist ein recht erheblicher Prozentsatz unserer Kranken, der zuerst eine derartige Anstalt aufgesucht hat, ehe man sich dazu entschließt, die Klinik um Rat und Hilfe anzugehen.

Alle die hier geschilderten Eindrücke hat Finckh[28]), ein früherer Assistenzarzt der hiesigen Klinik, selbst ein Schwabe, auf Grund seiner eigenen Erfahrung recht hübsch zusammengestellt. Auch ihm ist vor allem die Schwerblütigkeit aufgefallen, die den Schwaben „Unangenehmes oder Trauriges, das er erlebt hat, nicht leichthin abtun läßt. Je weniger er sich nach außen hin mitteilt, desto hartnäckiger lebt Unglück und Kummer in seinem Inneren fort. Es ist ja bekannt, wie befreiend die Aussprache, die Lösung gemütlicher Spannung und Erwartung durch das gesprochene Wort auf die beengte Seele wirkt. Es wird also das Kleben an traurigen Erlebnissen verständlich, wenn die Neigung zu ängstlicher Zurückhaltung es verbietet, von außen her sich Trost und Erleichterung zu holen. Es ist aber auch klar, daß der schwermütige Zug im Wesen der Schwaben den geeigneten Boden für eine dauerhafte und intensive Aufnahme alles dessen darstellt, was an diesen ernsten Grundton seines Gemütslebens anklingt. Und so sehen wir als Resultat eine geistige Verfassung, die an dem Leben schwerer als billig trägt, ein Gemüt, das sorgt und ahnt und eher zu einer düsteren als zu einer heiteren Lebensauffassung drängt. So kann man in gewissem Sinne sagen, daß die Schwermut, die spezifische Nervenkrankheit der Schwaben sei. Und in der Tat spielt dieses Leiden bei uns im Gegensatz zu anderen deutschen Ländern eine überraschend große Rolle, was wiederum auf die eingangs erwähnte besondere Veranlagung unseres Volkes hinweist". Mit diesen Ausführungen stimmen die Beobachtungen an unserer Klinik völlig überein. Auch habe ich mir sonst noch von Persönlichkeiten, die Land und Leute in jeder Weise kennen, bestätigen lassen, daß sie gleichfalls im täglichen Leben den Eindruck gewonnen haben, daß in Schwaben sich eine gewisse Neigung zu depressiver Lebensauffassung häufig findet, und daß überhaupt das ganze Volk sich weniger harmlos heiterem Lebensgenusse hinzugeben vermöge als seine nächsten Stammesgenossen. Gerade in den Kreisen der Gebildeten und unter der höheren Intelligenz soll die schwermütige Veranlagung besonders häufig sein und nicht selten als Familieneigentümlichkeit durch Generationen hindurch vererbt werden, so daß kaum eines der Glieder von dieser Gabe des Schicksals verschont bleibt.

Die Schilderung, die wir hier von dem schwäbischen Volkscharakter entworfen haben, kann natürlich keinen Anspruch auf allgemeine Gültigkeit erheben. Sie ist dürftig und unvollkommen, und nur für gewisse Volksteile wird man sie als einigermaßen zutreffend bezeichnen dürfen. Das sind die mittleren vorwiegend protestantischen Gebiete, die aber den Hauptrekrutierungsbezirk für unsere Klinik darstellen. Die meisten der zitierten Autoren haben gerade auf die evangelische Religion und ihren Zusammenhang mit der Gemütsveranlagung einen besonderen Wert gelegt. Von Grüneisen als Theologen ist das selbstverständlich. Aber auch Krauß und Vischer heben das Protestantische in der schwäbischen Art ganz besonders hervor. Ob das in diesem Umfange berechtigt ist, erscheint immerhin fraglich; denn für das katholische Oberschwaben gelten anscheinend, was Veranlagung und Psychosen anbetrifft, ähnliche Tatsachen, wenn wir den Beobachtungen Rehms prinzipielle Bedeutung beilegen dürfen. Überdies haben auch wir aus jenen Gegenden eine ganze Reihe Patienten katholischer Konfession mit den gleichen Krankheitsbildern gesehen. Dagegen ist die Bevölkerung der nördlichen Teile, die mehr dem fränkischen Stamme angehört, von Natur aus weniger schwerblütig und fällt wohl aus dem Rahmen unserer Schilderung heraus. Aber auch hierüber fehlt es noch an sicher gegründeten Beobachtungen.

Wenn wir das Fazit aus allem dem ziehen, was wir über schwäbische Gemütsart zusammengestellt haben, so ist das wirklich bewiesene Material, das wissenschaftlich allein Gültigkeit beanspruchen kann, noch außerordentlich dürftig. Immerhin liegen eine Fülle von Beobachtungen vor, teilweise von vorzüglichen Kennern von Land und Leuten, die alle gleichlautend mit unseren eigenen Erfahrungen darin übereinkommen, daß im schwäbischen Volke eine bestimmte eigenartige Gemütsveranlagung besonders häufig angetroffen wird. Und diese Anlage scheint sich auch darin zu äußern, daß die krankhaften Störungen des Gemütslebens ganz bestimmte Formen bevorzugen. Da kann man sich denn des Eindruckes nicht erwehren, daß es sich hier um Stammeseigentümlichkeiten handle, deren Einfluß die besondere Gestaltung der Erkrankung zu danken sei. Wir berühren damit die wichtige Frage über den Zusammenhang von individuellen Eigenschaften und Rasse auf der einen Seite, und den sich auf diesem Boden entwickelnden geistigen Störungen auf der anderen, die auch heute noch ein völlig ungeklärtes Gebiet darstellt. Die Gelegenheit zu Untersuchungen nach dieser Richtung hin schien bei dem Tübinger Materiale besonders günstig, da hier ja so offensichtlich innige Beziehungen zwischen Volkscharakter und Psychose vorlagen, wenn auch bei unserem großen wenig einheitlichen Aufnahmebezirke und Kranken, die auf die uns interessierende Frage hin nicht lange Zeit systematisch beobachtet waren, von vorne herein nur allgemein orientierende Ergebnisse erwartet werden durften. Ein gewisser Erfolg stand immerhin in Aussicht, und so habe ich mir die Aufgabe gestellt zu untersuchen, wie häufig man die depressive Anlage als persönliche und als Familieneigentümlichkeit antrifft, und welche Formen die sich auf diesem Boden entwickelnden affektiven Störungen annehmen. Die Beziehungen zum manisch-depressiven Irresein mußten uns vor allen Dingen interessieren, es sollte daher versucht werden, ob die auf den ersten Eindruck hin so charakteristischen Bilder auch einer strengen Kritik stand hielten, und ob es gelänge, sie als eine besondere Gruppe abzutrennen und so den Anfang zu einer Aufteilung des in seiner heutigen Ausdehnung unübersehbaren zirkulären Irreseins zu gewinnen. Doch ehe wir uns dieser Frage zuwenden, müssen wir einmal festlegen, was denn heute unter manisch-depressivem Irresein überhaupt verstanden wird.

Der heutige Stand der Frage vom manisch-depressiven Irresein.

In der letzten Auflage seines Lehrbuches aus dem Jahre 1904 faßt Kraepelin unter manisch-depressivem Irresein das ganze Gebiet des sogenannten periodischen Irreseins wie der meist noch davon unterschiedenen einfachen Manie zusammen, da er sich im Laufe der Jahre mehr und mehr davon überzeugt habe, daß alle die genannten Bilder nur Erscheinungsformen eines einzigen Krankheitsvorganges darstellen. Daß späterhin Unterformen gebildet und eine Reihe kleiner Gruppen abgespalten werden könnten, hält er für wahrscheinlich, glaubt aber, daß dann nicht diejenigen Zeichen maßgebend sein dürften, die wir zurzeit in den Vordergrund stellen. Bestimmend für seine Gruppierung ist ihm die Erfahrung, daß alle die vorgenannten Krankheitsbilder trotz vielfacher äußerer Verschiedenheiten sich doch aus den gleichen Grundzügen zusammensetzen, und daß es nicht gelingt, greifbare Unterschiede nachzuweisen, die eine Abgrenzung ermöglichten. Auch sei bisher jeder Versuch vollkommen fehlgeschlagen, der darauf ausging, zwischen Verlaufsform und Symptomenbild Beziehungen aufzudecken, die uns gestatteten, einen sicheren Schluß auf die weitere Entwicklung der Erkrankung zu ziehen. Es gibt daher nach Kraepelins Überzeugung keinen Irrenarzt und kann keinen geben, der imstande wäre, aus dem Zustandsbilde allein zu erkennen, ob ein gegebener Krankheitsfall als einfache, als periodische Manie resp. Melancholie oder als zirkuläres Irresein aufzufassen ist. Ja er setzt direkt die verschiedenartigen Gestaltungen des Krankheitsbildes zu den bei der Paralyse beobachteten wechselvollen Symptomenkomplexen in Parallele. Hier wie dort ließen sich aus den besonderen Erscheinungsformen wohl allgemeine statistische Schlüsse über den weiteren Verlauf ableiten, niemals aber könnten sie zur Abgrenzung wirklicher Krankheiten dienen. Dagegen seien wir durchaus in der Lage, jedes kleinste Bruchstück eines hierhergehörigen Krankheitsverlaufes ohne weiteres in den großen Rahmen des manisch-depressiven Irreseins einzuordnen; zu den übrigen Geistesstörungen aber, abgesehen von dem Entartungsirresein, führten keinerlei Brücken hinüber. Das sind die Gründe, die Kraepelin veranlaßt haben, den großen Formenkreis des manisch-depressiven Irreseins als eine Einheit aufzufassen und alle die verschiedenen Zustandsbilder und Verlaufsarten nur als Sondergestaltungen eines einzigen Krankheitsvorganges darzustellen. Der Involutionsmelancholie glaubte er zu jener Zeit noch eine besondere Stellung einräumen zu sollen. Thalbitzers Versuch, sie auch dem manisch-depressiven Irresein einzugliedern, lehnte er damals aus folgenden Gründen ab. Die Entwicklung einmaliger Depressionszustände im Rückbildungsalter ist nach seinen Erfahrungen eine ziemlich häufige Erscheinung, während einmalige Manien so selten sind, daß man ihr Auftreten überhaupt öfters bezweifelt hat. Insbesondere aber ist die erstmalige Erkrankung an Manie im höheren Lebensalter ungleich seltener als das erstmalige Auftreten von Depressionszuständen in dieser Zeit. Da bei dem gewöhnlichen zirkulären Irresein die depressiven Anfälle nicht oder nicht wesentlich über die manischen überwiegen, so wäre die Häufigkeit erstmaliger und einmaliger depressiver Erkrankungen im Rückbildungsalter gegenüber den manischen kaum verständlich, wenn sie alle nur Erscheinungsformen des gleichen Grundleidens bildeten. So ist nach Kraepelin das häufige Auftreten depressiver Zustände zum mindestens dahin zu deuten, daß im höheren Lebensalter eine besondere Neigung zu solchen Formen der Erkrankung bestehe. Dann sei aber auch, so meint er, die Vermutung naheliegend, daß das Rückbildungsalter selbständig solche Krankheitsbilder zu erzeugen vermöge. Der volle Beweis für diese Annahme scheint ihm dadurch erbracht zu werden, daß eine ganze Reihe von Depressionszuständen sich aus dem Bilde der psychischen Altersveränderungen herausentwickeln und in leichterer oder tieferer Verblödung enden, und daß derartige Formen ohne scharfe Grenze in die senile Demenz übergehen. Die hierhergehörigen Fälle sollten sich durch ihre langsame Entwicklung, den einförmigen Verlauf, die lange Dauer, die allmähliche Lösung und die zweifelhafte Prognose herausheben.

Das gesamte Material, das diesen Anschauungen über die Involutionsmelancholie zugrunde liegt, wurde im Jahre 1906 von Dreyfuß[19]) einer eingehenden Nachuntersuchung unterworfen. Dabei ergab sich die interessante Tatsache, daß fast alle Kranken, bei denen die Psychose zu einem geistigen Defekt geführt zu haben schien, schließlich doch wieder völlig genasen, einzelne von ihnen sogar noch nach Ablauf eines vollen Jahrzehntes. Ähnliche Beobachtungen hat Hübner[55]) fast zur gleichen Zeit veröffentlicht, und auch Specht[117]) kam auf Grund seiner Erlanger Erfahrungen zu demselben Ergebnis. So war eines der wichtigsten Merkmale der Involutionsmelancholie gefallen. Für ein zweites Kennzeichen gelang es Dreyfuß durch seine sorgfältigen Katamnesen den Geltungsbereich ganz erheblich einzuschränken. Denn während man bisher angenommen hatte, daß diese Erkrankung keinerlei Neigung zu periodischer Wiederkehr besitze, konnte er feststellen, daß die größte Mehrzahl seiner Patienten nicht nur eine einzige, zum erstenmal im Rückbildungsalter auftretende depressive Psychose durchgemacht hatte, sondern daß bei ihnen Verstimmungen schwererer oder leichterer Art schon mehrfach im früheren Leben aufgetreten waren, oder daß sich solche in den der Erkrankung folgenden Jahren entwickelten. Die meisten dieser gemütlichen Schwankungen waren rein depressiven Charakters; vereinzelt ließen sich aber auch die entgegengesetzten Phasen nachweisen, und zwar in Form leichter Hypomanien, die sich meist direkt der Melancholie anschlossen. So war bei einer kleinen Zahl der Fälle die zirkuläre Natur der Erkrankung völlig sichergestellt; bei den übrigen schien Dreyfuß schon die Form der Psychose im Verein mit der Heilbarkeit und der Neigung zu periodischem Auftreten den gleichen Schluß zu gestatten. Er fand nämlich bei der überwiegenden Mehrzahl seiner Kranken unter den Erscheinungen der Melancholie eine Reihe von Zügen, die er als manisch deuten zu müssen glaubte. Ist seine Auffassung berechtigt, so lassen sich die meisten seiner Krankheitsbilder ungezwungen dem manisch-depressiven Irresein einfügen. Nur eine kleine Zahl von Fällen mit ungünstiger Prognose bleibt zurück, die wohl den senilen Geistesstörungen zuzurechnen sind. Den erstmalig im Rückbildungsalter auftretenden Depressionszuständen eine Sonderstellung einzuräumen, lag nun kein Grund mehr vor, zumal wir ja wissen, daß auch typisch manisch-depressive Erkrankungen sich nur einmal im Leben einstellen können, und daß auch die zirkulären Erkrankungen eine gewisse Neigung besitzen, gerade im Rückbildungsalter in Erscheinung zu treten. Die Abweichungen im Symptomenbilde erklärte sich Dreyfuß damit, daß es sich hier um Mischzustände handele, bei denen die Hemmung nur partiell vorhanden sei oder gänzlich fehle, dafür aber die obenerwähnten, als manisch gedeuteten Erscheinungen aufträten. Unter diesen ist ihm vor allem ein plötzlicher unmotivierter Stimmungswechsel aufgefallen. Die Angst und Verzweiflung, die für gewöhnlich den Kranken beherrscht, wandelt sich unvermittelt in euphorische Stimmungslage um, die alle Übergänge von übersprudelnder Lustigkeit bis zur stillen Gehobenheit, ja bis zum einfachen Gefühl des Wohlbefindens zeigen kann. Auch die regelmäßigen Tagesschwankungen der Stimmungslage, die er häufig beobachtete, rechnet er hierher. Eine gewisse Reizbarkeit und Anregbarkeit, sowie Neigung zum Querulieren, Züge, die oft vertreten waren, schienen ihm gleichfalls manische Symptome zu sein. Mitteilungsbedürfnis, Rededrang, Gedankenflucht, gehobenes Selbstgefühl und Größenideen wurden in allen nur möglichen Graden und Schattierungen beobachtet und in diesem Sinne gedeutet. Einen ganz ähnlichen Standpunkt hatte schon früher Thalbitzer[127]) eingenommen, der die Melancholie mit dem von Kraepelin bei seinen Mischzuständen geschilderten Krankheitsbilde der zornigen Manie und der depressiven Erregung gleichsetzte. Gegen diese Identifizierung wandte sich Dreyfuß, weil Kraepelin bei Beschreibung der Melancholie ausdrücklich Denkhemmung ausgeschlossen und Ideenflucht nicht unter die Symptome aufgenommen habe. Daher betrachtet er die Melancholie als einen eigenartigen Mischzustand, wobei allerdings völlig unklar bleibt, warum das höhere Lebensalter gerade diese Form besonders bevorzugt.

Zu einem ähnlichen Ergebnisse gelangte Specht[117]) auf einem ganz anderen Wege. Er nimmt seinen Ausgangspunkt von der Angstpsychose, dem der zirkulären Depression am fernsten stehenden Krankheitsbilde der Melancholiegruppe, und findet hierbei, daß die meist im Vordergrunde stehende starke motorische Erregung durch den Angstaffekt allein nicht genügend begründet sei. Zu explosiven Reaktionen und monotoner Ruhelosigkeit könne Angst wohl führen, aber unmöglich sei sie imstande, die primäre Denk- und Willenshemmung zu überwinden und darüber hinaus noch Ideenflucht und Agitation hervorzurufen. Er sieht daher in diesen Erscheinungen manische Symptome; und so ist ihm die Melancholie gleichfalls ein zirkulärer Mischzustand.

Mit diesen Feststellungen von Specht, Dreyfuß und anderen waren alle die depressiven Erkrankungsformen dem zirkulären Irresein eingefügt. Die Beziehungen zu den konstitutionellen Verstimmungen hatte ja Kraepelin schon früher aufgedeckt und wenigstens für gewisse Formen dieser Gruppe eine innere Verwandtschaft nachgewiesen. Er hatte dabei Fälle im Auge mit äußerst schwankendem Verlaufe und zahlreichen Verschlimmerungen des habituellen Gemütszustandes, von denen einzelne bis zu psychotischer Höhe ansteigen. Hier ist natürlich eine scharfe Abgrenzung von den periodischen Depressionen unmöglich.

Ganz im gleichen Sinne war man auch nach der Seite der Manie hin zu einer Erweiterung des zirkulären Irreseins fortgeschritten. Für die konstitutionelle Erregung hatte Kraepelin schon 1904 die völlige Übereinstimmung dieses angeborenen Dauerzustandes mit der Hypomanie dargelegt und gezeigt, daß eine Abtrennung vom zirkulären Irresein hier ausgeschlossen ist. Zumal recht häufig Steigerungen bis zu ausgesprochener Manie beobachtet werden. Man kann daher nach ihm, wenn man will, von einer chronischen oder konstitutionellen Manie reden. Specht[118]) hat sich besonders mit diesen Formen beschäftigt und, von den gleichen Gesichtspunkten ausgehend, den Querulantenwahn untersucht. Auch dort konnte er in seinen Fällen eine gehobene, der Manie gleichende Stimmungslage als angeborene Eigentümlichkeit nachweisen. Aus ihr erwächst nach seiner Ansicht das gesamte Krankheitsbild. Denn „während das Wahnbild die gehobene Stimmung nicht erklärt, erklärt diese nicht nur das querulatorische Gesamtgebahren, sondern auch das Wahnbild, wie wir das psychologisch überzeugend in uns selbst, falls wir über das entsprechende Temperament verfügen, nacherleben können, und wie es der klinische Detailverlauf Stück für Stück erweist“. Von da aus war es nur noch ein kleiner Schritt nun auch noch die Paranoia mit in diese große Krankheitsgruppe einzubeziehen, und Specht hat ihn unbedenklich getan. Dabei leistet ihm für die Erklärung der Formen, die mit der depressiven Grundstimmung beginnen und bei denen anfangs der Verfolgungswahn im Vordergrunde steht, die Lehre von den Mischzuständen wieder gute Dienste. Hatte Specht

Querulantenwahn und Paranoia ganz auf das zirkuläre Irresein zurückgeführt, so suchte Heilbronner[45]) die Beziehungen dieser Psychosen zu anderen degenerativen Störungen zu ergründen. In Rücksicht auf die andersartige Entwicklung trennt er allerdings den Querulantenwahn scharf von der Paranoia ab und findet dann für ihn über Kraepelins Pseudoquerulanten hin alle Übergänge zu den sonstigen psychopathischen Zuständen. Besonders sind Heilbronner Beziehungen zur hysterischen Veranlagung aufgefallen. Inzwischen hatte man sich auch den leichteren Formen der typisch zirkulären Psychose zugewandt. Durch die Arbeiten von Wilmanns[141]) und anderen wurde dargetan, daß auch die Zyklothymien keine scharfe Grenze von den Schwankungen des Gesunden und des Psychopathen scheidet. So waren alle die leichten Stimmungsanomalien in den engsten Konnex zum manisch-depressiven Irresein getreten, dessen Herrschaft nun das gesamte Gebiet der funktionellen Psychosen umspannte. Das ist in kurzen Zügen die Entwicklung, die das manisch-depressive Irresein in den letzten Jahren genommen hat. Aus einem wohlumschriebenen klinischen Bilde, wie es Kraepelin noch 1904 entworfen hat, ist ein weites Krankheitsgebiet geworden, das, die Dementia praecox ausgenommen, nahezu alle funktionellen Psychosen umfaßt und ohne scharfe Grenzlinie in das Gebiet der psychopathischen Zustände übergeht. Die heterogensten Elemente, die in ihrer typischen Ausprägung nicht das geringste gemein zu haben scheinen, stehen hier alle unter der gleichen Etikette vereinigt friedlich nebeneinander. Da haben wir chronische unheilbare Geisteskrankheiten, wie die Paranoia und den Querulantenwahn, einfache psychopathische Zustände, wie die abnormen Gemütsveranlagungen, dann die periodischen Geistesstörungen und die Melancholie: — können alle diese so verschiedenartigen Zustandsbilder wirklich noch der Ausdruck eines einzigen einheitlichen Krankheitsvorganges sein, wie das Kraepelin noch 1904 für das manisch-depressive Irresein gefordert hatte? Das ist die Frage, die sich hier jedermann aufdrängen muß. So kann man es nur mit Freude begrüßen, daß Bumke[9]) in jüngster Zeit den Versuch unternommen hat, einmal festzustellen, was eigentlich alle diese anscheinend nur lose verbundenen Krankheitsbilder noch zusammenhält und was denn überhaupt das Wesentliche dieses neuen manisch-depressiven Irreseins sei. Ich kann mich um so mehr seinen Darlegungen anschließen, da unsere Tübinger Erfahrung in allen wesentlichen Fragen mit seinen Ausführungen übereinstimmt. So darf ich mich ganz kurz fassen und brauche nur diejenigen Punkte näher zu erörtern, die uns besonders interessieren. Anderes, wie die Abgrenzung von der Dementia praecox, soll völlig unberücksichtigt bleiben, da wir hier ja nur die Beziehungen zu den psychopathischen Zuständen näher ins Auge fassen wollen.

Unter den klinischen Kennzeichen des manisch depressiven Irreseins spielte ursprünglich der Ausgang in völlige Genesung eine sehr wichtige Rolle. Eine gewisse Einschränkung trat allerdings im Laufe der Jahre insofern ein, als die Erfahrung lehrte, daß in vereinzelten seltenen Fällen die Krankheit in chronisches Siechtum übergehen kann. Derartige Beobachtungen hat Kraepelin zum ersten Male 1905 erwähnt. In der Folge sind sie mehrfach bestätigt worden, und auch die Erfahrungen der Freiburger wie der Tübinger Klinik stimmen darin mit ihm überein. Handelt es sich aber hierbei immer nur um vereinzelte Ausnahmen, die keineswegs imstande waren, die als pathognomonisch angesehene günstige Prognose wesentlich zu beeinträchtigen, so wurde mit Aufstellung des Krankheitsbildes der chronischen Manie die Heilbarkeit als Kennzeichen völlig fallen gelassen. Ja Specht[118]) ging schließlich so weit, daß er eine Krankheit dem manisch-depressiven Formenkreise einverleibte, deren Charakteristikum gerade in der Unheilbarkeit bestand, die chronische Paranoia. Aber auch wenn man Specht hierin nicht zu folgen vermag, die innige Verwandtschaft der konstitutionellen Erregung und der chronischen Manie mit den echt zirkulären Formen wird niemand leugnen wollen. So kann denn die Heilbarkeit für die heutige Umschreibung des manisch-depressiven Irreseins kein ausschlaggebendes Krankheitszeichen mehr bedeuten.

Daß auch der Periodizität für die Abgrenzung von den anderen psychotischen Zuständen nur ein beschränkter Wert innewohnt, hat Kraepelin schon 1904 in seinem Lehrbuche ausgeführt. Er wies damals auf die Tatsache hin, daß alle aus krankhafter Veranlagung entstehenden Geistesstörungen, das Entartungsirresein im engeren Sinne, die Epilepsie, die Hysterie usf. die Neigung zeigen, sich von Zeit zu Zeit in heftigen Krankheitserscheinungen zu entladen. Es handelt sich daher nach seiner Ansicht bei dieser Vorliebe für periodische Störungen nur um eine allgemeine Eigenschaft aller derjenigen Formen des Irreseins, die aus einem gleichmäßigen psychischen Schwächezustande hervorwachsen. Ähnliches findet sich auch bei erworbenen geistigen Defekten, wie den Endzuständen der Dementia praecox. Als pathognomonisch für eine bestimmte Krankheitsform kann die Periodizität also nicht angesehen werden. Immerhin ist die Neigung zu wiederholtem anfallsweisen Auftreten eine so ausgesprochene Erscheinung des manisch-depressiven Irreseins (im alten Sinne), daß man dieser Tatsache bei der Abgrenzung von anderen Psychosen, insbesondere von der Melancholie, immer Rechnung getragen hat, auch ohne dabei den Begriff so eng zu fassen, daß man eine wirkliche „Periodizität" der Störungen in ganz gleichen Intervallen erwartet hätte.

Von diesem Gesichtspunkte ausgehend, hat Dreyfuß mit Recht bei seinen Untersuchungen über die Melancholie diesem Symptom einen besonderen Wert beigelegt. Ob es aber zulässig ist, den Begriff der Periodizität in einer so weiten Form anzuwenden, wie er es tut, ist eine andere Frage. Schon in den leichtesten gemütlichen Schwankungen, die der Psychose vorausgingen oder nachfolgten, sieht er nämlich ein sicheres Zeichen der zirkulären Natur der Erkrankung, und seine Auffassung über die klinische Stellung der Melancholie hat er nicht zum wenigsten auf diese Tatsachen gestützt. Daß ganz leichte, kaum hervortretende gemütliche Schwankungen bei Zirkulären in der Tat die Bedeutung eines Anfalles haben können, ist Dreyfuß unbedingt zuzugeben. Die Stärke der Störung allein darf keinesfalls für die Diagnose entscheidend sein; sehen wir doch bei echten Zyklothymen leichteste gemütliche Schwankungen, die sich nicht von der Affektreaktion eines Gesunden unterscheiden, als Äquivalent der Erkrankung auftreten. Da wir aber auch bei Psychopathen, ja sogar bei als normal zu betrachtenden Menschen gleichfalls leichte Stimmungsschwankungen kennen, die eine Unterscheidung von jenen krankhaften Zuständen aus dem Symptomenbilde heraus nicht zulassen, so können nur ausgesprochene Verstimmungen, die nicht durch äußere Momente veranlaßt sind, differenzialdiagnostisch Verwendung finden. Leichte Stimmungsschwankungen, welche die Grenze psychopathischer Labilität nicht überschreiten, dürfen nur dann als zirkuläre Phasen aufgefaßt werden, wenn der gesamte Verlauf die Diagnose sicherstellt. Sonst wären ja einfach alle Menschen mit nicht ganz gleichmäßiger gemütlicher Veranlagung manisch-depressiv. Der Begriff der Periodizität, wie ihn Dreyfuß angewandt hat, ist daher eine unzulässige Verallgemeinerung, und Bumkes Einwände gegen eine solche Beweisführung bestehen durchaus zu Recht. Am allerwenigsten wird man dort von Periodizität im Sinne des manisch-depressiven Irreseins reden dürfen, wenn es sich, wie bei einigen Kranken, nur um Zustände handelt, die im Anschluß an die Psychose zum ersten Male auftreten und sich aus einem depressiv veränderten Dauerzustande heraus entwickeln, der nach seiner Entstehung als Folge der Psychose aufgefaßt werden kann. Wir werden auf diese Frage an der Hand unseres Materiales noch ausführlicher zu sprechen kommen. Nur möchte ich hier schon Bumke einwenden, daß meines Wissens niemals jemand Verstimmungen, für die eine äußere ev. körperliche Veranlassung oder ein psychologisches Motiv wahrscheinlich gemacht werden kann, ernstlich als beweisend für einen periodischen Verlauf angesehen hat. Auch in der zitierten Arbeit von Wilmanns[141]) kann ich diese Ansicht nicht ausgesprochen finden. Darin wird man Bumke aber unbedingt zustimmen müssen, daß der Begriff der Periodizität, wie er in neuerer Zeit besonders von Dreyfuß angewandt worden ist, so alle Schärfe und Präzision verloren hat, daß er sich als sicheres Kennzeichen zur Abtrennung des zirkulären Irreseins nicht mehr eignet. Indem man

Krankheiten wie Paranoia und Querulantenwahn einzugliedern versuchte, hatte man auch auf den periodischen Verlauf als typisches Merkmal ebenso völlig verzichtet wie auf die ursprüngliche Forderung, daß der Krankheitsprozeß unter allen Umständen heilbar sein müßte. Damit aber hatten die klinischen Gesichtspunkte, Verlaufsform und Endausgang, ihre entscheidende Rolle für die Umgrenzung des neuen manisch-depressiven Irreseins endgültig ausgespielt.

„Entscheidend ist uns das klinische Krankheitsbild selbst, dessen sämtliche Einzelheiten sich widerspruchslos in den Rahmen der bekannten Formen einordnen lassen müssen", das war für Kraepelin der leitende Gedanke, der ihn bei Abgrenzung seines manisch-depressiven Irreseins und seinen erfolgreichen Untersuchungen über die zirkulären Mischzustände geführt hat. Doch damit läßt schon Kraepelin, wie Bumke mit Recht hervorhebt, die rein klinische Forschungsrichtung hinter einer mehr symptomatologischen Betrachtungsweise zurücktreten. Solange man dabei das gesamte Zustandsbild im Auge behielt, schloß dieses Vorgehen keinerlei Gefahren in sich; sobald man jedoch, wie es unter den Nachfolgern geschah, dem einzelnen Symptome allzugroßen Wert beilegte und darauf allein oder doch im wesentlichen die Diagnose zu gründen versuchte, mußte das zu Unklarheit und Verflachung führen und die Grenzlinien zu den übrigen Krankheitsgebieten verwischen. Wie bedenklich ein solches Vorgehen ist, hat Bumke an dem von Dreyfuß zuerst eingeführten Begriffe der partiellen subjektiven Hemmung dargelegt. Dreyfuß versteht hierunter das Auftreten subjektiver Insuffizienzgefühle, die sich aber nur auf einen Teil der geistigen Funktionen beschränken. Als solche nennt er: 1. Gefühl der Abnahme aller intellektuellen Funktionen, 2, Gefühl der Erschwerung des Denkens und der Auffassung, 3. Gefühl der Abnahme der gemütlichen Ansprechbarkeit, 4. Gefühl der Hemmung des Willens und der Willenshandlungen, 5 Entschlußunfähigkeit, 6. Gefühl der Müdigkeit und Abspannung. Doch genügt es Dreyfuß, wenn nur ein Teil dieser Erscheinungen bei den Kranken nachweisbar sind, um von Hemmung zu reden und daraufhin die Diagnose der zirkulären Depression mit Sicherheit zu stellen. Damit geht er aber weit über das hinaus, was Kraepelin ursprünglich unter Hemmung verstanden hat, und setzt an dessen Stelle einen unklaren verschwommenen Begriff, unter den sich schließlich alles subsummieren läßt, was an Gefühlen verminderter Leistungsfähigkeit überhaupt in Erscheinung tritt. Und solche Gefühle sind außerordentlich häufig. Wir finden sie bei den verschiedensten psychischen Erkrankungen, und zwar vor allem da, wo depressive Affekte herrschen. Am ausgesprochensten treffen wir sie bei Psychopathen an; doch auch bei ganz normalen Menschen sind sie nicht selten, sobald nur aus irgendwelchem Grunde einmal die Stimmung darniederliegt.

So scheint es, als ob die genannten Gefühle in engen Beziehungen zur depressiven Affektlage stünden und es drängt sich uns die Überzeugung auf, daß wir es bei Dreyfuß' partieller subjektiver Hemmung gar nicht mit einem Krankheitssymptom zu tun haben, sondern vielmehr mit den normal psychologischen Begleiterscheinungen der meisten gemütlichen Verstimmungen.

Einer ähnlichen ungerechtfertigten Verallgemeinerung macht sich Dreyfuß schuldig bei seinem Versuche, das für die Melancholie kennzeichnende Krankheitsbild als einen zirkulären Mischzustand hinzustellen. Durch seine sorgfältigen katamnestischen Erhebungen hatte er eine ganze Reihe von Zügen feststellen können, die er als manische Symptome deuten zu können glaubt. Viele von ihnen halten aber einer ernsteren Kritik nicht stand. Bestritten soll durchaus nicht werden, daß es ihm bei einer Anzahl von Fällen in der Tat gelungen ist, manische Erscheinungen aufzufinden und den Nachweis für das Bestehen eines Mischzustandes zu erbringen. Nur dagegen möchte ich mich wenden, wenn Dreyfuß in jedem vorübergehenden Auftreten von Reizbarkeit, Empfindlichkeit, Mitteilungsbedürfnis, Rededrang und Ähnlichem die Zeichen einer manischen Erregung erblicken zu können glaubt. Man vergleiche nur einmal den Fall 11 seiner Beobachtungen, um zu erkennen, wie willkürlich derartige Deutungen sind. Bei einer „von Hause aus eigenartigen, verschrobenen, geizigen und nörgelnden" Person geht nach ihrer eigenen katamnestischen Angabe der depressiven Psychose von typisch melancholischer Form ein 2jähriges Vorstadium voraus, in dem sie „außerordentlich empfindlich und sehr leicht gereizt war. Sie konnte damals nicht mehr die Kirche besuchen, weil Orgelspiel und Gesang sie zu sehr erregten. Während der Krankheit hat sie mehr zu denken gehabt, ein Gedanke ist dem anderen gefolgt." Daraus werden die manischen Symptome der Empfindlichkeit, Reizbarkeit und Gedankenflucht, die im Verein mit der partiellen subjektiven Hemmung die Diagnose des manisch-depressiven Irreseins sicherstellen. Wenn wir in dieser Weise Symptomatik treiben, so dürfte es nicht schwer fallen, jeden beliebigen Menschen, dessen Gemütsleben nicht völlig gleichmäßig ist, zu einem typischen Zirkulären zu stempeln. Gewiß ist es richtig, daß sich eine manische Erregung unter Umständen nur noch durch die geringsten Spuren von Reizbarkeit, Empfindlichkeit, Rededrang und Ähnlichem äußern kann, aber deshalb dürfen wir doch noch nicht über[illegible] wo wir solche Erscheinungen finden, hierin manische Symptome se[illegible]on der typischen zirkulären Depression Kraepelins wissen wi[illegible] sie sich gewöhnlich mit Hemmung vergesellschaftet; wir können also, [illegible]lls bei echten Zirkulären im depressiven Stadium die genannten oder ähnliche Symptome auftreten, diese vermutungsweise im Sinne von Dreyfuß deuten, selbst wenn sie sich noch im

Rahmen des Normalen halten. Ob ein solches Vorgehen aber in einem jedem einzelnen Falle den Tatsachen gerecht wird, ist auch hier noch sehr die Frage; denn wir kennen Depressionszustände, die ihrer ganzen Verlaufsart nach zum zirkulären Irresein gehören, die aber keinerlei Hemmung aufweisen, ohne daß sich dieses Fehlen durch manischen Einschlag erklären ließe, wie ja auch Kraepelin stets für die völlige Selbständigkeit der einzelnen Erscheinungen eingetreten ist. Noch weniger haben wir aber dann das Recht, von der Melancholie, deren Stellung zum manisch-depressiven Irresein ja erst geprüft werden soll, ohne weiteres anzunehmen, sie müsse unbedingt mit Hemmung verbunden sein. Wenn also Dreyfuß, der mit unendlicher Mühe bei allen seinen Patienten nach Zeichen der Hemmung fahndete, um dadurch die zirkuläre Natur der Erkrankung darzutun, überall da, wo er statt dessen Erregung, Reizbarkeit oder Ähnliches findet, sich nicht mit dem negativen Ergebnisse zufrieden gibt, sondern diese Symptome einfach als die Zeichen einer manischen Erregung deutet, so begeht er den Fehler, daß er das zur Voraussetzung nimmt, was er ja erst durch seine Untersuchung beweisen will.

In einen ganz ähnlichen Fehler scheint mir Specht[117]) zu verfallen, wenn er ohne weiteres die bei den ängstlichen Melancholieformen meist herrschende Erregung für ein manisches Symptom erklärt, nur weil er es für unmöglich hält, daß der Angstaffekt allein imstande sein sollte, die primäre Denk- und Willenshemmung zu überwinden und darüber hinaus noch Ideenflucht und Agitation hervorzurufen. Woher weiß denn Specht, daß sich der Angstaffekt der Melancholie stets mit Hemmung verbindet? Es ist doch noch lange nicht ausgemacht, daß jede traurige Verstimmung, welcher Art sie auch sei, Hemmung herbeiführen müsse. Und die zirkuläre Natur der Erkrankung will uns Specht ja erst beweisen. Für einen Teil der Melancholiekranken ist seine Auffassung sicher richtig, wie das Dreyfuß gegenüber schon zugegeben wurde. Aber das berechtigt uns doch noch lange nicht, diese bei einzelnen Fällen gemachte Erfahrung ohne weiteres zu verallgemeinern. Wenn Specht weiter einwirft, die Angst allein sei keinesfalls imstande, die bei der Melancholie meist herrschende Erregung genügend zu begründen, so mag ihm das als im allgemeinen richtig zugegeben werden. Aber einmal gilt dieser Einwurf nur der Wernickeschen Angstpsychose gegenüber; denn bei der Melancholie haben wir keine Veranlassung, alle Symptome aus dem einen Affekt allein herleiten zu wollen. Und dann läßt es sich doch auch nicht von der Hand weisen, daß der Angstaffekt gelegentlich einen größeren Einfluß auf die Symptomengestaltung ausüben könnte, als es Specht zugestehen will. Zweifellos vermag die Angst als solche Erregung hervorzurufen, das können wir alle Tage bei Tieren beobachten. Ich brauche nur an das Verhalten der

Vögel zu erinnern, wenn die Katze sich naht, oder an die ängstliche Unruhe der Säugetiere bei drohendem Gewitter. Das Gleiche sehen wir beim Menschen. Kinder pflegen in der Angst unruhig, vielgeschäftig und geschwätzig zu werden, und Erwachsene verhalten sich in der Regel nicht anders. Man denke nur an eine Mutter, die sich über das unerklärliche Ausbleiben ihrer Kinder sorgt. Mit steigender Angst wird sie unruhiger und immer unruhiger werden, bis schließlich ihre motorische Erregung sich in ziellosem Hin- und Herlaufen und ungeordnetem Beschäftigungsdrange Luft macht. Und gar bei einer Panik. Was können wir da alles an psychomotorischer Erregung, gesteigerter Ablenkbarkeit und vermehrter Gedankenproduktion beobachten? Daß bei schwerem Angstaffekt, zumal wenn er plötzlich einsetzt, Stupor mit völligem Daniederliegen aller geistigen Funktionen sich einstellen kann, will dagegen nichts besagen. Wir wissen ja von allen Affekten, daß sie in ihren höchsten Graden zur Lähmung führen. Wenn Specht daher fragt: „Hat man je in Zuständen sogenannter wahnsinniger Angst, z. B. bei Verbrechern vor der Hinrichtung, bei Kranken vor einer auf Tod und Leben gewagten Operation, bei Soldaten vor einer Schlacht — wo nach Blücher selbst der Mutigste zum Hundsfott wird — hat man je in solchen Lagen psychische Folgen erlebt, wie sie ein Angstpsychotiker zu zeigen pflegt, und wie sie ohne Bedenken dann als sekundär angerechnet werden“, so kann ich das nicht unbedingt verneinen. Bei Schriftstellern, welche derartige Zustände behandeln, wird man alle diese Züge mehr oder weniger ausgesprochen dargestellt finden. Ich darf vielleicht, um nur einen zu nennen, hier auf Andrejew verweisen, der in seiner „Geschichte von den sieben Gehängten“ die Todesangst, von der Specht gerade spricht, in allen ihren Spielarten ausgezeichnet geschildert hat.

Und dann kennen wir auch psychotische Zustände, bei denen wir zweifellos das Recht haben, das gesamte Symptomenbild in nächste Beziehung zu dem Angstaffekt zu bringen; ich meine die ängstlichen Erregungen bei insufficientia cordis, die genau die gleiche Erscheinungsform zeigen. In nachweislicher Abhängigkeit von dem Versagen der Herztätigkeit entwickelt sich ein schwerer Angstzustand und Hand in Hand damit eine hochgradige motorische Erregung, die sich bis zur Tobsucht und Angriffen auf die Umgebung steigern kann. Auf dem Höhepunkte kommt es leicht zu deliranter Bewußtseinstrübung mit zahlreichen illusionären Verkennungen und phantastischen Wahnvorstellungen. Das anfallweise Auftreten dieser Zustände, ihre kurze Dauer und die Abhängigkeit von der Herzstörung gestatten ohne alle Schwierigkeiten die Abtrennung von der Melancholie. Wir sehen also, daß die von Specht als manisch-depressiver Mischzustand gedeuteten Symptomenbilder auch bei Angstzuständen vorkommen können, bei denen eine solche Ätiologie mit Sicherheit ausgeschlossen werden kann, und daß sie hier in der Hauptsache wenigstens durch den Affekt bedingt zu sein scheinen. Wenn wir dann noch im gewöhnlichen Leben als Folgen der Angst andeutungsweise die gleichen Erscheinungen finden, so ist es nicht einzusehen, warum nicht auch bei der Melancholie dieselben Symptome auf ebendieselbe Weise entstehen könnten. Das ist doch etwas mehr als „die bekannten Ausdrucksbewegungen und natürlichen Rückwirkungen auf das Denken", die Specht der Angst nicht absprechen will. Gibt man aber zu, was sich meines Erachtens gar nicht in Abrede stellen läßt, daß die Angst allein Erregung, gesteigerte Gedankenproduktion usw. zu erzeugen vermag, dann wüßte ich wirklich nicht, auf welche Weise man diese Folgeerscheinungen im einzelnen Falle von den gleichzeitig vorhandenen Symptomen, soweit sie aus anderer Quelle stammen, reinlich scheiden sollte. Die Berechtigung, ja die Notwendigkeit, einer theoretischen Abgrenzung soll hierdurch nicht angetastet werden, doch wird ihre Durchführung rein aus dem klinischen Bilde in praxi meist ganz unmöglich sein. Geht es uns doch genau ebenso, wenn wir die manisch-melancholischen Denk- und Willensstörungen von den natürlichen Exaltations- und Depressionsfolgen abzutrennen versuchen; nur bei den ausgesprochenen Störungen der schweren Fälle will uns das mit einiger Sicherheit gelingen. Bei den leichteren Erkrankungen hingegen, die den normalen Affektschwankungen nahestehen, vermag niemand die sogenannten „typisch zirkulären Symptome" (Dreyfuß) von den ähnlichen Erscheinungen bei den entsprechenden Gemütszuständen des Gesunden zu unterscheiden. Nicht das einzelne klinische Symptom kann hier den Ausschlag bringen, einzig und allein maßgebend ist nur der gesamte Verlauf der Erkrankung. Deshalb sollte man auch nur dort von Mischzuständen reden, wo in der Tat sich eine Mischung der beiden Phasen nachweisen läßt. Bei den unter dem Bilde der Melancholie verlaufenden Psychosen ist das wohl für einzelne Kranke gezeigt worden; aber den Beweis dafür zu erbringen, daß die dort so häufigen Zeichen von Erregung auch stets auf eine manische Komponente zurückgehen müssen, das ist weder Specht noch Dreyfuß gelungen. Wenn beide trotzdem die Melancholie kurzweg einen Mischzustand nennen, so folgt daraus, daß sie überhaupt jedes Symptom der Erregung bei depressiven Gemütszuständen schon an und für sich als manisch auffassen. Das ist aber, wie Westphal und Kölpin[140]) ganz richtig Specht erwidert haben, „eine Verallgemeinerung, die jeder Begründung entbehrt und die nur zu einer Verflachung des Begriffes der manisch-depressiven Mischformen führen muß". Und nur gegen eine solche Auffassung habe ich mich wenden wollen. Daß dem Gros der Melancholiefälle ein durchaus andersartiger Vorgang zugrunde liegen sollte als den periodischen Psychosen, ist auch mir unwahrscheinlich. Doch sind die Verhältnisse sicher viel komplizierter, als man nach der überraschend einfachen Lösung von Dreyfuß und Specht annehmen könnte.

Wir hatten eingangs die Frage nach der heutigen Umgrenzung des manisch-depressiven Irreseins aufgeworfen. Unsere Untersuchungen haben uns zu dem Ergebnisse geführt, daß klinische Gesichtspunkte nicht ausschlaggebend gewesen sein können. An ihre Stelle war die symptomatologische Betrachtungsweise getreten, deren bedenkliche Seiten wir soeben entwickelt haben. Aber auch sie reicht gar nicht einmal aus, wenn wir mit Specht die Paranoia dem zirkulären Irresein einverleiben wollen. Ablehnen läßt sich Spechts Auffassung nicht so ohne weiteres. Zum mindesten für einige Formen der Paranoia und des Querulantenwahnes hat er in überzeugender Weise dargetan, daß sich das Symptomenbild in der Hauptsache aus einer Reihe typisch manischer Züge zusammensetzt, die sich auf einem der konstitutionellen Erregung durchaus ähnlichen Boden entwickeln. So ist es hier zurzeit sicherlich unmöglich nach der Seite der Manie hin, insbesondere in ihren chronischen Formen, eine scharfe Grenzlinie zu ziehen. Ich muß mir leider versagen, auf dieses Problem näher einzugehen, da es den Rahmen meiner Arbeit überschreiten würde. Uns interessiert hier vor allem die Frage, welche Gesichtspunkte denn Specht und andere Autoren veranlaßt haben, solch heterogene Krankheitsbilder zu einem einheitlichen Ganzen zu verbinden. Ich kann mich auch hier wieder nur Bumkes trefflichen Ausführungen vollkommen anschließen. Eine gewisse innere Verwandtschaft umschließt alle diese Krankheitsbilder, darüber kann wohl kein Zweifel sein. Alle gehören dem Entartungsirresein in seinem weitesten Sinne an und dementsprechend haben sie auch gewisse Ähnlichkeiten und Übereinstimmungen in Symptomengestaltung und Verlauf. Die Neigung zu periodischer Wiederkehr hatten wir ja schon als eine solche gemeinsame Eigentümlichkeit kennen gelernt, und weiterhin konnten wir auf gewisse Gemeinsamkeiten im psychologischen Aufbau der Symptome hinweisen. Das Wesen aller dieser Störungen liegt auf dem Gebiete des Affektlebens; weitgehende Analogien verbinden sie mit den normalen Gemütsvorgängen und ein großer Teil ihrer Symptome läßt sich auf bestimmte gemeinsame Grundelemente affektiver Vorgänge zurückführen. So werden alle diese Krankheitsbilder durch fließende Übergänge mit der Gesundheitsbreite verbunden. Ihre Erscheinungen sind nichts Neues, dem Normalen völlig Fremdes, und für die Mehrzahl der krankhaften Störungen besteht daher eine gewisse Möglichkeit der Einfühlung und des psychologischen Verständnisses. Dazu kommt noch die Eigentümlichkeit, die sie mit allen Entartungszuständen teilen, daß sich die verschiedensten Symptomenbilder kombinieren und zu Krankheitsformen vereinigen können, die einer klaren klinischen Umschreibung nicht mehr zugänglich sind. So ist es also der gemeinsame Boden der Entartung und eine Reihe vager klinischer und psychologischer Ähnlichkeiten und mehr oder weniger großer Übereinstimmungen, die sie diesem gemeinsamen Ursprunge verdanken, was alle diese Krankheitsbilder zusammenhält. Damit ist aber, was man heute unter manisch-depressivem Irresein zusammengefaßt hat, weiter nichts als eine große Gruppe psychopathisch degenerativer Zustände, die sich teils aus einfachen konstitutionellen Anomalien, teils aus Psychosen zusammensetzt, die auf solchem Boden entsprossen sind. Von einem einheitlichen Krankheitsprozesse, wie Kraepelin ursprünglich das manisch-depressive Irresein aufgefaßt hat, kann hier nicht mehr die Rede sein. Daß sich aber mit einem solchen Krankheitsbegriffe, der ein Chaos nur lose verbundener, nicht klar abgrenzbarer Symptomenbilder umfaßt, klinisch nicht mehr arbeiten läßt, ist nur allzu klar. Es muß daher vor allem unsere Aufgabe sein, hier nach Gesichtspunkten zu suchen, die eine Abtrennung und Ordnung zu klaren übersichtlichen Krankheitsgruppen ermöglichen. Und da werden wir nach den Erfahrungen, die der Anlaß zu dieser Arbeit geworden sind, vor allem an die angeborene Gemütsveranlagung denken. Dazu haben wir um so mehr das Recht, da das manisch-depressive Irresein in seinem heutigen Umfange nahezu alle degenerativen Störungen, soweit es sich um krankhafte Gemütszustände handelt, umfaßt oder doch die innigsten Beziehungen zu ihnen besitzt. Hat man doch gerade für die Entartungszustände stets den individuellen Faktoren eine große Bedeutung für die Gestaltung des Symptomenbildes zuerkannt, so sehr auch im übrigen die Ansichten über den Wert des persönlichen Momentes für die Form der Psychosen gewechselt haben.

Die Bedeutung persönlicher Eigenart für die affektiven Psychosen.

Der Wert, welcher persönlicher Eigenart für Form und Verlauf der Psychosen beigelegt wurde, hat im Wandel der Zeiten sehr lebhaft gewechselt. Selbstverständlich ist es, daß individuelle Momente da allein ausschlaggebend sein müssen, wo es sich um krankhafte Persönlichkeiten oder ihnen nahe verwandte Zustände handelt, wie bei einem großen Teile der Neurosen oder im gesamten psychopathischen Grenzgebiete; denn hier fällt ja vielfach Krankheit und Veranlagung völlig zusammen. Im Beginne psychiatrischer Wissenschaft, zu einer Zeit, in der alle geistigen Störungen aus der Persönlichkeit hergeleitet und als der Ausdruck gewucherter Leidenschaften, verzerrter Charaktereigentümlichkeiten, oder wie man sonst noch sagte, angesehen wurden, da spielten natürlich für die Form der Psychosen individuelle Faktoren in gleicher Weise eine ganz hervorragende Rolle. Für die damalige Auffassung entsprachen die vielen verschiedenen Bilder geistiger Störung, wie sie die Erfahrung lehrte, nicht ebenso vielen verschiedenen Krankheiten, sondern sie waren nur der Ausdruck persönlicher Eigentümlichkeiten in Charakter und Anlage und sollten nur Variationen ein und derselben Psychose darstellen, wie man überhaupt nur eine einzige Art der Geisteskrankheit anerkannte. Indem man so die Psychosen mit Charakterfehlern, Unarten, Leidenschaften usw. auf die gleiche Stufe stellte, glaubte man, daß sie auch in derselben Weise moralischer Beeinflussung zugänglich sein müßten, und aus dieser Überzeugung entsprang die mit Recht berüchtigte Erziehungstherapie, wie man sie damals handhabte. Mit dem allmählichen Verschwinden dieser psychologisierenden Auffassung geistiger Störungen trat auch die rein individuelle Betrachtungsweise mehr in den Hintergrund. Sie ward abgelöst durch die anatomische Forschungsrichtung, deren Begründer Griesinger[40]) wurde, indem er zum erstenmal den Satz als Dogma aufstellte, daß Geisteskrankheiten nichts anderes als Gehirnkrankheiten seien. Doch hat auch er als letzten Überrest der alten Anschauungen die Lehre dauernd festgehalten, daß jede psychische Erkrankung mit einem gemütlichen Depressionszustande beginnen müsse. Einmal in den Mittelpunkt des Interesses gerückt, gewann die Anatomie durch ihre ersten großen hirnlokalisatorischen Erfolge völlig die Oberherrschaft und hat für mehrere Jahrzehnte psychiatrischer Forschung Weg und Richtung gewiesen. Ihre Hoffnung, in den anatomischen Veränderungen eine völlige Erklärung der krankhaften psychischen Symptomenbilder finden zu können, hat sich nicht verwirklicht, doch wurden ihre Errungenschaften in Wernickes feinsinnigem Schema auf eine Formel gebracht, die, auf einer rein anatomischen Anschauungsweise fußend, eine praktisch verwertbare Einteilung und Gruppierung aller der verschiedenen geistigen Störungen gestattete. Da war aber für individualpsychologische Betrachtungen keinerlei Raum mehr; sie waren für lange gänzlich zur Seite geschoben. Und auch als man allmählich zu erkennen begann, daß auf rein anatomischem Boden ein wirkliches Verständnis psychischer Zustände, wie es doch die Geisteskrankheiten sind, niemals zu erreichen sein werde, und als man sich unter diesem Eindrucke Kraepelins Führung anvertrauend ganz der klinischen Seite psychiatrischer Forschung zuwandte, fanden die Fragen nach der individuellen Eigenart und ihren Beziehungen zu den Symptomenbildern nur wenig Beachtung. Galt es doch vor allem erst einmal, eine wirklich brauchbare Systematik zu schaffen, indem man klare festumschriebene Krankheitsbilder heraushob. Und dazu mußte gerade das Typische und Allgemeine hervorgesucht und als das einzig Wesentliche besonders betont werden, während man dagegen die individuellen Seiten nach Möglichkeit in den Hintergrund schob, da sie nur die Grenzen verwischten und einer klaren Abtrennung störend in den Weg traten. Daß man hierbei etwas rigoros vorging, war bei den vielen Schwierigkeiten, die sich einem jeden Versuche entgegenstellten, einfach ein Gebot der Notwendigkeit, wenn man überhaupt zu einer praktisch brauchbaren Klassifikation gelangen wollte. Hören wir doch auch heute noch, sobald unsere vorläufigen Gruppierungen einmal in irgend einem Punkte versagen, von vielen Seiten gleich einen völlig resignierten Verzicht. Ich brauche da nur an Hoches[53]) jüngstes Referat über die Melancholiefrage auf dem Württembergischen Psychiatertag in Heilbronn zu erinnern. So war denn von einer Forschung, die unter solchen Auspizien unternommen wurde, für eine Individualpsychiatrie nicht viel zu erhoffen. Und in der Tat ist in den letzten 2—3 Jahrzehnten die individuelle Seite der Geistesstörungen kaum jemals ausführlicher erörtert worden. Erst in jüngster Zeit trat ein gewisser Umschwung ein. Sommer[111]) ist mit aller Energie für die Bedeutung individualpsychologischer Untersuchungen eingetreten und hat sich dabei besonders der Familienforschung zugewandt. Andere Autoren haben mehr die klinische Seite bevorzugt. Und da gerade bei den Entartungszuständen die Beziehungen der geistigen Störungen zur Anlage am deutlichsten in Erscheinung treten, so hat man, als das Interesse für solche Fragen wieder reger zu werden begann, selbstverständlich vor allem diese Gruppe herangezogen. Hier hatte ja auch Magnans Lehre, daß angeborenen Momenten ein überragender Einfluß auf die Symptomengestaltung aller degenerativen Erkrankungen innewohne, die für ihn allerdings das Gros sämtlicher Psychosen ausmachen, den Boden in jeder Weise geebnet. Seine Anschauungen über die paranoiden Geistesstörungen, welche von der Dementia praecox-Lehre ursprünglich auf das energischste bekämpft worden waren, fanden nun auf einmal für gewisse Formen geistiger Störungen bei entarteten Kriminellen glänzende Bestätigung. Denn es gelang auf das deutlichste nachzuweisen, wie hier die Psychose aus einem eigentümlichen degenerativen Boden als entsprechende Reaktion auf äußere mißliche Verhältnisse hervorwächst. Birnbaum[4]), Bonhoeffer[7]), Siefert[108]), Willmanns[143]) und andere haben sich mit diesen Fragen beschäftigt und auch bei anderen degenerativen Störungen Ähnliches nachgewiesen. Ihnen erscheint der Querulantenwahn mit Recht nicht mehr als der Typus einer chronischen progredienten Erkrankung, der Paranoia, sondern als der Ausdruck einer bestimmten eigenartigen Veranlagung, die auf mißliche äußere Verhältnisse hin in ausgesprochener Weise in Erscheinung tritt. Auch den eigentümlichen Symptomenkomplex der pathologischen Schwindler gelang es Bonhoeffer auf eine angeborene Besonderheit, die er kurz als Labilität des Persönlichkeitsbewußtseins bezeichnet, zurückzuführen. So ließen sich bei einer großen Zahl von Degenerationspsychosen innige Beziehungen zwischen Anlage und Form der geistigen Erkrankung auffinden, und wir dürfen heute schon erhoffen, bei einer Gruppierung dieser Zustände nach individuellen Momenten zu einer gewissen Klarheit zu gelangen. Anders liegt es bei den übrigen geistigen Erkrankungen, vor allem bei den affektiven Psychosen, wo sich die Mehrheit aller Autoren gegen eine entscheidende Bedeutung der Veranlagung noch recht ablehnend verhält. Am ausgesprochensten hat diese Anschauung Maradon de Montyel[82]) vertreten, der eine angeborene Veranlagung zu geistiger Erkrankung wohl als die allgemeine Grundlage betrachtet, die immer vorhanden sein muß, ihr aber nicht den geringsten Einfluß auf die Symptomengestaltung zugesteht, sondern hierfür einzig und allein die äußeren Ursachen verantwortlich macht.

Ganz im Gegensatze hierzu erklärt Tiling[132]), wohl als einziger in diesem Umfange, die individuelle Anlage für den alleinigen formgebenden Faktor bei sämtlichen überhaupt auftretenden Psychosen. Nach seiner Überzeugung gibt es wohl zahlreiche ätiologische Momente, denen für die Auslösung der Erkrankung eine wesentliche Bedeutung zukommt. Die Art und Weise aber, in der sich die geistige Störung darstellt, wie sich ihr Verlauf gestaltet, wie sich ihre Symptomenbilder zusammensetzen, das sollte allein von dem Temperament, von der Charakteranlage oder überhaupt von der ganzen individuellen Persönlichkeit des Betroffenen bestimmt werden. Dann ist aber auch die ganze klinische Psychiatrie nur eines der psychologischen Probleme, und wie er ganz folgerichtig weiter ausführt, sollte sie daher eigentlich auch nur einen Anhang der Psychologie darstellen; denn „insbesondere die Ätiologie der Psychosen führe uns weit in das Gebiet der Psychologie hinein". So betrachtet, würde „der Übergang vom normalen zum krankhaften Geistesleben sich dann viel offenkundiger als ein ganz unmerklicher darstellen. Nur bei Hinzutritt starker äußerer Noxen werde dieser Übergang sich schroffer und schneller vollziehen, ohne aber die Eigentümlichkeiten des Individuums aufzuheben oder etwas ganz Neues hinzuzufügen. Im ganzen werde sich daher herausstellen, daß die Krankheit eine schon bestehende Disharmonie der Elemente und Faktoren des geistigen Organismus, der Persönlichkeit steigert, einzelne prädisponierende Teile auf Kosten der anderen stärker entwickelt und so ein Zerrbild entstehen läßt, in dem einzelne Züge stärker hervortreten." So ist für Tiling Form und Verlauf, kurz alles, was überhaupt die Psychose charakterisiert, rein von individuellen Faktoren bedingt und nur nach psychologischen Gesetzen zu verstehen. Nur eine ganz allgemeine Anlage zur Geisteskrankheit überhaupt liegt von vornherein in den später befallenen Menschen, sie ist organisch begründet, kann ererbt und erworben werden. Welchen Weg aber die Psychose einschlagen wird, das bestimmen individuelle, oft auch zufällige äußere Faktoren. „Am letzten Ende ist es nur ein unglücklicher Einfall, eine unglückliche Lösung des Rätsels und weiter nichts, was den Übergang von der Gemütsverstimmung zum Wahnsinn in einem Falle vollzieht, im anderen nicht. Unter gleichen Bedingungen kann also ein Mensch vor diesem Schritt bewahrt bleiben und eine Hysterie, eine Hypochondrie oder dgl. bleiben, während der andere, nachdem er den Rubikon überschritten, in alle Wirrnisse des Wahnes gerissen wird.“ So entscheidet der psychologische Vorgang über das fernere Schicksal; daß anatomische Verhältnisse ausschlaggebend sein könnten, lehnt Tiling auf das bestimmteste ab. Die Geisteskrankheit ist also für ihn eine eigentümliche individuelle Reaktion auf äußere oder innere Erlebnisse, ein Produkt aus dem Zusammenstoß der gesamten psychischen Persönlichkeit mit den Schädigungen des Lebens. Damit es aber zu einer solchen krankhaften Reaktion kommen kann, ist eine allgemeine angeborene oder erworbene Minderwertigkeit erforderlich, eine, wie er annimmt, organische Disposition, der aber auf die Gestaltung der Erkrankung kein Einfluß innewohnt. Auch daß einzelne Psychosen ein Bild hervorrufen können, daß so gänzlich von der früheren Persönlichkeit abweicht, das sogar einer völligen Umkehr des Charakters gleichkommen kann, vermag ihn in seiner Auffassung nicht irre zu machen. Hat er es doch bei der Revolution in den russischen Ostseeprovinzen selbst miterlebt, wie die allgemeine Erregung aus ruhigen stumpfsinnigen Menschen im Handumdrehen anmaßende Wüteriche machte, wie das ganze Volk, von einer Epidemie erfaßt, sich erhob, unter seinen Augen sich eine Psychose von dem charakteristischen Bilde der Manie entwickelte, die wahllos von allen Besitz ergriff. Hier war also eine völlige Umänderung der Persönlichkeit auf rein psychologischem Wege entstanden, indem die besonderen Zeitverhältnisse bestimmte Leidenschaften entfesselt und damit einzelne Charakterzüge ganz in den Vordergrund geschoben, andere völlig zurückgedrängt hatten. So scheint ihm gleichfalls bei anderen Psychosen kein prinzipielles Hindernis zu bestehen, daß auch hier die Veränderung der Persönlichkeit allein auf psychologischem Wege zustande komme. Daß es sich in Tilings Beispiel um Erscheinungen gehandelt hat, die einer hysterischen Epidemie nahestehen, ist klar. Wir werden uns daher über die völlige Umwandlung im Charakter der Befallenen als Folge der augenblicklichen Verhältnisse nicht weiter zu wundern brauchen; Labilität der Stimmungen, Wandlungen in der gemütlichen Reaktionsweise und völlige Abhängigkeit von den gegebenen Umständen, das sind ja bekannte hysterische Symptome, die wir alle Tage sehen können. Aber was Tiling das Recht gibt, solche Erfahrungen einfach auf alle anderen Psychosen zu übertragen, dafür ist er uns den Beweis schuldig geblieben. Mit seinen Anschauungen setzt er sich in den Gegensatz zu fast allen übrigen Autoren. Nur eine Reihe französischer Forscher, von denen Crocq[12]) der extremste ist, kommen ihm darin nahe, daß auch sie nur eine einzige organische gleichartige Veranlagung für alle Psychosen annehmen, die allerdings nach Anschauung dieser Autoren mit der Disposition zu den schweren Konstitutionskrankheiten übereinstimmen soll, zu denen unter anderen auch die Tuberkulose gerechnet wird.

Gegen Tilings Anschauungen hat besonders Neißer[87]) mit aller Entschiedenheit Stellung genommen. Er wandte sich vor allem gegen die Behauptung Tilings, daß bei sämtlichen Krankheitsformen eine psychologische Erklärung möglich sei, die er in dieser Verallgemeinerung strikte ablehnt. Für die krankhaften Persönlichkeiten, für das Entartungsirresein im engeren Sinne und die Grenzzustände gibt auch er ohne Einschränkung die Bedeutung der individuellen Eigenart zu und wird den darauf zielenden Untersuchungsmethoden in vollem Maße gerecht. Für diese Formen der Geistesstörung hält er das Zusammenarbeiten von klinischer, individualpsychologischer und anthropologischer Forschung für unbedingtes Erfordernis. Dagegen verspricht er sich nicht den geringsten Erfolg von der psychologischen Untersuchung bestimmter anderer Psychosen, die sich schon nach unserer klinischen Erfahrung völlig vom Boden des normalen psychischen Geschehens entfernen, wie die paranoischen Erkrankungen oder die Dementia praecox. Denn hier treffen wir, so scheint es ihm, auf völlig neue Tatsachen und Erfahrungen, die im normalen geistigen Leben keinerlei Analogien besitzen, wie z. B. die eigentümlichen kombinierten Sinnestäuschungen, wie man sie als Reflexhalluzinationen beschrieben hat, und die daher nach seiner Ansicht einer normalpsychologischen Erklärung in keiner Weise mehr fähig sind. Ein Versuch, diese Erscheinungen aus der Persönlichkeit des Befallenen heraus verstehen zu wollen, müsse daher von vornherein als völlig aussichtslos bezeichnet werden. Ganz in gleicher Weise glaubt er solche individualpsychologische Erklärungsversuche bei den Affektpsychosen ablehnen zu dürfen. Denn bei Manie, wie bei Melancholie werde die Persönlichkeit in solchem Masse verändert, daß für eine Betätigung des individuellen Charakters hier keinerlei Raum mehr übrig bleibe. Die Frage, ob Menschen mit einer bestimmten Veranlagung bei affektiven Erkrankungen ein dieser Veranlagung entsprechendes Symptomenbild darböten, beantwortet er mit voller Bestimmtheit in verneinendem Sinne, da ja in der Mehrzahl aller Fälle bei der gleichen Person die beiden einander entgegengesetzten Phasen in Erscheinung träten, es also ganz unmöglich sei, einzusehen, wo denn eigentlich der wahre Charakter liege. So schienen ihm nur bei den Entartungszuständen wirkliche Beziehungen zur individuellen Persönlichkeit vorhanden zu sein, während er im übrigen nur eine gewisse organische Prädisposition anerkennen kann, wie sie auch zu anderen Erkrankungen, etwa zu Tuberkulose oder Nierenkrankheiten, bestehe. Er glaubt daher auch eine Bemerkung Biswangers, daß die Gestaltung des einzelnen Krankheitsfalles im wesentlichen von der individuellen Veranlagung der Persönlichkeit abhängig sei, nur in diesem Sinne auffassen zu können.

Diese Kontroverse zwischen Tiling und Neißer ist die einzige Gelegenheit, bei der diese Fragen in den letzten Jahrzehnten ausführlicher erörtert worden sind. Nur wenige Jahre sind seitdem vergangen und wenn auch nichts wesentlich Neues in dieser Zeit zutage gefördert wurde, so steht man doch heute der individualpsychologischen Seite psychiatrischer Forschung allgemein mit größerem Interesse gegenüber und beginnt ihr wieder eine höhere Bedeutung beizumessen. Immerhin fehlt es noch an dem notwendigsten grundlegenden Materiale, so daß Meyer[85]), der in jüngster Zeit die Ätiologie der Psychosen bearbeitet hat, über die Beziehungen von Eigenart und Geistesstörung mit wenigen Worten hinweggeht, da ihm die ganzen vorliegenden Untersuchungen viel zu dürftig und wenig gesichert erscheinen, um nach irgendeiner Seite hin Stellung nehmen zu können. Dabei verkennt er keineswegs, welch dringendes Bedürfnis ein tieferer Einblick in Wesen und Bedeutung der persönlichen Eigenart wäre und stellt mit Befriedigung fest, wie das Interesse an dieser Frage in den letzten Jahren immer mehr und mehr zunimmt. Daß in der Tat zurzeit noch recht wenig gesicherte Resultate vorhanden sind, wird man ihm zugeben müssen, wenn man die Literatur auf diese Frage hin einmal genauer durchsieht. In vielen der verbreitetsten Lehrbüchern findet sich kaum eine Andeutung über diesen Punkt vermerkt. Gewöhnlich wird die Frage nur im Zusammenhange mit der Einwirkung erblicher Belastung kurz gestreift und dabei auf die Eigentümlichkeiten hingewiesen, welche die psychotischen Symptomenbilder bei schwer Degenerierten leicht annehmen. Unregelmäßiger und schleppender Verlauf, Auftreten von Sinnestäuschungen, wo solche sonst zu fehlen pflegen, Kombination mit hysterischen Erscheinungen, räsonierendes Verhalten, eigentümliche Mischung von einsichtigen und wahnhaften Vorstellungen und Ähnliches mehr, das sind die Züge, die gewöhnlich als Folge angeborener Entartung beschrieben und als persönliche Färbung der Psychosen aufgefaßt werden [vgl. Kirchhoff[62]), Koch[63]), Krafft-Ebing[73]), Schüle[106]), Ziehen[145])]. Dagegen werden die Beziehungen der gemütlichen Veranlagung zu den Affektpsychosen fast überall völlig übergangen; man begnügt sich mit der Feststellung, daß normale und krankhafte Verstimmungen im Grunde wesensgleich seien. Selbst bei Schilderung des sogenannten Gouvernantenwahnes, gewiß doch einer recht individuell gefärbten Psychose, wie das ja schon der Name aussagt, geht Ziehen nicht auf die persönliche Seite der Erkrankung ein; er spricht nur von einem Anschein psychologischer Motivierung. So skeptisch wie er sich hier verhält, so sehr zeigt sich

Breßler[10]) geneigt, bei einem melancholischen Krankheitsbilde mit auffallend wechselnden Symptomen, das wir heute wohl mit ziemlicher Sicherheit der Dementia praecox zurechnen würden, die Besonderheiten, d. h. die bei einer Melancholie ungewöhnlichen katatonischen Erscheinungen, auf persönliche Eigentümlichkeiten zurückzuführen. Wenn man ihm in der Deutung des Falles auch nicht zu folgen vermag, so sind die sich anschließenden allgemeinen Bemerkungen doch als richtig anzuerkennen, nämlich daß wir es, wie bei den meisten geistigen Erkrankungen, so auch bei der Melancholie mit einer persönlichen Gleichung zu tun haben, die, abgesehen von Krankheitsursache, Geschlecht, Alter usw., für die jedesmalige Variation der Krankheit mit verantwortlich gemacht werden müsse. Allerdings geht er wieder darin zu weit, daß er Erscheinungen wie Hemmung oder Erregung auf individuelle Faktoren zurückführen will. Dem widerspricht doch auf das deutlichste die alltägliche Erfahrung beim zirkulären Irresein, wo Psychose und Persönlichkeit in den krassesten nur denkbaren Gegensatz treten können. Neißer, der gerade auf diesen Punkt fußend alle Beziehungen zwischen Gemütsveranlagung und Affektpsychosen leugnet, schlägt wieder nach der anderen Seite übers Ziel. Wenigstens wird von der Mehrzahl der Autoren anerkannt, daß hier ein gewisser Zusammenhang bestehe, wenn auch die wenigsten näher darauf eingehen, wie sie sich diesen denken. Von neueren französischen Arbeiten befassen sich Escudié[24]) und Boissier[6]) mit den Beziehungen von Neurasthenie zur Melancholie, wobei sie unter Neurasthenie auch alle die Zustände mit einbegreifen, die wir als Psychopathie oder konstitutionelle Verstimmung zu bezeichnen pflegen. Sie stellen fest, daß beide Störungen nur graduell voneinander verschieden seien, und daß man nicht selten beobachten könne, wie sich aus einer Neurasthenie die Gemütserkrankung entwickle, die dann nur eine Steigerung dieser angeborenen Anlage darstellt. Unter ihren Beispielen befinden sich typisch konstitutionell Depressive, die diesen Verlauf genommen haben. Auch wird bei Schilderung des melancholischen Symptomenbildes hervorgehoben, daß Persönlichkeit und äußeren Verhältnissen eine wesentliche Bedeutung für die Gestaltung der Erkrankung innewohne (Escudié). Ihren Ausführungen schließt sich Capgras[11]) an, der die Melancholie im früheren Kraepelinschen Sinne schildert, ohne indessen selbst etwas Neues für die Frage beizubringen. Kraepelin selbst betont die wesentliche Bedeutung individueller Momente ganz im allgemeinen; doch gibt auch er keine näheren Ausführungen, wie er deren Wirkung im einzelnen bewertet, da es ihm für die Klärung dieser Frage bisher noch an allem eindeutigen Materiale fehle. Das einzige, was ihm sicher beobachtet zu sein scheint, sind die innigen Beziehungen zwischen den zirkulären Erkrankungen und den konstitutionellen Verstimmungszuständen, doch mangelt es uns auch hier noch an tieferer Einsicht. Daß ein Teil der zirkulären Kranken ausgesprochen depressiv veranlagt ist, ein anderer ausgesprochen manisch, das hat er gleichfalls gefunden, ohne daß sich daraus irgendwelche Schlüsse für den Verlauf der zu erwartenden Psychosen ergeben hätten. Gaupp[37]) konnte sich auf Grund seiner Untersuchungen am Melancholiemateriale der Heidelberger Klinik für gewisse Fälle etwas bestimmter aussprechen. Er sah nämlich einmal bei psychopathischen Naturen, besonders solchen, die der jüdischen Rasse angehörten, die klimakteriellen Verstimmungszustände gelegentlich sehr individuell gefärbt verlaufen. Wohin derartige Erkrankungsformen zu rechnen seien, das läßt auch er allerdings offen. Bei anderen erschien es ihm direkt, als ob es sich nur um eine transitorische Steigerung habitueller Verzagtheit in der Involution handele, und als 3. Gruppe beobachtete er bei Personen mit hysterisch-degenerativer Veranlagung querulierende und paranoide Bilder, die ihm durch den persönlichen Charakter begründet zu sein schienen. Die letztere Form erinnert an die Angabe der Lehrbücher, daß die Psychosen Entarteter gewöhnlich ein eigentümliches, ähnlich geschildertes Verhalten aufwiesen. Koch[64]), der als erster in Deutschland die psychopathischen Zustände genauer behandelte, hatte natürlich für die individuellen Färbungen der Psychosen ein ganz besonderes Interesse. Unter seinen psychopathisch Belasteten und Degenerierten hat er eine ganze Reihe von depressiven Zuständen beschrieben, die wir heute in das Gebiet des zirkulären Irreseins hineinrechnen würden, auch wenn wir den älteren engeren Begriff anwenden. Sein unbestimmtes konstitutionelles Irresein gehört wohl zum größten Teile in diese Gruppe. In allen diesen Krankheitszuständen sind nach seinen Erfahrungen die Beziehungen des Symptomenbildes zu der persönlichen degenerativen Veranlagung unverkennbar. Weniger trifft dies zu für seine konstitutionelle Manie und Melancholie, die sich dadurch von den typischen Gemütserkrankungen auszeichnen sollen, daß sich neben den kennzeichnenden Symptomen allerlei Zeichen der Minderwertigkeit nachweisen lassen. Wir dürfen vermuten, daß auch hier Beziehungen zur Veranlagung bestehen, doch hat es Koch unterlassen, auf diese Seite näher einzugehen, da es ihm vor allem darauf ankam, seine als Minderwertigkeiten beschriebene Gruppe degenerativer Zustände klar herauszuarbeiten und scharf von den Psychosen abzutrennen, er also kein Interesse daran hatte, hier die Beziehungen zwischen psychopathischer Anlage und der sich daraus entwickelnden Psychose besonders hervorzukehren.

Eingehender hat sich Dieckhoff[17]) mit diesen Fragen beschäftigt, als er sich die Aufgabe stellte, einmal zu untersuchen, welcher Art denn die Psychosen seien, die sich auf dem Boden der psychopathischen Minderwertigkeit entwickelten. Wenn wir uns auf diejenigen Formen beschränken, die uns hier interessieren, so ist es vor allem die Melancholie, die eine Reihe beachtenswerter Züge aufweist. Stellte er alle derartigen Kranken seines Materials zusammen, so war nicht nur der größere Teil im Koch'schen Sinne von Hause aus psychopathisch minderwertig, sondern es fand sich auch bei einem sehr hohen Prozentsatze ein angeborenes depressives Temperament. Einzelne heiter Veranlagte waren allerdings auch unter den von Melancholie Befallenen, aber sie standen weit hinter der Menge der konstitutionell Depressiven zurück. In der Mehrzahl der Fälle ließen sich irgendwelche Gelegenheitsursachen als auslösende Momente nachweisen, und zwar schien ihre Bedeutung um so mehr abzunehmen, je schwerer sich die Belastung erwies. Bei einzelnen Kranken hatte er sogar den Eindruck, als ob sich die Psychose direkt aus dem Charakter heraus entwickele, ohne daß irgendwelche andere ätiologische Faktoren mit im Spiele wären. Daß dies nur bei einer verhältnismäßig geringen Anzahl der Fall war, hängt wohl damit zusammen, daß er entsprechend den Koch'schen Anschauungen den Krankheitsbegriff der Melancholie sehr eng faßte und alle die Patienten mit ausgesprochen degenerativen Zügen der psychopathischen Minderwertigkeit zurechnete, darunter sogar die periodischen Psychosen. Die Zyklothymien, soweit sie einen ganz regelmäßigen Verlauf darboten, wurden allerdings hiervon ausgenommen und als idiopathische Erkrankungen von den unregelmäßigen Formen scharf abgetrennt. Bei der so zurückbleibenden relativ kleinen Gruppe von Melancholiekranken sind ihm eine Reihe von Zügen aufgefallen, die er als Zeichen der Minderwertigkeit auffaßt, ohne daß sich Beziehungen zu angeborenen psychopathischen Zuständen nachweisen ließen. Es sind dies Fehlen der Hemmung, Häufigkeit der Halluzinationen und der Zwangsvorstellungen. Andere Erscheinungen, die er gleichfalls in diesem Sinne deutet, eine gewisse Inkongruenz zwischen Stimmungslage und Vorstellungsinhalt, zwischen depressiver Selbstverachtung und übertriebenen Ansprüchen, erwecken eher den Eindruck, als ob er hier manische Züge im Auge gehabt habe, zumal er die Häufigkeit der Ideenflucht bei solchen Kranken hervorhebt. Auch glaubt er beobachtet zu haben, daß auf dem Boden einer mißtrauischen und paranoiden Veranlagung die Affektpsychosen der Minderwertigen leicht ein eigentümliches paranoisches Gepräge annehmen.

Noch entschiedener hat in dieser Frage Soukhanoff[113]) Stellung genommen. Auf Grund seiner Untersuchungen an zahlreichen Fällen von Melancholie, wobei er allerdings die zirkulären Erkrankungen unberücksichtigt ließ, glaubt er die deutlichsten Beziehungen zwischen Veranlagung und Form der Affektpsychosen nachweisen zu können. Sein Material setzt sich zusammen aus Depressionszuständen jeglichen Alters; einmalige Erkrankungen sind sehr in der Minderzahl. Die meisten Patienten hatten im früheren Leben schon leichtere oder schwerere Verstimmungen durchgemacht. Unter den recht verschiedenartigen Formen, die seine Beobachtungen enthalten, glaubt er zwei Gruppen besonders hervorheben zu können, einmal die Melancholie mit Zwangsvorstellungen und dann die mit hysterischen Zügen. In beiden Fällen scheint ihm die Eigentümlichkeit dieser Symptomenbilder auf eine persönliche Veranlagung zurückzugehen, die er als ihre unumgängliche Voraussetzung betrachtet. So sind ihm diese Krankheitsformen nur individuell gefärbte Erscheinungsarten der gewöhnlichen Psychosen. Wir werden auf diese Veranlagungen nachher noch im einzelnen einzugehen haben und können daher ihre Schilderung hier unterlassen. Erwähnt mag nur noch werden, daß er, ebenso wie Dieckhoff, Bumke, Gaupp und andere, die Beobachtung machte, daß vielfach, besonders im höheren Alter, im Anschluß an die Melancholie Verschlimmerungen des Habitualzustandes zurückblieben, die ganz den Eindruck depressiver Psychopathien erweckten.

Unter den deutschen Autoren scheint nur Lippschütz[78]) ähnliche Erfahrungen gemacht zu haben wie Soukhanoff. Er beobachtete unter seinen Melancholiekranken ganz außerordentlich häufig Menschen, die von Hause aus psychopathisch waren, und zwar besonders solche der konstitutionell depressiven Form. Sie werden als stille verschlossene und einsilbige Persönlichkeiten geschildert, die alles im Leben schwer aufnehmen, mit nichts so recht fertig zu werden vermögen, die sich von anderen scheu zurückhalten, stets für sich allein bleiben und ihren eigenen Grübeleien nachhängen. Und was besonders wichtig ist, unter ihren Vorfahren finden sich recht häufig ganz ähnliche Naturen. Heiteres Temperament traf er nur bei etwa 7,4% seiner Melancholiekranken an. Ihm scheint nach diesen Erfahrungen die gemütliche Veranlagung für die Form der Affektpsychosen eine wichtige Rolle zu spielen. Die Untersuchungen von Villiger[136]) bestätigen seine Annahme. Denn dieser fand unter seinen Melancholikern bei 36,6%, also bei mehr als einem Drittel seiner Kranken, eine angeborene depressive Veranlagung, lauter Menschen, die als schwernehmend, still, scheu, schüchtern und furchtsam bezeichnet werden. Rufen wir uns noch die in der Einleitung erwähnten Arbeiten von Fauser, Rehm und Schott ins Gedächtnis zurück, die zu einem ähnlichen Ergebnis geführt hatten, so haben wir wohl alles zusammengetragen, was über diese Frage bisher veröffentlicht worden ist.

Wir sehen, alles in allem, eine große Menge von Einzelbeobachtungen, die den Wert individueller Faktoren für die Symptomgestaltung bei dieser Psychosengruppe über allen Zweifel erheben. Doch handelt es sich fast nur um Nebenbefunde, die bei irgendwelchen anderen klinischen Untersuchungen sich einstellten; Arbeiten, die speziell dieser Frage nachgegangen wären, treffen wir nur spärlich unter ihnen an. Die Gründe hierfür sind nicht schwierig aufzudecken. Einen Teil von ihnen haben wir schon erwähnt, als wir von der Abneigung der letzten Jahrzehnte gegen eine individualspychologische Betrachtungsweise sprachen. In dem Bestreben, das Typische und allgemein Gültige zu erfassen, lenkte die herrschende klinische Forschung ihr Augenmerk einzig und allein auf die großen trennenden Linien und vernachlässigte bewußt alles Individuelle und Persönliche. Daß ihre ältere Zeitgenossin, die rein anatomische Richtung, für die Erforschung individueller Erscheinungen erst recht nicht geeignet war, braucht wohl nicht besonders hervorgehoben zu werden. Doch kann der Mangel an Interesse allein nicht die einzige Ursache gewesen sein; denn als in den letzten Jahren sich die Aufmerksamkeit dieser Seite unserer Wissenschaft wieder lebhafter zuzuwenden begann, hat das nur für das enge Gebiet der wirklichen Entartungszustände, für die krankhaften Persönlichkeiten, reichere Früchte getragen; für die affektiven Psychosen blieb es nur bei einigen kärglichen Ansätzen. Wir brauchen nicht lange nach den Gründen zu suchen. Um bei den gemütlichen Erkrankungen die Beziehungen zur individuellen Veranlagung aufzufinden, bedürfen wir einer tieferen Kenntnis der verschiedenen Gestaltungen und Möglichkeiten, nach denen sich die menschliche Persönlichkeit zu entwickeln vermag und hierüber fehlen uns bisher noch alle grundlegenden Untersuchungen. Wir besitzen einfach noch keine brauchbare Individualpsychologie, wie das Möbius[86]) mit seiner in wissenschaftlichen Dingen so rücksichtslosen Offenheit mehrfach dargelegt hat. Wohl ist durch Kraepelin und nach ihm durch Stern[119]) und andere der Versuch gemacht worden, auf experimentell-psychologischem Wege eine sichere wissenschaftliche Methodik zu begründen, mit der man diesen Fragen näher auf den Leib rücken könne. Und diese Arbeiten haben in der Tat eine ganze Reihe wertvoller Ergebnisse zutage gefördert. Doch was sie festgestellt haben, sind entweder wechselnde Züge aus der intellektuellen Seite des Seelenlebens oder mehr allgemeine biologische Erscheinungen, wie Ermüdbarkeit, Erholungsfähigkeit, Schlaftiefe, für die zwar bestimmte Beziehungen zu wesentlichen Seiten der Persönlichkeit wahrscheinlich gemacht werden konnten, die uns aber nichts Direktes über die affektive Veranlagung, über Charakter und Temperament auszusagen vermögen. Da aber zweifellos das Bestimmende für die persönliche Eigenart in diesem Teil der Psyche verborgen liegt, so eröffnen uns die experimentellen Methoden keinerlei Aussicht, in absehbarer Zeit hier weiterzukommen; ganz abgesehen davon, daß sie viel zu kompliziert und umfangreich sind, um bei Kranken in ausgedehnterem Maße Verwendung finden zu können. Die Überzeugung, daß hier ein Fortschritt nur in beschränktem Maße möglich sei, hat auch

Stern[120]) veranlaßt, noch auf einem zweiten Wege die Erreichung seines Zieles anzustreben. In der Hauptsache auf seine Anregung hin hat die Gesellschaft für angewandte Psychologie eine Sammelforschung begonnen, die nach einem allgemeinen, möglichst ausführlich und genau ausgearbeiteten Schema, dem sogenannten Psychogramm, die sämtlichen nur möglichen Variationen und Schattierungen des menschlichen Charakters zusammentragen soll, um erst einmal Material dafür zu gewinnen, was eigentlich für die persönliche Eigenart von Bedeutung ist, und was nicht. Zweifellos birgt der eingeschlagene Weg recht fruchtbringende Gedanken, und wir dürfen erwarten, daß er uns auch das ersehnte brauchbare Schema bescheren werde zur Feststellung der Persönlichkeit, das nach Möbius die erste und allerdringlichste Grundlage jeder individualpsychologischen Forschung sein muß. Doch stehen diese Untersuchungen noch ganz in ihren Anfängen; verwertbare Resultate sind noch nicht vorhanden, ja der Fragebogen selbst ist nicht einmal in allen seinen Einzelheiten völlig ausgearbeitet. Wir dürfen also für klinische Zwecke heute von ihr noch keine praktisch greifbaren Ergebnisse verlangen. Auch wäre eine derartige Untersuchung in ihrer unendlichen Ausführlichkeit, die ja gerade das Wertvolle der Methode darstellt, nur in vereinzelten Fällen durchzuführen; bei Kranken, die wie die unserigen, vielfach den ungebildeten Kreisen angehören, wird wohl überhaupt niemals eine ausreichende Genauigkeit in Beantwortung der Fragen zu erreichen sein. Und doch steht uns für absehbare Zeit keine andere Methode zur Erforschung persönlicher Eigenart offen, als durch einfaches Ausfragen über die Vergangenheit des Kranken, seine individuellen Züge zusammenzustellen. Wollen wir nicht ins Uferlose geraten, so werden wir uns hierbei auf einzelne wichtige Eigenschaften beschränken müssen, die uns die persönliche Eigenart am besten zu verkörpern scheinen. Die Auswahl, die wir hierfür zu treffen haben, wird auf alle Fälle sehr schwierig sein, da wir uns heute nur noch auf allgemeine Erfahrungen, nicht aber auf die gesicherten Kenntnisse einer individualpsychologischen Wissenschaft zu stützen vermögen. Sollte doch erst durch die Sammelforschung der Psychogramme der Wert der einzelnen Eigenschaften für die Kennzeichnung der Persönlichkeit bestimmt werden. Intellektuelle Faktoren scheiden von vornherein aus; sie spielen erfahrungsgemäß nur eine untergeordnetere Rolle gegenüber der gemütlichen Veranlagung, in der das ganze Schwergewicht der Persönlichkeit zu ruhen scheint. Wir wissen, daß die verschiedensten Formen intellektueller Begabung bei allen Arten der Temperamente und Charaktere vorkommen können, ohne diese in ihren wesentlichsten Zügen zu verändern. Und ganz das gleiche treffen wir in sehr ausgesprochenem Maße bei den affektiven Psychosen, wo die Höhe der Intelligenz im Krankheitsbilde wohl zum Ausdruck gelangt, aber für die wesentliche Form keinerlei entscheidende Bedeutung besitzt. Wenn wir daher die gemütliche Seite der Persönlichkeit als allein ausschlaggebend für die persönliche Eigenart betrachten müssen, so werden wir, um sie zur Darstellung zu bringen, uns am besten an Sommer[111]) anschließen, der die Art und Weise der Reaktion als den allein faßbaren Ausdruck psychischer Eigentümlichkeit in den Vordergrund stellt. So wird für uns die gemütliche Reaktionsweise, kurz alles, was man gemeinhin als Temperament, vielleicht zum Teil auch noch was man als Charakter bezeichnet, der Angelpunkt sein, um den sich unsere ganze Untersuchung drehen muß.

Aber wenn die gemütliche Eigenart des einzelnen Individuums einen wesentlichen, ja vielleicht den ausschlaggebenden Faktor für Form und Verlauf, wenigstens eines großen Teiles der affektiven Psychosen darstellt, so werden wir, da es sich ja nur um angeborene Charaktereigentümlichkeiten handelt, die als vererbbar gelten dürfen, über das einzelne Individuum hinausgreifen und auch bei den Vorfahren die psychischen Störungen und die gemütliche Veranlagung nach Möglichkeit berücksichtigen müssen. Finden wir auch dort ähnliche Erkrankungen und die gleiche gemütliche Disposition mit denselben Beziehungen zu den Affektpsychosen, so würde das sehr zugunsten unserer Auffassung sprechen. So führt uns unsere Fragestellung mitten hinein in das schwierige Problem der Vererbung. Leider scheitert auch hier wieder eine befriedigende Lösung an dem Mangel der nötigen Grundlagen. In Hereditätsfragen ist auch heute noch alles im Fluß und es fehlt vollkommen an einem sicher gegründeten Tatsachenmateriale, auf das sich eine klinische Untersuchung aufbauen könnte. Nehmen wir nur eine der kritischen Übersichten über Vererbungsfragen, wie wir sie bei Diem[18]), Graßmann[39]), Hähnle[44]) usw. finden, zur Hand, so stoßen wir auf die widersprechendsten Ansichten. Von der einen Seite wird die ätiologische Bedeutung einer gesonderten erblichen Anlage für jede einzelne Krankheitsform mit Bestimmtheit betont, während von der anderen Seite, wie es jüngst noch Eschle[23]) und Vestberg[135]) getan haben, jede Vererbung bestimmter Krankheitsanlagen geleugnet und nur eine ganz allgemeine Disposition für Geisteskrankheiten überhaupt als vererbbar anerkannt wird. Ja einzelne, wie Dejerine[15]), gehen so weit, die verschiedenen Geistesstörungen als verschiedene Stadien derselben Krankheit zu betrachten, die nur in aufeinanderfolgenden Generationen zur Entwicklung komme. Zu all diesen Streitfragen Stellung zu nehmen, ist hier nicht der Platz, zumal gerade für die Entartungszustände, mit denen wir uns hier beschäftigen, die Bedeutung der angeborenen Anlage nicht bezweifelt werden kann. Und gerade für unser spezielles Gebiet der Affektpsychosen liegen eine ganze Reihe von Arbeiten vor, die eine gleichartige Vererbung wenigstens gegenüber der zweiten großen Gruppe funktioneller Erkrankungen, der Dementia praecox, höchst wahrscheinlich machen. Die erste Arbeit über diese Frage stammt von Sioli[109]), der noch unter den alten Bezeichnungen die beiden großen Gruppen der paranoischen und affektiven Störungen einander gegenüberstellte, und dabei eine völlig getrennte Vererbung nachweisen konnte. Ganz ähnliche Beobachtungen machte Jung[58]), dem bei seinen Untersuchungen nebenbei noch die Tatsache auffiel, daß bei den Gemütskrankheiten vielfach eine entsprechende Veranlagung der Psychose vorausging. Beide Autoren fallen leider noch in eine Zeit, wo die Diagnosenstellung von rein symptomatischen Gesichtspunkten ausging, die wir heute nicht als maßgebend betrachten können, so daß auch ihre auf einer nicht mehr anerkannten klinischen Einteilung basierenden Ergebnisse keine volle Beweiskraft besitzen. Doch sind alle übrigen Autoren, die sich in neuerer Zeit mit dieser Frage näher beschäftigt haben, zu ähnlichen Resultaten gelangt. In seinen Untersuchungen der Aszendenz bei manisch-depressivem Irresein und bei Dementia praecox hat Vorster[138]) in den 9 von ihm genauer verfolgten Fällen eine völlig getrennte Vererbung gefunden. Förster[30]) kam durch Nachforschung bei 56 Familien zu dem gleichen Resultate. Kalmus[61]) hat für die Depressionszustände, die er unter der Bezeichnung der Melancholie zusammenfaßt, eine völlig gleichartige Vererbung feststellen können, und Delbrück kann ihm auf Grund eigener Erfahrungen nur zustimmen. Lippschütz[78]), der den Ursachen der Melancholie sehr ausführliche Untersuchungen gewidmet hat, fand bei einer allgemeinen Belastung von 50—80% über 9% gleichartige Vererbung, und unter den Vorfahren seiner Kranken waren nicht selten konstitutionell Depressive vertreten. Strohmayer[122]), der im allgemeinen den Standpunkt einer polymorphen Vererbung bevorzugt, nimmt nur einzelne Krankheitsbilder davon aus und zwar gerade die affektiven Erkrankungen, Manie, Hypochondrie und vor allem die melancholischen Zustände. Pilcz[95]) beobachtete Selbstmord und affektive Geistesstörung vorwiegend in der Familienanamnese solcher Kranker, die an manisch-depressiven Psychosen litten. Kreichgauer[75]) hat in jüngster Zeit das Freiburger Material nach diesen Gesichtspunkten durchforscht; auch sie kann die getrennte Vererbung von manisch-depressivem Irresein und Dementia praecox bestätigen. Dagegen können die Beobachtungen französicher Forscher [Magnan[81]), Dejerine[15])], daß gerade für Melancholie und Manie die Vererbung keinerlei ausgesprochene Bedeutung besitze, nicht aufkommen, zumal auch diese Autoren für die zirkulären Psychosen den Wert der vererbten Disposition anerkennen müssen. Soviel scheint mir nach den vorliegenden Untersuchungen sichergestellt. Bei den Affektpsychosen ist gleichartige Vererbung häufig und unter diesen scheinen vor allem die depressiven Erkrankungen hierzu zu neigen. Die exquisite Erblichkeit der Selbstmordneigung darf in diesem Zusammenhange nicht ganz übergangen werden, doch ist die Tatsache selbst allgemein anerkannt, so daß dieser kurze Hinweis genügen mag.

Nun hatten wir aber nicht allein die Vererbung psychotischer Zustände ins Auge fassen wollen. Das Vorkommen pathologischer Gemütsveranlagung und ihre Beziehungen zu den Psychosen war uns viel bedeutungsvoller gewesen, und darüber ist in den zitierten Arbeiten kaum etwas bemerkt, Lippschütz[78]) allein macht eine lobenswerte Ausnahme; er hat, wie erwähnt, häufig gerade konstitutionell Depressive unter den Angehörigen seiner Melancholiker angetroffen. Ähnliches war bei unseren Verstimmungszuständen zu erwarten, hören wir doch hier in Württemberg vielfach von einer konstitutionell-depressiven Familienanlage. Damit nähern wir uns aber dem Gebiete der Vererbung persönlicher Eigenschaften, wie Temperament und Charakter. Auch für diese Seite der Hereditätsforschung sind die Grundlagen noch äußerst dürftig. Wir haben nur die ausgezeichneten Arbeiten von Sommer[111]) [112]), Jörger[57]) und Ziermer[146]), die den letzten Jahren entstammen. Alle drei kommen zu dem übereinstimmenden Resultate einer starken Konstanz der hervorragenden Familieneigenschaften, wobei Jörger die Milieuwirkung, die früher von Kalischer[60]), Dally[14]) und anderen allein zur Erklärung herangezogen wurde, mit Sicherheit ausschließen konnte. Kinder, die in jungen Jahren in ordentliche Verhältnisse gebracht und sorgfältig erzogen worden waren, fielen sämtlich ganz spontan in das Vagabundenleben und die Verbrecherlaufbahn der Eltern zurück; nur die Belastung allein schien hier zu entscheiden. Auch die Einmischung fremden Blutes vermochte kaum einen merklichen Einfluß auszuüben. Bei den von Ziermer untersuchten Familien sind die Charaktereigenschaften der einheiratenden Frauen ohne jede nachhaltige Bedeutung geblieben; der alte Familiencharakter vererbte sich durch Jahrhunderte in gleicher Weise fort, trotzdem die Ehen fast durchweg mit Auswärtigen geschlossen wurden. So erscheint auch das Vorwiegen eines depressiven Familientemperamentes mit konstanter Vererbung durchaus im Bereiche der Möglichkeit und Untersuchungen über dessen Vorkommen und Stetigkeit sind zweifellos wünschenswert. Nun erheben sich aber bei der praktischen Ausführung wieder große Schwierigkeiten. Nur die Anlage genauer Ahnentafeln kann heute noch als einwandsfreie Untersuchungsmethode gelten. Die schweren Fehlerquellen rein statistischer Zusammenstellungen haben Grober[41]), Martius[83]), Strohmayer[124]), Wagner[139]) und andere zu deutlich dargetan. Daß aber bei einer klinischen Untersuchung in Art und Umfang dieser Arbeit eine Herstellung von Ahnentafeln nicht in genügender Weise möglich sein konnte, leuchtet von vornherein ein. Man ist allein auf die Angaben des Kranken und einzelner weniger Angehöriger angewiesen, denen meist nur die allergröbsten Störungen aufgefallen sind, so daß man sich mit ganz lückenhaften Zusammenstellungen begnügen und vielfach überhaupt verzichten muß. Gegen die statistische Verwertung solcher unzureichender Erhebungen hat man mit Recht allerlei Bedenken geltend gemacht, die allerdings für uns nicht in vollem Maße in Betracht kommen, da es ja nicht die Schwere der erblichen Belastung ist, die uns vor allem interessiert, sondern vielmehr die Frage, ob die in der Aszendenz etwa vorhandenen Störungen volle Übereinstimmung mit denen des Kranken zeigen, und ob entsprechende pathologische Gemütsveranlagungen überhaupt nachweisbar sind. So wünschenswert ein lückenloser Überblick auch sein mag, ein kleiner oder größerer Ausfall hat daher für uns nicht die wesentliche Bedeutung, die ihm für statistische Berechnungen innewohnt. Auch ziemlich beschränkte hereditäre Anamnesen lassen sich für unsere Fragen noch verwerten, sobald sie nur wirklich sichergestellte positive Angaben enthalten.

Methodik.

Das Überwiegen depressiven Temperamentes und die auffallend große Neigung zu traurigen Verstimmungszuständen bei der hiesigen Bevölkerung haben, wie erwähnt, den Anlaß zur vorliegenden Arbeit gegeben. So lag es nahe, sich gerade diesen Formen zuzuwenden, wenn wir die persönliche Veranlagung und ihre Beziehungen zu den verschiedenen Symptomenbildern der Affektpsychosen untersuchen wollten. Da war denn die konstitutionelle Verstimmung der gegebene Ausgangspunkt. Hätte ich mich aber auf sie allein oder nur auf die Depressionszustände überhaupt beschränkt, so wäre das Ergebnis ohne volle Beweiskraft geblieben. Denn sollten die innigen Beziehungen von konstitutioneller Verstimmung zu den dabei auftretenden Formen der depressiven Psychosen aufgeklärt werden, so galt es auch zu untersuchen, wie sich die Gemütskrankheiten bei Menschen mit angeboren heiterer Stimmungslage verhielten, welche Art von Temperament bei Manischen und bei den typisch Zirkulären vorherrsche. So mußten denn die sämtlichen Formen des manisch-depressiven Irreseins und der zugehörigen psychopathischen Grenzgebiete in den Bereich meiner Betrachtungen mit einbezogen werden. Bei der schwierigen Fragestellung und den vielen Fehlerquellen schien nur auf Grund eines möglichst umfangreichen Materiales ein Erfolg gewährleistet. Daher beabsichtigte ich ursprünglich die gesamten hierher gehörigen Fälle, die in der Klinik seit dem Eröffnungsjahre 1894 behandelt worden waren, meiner Arbeit zugrunde zu legen. Ich begann mit den weiblichen Kranken, die mir wegen ihrer größeren Neigung zu affektiven Psychosen zur ersten Orientierung geeigneter schienen. Hierbei stellte sich nun heraus, daß Kranke ungebildeter Stände, um die es sich vorwiegend handelte, nur mit großer Auswahl zu brauchen waren, da viele von ihnen nicht genügend Selbstbeobachtung besaßen, um die Angaben über die eigene Persönlichkeit mit der erforderlichen Genauigkeit machen zu können. So war es von vornherein ausgeschlossen, genügendes Material für eine statistische Vergleichung zusammenzubekommen. Es konnte sich nur darum handeln eine möglichst große Reihe verschiedener Typen aufzufinden, an denen dann die Zusammenhänge studiert und eine Grundlage für neue Fragestellungen gewonnen werden sollte. Unter diesen Umständen spielte die Zahl der Untersuchten keine so wesentliche Rolle mehr, und ich konnte ruhig auf die männlichen Kranken aus früheren Jahren verzichten. Pflegten doch auch gerade die älteren Jahrgänge der Nachuntersuchung besondere Schwierigkeiten entgegenzustellen, da das Interesse für die Klinik meist erloschen war, und keinerlei persönliche Beziehungen zu den Ärzten mehr bestanden. Auch waren die männlichen Kranken, wie die Erfahrung lehrte, durchweg viel weniger leicht zu einem Besuche in der Klinik zu veranlassen. Ich beschränkte mich daher bei den älteren Jahrgängen (seit dem Jahr 1894) auf die weiblichen Kranken und nahm erst seit dem Oktober 1906, der Zeit, wo ich in der Klinik tätig bin, auch das andere Geschlecht hinzu. Bei unserer verhältnismäßig nicht sehr großen Aufnahmezahl (600 jährlich) und der relativ langen Behandlungsdauer waren die Kranken seit 1906 mir alle mehr oder weniger persönlich bekannt; einen großen Teil von ihnen hatte ich selbst als Abteilungsarzt behandelt. So standen mir im ganzen etwa 600 Fälle für meine Zwecke zur Verfügung.

In den Krankengeschichten aus früheren Jahren fand sich, wie zu erwarten stand, fast nichts Greifbares für unsere Frage. Andeutungen über die persönliche Veranlagung traf ich wohl hier und da, doch genügten sie durchweg nicht unseren Ansprüchen, während im übrigen die Journale meist ausführlich waren und ein ausreichendes Bild der damals beobachteten Störungen gaben. Schriftliche Katamnesen, die ich zur vorläufigen Orientierung einzog, brachten mich natürlich auch nicht viel weiter, doch erlaubten sie wenigstens annähernde Schlüsse, bei welchen Kranken eine persönliche Nachuntersuchung überhaupt in Frage kommen konnte. Von über 300 Kranken, die ich zu diesem Zwecke in die Klinik bestellte, fanden sich schließlich doch etwa 180 ein. Meine ursprüngliche Absicht, die übrigen in ihrer Heimat aufzusuchen, mußte ich leider aufgeben, da unsere örtlichen Verhältnisse zu ungünstig sind. Die Klinik besitzt keinen abgegrenzten Aufnahmebezirk. Die Kranken verteilen sich daher auf das ganze Königreich und, da sie vorwiegend ländlichen Bevölkerungskreisen entstammen, wohnen viele verstreut in abgelegenen Dörfern, die oft nur mit großen Schwierigkeiten zu erreichen sind. So beschränkte ich mich denn auf diejenigen Kranken, die meiner Aufforderung, sich in der Klinik vorzustellen, Folge geleistet hatten, und nahm von den Patienten, die ich in der Klinik selbst beobachtet hatte, auch noch diejenigen hinzu, von denen ich vor dem Austritt in genesenem oder sehr gebessertem Zustande eine genaue persönliche Anamnese hatte aufnehmen können. Kranke, bei denen dies nicht möglich war, und die sich auch nicht zur Nachuntersuchung eingefunden hatten, wurden nicht weiter berücksichtigt. Nach Ausschaltung aller zweifelhaften Fälle verfüge ich noch über 181 brauchbare Krankengeschichten, die meinen folgenden Untersuchungen zugrunde liegen. Nachuntersucht worden sind allerdings viel mehr Patienten. Doch mußte ich eine ganze Reihe ausschließen, da ihre Angaben nicht völlig eindeutig waren, oder weil es an gutem Willen oder genügendem Verständnis fehlte. Nur dann schienen mir die anamnestischen Erhebungen ausreichend gesichert zu sein, wenn die Antworten bei wiederholten verschieden formulierten Fragen völlig identisch lauteten und bestimmt und unzweideutig abgegeben wurden. Wenn irgend möglich, habe ich noch die Angehörigen zur Bestätigung herangezogen.

Bei meinen Nachuntersuchungen verfuhr ich in ähnlicher Weise, wie dies Dreyfuß in seiner Melancholiearbeit angegeben hat, allerdings ohne eine so ausführliche Detailschilderung der früheren psychotischen Erscheinungen von den Kranken zu verlangen. Denn einmal waren diese kleinen Züge für unsere Frage nicht von so weittragender Bedeutung und dann machte ich die Erfahrung, daß es überhaupt katamnestisch nur sehr schwer gelingen wollte, wirklich klare, einwandfreie Schilderungen von den Kranken zu erhalten. Ein großer Teil behauptete keinerlei sichere Erinnerungen an Einzelheiten mehr zu besitzen, ein anderer versuchte einer Besprechung der früheren Krankheit nach Möglichkeit auszuweichen, darunter auch viele, die über ihre eigene Persönlichkeit recht gute Auskunft gaben. Es liegt dies wohl vor allem daran, daß eine Auffassung, welche die innigen Beziehungen zwischen der gemütlichen Veranlagung und dem Auftreten von Gemütskrankheiten aufzudecken versucht, durchaus dem Empfinden verständiger Laien entspricht. Derartige Untersuchungen erscheinen daher berechtigt und können bei intelligenteren Kranken auf eine gewisse Unterstützung rechnen, während Ausfragen über die frühere Erkrankung selbst meist peinliche Erinnerungen weckt und deshalb fast durchweg auf starkes Widerstreben stößt. Daher beschränkte ich mich im allgemeinen auf eine Ergänzung der vorhandenen Krankengeschichten, soweit dies erforderlich schien, und beschäftigte mich nur mit denjenigen Zuständen eingehender, von denen keine Beobachtungen vorlagen. Vor allem suchte ich nach Möglichkeit festzustellen, ob neben den schwereren Erkrankungen auch leichtere deutlich umschriebene

Schwankungen des Gemütslebens aufgetreten waren, und wie weit es sich dabei um endogene oder um von äußeren Einflüssen abhängige Verstimmungen gehandelt zu haben schien. Daß man auf diesem Wege nicht zu völlig sicheren und einwandfreien Ergebnissen gelangen konnte, ist sebstverständlich. Unterliegen doch schon Gesunde, sogar Leute, die an genaue Selbstbeobachtung gewöhnt sind, nicht selten Täuschungen in dieser Hinsicht. Die wahren Gründe unserer Stimmungen sind uns ja selten klar bekannt. Ein dem Bewußtsein entschwundenes gefühsbetontes Erlebnis kann noch stunden- und tagelang nachwirken, wie wir ja auch von Träumen wissen, daß sie noch längere Zeit die Tagesstimmung beherrschen können, selbst wenn ihr Inhalt dem Gedächtnis lange entschwunden ist, ja sogar vielleicht auch dann, wenn er niemals recht ins Wachbewußtsein eingedrungen war. Umgekehrt suchen wieder viele Kranke in ihrem Bedürfnis nach kausalen Zusammenhängen jedes nur mögliche zufällige Erlebnis mit einer endogen entstandenen Verstimmung in ursächliche Beziehung zu setzen. Man wird daher solche Angaben nur mit größter Vorsicht verwenden dürfen. Immerhin glaube ich, daß ganz bestimmten Aussagen intelligenter Kranker über das Fehlen oder Vorhandensein solcher Zusammenhänge eine gewisse Bedeutung nicht abgesprochen werden kann. Behält man diese Einschränkung im Auge, so wird man auch mit der an und für sich recht groben Methode doch zu annähernd richtigen Resultaten gelangen können. Doch das war nur ein Nebenpunkt. Worauf es mir vor allem ankam, war eine möglichst umfassende Darstellung der gemütlichen Veranlagung, soweit dies im Rahmen einer derartigen klinischen Untersuchung überhaupt möglich war. Die Schwierigkeiten einer solchen Untersuchung sind schon früher eingehend erörtert worden. Da es uns an einer wirklich brauchbaren Individualpsychologie fehlt, so ist das, was eigentlich das Wesen der Persönlichkeit ausmacht, für uns heute nur in groben Zügen faßbar. Eine Einteilung der einzelnen Charaktere die sich praktisch verwerten ließe, besitzen wir nicht; denn was man so gemeinhin als Temperamente zu bezeichnen pflegt, sind viel zu verschwommene und vage und dann auch wieder zu schematische Begriffe, als daß sie für eine wissenschaftliche Untersuchung die Grundlage abgeben könnten. Am ehesten wird man hier noch zu einem gewissen praktisch brauchbaren Ergebnis gelangen, wenn man sich auf die gemütlichen Vorgänge beschränkt und dann den Gesichtspunkt in den Vordergrund stellt, daß es sich dabei um Reaktionsvorgänge handelt. Dann wird man einfach festzustellen haben, wie das betreffende Individuum auf die einzelnen Lebensreize geantwortet hat und so wenigstens gewisse Anhaltspunkte für verschiedene affektive Typen gewinnen können. Eine feinere etwas in die Tiefe gehende Untersuchung schloß mein Material von vornherein aus. Ich konnte mich nur an die landläufigen Bezeichnungen für die verschiedenen Charaktereigenschaften halten, wobei es häufig nicht ganz leicht fiel, die Bedeutung des Wortes im einzelnen Falle herauszuschälen, da nicht selten mit dem gleichen Ausdruck ganz Verschiedenes bezeichnet wird. Doch gelang es im allgemeinen, ohne wesentliche Schwierigkeiten, festzustellen, wie der Untersuchte den vielen Widerwärtigkeiten des Lebens gegenüber sich verhalten hat, wie er unangenehme Erlebnisse zu verarbeiten und wie er sich seiner Umgebung gegenüber zu verhalten pflegte, und vor allem welche Stellung er seinen eigenen Leistungen und seinen Fehlern und Schwächen gegenüber einnahm. Der Neigung zu übertriebener Religiosität, zu Grübeleien und Selbstquälereien wurde besondere Aufmerksamkeit geschenkt. Auch habe ich überall sorgfältig nach Zwangsvorgängen geforscht und mich genau davon überzeugt, ob sie nicht wenigstens andeutungsweise vorhanden waren. Kann man so für die depressive Seite eine Reihe charakteristischer Züge zusammenstellen, die wenigstens eine versuchsweise Einteilung gestatten, so ist das bei der angeborenen heiteren Veranlagung außerordentlich viel schwieriger. Hier lassen sich nur die typisch hypomanischen Formen in ihren mehr ausgelassenen oder querulierenden Spielarten etwas deutlicher hervorheben und von den einfach schaffensfrohen Naturen unterscheiden, die eigentlich den Typus des gesunden vollwertigen Menschen darzustellen scheinen. Doch ginge ja auch eine genaue Bearbeitung dieser Formen über den Rahmen meiner Untersuchungen hinaus.

Zur Ergänzung der persönlichen Charakteranamnese sollte nach Möglichkeit die Heredität herangezogen werden. Doch hier stieß ich auf nahezu unüberwindliche Schwierigkeiten. Sogar für die gröbsten Dinge, für schwere Psychosen oder Selbstmord reichte die Erinnerung meiner Gewährsleute fast niemals über die Großeltern hinaus. Ich mußte froh sein, wenn mir nur über diese genauere Angaben zuteil wurden. Viel schlimmer war es natürlich mit den persönlichen Charaktereigenschaften bestellt, von denen nur das in der Erinnerung haften geblieben war, was den Träger in sozialer Hinsicht schwer geschädigt und so die Aufmerksamkeit auf sich gezogen hatte. Nur wo eine depressive grüblerische Veranlagung vorhanden war, da pflegten diese Kranken, die sich nur allzu gern mit sich selbst beschäftigen, auch ähnlichen Charakteren unter ihren Angehörigen nachzugehen und meist spontan schon anzugeben, wo sie ihr Temperament geerbt hätten, und wie es sonst noch in der Familie vertreten sei. Ähnlich verhielt es sich bei ausgesprochen heiteren Naturen. So gewinnen wir wenigstens gewisse Anhaltspunkte über den Familiencharakter, wobei aber allein die positiven Resultate einen wirklichen Wert beanspruchen dürfen.

Wie ich die Kranken im einzelnen ausgefragt habe, wird aus den nachfolgenden Krankengeschichten deutlich hervorgehen, so daß ich mich hier mit diesen Andeutungen begnügen kann. Einen Fragebogen habe ich nicht angelegt, da er doch im Gros der Fälle versagt hätte. Ich mußte mich immer wieder von neuem der einzelnen Persönlichkeit, ihrem Bildungsgrade und ihrem Wesen anpassen, wenn ich überhaupt etwas Brauchbares erfahren wollte. Ein Schema wäre da nur hinderlich gewesen.

Krankengeschichten.

A. Die konstitutionelle Verstimmung.

Wir hatten als Ausgangspunkt für unsere Untersuchungen die konstitutionell depressive Verstimmung gewählt. Von all den verschiedenen Untergruppen des großen manisch-depressiven Formenkreises erschien sie uns als ganz besonders geeignet. Denn einmal steht sie, wie das eingangs schon ausführlicher dargelegt wurde, den typischen zirkulären Erkrankungen sehr nahe. Wir konnten hinweisen auf ihre Neigung zu sich wiederholenden gemütlichen Schwankungen, die periodischen Depressionen in ihrem Symptomenbilde zum Verwechseln ähnlich sehen. Ja die ganze konstitutionelle Verstimmung selbst schien in ihrer vollen typischen Ausprägung so sehr dem entsprechenden depressiven Anfalle des zirkulären Irreseins zu gleichen, daß man, zumal wenn periodische Verschlimmerungen auftraten, im Zweifel sein konnte, ob es sich hier nicht nur um protrahierte bis in die früheste Jugend sich erstreckende Depressionzsustände handle. Auf der anderen Seite haben wir es aber bei der konstitutionellen Verstimmung mit Störungen des Gemütslebens zu tun, die als der Ausdruck einer angeborenen gemütlichen Veranlagung aufgefaßt werden dürfen und die mit dem, was die Persönlichkeit des Menschen ausmacht, auf das innigste zusammenhängen. Hier müssen also die Beziehungen von Veranlagung zu krankhaften Erscheinungen am handgreiflichsten zutage treten. So eignet sich zweifellos von all den verschiedenen Formen des gesamten manisch-depressiven Irreseins die konstitutionelle Verstimmung am besten für eine Untersuchung über den Wert individueller Eigenart bei gemütlichen Erkrankungen.

Über die konstitutionelle Verstimmung selbst brauchen wir nur wenig zu sagen. Was man darunter zu verstehen hat, ist bekannt, und Kraepelin hat in seinem Lehrbuche eine so meisterhafte Schilderung von ihr entworfen, daß kaum noch etwas hinzuzufügen bleibt. Ich will nur kurz das Wesentlichste hier anführen. Die kennzeichnende Erscheinung ist die andauernd trübe Betonung aller Lebenserfahrung und ihre Folge eine ununterbrochen gedrückte und mutlose Stimmung, die den Kranken von Jugend auf eine besondere Empfänglichkeit für die Sorgen, Mühsale und Enttäuschungen des Lebens verleiht. Solche

Menschen nehmen alles schwer und empfinden bei jedem Ereignis die kleinen Unannehmlichkeiten weit stärker als die erhebenden, befriedigenden Seiten des unbekümmerten frohen Genusses, der rückhaltlosen Hingabe an die Gegenwart; jeder Augenblick der Freude wird ihnen durch die Erinnerung an trübe Stunden, durch Selbstvorwürfe und mehr noch durch grell ausgemalte Befürchtungen für die Zukunft vergällt. Auch wenn sie unter anderen ganz heiter erscheinen, so fallen sie, sich selbst überlassen, sofort wieder in ihre trostlose Stimmung zurück und haben eine gewisse Befriedigung, sich in das Elend ihres Lebens hineinzugrübeln. Jede Aufgabe steht vor ihnen wie ein Berg; das Leben, die Tätigkeit ist ihnen eine Last, die sie mit pflichtmäßiger Selbstverleugnung gewohnheitsmäßig tragen, ohne durch die Lust am Dasein, die Freude am Schaffen entschädigt zu werden. Sie haben kein Vertrauen zu ihrer eigenen Kraft, sie verzweifeln bei jeder Aufgabe und werden ungemein leicht ängstlich und verzagt, fühlen sich unnütz auf der Welt und zu allem untauglich. Sie schrecken vor jeder Verantwortung zurück, fürchten die entferntesten Möglichkeiten, wägen peinlich alle Umstände und Folgen ab, vermeiden streng alle ungewöhnlichen oder gar gefährlichen Handlungen. Sie müssen alles selber machen, weil sie sonst glauben, nicht die Verantwortung tragen zu können, haspeln sich ab von früh bis spät in kleinlicher Tätigkeit, weit mehr als nötig wäre, besorgen alles mit quälerischer Genauigkeit und Pünktlichkeit. Infolge dieser Ängstlichkeit kommen die Kranken nie zu einem raschen Entschluß, sie überlegen endlose Zeit, ohne etwas auszuführen, kleben daher an jeder Aufgabe fest und gelangen allmählich zu immer engerer Beschränkung ihrer Tätigkeit. Das sind so die wesentlichsten Züge, aus denen sich das Bild der konstitutionellen Verstimmung zusammensetzt, auf anderes werden wir weiter unten noch zurückkommen müssen.

Als wichtigstes Kennzeichen hat Kraepelin die andauernd trübe Betonung aller Lebenserfahrung an den Anfang seiner Schilderung gestellt. Nehmen wir einmal für den Augenblick dieses Symptom als unser Leitmotiv, ohne Kraepelins ausführliche Beschreibung weiter zu berücksichtigen, so würden wir mit dieser Definition ein großes Gebiet der angeborenen Störungen des Gemütslebens umschreiben; denn die Neigung zu depressiver Lebensauffassung ist eine weitverbreitete Erscheinung psychopathischer Veranlagung. Nun hat aber Gaupp[36]) bei Betrachtung der Verstimmungszustände zwei Gruppen von angeborener gemütlicher Reaktionsweise unterscheiden können, Leute mit langsam ansteigender, lang hingestreckter und träge verlaufender Affektkurve und solche mit schneller heftiger Reaktion, bei denen die Kurve steil zur höchsten Höhe ansteigt und rasch und unvermittelt wieder zur Norm zurückkehrt. Wir werden erwarten dürfen, daß unter den konstitutionell Verstimmten bei einer Zusammenfassung in so weiten Grenzen beide Formen von affektiven Persönlichkeiten sich finden müssen, und das trifft auch in der Tat zu. Allerdings, das wäre gleich zu betonen, die schweren, gewissermaßen klassischen Fälle der Kraepelinschen Schilderung gehören dem ersten Typus an, auf den er seine Darstellung im allgemeinen zugeschnitten hat, doch ohne auf die Verlaufsweise der Affektreaktion näher einzugehen. Er gedenkt aber dieser besonderen Veranlagung, indem er auf die Neigung der Kranken zu Grübeleien und Selbstquälereien hinweist. Denn nicht nur die augenblicklichen trüben Erfahrungen sind es, welche solche Menschen auf Wochen und Monate hin völlig gefangen nehmen, unangenehme Erlebnisse aus längst vergangenen Zeiten, zumal kleine Verfehlungen, die aus der frühesten Jugend stammen können, pflegen bei solchen Persönlichkeiten immer wieder von neuem aufzutauchen, können ihr ganzes Denken beherrschen und sie schließlich zu jeder brauchbaren Tätigkeit unfähig machen. Daß gerade sexuelle Dinge hierbei eine große Rolle spielen, hat Kraepelin besonders hervorgehoben. Bedeutungsvoll erscheint diese Seite gemütlicher Veranlagung durch ihre Beziehungen zu den Zwangszuständen, bei welchen auch die Unmöglichkeit, gefühlsbetonte Erlebnisse depressiver Natur zu überwinden und aufzulösen, als angeborene oder wenigstens bis in die früheste Jugend zurückreichende Eigentümlichkeit durchweg sich findet. Daß bei diesen Kranken in gleicher Weise sexuelle Vorkommnisse eine ganz besondere Widerstandskraft besitzen, mag nur kurz erwähnt werden. Uns interessiert vor allem die Tatsache, daß in das Gebiet der Zwangserkrankungen hinein gehörende Erscheinungen bei den schweren Formen konstitutioneller Depression recht häufig, wenigstens andeutungsweise, vorhanden sind. Kraepelin erwähnt den Drang der Kranken, alles, auch die geringsten Kleinigkeiten, selbst zu erledigen aus Furcht, es könnte sonst irgend etwas nicht ganz richtig gemacht werden, selbst wenn es sich um völlig gleichgültige Dinge handelt. Damit verbindet sich fast immer ein zwangsmäßiger Trieb, die vollendete Arbeit auf das genaueste nachzukontrollieren, ob nicht doch noch irgend etwas fehle, mag der Kranke noch so sehr überzeugt sein, daß er alles auf das pünktlichste und zur größten Zufriedenheit ausgeführt hat. Auch die von Kraepelin erwähnten Eigentümlichkeiten, die Schrullen und Eigenheiten, die sich bei einzelnen Kranken als Schutzmaßregeln gegen innere Schwierigkeiten ausbilden, die Ticks, die vielfach Überreste von Abwehrbewegungen darstellen, erinnern sehr an ähnliche Erscheinungen bei alten Zwangsneurotikern, wo sie ja ganz dem gleichen Zwecke dienen. Von diesem Gesichtspunkte aus betrachtet, gewinnt die eigentümliche schleppende Verlaufsweise der gemütlichen Vorgänge bei den konstitutionell Depressiven eine ganz besondere Bedeutung. Sie erscheint wie eine leichtere Form, man möchte sagen, wie eine Vorstufe der Zwangszustände, und die hier besprochene Veranlagung wird zum Boden, aus dem heraus sich die Zwangsvorgänge entwickeln, so daß wir für die Gruppe unserer Kranken, die den Typus schwerer konstitutioneller Verstimmung am reinsten darbietet, die engsten Beziehungen zur Zwangsneurose haben. Klinische Erfahrungen bestätigen diese Annahme; wir finden nämlich nicht nur bei allen ausgesprocheneren Zwangszuständen die genannte Veranlagung deutlich ausgesprochen, sondern auch bei den Kranken, die nur vorübergehend in einer Verstimmung Zwangserscheinungen darbieten, wird diese Anlage kaum jemals vermißt. Soukhanoff[114]) hat als erster auf diese Tatsache hingewiesen und den hier besprochenen Persönlichkeiten den recht bezeichnenden Namen Scrupuleux beigelegt. Sonst hat die Form der Veranlagung bei den Zwangsvorstellungskranken wenig Beachtung gefunden. Eine Ausnahme machen die Untersuchungen Freuds und seiner Schüler, die aber die hier als Veranlagung aufgefaßten Erscheinungen schon zu den Symptomen der Erkrankung rechnen und deren Beginn bis in die früheste Jugend zurückdatieren. Wie weit dies berechtigt ist, vermag ich nicht zu entscheiden. Doch ist das hier nicht von einschneidender Bedeutung, da auch von Freud eine bestimmte Veranlagung angenommen werden muß, die erst die Entwicklung solcher Charaktereigenschaften ermöglicht. Wie dem auch sei, daß ein Teil der konstitutionell Verstimmten den Zwangszuständen sehr nahe steht und direkt zu ihnen hinüberführt, scheint nach dem Gesagten vollkommen sicher. So gewinnen Janet's feine symptomatische Untersuchungen über die Zwangsneurose auch für die Beurteilung der uns hier vorliegenden Störungen ein erhöhtes Interesse. Als Grundstörung, aus der sich die ganze Erkrankung herausentwickelt, nimmt er eine gewisse angeborene Veranlagung an, die er als Psychasthenie bezeichnet. Mit unserer Form der konstitutionellen Verstimmung deckt sie sich nicht, doch ist eine, vielleicht die wichtigste der von ihm gefundenen Störungen, mit dem oben geschilderten Symptomenkomplex nahe verwandt. Als eine Haupteigentümlichkeit seiner Psychastheniker fand er ein eigentümliches Gefühl von Unzulänglichkeit und Unvollkommenheit, das alle psychischen Vorgänge, Gefühle wie Empfindungen und Willenshandlungen dieser Kranken zu begleiten pflegt und das er „sentiment d'incomplétude" nennt. Ganz etwas Ähnliches haben wir vorhin als charakteristisch für die schweren Formen unserer Depressiven kennen gelernt. Auch sie gelangen mit den meisten ihrer Handlungen nicht zu einem wirklichen Abschlusse, da sich immer wieder das Gefühl dazwischen schiebt, es sei doch nicht alles völlig zu Ende geführt und erledigt. Selbst wenn die Kranken von dem Gegenteil fest überzeugt sind, das Gefühl der Befriedigung über die vollendete Leistung stellt sich nicht ein. Ganz ebenso gelingt es ihnen auf affektivem Gebiete nicht, ihre Gemütsbewegungen auszugleichen und zu verwinden; Wochen, Monate und Jahre lang zieht sich in fast gleicher Höhe ihre Affektkurve dahin, und Erinnerungen an kleine Vergehen lösen ewiges Grübeln aus, das niemals zur Ruhe kommen kann. Am schönsten und einfachsten tritt aber die Erscheinung in dem Kontrollierzwange zutage, der sich vielfach bei Kranken findet, die sonst von richtigen Zwangserscheinungen niemals etwas dargeboten haben. Ich bin natürlich weit davon entfernt, das Symptomenbild der konstitutionellen Depression ganz auf den Janet'schen Begriff zurückführen zu wollen; würde er doch schon bei der Erklärung der langsamen und schleppenden Affektreaktion völlig versagen. Es lag mir nur daran, die engen Beziehungen, die hier vorliegen, klar hervorzuheben. Es sprechen übrigens noch mehr klinische Gründe dagegen, auch nur eine Gruppe der konstitutionellen Verstimmung völlig mit den Zwangszuständen zu vereinigen, wie man vielleicht auf Grund psychologischer Ähnlichkeiten geneigt sein könnte. Wohl finden sich regelmäßig die gleichen Züge der Veranlagung bei beiden Erkrankungen wieder; aber die andauernde traurige Affektlage und die trübe Verarbeitung aller Lebenserfahrung ist zweifellos kein den Zwangszuständen zugehöriges Symptom. Es leitet uns vielmehr zu einer ganz anderen Gruppe von Erkrankungen hinüber, dem manisch-depressiven Irresein, zu dem ja gleichfalls die engsten Beziehungen bestehen. Daß stärkere gemütliche Schwankungen, wie sie bei konstitutionell Verstimmten gar nicht selten sind, sich allein aus dem Symptomenbilde nicht von periodischen Depressionen unterscheiden lassen, wurde schon erwähnt. Weist doch in beiden Fällen die Erkrankung völlig die gleichen Erscheinungen auf. Selbst Entschlußunfähigkeit und Hemmung, die klassischen Symptome der zirkulären Depression, fehlen bei der konstitutionellen Verstimmung nicht. Nun wissen wir aber, daß jeder depressive Affekt sich mit einem gewissen Gefühl von Erschwerung und Leistungsunfähigkeit zu verbinden pflegt. Es wäre daher wohl das nächstliegende, etwaige Erscheinungen von Hemmung einfach als die natürliche Begleiterscheinung der Gemütslage aufzufassen. Und in der Tat sehen wir auch bei unseren Kranken durchweg mehr oder weniger Züge einer solchen, wohl am besten als psychopathische Leistungsunfähigkeit zu bezeichnenden Hemmung, die sich in einer auffallend schnellen Ermüdung bei guter Kraft und in einem Gefühl von Erschwerung kund gibt, das sich mit zahlreichen körperlichen Beschwerden vergesellschaftet. Aber nicht genug damit, machen wir beim Verkehr mit solchen Menschen die Beobachtung, daß viele von ihnen eine merkwürdige Langsamkeit, Unbeholfenheit und Schwerfälligkeit an den Tag legen, so daß sie auf den ersten Blick viel unbegabter erscheinen als sie wirklich sind. Meist haben sie auch auf der Schule nicht gut abgeschnitten. Da hätten wir nun eine allgemeine Hemmung, die ganz dem entspricht, was man bei leichten zirkulären Depressionen sieht. Einzuwenden wäre nur, daß auch diese Störung nicht ganz eindeutig ist. Denn zweifellos spielt die früher erwähnte eigentümliche Gemütsveranlagung, die uns zu den Zwangszuständen hinübergeführt hatte, auch hier eine nicht zu unterschätzende Rolle. Es ist ja keine Frage, daß die Neigung zu fruchtlosen Grübeleien, die Ängstlichkeit, die vor jeder neuen Aufgabe zurückschreckt, die Unfähigkeit, mit irgendeinem psychischen Erlebnis wirklich fertig zu werden, lähmend und hemmend auf den Menschen wirken muß. Dazu kommt noch die ängstliche Befangenheit und Schüchternheit, die allein schon völlig ausreicht, die schlechten Leistungen auf der Schule zu erklären, wie das vielfach von den Kranken bestätigt wird. Auch die Ungeschicklichkeit beim Erlernen einer neuen Beschäftigung und das erschwerte Eingewöhnen in veränderte Verhältnisse, Eigenschaften, die unsere Kranken besonders auszeichnen, lassen sich nicht ohne weiteres im Sinne einer Hemmung deuten. Jede neue Arbeit verlangt volle Konzentration, während eine eingeübte Tätigkeit auch ohne besondere Anspannung der Aufmerksamkeit sich ausführen läßt. Nun fehlt es aber den Kranken vollkommen an der Fähigkeit, ihre Gedanken energisch auf die gerade vorliegende Beschäftigung zu konzentrieren; sie erscheinen daher in hohem Maße ablenkbar, ohne es eigentlich zu sein. Denn es sind nicht die äußerlich an ihn herantretenden Dinge, die den Kranken von seiner augenblicklichen Obliegenheiten abziehen, es sind seine depressiven Gedanken, die sich immer wieder in der gleichen Weise einstellen, sobald nur die äußeren Umstände irgendeine Gelegenheit zur Anknüpfung darbieten, die sein ganzes Bewußtsein erfüllen und ihn dadurch verhindern, sich voll seinen gegenwärtigen Aufgaben zu widmen. So ist er eigentlich niemals ganz bei der Sache und ein Teil der Unsicherheit, ob er wirklich seine Pflicht erfüllt habe, mag auf diese wohl nur halbbewußte Erkenntnis zurückgehen. Doch alle die angeführten Momente vermögen nicht die eigentümliche geistige Schwerfälligkeit dieser Kranken völlig klarzulegen. Bedenkt man nun, daß der schleppende und protrahierte Verlauf der Affektkurve ja eigentlich nichts anderes bedeutet als die gleiche Erscheinung auf dem Gebiete des Affektlebens, so wird man wohl geneigt sein, hier ähnlich parallel verlaufende Störungen anzunehmen, wie es bei den zirkulären Depressionen Hemmung und Stimmungslage sind. Dann ist es auch nicht weiter wunderbar, daß wir keinerlei Möglichkeit besitzen, die eben besprochenen Störungen der konstitutionellen Depression von der echten zirkulären Hemmung abzutrennen, wie es ja überhaupt recht fraglich ist, ob hier prinzipiell verschiedene Dinge vorliegen. So sehen wir unsere erste Form der konstitutionellen Verstimmung nach zwei Seiten hin so enge Beziehungen eingehen, daß eine scharfe Grenzlinie nur mit Gewaltmitteln gezogen werden kann. Zwei Formen von Erkrankungen entwickeln sich auf ihrem Boden als verstärkte Ausprägung gewisser dauernd vorhandener Züge. Davon scheidet die eine, die Zwangsneurose, bei unseren Untersuchungen aus; wir wollen in dem Folgenden nur den Beziehungen zu den Verstimmungszuständen nachgehen. Nur unter den Beispielen für die erste Gruppe sollen auch ein paar Zwangsvorstellungskranke Platz finden, um die völlig identische gemütliche Veranlagung dieser Leute zu zeigen.

Fall 1.

C. A., Tagelöhner aus W., geb. den 22. November 1864, stammt von mütterlicher Seite her aus belasteter Familie. Die Mutter der Mutter war eine aufgeregte Frau, die alles sehr schwer nahm. Die Mutter ist gleichfalls depressiv veranlagt (Beisp. 27) und hat mehrfach schwere Depressionszustände durchgemacht, so gerade zur Zeit als sie mit Pat. schwanger ging. Er selbst, ein uneheliches Kind, war von klein auf sehr schwächlich und zart, so daß man lange an seinem Aufkommen zweifelte. Auf der Schule hat er nur mittelmäßig gelernt und sich wegen seiner Schüchternheit und Ängstlichkeit stets recht schwer getan. Er war überhaupt ein außerordentlich empfindliches Kind, das von jeher alles sehr schwer aufnahm und sich grundlos Sorgen machte. Jede Kleinigkeit tat ihm weh, ein ungeschicktes Wort konnte ihn auf das tiefste verletzen. Mit solchen Erfahrungen quälte er sich dann lange ab, ohne innerlich zur Ruhe kommen zu können, wie überhaupt alle gemütlichen Vorgänge bei ihm außerordentlich schleppend abliefen. Jedes unangenehme Erlebnis, mochte es sein, was es wollte, hatte den gleichen Erfolg. Sofort schlossen sich dann allerlei Grübeleien an, er machte sich Sorgen wegen der Zukunft, quälte sich mit früheren Verfehlungen und zermarterte sich mit Gedanken an seine eigene Unzulänglichkeit. Im Arbeiten war er sehr genau, in vielem übertrieben pünktlich und ängstlich und hatte dann und wann auch ausgesprochenen Zwang, selbst zur Zufriedenheit erledigte Arbeiten nochmals nachzukontrollieren. Vom Tanzen, den allgemeinen Vergnügungen und Lustbarkeiten hat er sich von jeher ferngehalten. Das verbot ihm schon seine religiöse Anschauung, die stets übertrieben streng und pietistisch war; er war durch die ebenso gesinnte Mutter schon früh in diese Bahn geleitet worden. Nähere Bekannte und wirklich gute Freunde hat er niemals besessen. Stets war er für sich allein, verschloß alles, was ihn näher anging, völlig in seinem Inneren und hat nicht einmal seine Mutter, die ihm sonst sehr nahe stand, einen tieferen Einblick gewährt. Gedanken ans Heiraten hat er in früheren Jahren öfters gehabt, doch ist es bei seiner Schüchternheit niemals so weit gekommen. Der geschilderte Zustand war nicht dauernd in ganz der gleichen Weise bei dem Kranken vorhanden. In seiner frühesten Jugend standen mehr die Empfindlichkeit und die religiösen Befürchtungen in dem Vordergrunde; die ausgeprägten Erscheinungen entwickelten sich anscheinend erst im 18. Jahre, wo eine mehrjährige Verschlimmerung ihn zeitweise völlig arbeitsunfähig machte. Von da an schwankte es unablässig. Mehrfach im Jahre traten bessere und schlechtere Wochen auf, zum Teil ohne Veranlassung, zum Teil sicher als Folge irgendwelcher betrübender Erfahrungen, die stets einen recht ungünstigen Einfluß auf ihn ausübten. Trotz der vielen Schwankungen hat er niemals auch in seinen besten Zeiten die Höhe normaler Stimmung erreicht.

Nach Verlassen der Schule hat er das Bäckerhandwerk erlernt, da er aber bei seiner Ungeschicklichkeit und Schüchternheit kein guter Arbeiter zu werden versprach, auch sein schlechtes Gehör ihm beim Verkehr mit den Leuten angeblich hinderlich gewesen sein soll, wurde er schon nach kurzer Zeit nur noch in der Landwirtschaft beschäftigt. Er war in mehreren Stellen mit einfacher Arbeit als Hausbursche usw. tätig, zwischenhinein auch immer wieder für kürzere Zeiten in der Heimat, bis er 24jährig nach einem Fußleiden, das ihm Schonung aufzwang, endgültig dorthin zurückkehrte und nun mit der Mutter zusammenlebte. Er besorgte den eigenen Acker, ging als Tagelöhner aus und trieb daneben etwas Korbflechterei. In der Fremde war es ihm stets sehr schwer geworden, da er unter unfreundlicher Behandlung so furchtbar litt. Zu Hause war er viel ruhiger, doch folgten sich auch hier bessere und schlechtere Zeiten in ewigem Wechsel; dabei blieb er aber dauernd wenigstens einigermaßen arbeitsfähig. 1902 erkrankte die Mutter an einer schweren Depression mit Suicidversuch, was ihn außerordentlich mitnahm und seinen Zustand wesentlich verschlimmerte. Nach mehrmonatlichem Anstaltaufenthalt kam die Mutter noch ungeheilt nach Hause zurück und lebte nun weiter mit ihm zusammen in der alten Weise bis 1906, wo ein neuer Anstaltsaufenthalt der Mutter notwendig wurde. Nur kurze Zeit hielt er es noch zu Hause aus, dann verschlimmerte sich sein eigener Zustand so, daß er gleichfalls die Klinik aufsuchte. Er kam in einer leichten Depression mit völliger Verzagtheit, Lebensüberdruß und Furcht vor der Zukunft. Seine gewöhnlichen Grübeleien hatten sich stark verschlimmert und es bestand sehr ausgeprägtes Insuffizienzgefühl. Hier erholte er sich außerordentlich rasch, aber alle Entlassungsversuche scheiterten, da er sofort rückfällig wurde. So blieb er in der Klinik beschäftigt bis Frühjahr 1907, ohne daß sich außer seinen gewöhnlichen leichten Schwankungen stärkere Erscheinungen gezeigt hätten. Damals glückte es, ihn auf einem benachbarten Gute als Arbeiter unterzubringen; er hielt es aber nur ein Jahr dort aus. Nach einem kurzen Aufenthalt in der Klinik im Frühjahr 1908, wo er keinerlei schwere Verstimmung, sondern nur starkes Insuffizienzgefühl und Verzagtheit zeigte, wurde er abermals auf einem Gute als landwirtschaftlicher Arbeiter eingestellt. Diesmal meldete er sich schon nach dreiviertel Jahren zurück; er hatte sich wegen kleiner Schwierigkeiten und Reibereien so trostlos unglücklich gefühlt, daß er nicht auszuhalten vermochte. Da er sich immer als fleißig und ordentlich erwiesen hatte und offenbar draußen für ihn kein Bleiben mehr war, seitdem seine Mutter dauernd in einer Anstalt interniert worden, so wurde der Versuch gemacht, ihn in der Klinik als Pfleger zu verwenden. Der Erfolg war befriedigend. Pat. ist noch heute in dieser Stellung tätig, wenn er auch infolge seiner Langsamkeit und Unsicherheit für selbständige Posten keine Verwendung finden kann. Nachdem er in der Klinik gewissermaßen eine zweite Heimat gefunden hat, ist er in ähnlicher Weise wie damals zu Hause zu einem gewissen Gleichgewichte zurückgekehrt und die gemütlichen Schwankungen sind leichter und seltener geworden.

Hier haben wir es mit einem Patienten zu tun, der allen Anforderungen gerecht wird, die wir für die erste Gruppe der konstitutionellen Verstimmung aufgestellt hatten. Wir finden eine bis in die früheste Jugend zurückreichende trübe Lebensauffassung, verbunden mit Neigung zu Grübeleien, unfruchtbarer Selbstkritik und zwecklosen Befürchtungen. Andeutungen von Zwangserscheinungen sind hier verhältnismäßig wenig ausgesprochen; nur Kontrollierzwang weist darauf hin, daß auch hier solche Beziehungen bestehen. Typisch ist dagegen wieder die langsame und schleppende Affektkurve und die übertriebene Scheu, sich vor anderen bloßzustellen, die zu völliger Abschließung selbst den nächsten Angehörigen gegenüber führt. Auffallend ist die starke Abhängigkeit von äußeren Schädigungen. Ein gewisser Einfluß der äußeren Umgebung findet sich ja fast regelmäßig bei allen konstitutionell Depressiven, doch pflegt er gerade bei der ersten Gruppe meist nicht so ausgesprochen zu sein wie hier. Das ungewöhnliche Verhalten findet seine Erklärung wohl in der ganz außerordentlichen Empfindlichkeit des Kranken, die es ihm völlig unmöglich macht, außerhalb ganz ruhiger gleichmäßiger Verhältnisse zu leben. Wird er unter die günstigsten Bedingungen gebracht, so vermag er gerade noch mit seiner unglücklichen Anlage fertig zu werden und ein einigermaßen brauchbares Glied der menschlichen Gesellschaft darzustellen. Selbstverständlich müssen derartige Leute, wenn die äußeren, vor allem die häuslichen Verhältnisse, unglückliche sind, völlig scheitern.

Fall 2.

F. K., Schuhmacher aus W., geb. den 6. April 1882, ist der ältere von zwei gesunden Brüdern. Der Vater ist eine depressive Natur, die alles schwer aufnimmt; zwei Schwestern der Mutter waren vorübergehend wegen Erregungszuständen in einer Irrenanstalt. Er selbst soll als klein ein kräftiges Kind gewesen sein, das sich normal entwickelte und auf der Schule gut lernte. Nach den Aussagen der Mutter, die durch seine eigenen übereinstimmenden Angaben ergänzt werden, war er von jeher sehr strebsam, fleißig und außerordentlich pünktlich. Er wagte es nicht in die Schule zu kommen, wenn nicht alle Aufgaben richtig gelöst waren, und immer wieder stiegen ihm Zweifel auf, ob er auch alles ordentlich erledigt habe, so daß er, während die anderen spielten, die Gedanken an die Arbeit nicht aus dem Kopfe brachte. Er war ruhig, brav und still, niemals so recht ausgelassen; sein ganzes Wesen war eingezogen, er machte niemals wie die anderen mit; doch war er nicht direkt einsiedlerisch, auch nicht gerade kopfhängerisch, sobald er seine Pflicht getan zu haben glaubte. Stets war er bei Nacht schreckhaft und verzagt, doch habe man ihm auch als Kind durch allerlei Erzählungen Angst vor der Dunkelheit eingeflößt. Schon als Junge schlief er schlechter als seine Geschwister, war stets etwas nervös, ermüdete außerordentlich leicht und vertrug den Alkohol sehr schlecht. Er machte schon in den Entwicklungsjahren einen sehr gesetzten Eindruck und benahm sich nach dem allgemeinen Urteil wie ein alter erfahrener Mann. An Musik hatte er stets eine große Freude, er spielte selbst Klarinette, und wenn er Musik hören konnte, dann war alles Trübe wie weggeblasen. Einen gleichen Halt und Trost gegen seine Neigung zur Grübelei gewährte ihm nur noch die Religion. Er hatte ein inniges Bedürfnis sich an Gott anzuschließen und las viel und gern in der Bibel; aber trotzdem schwankte er immer zwischen Glauben und Zweifel, hin und her, da er sich bei allen Dingen nach dem Warum und Woher fragen mußte. In seinem Wissensdrange beschäftigte er sich gern mit medizinischen und naturwissenschaftlichen Büchern; wenn er dann aber von einer schrecklichen Krankheit erfuhr, glaubte er sogleich, er müsse sie selbst haben, wie er überhaupt um seine Gesundheit sehr besorgt war. Geschlechtlichen Verkehr hat er niemals gehabt; auch Masturbation wird geleugnet. Er habe gegen den Geschlechtstrieb angekämpft, was ihm aber nicht schwer geworden sei. Aus der guten Persönlichkeitsschilderung in seinem Lebenslaufe, den er in der Klinik schrieb, sollen hier zur Ergänzung noch ein paar Sätze angeführt werden. „Schon damals (im 7. Lebensjahr) bin ich immer ängstlich in einer Ecke gestanden, wenn meine anderen Kameraden sich freuten an einem schönen Spiel. Ich war in meinem ganzen Leben so mitleidig, daß ich es nie habe mitansehen können, wenn man einem Menschen oder einem Tier etwas zuleide getan hat. Ich habe sogar nicht einmal zuschauen können, wenn ein Metzger ein Schwein geschlachtet hat. Von Jugend auf hatte ich immer die dumme Eigenschaft, daß ich allem, was ich wußte, immer auf den Grund gehen wollte, welches mir gleich verursachte, daß ich nicht schlafen konnte wegen zu vielem Denken. Und durch dieses Denken wurde ich immer ärger aufgeregt und konnte immer weniger schlafen, daß es soweit kam, daß ich mich an allem, was ich sah, aufhalten mußte und bei diesem Denken und Aufhalten war immer ein Angstgefühl dabei und zuletzt habe ich es soweit gebracht, daß ich das Angstgefühl immer hatte, ohne daß ich dabei etwas dachte, also ich hatte Angst und wußte nicht wegen was." Diese Verstimmung, von der er hier spricht, entwickelte sich seit langen Jahren ganz allmählich und langsam; eine besondere Verschlimmerung schloß sich an seine Entlassung vom Militär (Herbst 1906) an, während die Dienstzeit selbst wider Erwarten die beste Periode seines Lebens gewesen war, da er durch den strammen Dienst von sich selbst abgelenkt wurde. Als er seine Berufstätigkeit wieder aufnehmen wollte, fühlte er sich so müde und schwach, daß er die Arbeit tageweise und schließlich völlig aussetzte und nur noch trüben Gedanken über seine Gesundheit nachhing. Doch handelte es sich nicht um eine geschlossene Verstimmung; sobald er abgelenkt wurde, konnte er ganz heiter und genußfähig sein. Versuchte er zu arbeiten, so drängten sich ihm allerlei zwangsmäßige Grübeleien auf, warum es soviel Unglück auf der Welt gebe, warum der Mensch vom Tier abstamme u. dgl. mehr. Da die verschiedensten therapeutischen Maßnahmen ihm das ersehnte Gefühl von Ruhe und Frieden nicht zu geben vermochten, so suchte er aus eigenem Antriebe am 2. Mai 1908 die Tübinger Klinik auf. Der Kranke ist ein kleiner kräftiger Mensch, blaß und ohnmächtig, von psychopathischem Aussehen und mit träumerischem Gesichtsausdruck. Große schlecht modellierte Ohren, schiefgestellte Zähne, überragender Oberkiefer und ein steiler unregelmäßig gebildeter Gaumen vollendeten den Eindruck schwerer Entartung. Er klagte über körperliche Beschwerden, insbesondere Müdigkeit, über Schlaflosigkeit und Niedergeschlagenheit mit unbegründeter Angst; doch war die Stimmung nur leicht gedrückt und sehr von äußeren Einflüssen abhängig. Ohne wesentlich gebessert zu sein, verließ er schon am 28. Mai 1908 wieder die Klinik, da er, als ihm nicht sofort geholfen wurde, alles Vertrauen verloren hatte.

Bei diesem Kranken sind die Beziehungen zum Zwangsirresein schon viel ausgesprochener. Er hat einen regelrechten Grübelzwang, der sich besonders auf religiöse Fragen erstreckt und ihm zu Zeiten allgemeiner Verschlimmerung seines Zustandes recht viel zu schaffen macht. Er verbindet sich dann ganz nach Art echter Zwangserscheinungen mit lebhaftem Angstgefühl, während er in besseren Tagen nur in einer nicht über die Gesundheitsbreite hinausgehenden Sehnsucht nach Bildung und Kenntnissen in Erscheinung tritt. Dauernd vorhanden ist aber eine gewisse trübe Lebensauffassung und das Gefühl der eigenen Leistungsunfähigkeit, das nur vorübergehend durch äußeres Lob behoben werden kann. So hat er sich in der Militärzeit verhältnismäßig am wohlsten gefühlt, wo er bei körperlicher Anstrengung von sich selbst abgelenkt war und unschwer die Zufriedenheit seiner Vorgesetzten erreichen konnte. Sonst vermag nur die Musik ihm Erleichterung zu verschaffen, die auf ihn wie auf alle sensitiven Naturen einen außerordentlichen Einfluß ausübt. Sein übertriebenes Mitleid und seine Gemütsweichheit hat er selbst recht hübsch geschildert. In der Stärke seiner depressiven Stimmung zeigt auch er eine gewisse Abhängigkeit von der Umgebung. Die Möglichkeit, ihn für den Augenblick abzulenken, ist größer als beim vorhergehenden Kranken. Umgekehrt lassen sich bei ihm für die Verschlimmerungen seines Gesamtzustandes keinerlei äußere Gründe anführen. Ängstlichkeit, Scheu sich vor anderen bloßzustellen und innere Unsicherheit sind auch hier sehr ausgesprochen. Alle affektiven Vorgänge verlaufen abgeschlossen von der Umwelt tief in seinem Innern. Abgesehen von den Degenerationszeichen ist die körperliche Entwicklung gut; eine Grundlage für seine hypochondrischen Neigungen, die übrigens nicht sehr im Vordergrunde stehen, läßt sich nicht nachweisen.

Die nächsten Beispiele betreffen Zwangsvorstellungskranke. Es soll dabei nur die Ähnlichkeit der Veranlagung an deren enge Beziehungen zur konstitutionellen Verstimmung Beachtung finden. Ein näheres Eingehen auf die Zwangsvorstellungskrankheit selbst würde über den Rahmen dieser Arbeit hinausführen und uns weit von dem Wege unserer Untersuchungen ableiten.

Fall 3.

R. M., geb. den 23. April 1882, Trikotwebersfrau aus E., einer kleinen Landstadt, stammt angeblich aus nicht belasteter Familie. Nur soll die Mutter etwas reizbar und jähzornig gewesen sein und ihre Kinder sehr streng erzogen haben. Pat. wuchs in ziemlich dürftigen äußeren Verhältnissen auf. Schon vom 7. Jahre an mußte sie durch Häkeln zum Lebensunterhalt der Familie beitragen, und vom 11. an war sie nebenher noch als Laufmädel beschäftigt. Bei ihrer schwächlichen Konstitution fiel ihr die angestrengte Arbeit zeitweise sehr schwer, doch ist sie körperlich niemals ernstlich krank gewesen. Von ihrer Persönlichkeit entwirft sie selbst die folgende Schilderung: Von jeher sei sie sehr schüchtern und scheu und arg empfindlich gegen unfreundliche Behandlung gewesen. Sich dagegen zu wehren, habe sie niemals recht den Mut gehabt, sondern alles stillschweigend in sich hinein gedrückt und sei sehr langsam und schwer mit Unangenehmem fertig geworden. Allein für sich habe sie ihren traurigen Gedanken nachgehangen und sich dadurch noch mehr in ihr Unglücksgefühl hineingesteigert. Sich auszusprechen und sich auszuweinen sei ihr stets eine Wohltat gewesen, doch habe sie fast niemals Gelegenheit dazu gefunden. Freundlicher Zuspruch habe gar keinen Einfluß auf sie ausgeübt, wie überhaupt ihre Stimmungslage gleichmäßig ernst, gedrückt und von äußeren Umständen wenig abhängig sei. Verantwortung auch geringfügigster Art nehme sie von jeher ganz außerordentlich mit. Als Schulmädchen habe sie sich vor Prüfungen und Ähnlichem derart geängstigt, daß sie Nächte vorher nicht schlief und am Tage selbst vor Zittern und Weinen gar nichts wußte. Überhaupt sei sie stets übertrieben gewissenhaft gewesen und habe auch bei Dingen, die sie wohl verstand, nie die Befürchtung los werden können, es nicht recht, nicht gut genug gemacht zu haben. Auch Selbstvorwürfe, daß sie sich nicht genügend bemüht habe und daß ihre Leistungen so minderwertig seien, hätten sich regelmäßig bei ihr eingestellt. Alles mache sie lieber zwei- oder dreimal, nur um sicher zu sein, daß es stimme. Und auch wenn sie dann überzeugt sei, lasse ihr bei einigermaßen wichtigen Dingen die innere Angst keine Ruhe, ehe sie nicht alles mehrfach nachkontrolliert habe. Alle Dinge, die sie lebhaft beschäftigten, sehe sie dann in deutlichen Bildern vor sich, die sie lange verfolgten und im Schlafe störten. Auch unangenehme Träume übten die gleiche Wirkung aus und belästigten sie meist noch den ganzen folgenden Tag. Im Verkehre mit der Umgebung quäle sie sich fortwährend mit Selbstbeobachtung und Selbstkritik. Bald befürchte sie zu barsch zu sein und die Leute dadurch zu kränken, bald durch ihre scheue Zurückhaltung hochmütig zu wirken. Freundinnen gegenüber sei sie den Gedanken niemals völlig los geworden, man könne sie mißbrauchen, da sie sich stets unverstanden fühlte. So habe sie es niemals gewagt, die Dinge, die ihr am nächsten gingen, auszusprechen, und hätte sie aber doch einmal etwas davon verlauten lassen, so hätte sie sich hinterher mit bitterer Reue gequält. So weit Pat. zurückdenken kann, sei sie so, wie geschildert, gewesen; auch im Laufe der Jahre sei eine wesentliche Änderung nicht eingetreten. Seit Entlassung aus der Schule war sie in der gleichen Stellung als Fabrikarbeiterin tätig. Man sei mit ihr ganz zufrieden gewesen, wenn sie auch infolge ihrer Bedenklichkeit nicht besonders viel leistete. 1900 Verlobung, 1902 Wegziehen des Bräutigams, was ihr sehr nahe ging, anschließend Befürchtungen, es werde nichts aus der Heirat werden. Die Familie des Bräutigams war ihr nicht wohl gesinnt, verlangte, daß sie ihre Arbeit in der Fabrik aufgebe und sich eine anderweitige Stelle suche, was sie als Kränkung empfand und ablehnte. Als Folge dieser äußeren Schwierigkeiten entwickelte sich damals eine rasch vorübergehende Verstimmung mit Lebensüberdruß und Zwang zum Grübeln, die indessen nur ganz leichten Grades gewesen und nicht über die Grenzen einer normalen Reaktion hinausgegangen zu sein scheint. Jedenfalls litt die Arbeitsfähigkeit in keiner Weise darunter. Auf das Drängen seiner Familie verlangte auch der Bräutigam das Aufgeben ihrer Tätigkeit, was zu einer allmählich wachsenden Entfremdung führte. 1903 und 1904 traten allerlei körperliche Beschwerden auf, Schmerzen im Rücken und Beinen und dann ein Lungenspitzenkatarrh, so daß der Arzt zu einer Kur im Sanatorium riet. Aus Furcht, ihre Stellung zu verlieren, folgte sie nicht, tat überhaupt nichts für ihre Gesundheit; im Gegenteil, sie sparte an allem für ihre Aussteuer. Da sie mehrfach andere Anträge abgelehnt hatte, verlangte sie 1905 die Veröffentlichung der Verlobung, was aber der Bräutigam nicht zugab. In dem Gedanken, daß es nun doch zu Ende sei, schrieb sie ihm ab und verlobte sich mit ihrem jetzigen Mann. Auch hier gab es Schwierigkeiten, da seine Familie nicht einverstanden war. Darauf wieder Befürchtungen, die Verlobung könne zurückgehen, was sie besonders schwer getroffen hätte, da sie in anderen Umständen war. Zwangsmäßiges Grübeln trat auf, sie konnte den Gedanken nicht los werden, dies sei die Strafe, weil sie die erste Verlobung gebrochen habe. Heirat Anfang 1907. Damals kam sie durch Darmkatarrh körperlich sehr herunter. Viel Schwangerschaftsbeschwerden, die Gedanken auslösten, sie müsse an der Entbindung sterben. Streitigkeiten mit Geschwistern des Mannes, die ihr wenig freundlich gesinnt waren, nahmen sie gleichfalls sehr mit. 14. April 1907 ziemlich schwere Geburt eines gesunden Mädchens; großer Dammriß und starker Blutverlust. Sie konnte sich vom Wochenbett nicht recht erholen. Von Anfang an bestand die Furcht, sie könne das Kind nicht richtig pflegen; sie wagte es überhaupt nicht anzufassen und vermochte nicht einmal zuzusehen, wenn es gebadet wurde. Nach einigen Wochen plötzliches Auftreten von Gedanken, sie müsse ihr Kind umbringen, wie wenn es ihr eine innere Stimme sagte. Darüber war sie äußerst erschreckt; sie goß die Lysollösung weg, warf die Schere zum Fenster hinaus und wagte keine Nadel, kein Messer usw. mehr in die Hand zu nehmen, aus Furcht, dem Kinde etwas antun zu können. Sie konnte sich nicht entschließen, das Kind selbst zu baden. Da der Zustand sich verschlimmerte, wurde sie am 27. Juli 1907 in die hiesige Klinik aufgenommen. Die kleine, grazil gebaute Frau war damals recht anämisch und in sehr mäßigem Ernährungszustande. Außer einem Herd in der rechten Lungenspitze, der zurzeit keine Erscheinungen machte, waren körperliche Veränderungen nicht nachzuweisen. Die Stimmung war gedrückt und weinerlich, doch bestand keine wirkliche Depression. Sehr Trost und Hilfe bedürftig. Zahlreiche Zwangsvorstellungen, die sie sehr quälen. Sie müsse dem Kind etwas tun, wenn sie wieder nach Hause komme, sie müsse hier mit gemeinen Worten schimpfen, allerlei Dummheiten machen, lachen und sich einfältig benehmen. Auch Aufdrängen häßlicher Worte, die sie aussprechen sollte. Gefühl, sie müsse dem Herrgott Schimpfworte beilegen. Unter sorgfältiger Ernährung und Beschäftigungstherapie trat rasch eine wesentliche Besserung ein, so daß Pat. im Januar 1908 versuchsweise als arbeitsfähig nach Hause entlassen werden konnte. Am 18. Mai 1909 stellt sich die dankbare Kranke wieder in der Klinik vor. Sie sah körperlich gut aus und war auch psychisch wesentlich gebessert, doch noch nicht so gut wie vor dem Auftreten der Zwangserscheinungen. Diese waren immer noch in ähnlicher Form dauernd vorhanden, doch weniger aufdringlich, so daß sie ihrer Herr zu werden vermochte. Juli 1908 trat ohne erkennbaren Anlaß eine mehrere Wochen dauernde Verschlimmerung auf, in der sie nicht recht arbeitsfähig war. Sonst kann sie allen Anforderungen gut nachkommen; nur Beschäftigungen, bei denen sie ruhig sitzen muß und die Gedanken freien Lauf haben, gehen schlecht, weil sich dann die Zwangsgedanken sofort heftiger einstellen. Sie war auch damals noch mit der Erinnerung an ihre erste Verlobung nicht ganz fertig geworden; lebte aber mit ihrem Manne äußerlich recht glücklich. Im Juni 1910 ließ sich die Kranke auf eigenen Wunsch wieder in die Klinik aufnehmen, da seit einer Reihe von Wochen anschließend an die Mitteilung, daß ein Bekannter Suicid begangen habe, auch bei ihr wieder Zwangsvorstellungen mit dem Drang Suicid zu begehen oder anderen etwas anzutun, sich eingestellt hatten. Gleichzeitig war Pat. auch körperlich wieder sehr herunter, ganz ähnlich wie bei der früheren Aufnahme.

Auch bei dieser Kranken fällt sofort der große Einfluß auf, den äußere Faktoren besitzen. Das erste Auftreten der Zwangsvorstellungen und die Verschlimmerung der ganzen depressiven Stimmungslage schließen sich so eng an den schweren inneren Konflikt an, den sie durch Auflösung ihrer Verlobung heraufbeschworen hat, daß wohl kein Zweifel an dessen ätiologischer Bedeutung bestehen kann. Der Boden, auf dem sich die Erkrankung entwickelt, ist ein typisch konstitutionell depressiver, der allen unseren Anforderungen entspricht. Daß in einem solchen Falle Andeutungen von Zwangserscheinungen schon früh hervortreten und sich besonders bemerkbar machen, ist verständlich. So haben wir hier bis in die Jugend zurückgehend ausgesprochenen Kontrollierzwang und das dauernd vorhandene Gefühl, mit nichts so recht fertig werden zu können. Die Lebhaftigkeit der quälenden Vorstellungen tritt auch darin sehr schön zutage, daß sie zu einer Zeit, wo noch keinerlei Zwangsvorstellungen vorhanden waren, nahezu die sinnliche Schärfe von Halluzinationen gewinnen. Nicht unwichtig ist es vielleicht, darauf hinzuweisen, daß hier ebenso wie in dem ersten Falle sich die schwächliche Konstitution nicht nur in psychischen Erscheinungen, sondern auch auf körperlichem Gebiete äußert.

Fall 4.

F. S., geb. 9. Oktober 1869, Maurer aus A., stammt aus belasteter Familie. Der Vater ist am Schlaganfall gestorben, die Mutter eine ähnliche Natur wie Pat., hat angeblich in früheren Jahren an Anfällen gelitten, die wie epileptische geschildert werden, auch ein Bruder des Pat. soll solche Anfälle haben. Ein Mutterbruder hat in Schwermut Suicid begangen, dessen Sohn war vorübergehend geisteskrank. Die eigene Tochter, das älteste Kind des Pat., ist „komisch“ und minder begabt. Pat. selbst, der jüngste von fünf Geschwistern, war als klein von schwächlicher Konstitution und hat viel an Gichtern gelitten. Von jeher zeigte er sich sehr aufgeregt, namentlich nachts, hatte auch zeitweise Nachtwandeln. Auf der Schule lernte er mittelmäßig; im Kopfrechnen war er sehr gut, im Auswendiglernen und Aufsatz dagegen schlecht. Für seinen Beruf hatte er reges Interesse; er besuchte die Zeichenschule und las viel über sein Fach, wurde auch später ein ganz gewandter Maurermeister, der ordentlich zu tun hatte und gut vorankam. Schon als Kind war er anders als seine Kameraden, so auffallend ruhig und still. Am liebsten blieb er zu Hause für sich allein und hielt sich von gemeinsamen Spielen, wie von allen Lustbarkeiten fern; verkehrte auch niemals mit dem andern Geschlechte. Von jeher war er schüchtern und empfindlich, ließ sich schon durch Kleinigkeiten sehr niederdrücken und hatte dann die Neigung, alles paranoisch aufzufassen. Überall kam ihm sofort der Gedanke, man möge ihn nicht, und gleich fand er auch Anzeichen dafür in der Vergangenheit. Sein seit vielen Jahren bestehendes schlechtes Gehör ließ ihn die Unterhaltung anderer oft falsch verstehen und machte ihn erst recht mißtrauisch, und da er eine sehr geringe Meinung von sich besitzt, kamen auch leicht Gedanken, wie, die Leute hätten ganz recht, ihn so zu behandeln, es sei ja gar nichts an ihm dran u. dgl. mehr. Er machte sich Vorwürfe über sein Benehmen, daß er so ungeschickt in der Ecke stehe, wenn die anderen sich unterhielten, war mit seinen Arbeiten nicht zufrieden, hatte immer die Befürchtung, er tue seine Pflicht nicht recht und sogar, wenn er für zwei schaffte, glaubte er sein Meister könne nicht mit ihm zufrieden sein. Bei allem, was er tat, bekam er hinterher Reue und war daher in seinen Entschlüssen sehr schwankend und unsicher. Oft quälte er sich hinterher mit dem Gedanken, er habe sich wieder einmal nicht richtig benommen oder er habe die Unwahrheit gesagt, auch wenn gar keine Veranlassung dazu vorlag. Unangenehmes nahm er stets sehr schwer auf und konnte erst nach langer Zeit darüber hinaus kommen. Andere merkten ihm zwar nicht viel an, da er alles in seinem Innern verschloß. Dafür grübelte er um so mehr für sich allein, ohne zu einem Ende gelangen zu können. Äußeren Einflüssen, wie freundlichem Zuspruch, war er dabei in keiner Weise zugänglich. Das ganze Leben erschien ihm trübe und ernst und bei dem geringsten Anlaß wurde er mutlos und bekam Selbstmordgedanken. Zu einem ernstlichen Versuche ist es aber trotz mehrfachen Ansätzen niemals gekommen. Seit frühester Jugend ist er viel krank gewesen und hat an den verschiedensten körperlichen Störungen gelitten, deren Natur aus seiner Schilderung nicht recht zu erkennen ist. Jedenfalls hat er sich aber mit dem eigenen Befinden stets viel beschäftigt und hypochondrischen Vorstellungen gerne Raum gegeben. Dieser Zustand, der während des ganzen bisherigen Lebens anhielt, war zahlreichen leichten und wenig abgegrenzten Schwankungen unterworfen, von denen sich einzelne stärker hervortaten. So soll im 15. Lebensjahre ohne nachweislichen Anlaß eine Verschlimmerung eingetreten sein, die aber nicht zu einer wirklichen Depression ausartete; nur ein stärkeres Hervortreten der angeborenen Charakterzüge fand statt. Mit dem 19. bis 23. Jahre traten die hypochondrischen Beschwerden mehr in den Vordergrund, ohne daß S. deswegen seine Arbeit hätte aufgeben müssen. 1895 bestand er sogar als der Drittbeste von 23 die Gesellenprüfung. Wegen allgemeiner Körperschwäche war er vorher vom Militärdienst befreit worden. Auf ärztlichen Rat knüpfte er nun ein Verhältnis an und heiratete zum großen Erstaunen seiner Bekannten, die ihm so etwas gar nicht zugetraut hatten, im Juli 1895 seine jetzige Frau. Aus der Ehe stammen acht Kinder, von denen fünf am Leben sind, darunter die erwähnte schwachsinnige Tochter. Die anfangs schwierigen äußeren Verhältnisse besserten sich allmählich, da das eigene Geschäft, das er mit mehreren Gesellen betrieb, ganz gut ging. Gleichzeitig mit diesen äußeren Erfolgen hob sich auch seine Stimmung, er wurde heiterer und weniger einsiedlerisch, doch trat keine Änderung seiner Grundpersönlichkeit ein. Diese glückliche Lebensperiode hielt nur wenige Jahre an; dann kamen allmählich die körperlichen Beschwerden wieder zum Vorschein, so daß er aus Angst für seine Gesundheit sein Geschäft mehr und mehr einschränkte. Irgendein äußerer Anlaß läßt sich dafür nicht nachweisen. Die Ehe war anscheinend nicht unglücklich, wenn auch nicht ganz harmonisch, da die Frau viel an ihm zu tadeln und bessern fand. Die Verschlimmerung, die den Kranken schließlich in die Klinik führte, setzte etwa 1905 ohne äußeren Anlaß ein. Gegen Häßliches, Obszönes und Gotteslästerungen war er von jeher auffallend empfindlich gewesen, wozu die in dieser Hinsicht sehr strenge Erziehung im elterlichen Hause ein Teil beigetragen haben mag. Beim Anhören solcher Dinge hatte er stets den Gedanken gehabt, so etwas möchtest du niemals tun, jetzt auf einmal fuhr es aber in ihn, er müsse Höhnisches und Schlechtes von Gott und Nebenmenschen denken und sagen. Worte wie „Gottesfotze" und noch Schlimmeres drängten sich ihm unter lebhaften Angstgefühlen auf, insbesondere wenn er an heilige Sachen dachte oder beten wollte. Auch geschlechtliche Erregung verband sich vielfach damit, sowie der ihm als ganz unsinnig erscheinende Gedanke, daß diese Dinge von Gott geschickt seien. Gleichzeitig drängten sich ihm Bilder von nackten Frauenzimmern auf, sowie das Gefühl, daß er sich dem Teufel verschrieben habe, und nun auf ewig verloren sei. Alles das erschien in Form der typischen Zwangsvorstellungen mit schwerer Angst und voller Einsicht in das Unsinnige und Krankhafte dieser Ideen. Vergeblich kämpfte er immer wieder dagegen an, und mit dem Unterliegen traten die Suicidgedanken wieder sehr lebhaft hervor, so daß er mehrfach den ersten Schritt zum Selbstmord tat, doch zuletzt versagte ihm stets der Mut. Seine Arbeitsfähigkeit litt sehr bedeutend unter diesem Zustande und schließlich mußte er seinen Beruf ganz aufgeben und konnte nur noch seiner Gesundheit leben. So kam er am 31. Dezember 1907 hilfesuchend in die hiesige Klinik. Der Ernährungszustand des kräftig gebauten Menschen war trotz seiner Klagen über allgemeine Hinfälligkeit ein recht guter. Außer einer leichten chronischen Bronchitis und einer alten Otitis media mit starker Herabsetzung der Hörfähigkeit waren körperlich keine krankhaften Veränderungen nachzuweisen. Von nervösen Symptomen fand sich hochgradige Dermatographie und Steigerung sämtlicher Reflexe. Auffallend war der unregelmäßige und eigentümlich geformte Schädel. Seine Klagen betrafen in der Hauptsache die geschilderten Zwangsvorstellungen; doch war er auf Befragen meist außerstande, irgend etwas von dem unangenehmen Inhalte derselben mitzuteilen. Daneben wurde er von einer ganzen Unmenge körperlicher Sensationen gepeinigt. Spannungen, Gefühl des Aufgetriebenseins, des Brennens, Schwindeligwerdens, Wärme, Kälte, Wallungen wie von Blut, Störungen beim Harnlassen, Veränderungen an den Genitalien, Mißempfindungen nach dem Coitus, und ähnliche Beschwerden mehr brachte er in nie endenwollender Menge vor. Hier wie bei der Schilderung seiner Anamnese war er weitschweifig und unübersichtlich, doch vermochte er eine recht gute und verständige Darlegung seiner Persönlichkeit und seiner Beschwerden zu geben. Eine wirkliche Depression war nicht vorhanden. Die Stimmung erschien nur leicht gedrückt, vielfach eher mißmutig. Er hielt sich sehr zurück und machte wegen seines schlechten Gehörs anfänglich einen wenig intelligenten Eindruck, was sich aber rasch im Laufe der Unterhaltung änderte. Unter Zuspruch, Bädern und elektrischer Behandlung hob sich das Befinden rasch und die Zwangsvorstellungen traten an Intensität zurück, so daß Pat. am 10. Januar 1908 wesentlich gebessert nach Hause entlassen werden konnte.

Auch hier treffen wir einen von Haus aus körperlich schwächlichen Menschen, der neben anderen depressiven Ideen vor allem zu hypochondrischen Betrachtungen neigt. Das tritt schon in der Färbung seiner Verstimmung sehr deutlich hervor. Über die Veranlagung, wie die daraus entsprossene Erkrankung, ist wenig zu sagen; es sind ganz ähnliche Verhältnisse wie bei der vorhergehenden Kranken. Hier ist besonders der Mangel an Selbstvertrauen und die peinlichste Kritik der eigenen Persönlichkeit und ihrer Leistungen trotz guter Erfolge bemerkenswert. Die Wirkung der äußeren Faktoren tritt dagegen mehr in den Hintergrund. Eine äußere Ursache ließ sich für die Verschlimmerung und das Auftreten der schweren Zwangsvorstellungen nicht nachweisen.

Fall 5.

R. M., Bauerstochter aus B., geb. 30. Januar 1890, entstammt einer schwer belasteten Familie. Der Vater, der früh starb, war ein etwas eigensinniger auffallend stiller, pflichteifriger und frommer Mann, jedoch nicht direkt konstitutionell depressiv. Die noch lebende Mutter hingegen ist ausgesprochen tiefsinnige, schwernehmende und zurückgezogene Natur. Deren Mutter und sämtliche Geschwister der Pat. haben die gleiche gemütliche Veranlagung. Die Kranke selbst war ein gesundes, kräftiges Kind, das sich normal entwickelte und recht gut lernte. Als klein hatte sie kein ausgesprochen depressives Temperament, doch ist leider nichts Genaueres darüber festzustellen gewesen. Jedenfalls fiel sie in keiner Weise vor ihren Kameradinnen auf. Mit zehn Jahren wurde sie ernster und quälte sich auffallend bei der Beichte mit dem Gedanken, sie habe irgendeine Sünde verschwiegen. Herbst 1902, als die erste Kommunion, die sie sehr lebhaft beschäftigte und innerlich beunruhigte, vor der Türe stand, erkrankte sie im Anschluß an einen Traum, in dem sich eine Schlange von der Decke auf sie herabsenkte, an Zwangserscheinungen. Sie begann unmotiviert auszuspucken, abwehrende Bewegungen zu machen und einzelne Worte wie Gott, Teufel, Schlange, auszustoßen. Die auffälligen Erscheinungen nahmen rasch derart zu, daß die Mutter das Kind am 29. Januar 1903 in die hiesige Klinik brachte. Das kräftige und gesund aussehende Mädchen war anfangs gedrückt, ängstlicher Stimmung und sehr zurückhaltend. Auch in der Klinik traten unaufhörlich die schleudernden ruckweisen Bewegungen mit Kopf, Armen und Beinen auf, die deutlich den Charakter des Wegwischens an sich trugen. Zwischen hinein wurden unverständliche Worte ausgestoßen. Alles erfolgte zwangsmäßig gegen den Willen des Kindes, und hat sich nach seiner Angabe direkt im Anschluß an den Traum entwickelt. Seitdem sah Pat. stets die Schlange vor sich, in der sie den Teufel, der sie verführen wolle, erblickte. Gleichzeitig scheinen Gott und Maria mit besonders aufdringlichen Genitalien vor ihr zu stehen. Auch unkeusche Gedanken aller Art, verbunden mit heftiger Angst, drängten sich ihr gegen ihren Willen auf. Bei Besprechung dieser Dinge erzählte sie, daß sie als klein Unschamhaftes getan, sich und andere Kinder, auch Knaben, angesehen habe. Nun kämen in der Krankheit die Gedanken an die

Geschlechtsteile, wo sie jemand erblicke, besonders aber bei Gott und bei den Heiligen. Dazu drängten sich ihr allerlei häßliche Gedanken und Flüche auf, wie „Gott ist ein Esel, ein Sauhund“, sie müsse Gott das Auge ausstechen und Ähnliches mehr. Auch lasse ihr die Furcht, sie habe häßliche Dinge an sich, gar keine Ruhe, so daß sie fortwährend sich abwischen müsse. Im Verlaufe von wenigen Wochen trat unter Ablenkung und Beschäftigung langsame Besserung ein. Die Gesichtserscheinungen und die Ticks verloren sich völlig und auch die Zwangsgedanken nahmen an Intensität bedeutend ab. Die ernste und leicht gedrückte Stimmungslage blieb aber unverändert bestehen. Im Mai 1903 konnte die Kranke wesentlich gebessert nach Hause entlassen werden. März 1909 stellte sie sich auf Aufforderung wieder in der Klinik vor. Die Krankheit hatte mit starken Schwankungen unverändert weiter bestanden, doch war Pat. dauernd arbeitsfähig geblieben. Im Gegenteil fühlte sie sich stets besser, wenn sie sich beschäftigte und ablenkte. Zeiten, in denen sie wirklich heiter oder frei gewesen wäre, hat sie niemals mehr gehabt. Sie ist dauernd ernster und gedrückter Stimmung geblieben. Alles im Leben nimmt sie übertrieben schwer auf und verarbeitet es lange in ihrem Innern, ohne sich von ihren zwecklosen Grübeleien freimachen zu können. Auch ihre Pflichten erscheinen ihr viel zu ernst und sie quält sich damit mehr, als notwendig wäre. Stets muß sie ihre Arbeit nachkontrollieren, auch wenn sie genau weiß, daß alles in Ordnung ist. Beim Beten und Beichten macht sie sich übertriebene Skrupel, unter denen sie dauernd sehr leidet. Trost und Hilfe findet sie nicht bei andern, da sie sich nur sehr schwer auszusprechen vermag; sie drückt alles Unangenehme in sich hinein und hat große Mühe allein damit fertig zu werden. Sie ist schüchtern, zurückhaltend, sehr empfindlich und leicht gekränkt. Körperlich befindet sie sich wohl. Bei der Vorstellung war sie zutraulich, freundlich und dankbar, aber sehr unsicher und verlegen. Über ihre Zwangserscheinungen vermochte sie nur unter großen Hemmungen Auskunft zu geben. Meist ist im Augenblick, wo sie etwas sagen will, alles vergessen. Sexuelle Dinge spielen auch zurzeit noch die Hauptrolle, so klagt sie besonders über Zwang zur Masturbation. Die Stimmung war auch bei der Vorstellung leicht gedrückt.

Bei dieser Kranken sind wir über die angeborene Veranlagung leider nicht genau genug unterrichtet. Die Zwangsvorstellungen setzen hier schon sehr frühe ein. Vorher ist den Angehörigen an dem Kinde nichts aufgefallen und die Patientin selbst vermag natürlich über diese Zeit nichts Bestimmtes auszusagen. Vielleicht liegt es daran, daß man in der Familie so sehr an schwer depressive Temperamente gewöhnt war, daß es erst zu akuten Symptomen wie den Zwangsvorstellungen kommen mußte, ehe die eigentümliche Natur des Mädchens Beachtung fand. Das, was mir in diesem Falle bemerkenswert zu sein scheint, ist gerade diese Familienveranlagung. Von der mütterlichen Seite her ist fast alles konstitutionell depressiv. Trotzdem sind wirkliche psychotische Verstimmungen anscheinend nur vereinzelt vorgekommen und echte Zwangsvorstellungen haben sich nur in diesem einen Falle gezeigt. Wenn uns auch die genaueren Daten fehlen, so dürfen wir nach der Familienanamnese doch wohl erwarten, daß unsere Kranke auch von Haus aus eine konstitutionell depressive Veranlagung besitzt.

Das charakteristische Symptom der bisher besprochenen Fälle war die lang hingezogene und schleppende Art der gemütlichen Reaktionskurve. Wir wollen uns nun der Gruppe zuwenden, die sich umgekehrt durch raschen und unvermittelten Ablauf aller affektiven Vorgänge auszeichnet. Es mag vielleicht auf den ersten Blick als ein unauflösbarer Widerspruch erscheinen, daß Kranke, deren Eigentümlichkeit schneller Ablauf der Gemütsvorgänge ist, in deren Wesen also gerade der rasche Wechsel der Stimmungen liegt, daß solche Kranke an einer Störung leiden sollen, die einen gleichmäßigen Dauerzustand darstellt, wie wir es doch für die konstitutionelle Verstimmung fordern. Rein äußerlich wird das Bild einer chronischen Verstimmung ja leicht zustande kommen können. Bei der übergroßen Empfindlichkeit der Kranken pflegen alle Dinge, selbst die geringsten Kleinigkeiten, sehr heftig zu wirken und zu starken depressiven Ausschlägen zu führen. Da sich aber vielfach im Leben die unangenehmen Erfahrungen in lückenloser Kette aneinander reihen oder gewisse mißliche äußere Umstände dauernd im gleichen Sinne wirken, so kann es, auch wenn die einzelne Reaktion selbst nur kurze Zeit in Anspruch nimmt, doch zu einer so fest geschlossenen Folge depressiver Ausschläge kommen, daß wir das Bild einer dauernden Verstimmung vor uns haben, die bei ungünstigen äußeren Verhältnissen sich bis in die früheste Jugend hinein zu erstrecken vermag. Nicht ohne weiteres wird man solche Zustände als konstitutionelle Verstimmungen ansprechen dürfen. Nun kann aber bei labiler Veranlagung nur dort eine solche chronische Gemütsverstimmung zur Entwicklung gelangen, wo auch jede kleine Mißhelligkeit gleich vom Kranken im depressiven Sinne ausgelegt und verarbeitet wird, d. h. wenn von vornherein bei ihm die Neigung besteht, alle Dinge im Leben im trübsten Lichte zu schauen. Solche Fälle sind es, die wir hier im Auge haben. Damit ist aber auch schon der Anschluß an unsere Definition der konstitutionellen Verstimmung gewonnen. Hat doch Kraepelin gerade diese Eigenschaft als das charakteristische Kennzeichen seiner Schilderung vorangestellt. Immerhin entfernen sich die typischen Fälle dieser zweiten Gruppe ganz wesentlich von dem gerade besprochenen Krankheitsbilde. Alle die Züge, die zu den Zwangszuständen hinüberweisen, fehlen hier vollkommen. Da das schnelle Abklingen der gemütlichen Reaktion eine nachhaltige Wirkung der depressiven Affekte nicht zuläßt, sind Grübelzwang, Selbstquälereien über Vergehen aus früheren Jahren oder über persönliche Unzulänglichkeit, monate- oder gar jahrelange Unfähigkeit, mit traurigen Erlebnissen fertig zu werden, hier ganz unbekannte Erscheinungen. So tief die Verstimmung ist, und für den Augenblick pflegt hier die Reaktion heftiger zu sein als bei der ersten Gruppe, in kürzester Frist wird sie von anderen Eindrücken verdrängt, und der Kranke vermag sich wenigstens vorübergehend dem Genuß des Augenblicks voll hinzugeben, bis die nächste betrübende Erfahrung eine neue Verstimmung auslöst. Und gewöhnlich läßt dies nicht allzulange auf sich warten. Die Affekte der Kranken pflegen meist sehr heftig zu erscheinen, da sie sich vollkommen nach außen entladen. Nichts was den Kranken tiefer bewegt, bleibt in seinem Innern verborgen. Jede Gemütsbewegung, jede leichte Stimmungsschwankung findet irgendwie in seinem Verhalten Ausdruck. Er vermag nichts bei sich zu behalten; alle seine Interessen, seine Stimmungen, kurz alles, was ihn irgendwie erfüllt, wird anderen erzählt und getreulich berichtet. Trost und Zuspruch sind den Kranken Bedürfnis, ja allein die Möglichkeit, sich anderen gegenüber aussprechen zu können, verschafft ihnen eine große Erleichterung. Die Affekte drängen zu motorischer Entladung, und vielleicht ist es gerade diese Fähigkeit, die ein so rasches Abklingen der Gemütsbewegungen bei unseren Kranken erst ermöglicht. Denn umgekehrt sehen wir bei der ersten Gruppe, daß gerade die Menschen mit sehr schleppendem Affektverlaufe, die mit ihren Verstimmungen gar nicht fertig zu werden vermögen, auch die allerverschlossensten sind. Vielfach ist es nicht der Mangel an Zutrauen, nicht Gereiztheit oder Ablehnung der Umgebung gegenüber, die ihr Verhalten veranlaßt. Trotzdem der Verstand es ihnen immer wieder sagt, daß es verfehlt sei, sich so abzuschließen, daß sie niemals allein mit ihren Affekten fertig zu werden vermöchten, sind die Kranken einfach außerstande, der vernünftigen Überlegung nachzugeben. Es besteht eine solche Scheu, sich vor Fremden bloßzustellen, daß die Kranken alles und jedes ganz allein mit sich abmachen und niemandem einen Einblick in ihr Inneres gewähren wollen. Alles, was ihre Gedanken und Gefühle verraten könnte, wird ängstlich vermieden; selbst der Ausdruck der Affekte wird meist gemildert, so daß die Kranken der ersten Gruppe, die zweifellos gemütlich viel tiefer ergriffen werden, äußerlich meist als die leichter Verstimmten erscheinen. Nur ein Punkt ist es, wo der Affektverlauf nicht genau der bisherigen Schilderung entspricht. Die übergroße Empfindlichkeit gegen Kränkungen und Zurücksetzungen jeder Art ist eine gemeinsame Eigentümlichkeit aller konstitutionell Depressiven. Nach der bisherigen Regel müßten wir erwarten, daß die erste Gruppe alles ohne stärkeren äußeren Affektausbruch hinnehme, es aber nur schwer zu verwinden vermöge, während bei der zweiten mit einer heftigen motorischen Reaktion auch der Affekt abgeklungen sei. Das ist auch im allgemeinen richtig, was die Form der Reaktion anbetrifft, stimmt jedoch nicht für die Dauer der Nachwirkung. Wir machen nämlich die merkwürdige Erfahrung, daß auch bei der zweiten Gruppe, und hier eher häufiger als bei der ersten, selbst ganz geringfügige Kränkungen lange Zeit nachgetragen werden, und daß der Ärger über sie nicht zur Ruhe kommen kann, auch wenn sonst jeglicher Affekt in kürzester Frist abzuklingen pflegt. Die Beschäftigung mit der eigenen Persönlichkeit ist in unserer zweiten Gruppe nicht so ausgesprochen, wie sie es in der ersten war; sie findet sich aber auch hier wie bei allen Psychopathen als häufige Charaktereigenschaft. Auch ist die Richtung, in der sich das Interesse bewegt, gewöhnlich ganz verschieden. Bei der Mehrzahl jener Kranken hatten sich die Gedanken fast einzig und allein um die eigene Unzulänglichkeit gedreht und sich in selbstquälerischer Weise mit den eigenen Leistungen beschäftigt; hier sind es vor allem peinliche körperliche Mißempfindungen, die häufigsten Begleiterscheinungen psychopathischer Veranlagung, die den Inhalt der Ideen abgeben und vielfach der ganzen Gedankenwelt einen hypochondrischen Anstrich verleihen. Begreiflicherweise überwiegen daher bei Verstimmungen dieser Kranken hypochondrische Vorstellungen gegenüber Versündigungsideen und Selbstvorwürfen. Ganz besonders tritt das bei den schwereren Depressionen, die sich aus diesem Boden heraus entwickeln, hervor, worauf hier schon hingewiesen werden soll. Damit berühren wir die Beziehungen zu den Verstimmungszuständen des manisch-depressiven Irreseins, die auch für die zweite Gruppe sich recht enge gestalten; doch sind es selbstverständlich entsprechend der veränderten Veranlagung ganz andere Formen, die hier in Betracht kommen. Die rasche und außerordentlich heftige gemütliche Reaktion und die hochgradige Labilität der Stimmungslage galten uns als die wesentlichsten Symptome. Sie finden sich in gleicher Weise bei den im höheren Lebensalter auftretenden psychogen gefärbten Verstimmungen, für die auch tatsächlich diese Veranlagung die gleiche Bedeutung beanspruchen darf, wie die der ersten Gruppe für bestimmte Formen von gehemmten Depressionen. Ganz Ähnliches gilt für die Beziehungen zu den psychopathischen Zuständen. War es dort das Zwangsirresein, das sich enge angliederte, so sind es hier die zu hysterischen Erscheinungen neigenden Typen psychopathischer Degeneration, wie sie Kraepelin unter seinem Sammelbegriffe der Nervosität mitgeschildert hat. Außerordentliche Labilität der Stimmungslage und heftige gemütliche Reaktionen, die oft weit über den Anlaß hinauszugehen scheinen, verbunden mit übertriebener Empfindlichkeit, das sind etwa die wesentlichsten Züge, kurz was man so gemeinhin als Neigung zu psychogenen Erscheinungen zu bezeichnen pflegt. Eine scharfe Abtrennung nach der Seite der hysterischen Störungen hin ist ganz unmöglich: Diese engen Beziehungen wie den Unterschied zur ersten Gruppe sollen die folgenden Beispiele dartun.

Fall 6.

L. K., Fabrikarbeiterin aus M., geb. den 25. September 1875, hat angeblich in ihrer Familie keinerlei Gemüts- und Nervenkranke, doch läßt die Anamnese nach dieser Richtung hin zu wünschen übrig. Sie selbst war von klein auf ein schwächliches Kind, das sich stets als außerordentlich empfindlich erwies. Alles und jedes konnte sie verletzen und auf jede gemütliche Einwirkung reagierte sie außerordentlich heftig. Schon kleine Schwierigkeiten raubten ihr jeden Mut und ließen ihr sofort das ganze Leben im trübsten Lichte erscheinen. So verzweifelte sie denn gleich, wenn nur eine Kleinigkeit nicht nach Wunsch ging, und wenn ihr ein geringfügiges Hindernis in den Weg trat, so erblickte sie sofort unüberwindliche Schwierigkeiten und dachte als einzigen Ausweg sogleich an Suicid, ohne allerdings jemals einen ernstlichen Versuch zu wagen. Sie pflegte dann verzweifelt zu jammern und ihrem Unmut und ihren Befürchtungen in lauten Klagen Luft zu machen. Bei allen Schwierigkeiten geriet sie gleich in starke innere Erregung, vermochte nicht zu schlafen und war dann vorübergehend gänzlich leistungsunfähig. So rasch und heftig die gemütlichen Reaktionen bei ihr auftraten, so schnell waren sie wieder abgeklungen, und Pat. war sofort wieder imstande, frei zu genießen, wenn ein günstiger Augenblick sie die Unannehmlichkeiten des Lebens vergessen ließ. Dauernd lagerte aber eine gewisse leichte Verstimmung über ihr, da sie stets das Traurige und Unerfreuliche im Leben mit besonderer Empfindlichkeit wahrnahm. So ist ihre Gemütslage immer etwas gedrückt gewesen, hat aber fortwährend starken Schwankungen unterlegen, wie gerade die äußeren Verhältnisse sie beeinflußten. Für Trost und Zuspruch war sie stets sehr empfänglich, sie suchte immer bei anderen Rat und Hilfe, und alles, was sie innerlich bewegte, mußte sie anderen weiter berichten. So ist sie nach ihrer eigenen Schilderung seit der frühesten Jugend gewesen, doch hat für die spätere chronisch depressive Verstimmung eine schwere körperliche Erkrankung eine wichtige Rolle gespielt. Seit dem 12. Lebensjahre litt sie mehrfach an tuberkulösen Erkrankungen verschiedenster Art, die aber alle ausheilten, ohne wesentliche Störungen zu hinterlassen. Tieferen Einfluß auf ihr Gemütsleben gewann diese Erkrankung erst, als mit dem 23. Jahre ein Lupus des Gesichts einsetzte, der nach mehrjährigem Bestehen rasche Fortschritte zu machen begann und zu erheblichen Zerstörungen der Wangen führte. Als sich 1905—1906 die Behandlung, auf die sie ihre Hoffnungen gesetzt hatte, erfolglos erwies, entwickelte sich als Reaktion eine heftige Verstimmung, welche die Kranke zu uns in die Klinik führte. Sie beruhigte sich unter Zuspruch und freundlicher Behandlung rasch und konnte nach wenigen Wochen gebessert und arbeitsfähig entlassen werden, zumal nun eine neue Röntgenbehandlung eingeleitet worden war, die auch im Laufe der Jahre wirklich recht schöne Erfolge gezeitigt hat. Als sich die Kranke im Februar 1909 wieder in der Klinik präsentierte, war die Entstellung des Gesichtes in der Hauptsache beseitigt und die Erkrankung völlig zum Stillstand gekommen. Entsprechend hatte sich auch die Stimmung gebessert. Doch bestand die alte Empfindlichkeit, das Verzagen bei den geringsten Schwierigkeiten und die Neigung, alles im trüben Lichte zu sehen, noch unverändert fort. Pat. war nach eigenen Angaben wieder genau so geworden, wie sie vor ihrer lupösen Erkrankung gewesen war.

Die hier geschilderte Kranke ist eine einfache Psychopathin mit sehr labilem Stimmungsgleichgewichte, bei der sich infolge einer schweren, sie furchtbar entstellenden Erkrankung eine chronisch verlaufende Verstimmung entwickelt hat, die als einfach reaktiv aufgefaßt werden muß. Vorbereitet war der Boden für eine solche Reaktion durch die Art, wie die Kranke alles im Leben aufnahm, durch ihre außerordentliche Empfänglichkeit für die trüben und unangenehmen Seiten, durch ihre Unfähigkeit, sich für längere Zeit von traurigen Eindrücken frei zu machen. Damit gehört sie aber in die Gruppe der konstitutionell Depressiven hinein. Sehr ausgesprochen ist ihre diesbezügliche Veranlagung nicht, auch ein anderer empfindlicher Mensch hätte bei der Schwere des gemütlichen Traumas eine ähnliche Verstimmung bekommen können. Die Kranke zeigt sehr schön den Übergang zu den anderen Formen der Psychopathie, wo bei dauernd labiler Stimmungslage keine depressive Komponente vorhanden ist, und steht diesen viel näher als der ersten Gruppe konstitutioneller Veranlagung. Sie ist von ihr geschieden durch die völlig anders geartete Verarbeitung aller gemütlichen Vorgänge; denn sie vermag mit allem Unangenehmen, sobald seine Einwirkung einmal aufgehört hat, in kürzester Frist fertig zu werden. In sozialer Hinsicht hat sie sich auch durchweg als ganz brauchbar erwiesen.

Fall 7.

V. F., Näherin aus W., geb. den 23. Dezember 1879, stammt angeblich aus gesunder Familie, nur eine weitläufige Verwandte mütterlicherseits starb an Sepsis in einem zirkulären Verwirrtheitszustande. Pat. war ein gesundes kräftiges Kind, das sich gut entwickelte und auf der Schule ausgezeichnet lernte. Doch schon als klein fiel bei ihr auf, daß sie anders war als die Geschwister und die übrigen Kinder (übereinstimmende Schilderung der Mutter und der Kranken selbst). Sie war viel weniger munter und lebhaft als alle anderen, konnte niemals so recht heiter sein und „fühlte sich immer so ungewiß". Von jeher hat sie alles schwer aufgenommen und sich schon von Kleinigkeiten völlig niederdrücken lassen, und zwar war sie dann gleich völlig verzagt. Lange haben allerdings solche verzweifelten Stimmungen niemals angehalten; sobald die Aussichten besser schienen, war alles Unangenehme im Augenblick vergessen. So konnte sie auch ganz heiter mitgenießen, wenn es ihr einmal gut ging und nichts vorhanden war, das die Stimmung trüben konnte. Als sie z. B. mit 21 Jahren in Stuttgart eine angenehme Stelle hatte, war ihr Zustand viel besser als zu Hause, wo es wegen ihrer Empfindlichkeit häufig Schwierigkeiten und Reibereien gab, und man sie außerdem auch zu schwerer Feldarbeit zwang, was ihr durchaus nicht behagte. Doch auch in ihren besten Zeiten war sie niemals länger als für einen Augenblick völlig frei und heiter, wie andere ihres Lebensalters. Dabei hat sie sich niemals mit unbegründeten Sorgen für die Zukunft frohe Stunden verdorben oder sich zwecklosen Grübeleien hingegeben. Über ihre Leistungen, über ihre eigene Persönlichkeit und über ihr Verhalten andern gegenüber pflegte sie sich keine besonderen Gedanken zu machen, noch viel weniger dachte sie daran, sich mit Selbstvorwürfen zu quälen. Nur wenn sie in einem ihrer heftigen Affektausbrüche andere gekränkt oder gar Gegenstände zerschlagen hatte, war ihr das für den Augenblick sehr unangenehm und sie bereute ihr Verhalten ernstlich, allerdings, wie zu erwarten war, ohne nachhaltige Wirkung. Solche Auftritte kamen gar nicht so selten vor, denn sie war ganz außerordentlich reizbar und jede Kleinigkeit konnte sie verletzen. So gutmütig und gefügig sie sonst war, hatte sie sich einmal gegen jemand eingestellt, so vermutete sie auch hinter jeder harmlosen Kleinigkeit eine Zurücksetzung und Kränkung und antwortete in ihrer gewöhnlichen heftigen Weise. Gegen Tadel, auch wenn er am Platze war, zeigte sie sich stets außerordentlich empfindlich; einen berechtigten Verweis nahm sie wie eine Beleidigung auf und verhielt sich trotz besserer Einsicht dementsprechend. Ihre Gemütsbewegungen zu verbergen war sie völlig außerstande; alles, was in ihr vorging, mußte heraus, und nur wenn sie sich aussprechen konnte, fühlte sie sich erleichtert. Bei jeder Kleinigkeit weinte, klagte und jammerte sie und war nur zufrieden, wenn die Umgebung auch genügend Anteil an ihr zu nehmen schien. In religiöser Beziehung war sie sehr streng und galt bei ihren Angehörigen als recht fromm; Zweifel und religiöse

Skrupel haben sie aber niemals geplagt. Eine große Rolle spielte die eigene Gesundheit, der sie ein erhöhtes Interesse zuwandte, wie sie auch hypochondrischen Betrachtungen stets sehr zugänglich blieb. Von jeher zeigte sie eine ganz übertriebene Ängstlichkeit und Schreckhaftigkeit. Sie konnte im Dunkeln nicht allein sein und wagte nicht einmal allein im Zimmer zu schlafen. Als Kind hat sie viel an ängstlichen Träumen gelitten; gruselige Geschichten und Märchen erregten ihre Phantasie stark.

Über ihren äußeren Lebensgang ist nicht viel zu berichten. Sie war vorübergehend in Stellung, den größeren Teil der Zeit aber im elterlichen Hause, wo sie neben ihrer Beschäftigung als Näherin bei der Feldarbeit mithelfen mußte. Heiratsgedanken hat sie mehrfach gehabt, angeblich aber wegen ihrer schwachen Gesundheit davon abgesehen. Mit 14 Jahren zur Zeit der Entwicklung machte sie eine nur wenige Wochen dauernde leichte Verstimmung durch, die sich vor allem in starkem Insuffizienzgefühl und Druck und Schwere auf der Brust geäußert haben soll. Ein Anlaß war damals nicht vorhanden. In den folgenden Jahren zeigte sich Bleichsucht, was den Boden für allerlei hypochondrische Gedanken abgab. 19jährig stolperte sie im dunkeln Keller über den Dienstherrn, der in der Betrunkenheit hinuntergestürzt war und sich schwer verletzt hatte. An den heftigen Schrecken schloß sich wieder eine gemütliche Verstimmung an, die aber diesmal nur unbestimmte Angstzustände und körperliche Beschwerden zeigte. Seit dieser Zeit hat die Stimmung viel geschwankt. Gute und schlechte Wochen und Tage wechselten miteinander ab, doch hat sich regelmäßig ein äußerer Anlaß für ihr gemütliches Verhalten nachweisen lassen. Die Heirat eines jungen Mannes, mit dem sie eine Zeitlang Beziehungen unterhalten hatte, im Herbste 1908 und die Schwierigkeiten mit der Frau des Bruders, die seit einigen Monaten im elterlichen Hause eingezogen war, gaben den Anlaß zu einer ausgesprocheneren Verstimmung, die im Herbst des Jahres 1908 einsetzte und sie im Dezember 1908 in die Tübinger Klinik führte. Es bestand damals eine hypochondrisch gefärbte, nicht sehr schwere Depression, die sich leicht beeinflussen ließ. Lebhafte Klagen über zahlreiche körperliche Beschwerden, starkes Bedürfnis sich auszusprechen und trösten zu lassen, außerordentliche Empfindlichkeit bei übertriebenem Krankheitsgefühl, sehr große Beeinflußbarkeit durch die Umgebung und Mangel jeglicher Hemmung waren die Erscheinungen, welche die Erkrankung ohne weiteres als hypochondrisch reaktive charakterisieren. Bei der Entlassung im Januar 1909 hatte sich der Zustand wesentlich gebessert.

Viel schwerer als bei der zuvor geschilderten Kranken ist die Veranlagung in diesem Falle. Sie gibt ein gutes Beispiel von dem zweiten Typus der konstitutionellen Verstimmung ab; die Beziehungen zu den hysterischen Formen der Psychopathie sind hier sehr ausgesprochen. Die außerordentlich heftigen affektiven Reaktionen, die sich gelegentlich bis zu Wutanfällen steigern können, die hochgradige Beeinflußbarkeit der Stimmung, die übertriebene ganz kritiklose Feindseligkeit, wenn die Kranke sich einmal zurückgesetzt glaubt, und schließlich die nächtlichen Angstzustände führen uns in jenes Gebiet hinüber. Abweichend von den einfachen psychogenen Formen findet sich hier jedoch eine ausgesprochen depressive Lebensauffassung; die Kranke gehört damit zweifellos zu den konstitutionell Verstimmten. Mehrfach im Leben haben sich bei ihr Depressionszustände entwickelt, von denen die beiden späteren sich mit großer Wahrscheinlichkeit als reaktiv deuten lassen. Die erste soll dagegen der eigenen Schilderung nach völlig endogen entstanden sein. Da die Erkrankung aber schon längere Zeit zurückliegt, und die Patientin damals noch recht jung gewesen ist, werden wir dieser Angabe nicht unbedingt Glauben schenken dürfen, wenngleich die Mutter die Aussagen bestätigt hat. Bemerkenswert ist immerhin, daß nach der bestimmten Schilderung der Kranken bei der ersten gemütlichen Erkrankung Gefühle eines Druckes auf der Brust, starke Insuffizienz und Hemmung bestanden haben, was bei den späteren Depressionen niemals mehr der Fall war. Eine sichere Entscheidung wird sich hier nicht mehr treffen lassen, doch soll der Frage der Verstimmungen überhaupt erst im nächsten Abschnitte näher getreten werden. Hier kam es mir nur darauf an, die Veranlagung der Kranken zu zeigen.

Fall 8.

E. B., Bauerntochter aus Sch., geb. den 6. Mai 1882, stammt aus guten häuslichen Verhältnissen. Über erbliche Belastung ist nur bekannt geworden, daß der Vater Trinker mäßigen Grades ist und Mutter und Schwester die gleiche weichmütige Gemütsveranlagung haben, wie Pat. selbst. Sie war ein gesundes und kräftiges Kind, das sich normal entwickelte. Auf der Schule hat sie trotz großen Fleißes nur mittelmäßig gelernt, teilweise wohl, weil sie immer ängstlich und verschüchtert war und kaum eine Antwort zu geben wagte. Auch später hat sich diese Schüchternheit niemals recht verloren. Sie errötete bei jeder Gelegenheit und war besonders dem anderen Geschlechte gegenüber stets scheu und zurückhaltend; niemals ist sie in nähere Beziehungen zu einem Manne getreten. Sie war von jeher eine ängstliche und verschrockene Natur und überaus empfindlich und sensitiv. Schon kleine Unfreundlichkeiten oder Zurücksetzungen wurden von ihr sehr schwer empfunden und verwundeten sie tief. Doch ebenso schnell und heftig wie die Gemütsbewegung einsetzte, war sie auch wieder durch Zuspruch oder freundliche Behandlung zu beseitigen. Besonders mißtrauisch war sie niemals; sie hatte nicht die Neigung, hinter allem etwas zu suchen und sich grundlos zurückgesetzt zu fühlen. Unangenehme Dinge nahm sie stets sehr schwer auf, war sofort niedergeschlagen und völlig mutlos, blieb aber dabei freundlichem Zuspruch, wie der Einwirkung äußerer Umstände sehr zugänglich. Überhaupt war ihre Stimmungslage stets von äußeren Momenten abhängig; depressive Verstimmung ohne Anlaß kannte sie nicht, und Neigung zu grundlosem Grübeln war niemals vorhanden. Sie arbeitete gern und war auch stets bemüht, ihre Pflicht zu tun, doch hat sie sich niemals mit dem Gedanken gequält, sie schaffe nicht genügend, oder man sei nicht mit ihr zufrieden, wie sie auch keine zu geringe Meinung von sich und ihren Leistungen besaß. In religiöser Beziehung war sie nicht anders wie ihre Umgebung, und Neigung zu unnötigen Skrupeln hat sie niemals gezeigt. Nur eine gewisse Unruhe befiel sie oft während der Tätigkeit; es ging ihr dann allemal nicht rasch genug, und sie war nicht zufrieden, ehe nicht alles glücklich beendet war. Ein gewisser Zwang, vollendete Arbeit nochmals nachzukontrollieren, war vorhanden, doch mehr infolge geringer Gedächtnistreue, als in der Furcht, ihre Pflicht nicht getan zu haben. Von Jugend auf bestand ein großes Interesse für Märchen und Erzählungen, die sie mit lebhaftem Eifer verschlang. Sie träumte sich dann gern in die dort geschilderten Situationen hinein und konnte so stundenlang ihren Gedanken nachhängen. Gegen körperliche Schmerzen war sie stets sehr wehleidig und auch sonst ängstlich für ihr Wohlbefinden besorgt. Seit sie sich nervenkrank fühlte, hat sie viel über derartige Erkrankungen in populärmedizinischen Büchern nachgelesen und immer befürchtet, sie könne noch geisteskrank werden.

Eine Veränderung ihres Wesens begann sich im 21. Lebensjahre ohne nachweisliche äußere Ursache ganz langsam und allmählich herauszubilden. Sie wurde noch schüchterner und zurückgezogener als zuvor, Schmerzen in allen Gliedern und zahlreiche wechselnde körperliche Beschwerden traten auf; sie fühlte sich matt und elend, schlief schlecht und hatte keinen Appetit. Die Stimmung war im allgemeinen nicht gedrückt; in lustiger Gesellschaft konnte sie recht froh und munter sein; nur wenn sie für sich allein war und ihren hypochondrischen Befürchtungen nachhing, wurde sie schwer trübsinnig. Sie beschäftigte sich unausgesetzt mit ihrem Befinden und dokterte auf alle mögliche Weise an sich herum, jedoch ohne jeden Erfolg. Im Oktober 1905 war sie in ärztlicher Behandlung wegen eines Lungenkatarrhs, der sie sehr ängstlich stimmte, da sie sich vor der Schwindsucht fürchtete. Nach zwei Monaten war sie körperlich genesen, aber nun setzte eine traurig ängstliche Verstimmung ein mit Selbstvorwürfen, daß sie ihre Pflicht nicht getan habe, ohne daß sie imstande gewesen wäre, einzelne Verfehlungen nennen zu können. Sie fühlte sich zu allem unfähig, konnte sich zu nichts mehr entschließen, und alles stand wie ein Berg vor ihr, so daß sie den Wunsch hatte, wenn sie nur an der Schwindsucht gestorben wäre. Dabei sei der Kopf voll der verschiedensten Gedanken gewesen, sie habe ihr ganzes früheres Leben durchgrübeln müssen, wobei sie vielfach durch die Dinge in der Umgebung in ihrem Denken beeinflußt worden sei, doch sei ihr das Reden schwer gefallen, und sie habe fast nichts gesprochen. Alles sei ihr gleichgültig gewesen, doch wenn sie sich bezwang, habe sie ganz gut mitschaffen können. In einer Stellung, wo sie ihren Schwestern helfen sollte, und wo sie viel zu tun hatte, habe sich das Befinden rasch gebessert und sei bis Juli 1906 ganz ordentlich geblieben. Damals trat eine erneute Verschlimmerung auf, bei der die körperlichen Beschwerden ganz besonders im Vordergrunde standen. Zu den oben geschilderten kamen noch Schwindelgefühle und Angstanfälle, die von Druck in der Magengegend begleitet waren, hinzu, hier und da verbunden mit Andeutungen von Zwangserscheinungen, der Furcht, sie könne laut aufschreien oder jemand schlagen. Zeitweise war es doch so schlimm, daß sie dadurch am Kirchenbesuch verhindert wurde. Auch schreckhafte nächtliche Visionen, Gestalten, die drohten und lachten, plagten sie sehr. Da die Beschwerden immer mehr zunahmen, suchte die Kranke am 14. September 1906 die Hilfe unserer Klinik auf. Sie ist ein schüchternes und scheues Mädchen von stark psychopathischem Aussehen, schreckhaft und ängstlich und mit auffallend leichter vasomotorischer Erregbarkeit. Der Ernährungszustand und das körperliche Befinden waren gut; trotzdem bestanden zahlreiche hypochondrische Beschwerden, die die Kranke völlig in Anspruch nahmen, und es war ein lebhaftes Bedürfnis vorhanden, die Schwere der Erkrankung auch anderen deutlich vor Augen zu führen. Die leicht depressive Stimmungslage war außerordentlich von äußeren Einflüssen abhängig, so daß man durch geschickte Leitung der Unterhaltung alle Grade und Abstufungen von heiterem Frohsinn bis zu maßloser Verzweiflung ohne Schwierigkeit hervorrufen konnte. Irgendwelche therapeutischen Maßnahmen hatten regelmäßig eine Zeitlang guten Erfolg. Hemmung war nicht vorhanden, es bestand vielmehr eine schlaffe Energielosigkeit und Mangel an jeglichem Interesse, soweit es nicht ihr körperliches Befinden anging. Auffällig war ihre übertrieben scheue Zurückhaltung bei allen Dingen, die das sexuelle Gebiet berührten, während eine gewisse Erotie dem Arzte gegenüber deutlich vorhanden war. Durch Hydrotherapie und suggestive Behandlung wurde eine wesentliche Besserung erzielt, die auch nach der Entlassung im Februar 1907 längere Zeit noch anhielt. Ganz allmählich im Verlaufe von Monaten kehrten die alten Beschwerden zurück, doch blieb dauernd eine starke Abhängigkeit von äußeren Momenten bestehen. Februar 1909 stellte sich die Kranke wieder in der Klinik vor; nur Zureden der Mutter hatte sie hierzu bewegen können, da sie sich sehr ängstigte, die Erinnerung an den hiesigen Aufenthalt wieder aufzufrischen. Sie klagte über die alten Beschwerden, besonders über die zeitweise auftretenden heftigen Angstanfälle, mit Magendruck und Herzklopfen, die gleichfalls nur durch äußere Einflüsse hervorgerufen würden. Eine wesentliche Veränderung in dem Befinden, wie es in der Klinik beobachtet worden war, ließ sich nicht nachweisen. Eine wirkliche depressive Verstimmung bestand auch damals nicht.

Diese Kranke ist der soeben geschilderten in ihrer gemütlichen Veranlagung außerordentlich ähnlich. Sie hat genau die gleiche Empfindlichkeit und Ängstlichkeit, genau die gleiche heftige Art, gemütlich zu reagieren, die gleiche Reizbarkeit und die gleiche Angst vor Zurücksetzung. Besorgnis um das körperliche Wohl und Neigung zu hypochondrischen Vorstellungen sind ebenfalls in beiden Fällen in gleicher Weise vorhanden. Doch tritt bei der letzten Kranken noch ein neuer Zug hinzu, die dauernde Beobachtung der eigenen Persönlichkeit. Unzufriedenheit mit den eigenen Leistungen, innere Unsicherheit und gelegentlich sogar einmal Kontrollierzwang werden angetroffen. Dazu gesellen sich noch bei Verschlimmerung des Gesamtzustandes vorübergehend Andeutungen von Zwangserscheinungen, wie das Gefühl, eine unsinnige Handlung gegen den Willen begehen zu müssen. Da haben wir auf einmal Züge, die der ersten Gruppe entstammen, und die wir als charakteristisch für diese angesehen haben. Am meisten werden wir an Fall 2 erinnert, wo eine ähnliche Ängstlichkeit, innere Unruhe und Neigung zu hypochondrischen Vorstellungen neben ausgesprochenen Zwangserscheinungen bestand, Symptome, die wir als typisch für die erste Gruppe geschildert hatten. Nach solchen Beobachtungen bedarf das dort Gesagte einer gewissen Einschränkung. Bestimmte Formen von Zwangserscheinungen kommen also auch ohne die langsame und schleppende Affektreaktion vor, und zwar scheinen das mehr die den Phobien ähnlichen Zustände zu sein. Man hat ja immer hysterische von neurasthenischen Zwangserscheinungen unterscheiden wollen. Vielleicht liegt dem etwas Tatsächliches zu Grunde, doch würde es hier zu weit führen, auf das im einzelnen einzugehen. Sicher scheint mir soviel zu sein, daß wir bei den echten grüblerischen Zwangsneurotikern die im ersten Abschnitt beschriebene Gemütsveranlagung regelmäßig finden, wie ja auch ihre Unmöglichkeit, mit den Dingen fertig zu werden, auf die schleppende Art des Affektverlaufs hinweist. Hier dagegen zeigt die Kranke die typische rasche Kurve der zweiten Gruppe. Daneben hat sie aber wohl eine Reihe von Zügen, die wir sonst vorwiegend bei der entgegengesetzten Veranlagung antreffen, die Neigung zur Beschäftigung mit der eigenen Persönlichkeit und zu fruchtloser Selbstkritik, aus der die Unsicherheit in der Arbeit und der gelegentliche Kontrollierzwang entspringen. Hier tritt uns schon die große Schwierigkeit entgegen, die besteht, wenn wir eine scharfe Grenze zwischen erster und zweiter Gruppe ziehen wollen. Halten wir uns genau an unsere Definition, so werden wir überall da, wo die Affektreaktion einigermaßen ausgesprochen ist, ohne allzu große Konzessionen durchkommen. Doch ist bei einer solchen Umschreibung ja nur ein Punkt hervorgehoben, der für das äußere Bild solcher komplizierter Persönlichkeiten keine ausschlaggebende Bedeutung zu besitzen braucht. Eine Reihe anderer Züge, die zu dieser Affektreaktion eine gewisse Beziehung zu haben scheinen, und die sich in den meisten Fällen mit ihr verbinden, werden wir bei der Schilderung hinzunehmen müssen. Daß aber diese sich einmal teilweise mit der entgegengesetzten affektiven Reaktion verbinden können, darf nicht wundernehmen, da es sich hier ja nur um psychopathische Typen handelt, die nach der uns am wichtigsten dünkenden Eigentümlichkeit ihre systematische Stellung erhalten. So können wir beruhigt auf unserer Einteilung beharren, die uns in der Tat heute noch die einzige Möglichkeit gewährt, unter der großen Gruppe psychopathischer Zustände, die durch die gemeinsame depressive Färbung aller Lebenserfahrungen zusammengehalten werden, zwei verschiedene gemütliche Veranlagungen voneinander abzugrenzen. Mag diese gemütliche Reaktionsform, die heute als das einzig Faßbare erscheint, vielleicht gar nicht das Wesentliche der Veranlagung darstellen, sondern erst die Folge anderer uns unbekannter Störungen sein, soviel läßt sich jetzt schon mit Bestimmtheit sagen: Wir haben hier zwei große Gruppen depressiver Veranlagung vor uns, die sich durch sehr wesentliche Züge voneinander unterscheiden, die aber beide für die Gestaltung der Verstimmungszustände einen weitgehenden Einfluß besitzen. Das soll im folgenden näher ausgeführt werden.

B. Die Depressionen auf konstitutionellem Boden.

1. Die rein reaktiven Formen.

Wenn wir die Verstimmungszustände auf konstitutionell depressivem Boden betrachten wollen, so werden wir vor allen Dingen der reaktiven Formen gedenken müssen. Bei den Psychopathen mit Störungen des Gemütslebens, die sich gerade durch den Mangel an Gleichgewicht auszeichnen, pflegen sich nicht selten auf äußere Anlässe hin sehr heftige Affektreaktionen einzustellen, die sich bis zu psychotischer Höhe steigern können. Solche Vorkommnisse werden sich naturgemäß bei den konstitutionell Depressiven ganz besonders leicht ereignen; denn wir hatten ja gerade die außerordentliche Empfänglichkeit für alle traurigen

Eindrücke und die Empfindlichkeit den Schädigungen des Lebens gegenüber als für sie charakteristisch kennen gelernt. Nun finden sich bei unserem Materiale von depressiv veranlagten Kranken nicht selten irgendwelche mehr oder weniger eingreifenden Ereignisse, die den Verstimmungen vorausgehen und sich, ohne daß man den Tatsachen Zwang anzutun braucht, als auslösende Ursachen auffassen lassen. Dann haben wir aber auch das Recht, hier einen Zusammenhang anzunehmen und solche Zustände als rein reaktive Depressionen besonders hervorzuheben. Daß nicht jede Verstimmung nach einem Anlaß uns ohne weiteres dazu berechtigt, ätiologische Beziehungen herzustellen, ist selbstverständlich. Wir werden verlangen müssen, daß eine Reihe von Bedingungen erfüllt sind. Der Anlaß selbst muß ein schweres gemütliches Trauma sein, das geeignet ist, den Kranken tief zu erschüttern; was als solches betrachtet werden darf, ist nur im einzelnen Falle zu entscheiden, wobei die Persönlichkeit des Kranken besonders zu berücksichtigen ist. Die Verstimmung muß sich im unmittelbaren Anschluß an das Trauma entwickeln und mit heftigen Erscheinungen, die rasch zur vollen Höhe ansteigen, einsetzen, während das Abklingen je nach der individuellen Reaktionsweise bald schnell, bald mehr allmählich erfolgen kann. Hierbei werden äußere Umstände, wie Versetzen in günstigere Umgebung, nicht ohne Einfluß bleiben. Der Inhalt der krankhaften Ideen muß sich mit dem auslösenden Erlebnisse im Einklang befinden oder sich wenigstens aus der persönlichen Eigenart ohne weiteres verstehen lassen. So erscheinen mir Versündigungsideen, auch wenn sie allgemeiner Natur sein sollten, nicht gegen eine Reaktionspsychose zu sprechen, wenn nur der Kranke von Hause aus schon an mangelndem Selbstvertrauen und übermäßiger Selbstkritik leidet, während sie sonst wohl als über den Rahmen einer psychopathischen Reaktion hinausgehend aufgefaßt werden müssen. Die Dauer der Psychose darf keine allzu lange sein. Eine allgemeine Grenze wird sich in dieser Beziehung schlecht angeben lassen, da bei der außerordentlichen Verschiedenheit der gemütlichen Reaktionskurve auch die krankhaften Reaktionen naturgemäß höchst ungleichmäßig ausfallen müssen. Noch weniger läßt sich über die Form etwas aussagen. Vor allem treffen wir psychogene Symptome auch bei Patienten an, die in ihren gesunden Zeiten keine Spur von hysterischen Erscheinungen darboten. Umgekehrt lassen sich psychogene Symptome nicht im Sinne einer Reaktion verwerten, da sie bei allen Formen der zirkulären Erkrankungen recht häufig beobachtet werden, wenn sie auch gerade bei den psychopathischen Reaktionen besonders ausgeprägt vorhanden zu sein pflegen, ja das Bild völlig beherrschen können. Das trifft für den zu weit geschilderten mehr psychogenen Typus ganz besonders zu, der überhaupt mit seiner Neigung zu heftigen Affektausbrüchen naturgemäß auf gemütliche Erschütterungen hin leichter zu psychotischen Erscheinungen kommen wird. Doch sind auch beim ersten Typus reaktive Formen durchaus nicht selten.

Mit den hier erörterten Gesichtspunkten wird man in den reinen Fällen ohne Schwierigkeiten auskommen. Daß überall eine klare Abgrenzung möglich sein werde, wird man von vornherein nicht erwarten dürfen. Ob und wie weit wir mit einer solchen Betrachtungsweise in die konstitutionellen Verstimmungen eindringen können, das wollen wir an der Hand der folgenden Beispiele näher untersuchen.

Fall 9.

S. M., Kontoristin aus H., geb. den 11. Februar 1852, wurde als uneheliches Kind von der Großmutter in sehr dürftigen Verhältnissen aufgezogen. Sie stammt aus depressiv veranlagter Familie; der Vater war eine ernste stille Natur, die Mutter ausgesprochen schwernehmend. Ihr ähnelt Pat. am meisten in Temperament und Charakter. Nach der eigenen Schilderung, die von einer langjährigen intimen Freundin in allen Punkten bestätigt wurde, war auch sie von Jugend auf eine sehr ernste und stille Natur, die stets für sich blieb und wenig Neigung hatte, Rat und Hilfe bei anderen zu suchen. Körperlich war sie gesund und kräftig, hat sich normal entwickelt und niemals eine schwerere Erkrankung durchgemacht. Auf der Schule lernte sie ausgezeichnet und erwies sich auch im späteren Leben als sehr brauchbar und tüchtig, so daß sie sich aus einfachster Stellung zur Buchhalterin in einem größeren Geschäfte heraufarbeitete. Sie hatte es nicht leicht im Leben, da sie ganz allein auf sich gestellt war. Durch Übertritt zur evangelischen Kirche im Alter von 18 Jahren hatte sie sich mit ihrer Familie überworfen. Religiös war sie immer in ganz besonderem Maße und hat sich mit Gewissenskrupeln viel unnötige Sorgen gemacht; schon seit langen Jahren gehört sie einer Methodistengemeinde an. So weit sie sich zurückzuerinnern vermag, hat sie stets das Leben außerordentlich ernst und schwer genommen; niemals konnte sie wirklich von Herzen froh und heiter sein. Sobald sie irgend etwas im Leben näher anging, stellte sich ein richtiger Zwang zum Grübeln ein, der sie dann längere Zeit nicht mehr losließ und ihr auch jede bessere Stunde mit unnötigen Sorgen verdarb. Überhaupt ist sie stets nur sehr mühsam und schleppend mit unangenehmen Dingen fertig geworden, und jeder depressive Affekt klang außerordentlich lange bei ihr nach. Sie war nicht unentschlossen und wußte, was sie wollte, und doch bedurfte sie stets sehr langer sorgfältiger Überlegung, ehe sie sich entschied, da sich immer noch Zweifel dazwischen drängten, ob sie auch das Richtige gewählt habe. Ihre strenge Lebensauffassung und ihr übertriebenes Pflichtbewußtsein ließen sie nicht leicht zur Ruhe kommen. Meist war sie mit sich selbst unzufrieden und bei allem befürchtete sie ihre Sache nicht gut genug gemacht zu haben. Sogar wenn sie wußte, daß alles in peinlichster Ordnung war, sah sie sich gezwungen, doch noch einmal nachzusehen, ob sie wirklich ihre Pflicht vollauf getan habe. Irgendwelche Zwangserscheinungen sind indessen niemals bei ihr aufgetreten. Gegen das Häßliche und Obszöne und überhaupt gegen alles, was mit dem sexuellen Leben zusammenhängt, war sie stets sehr empfindlich. Den Wunsch zu heiraten hatte sie wohl, sie wurde aber durch äußere Verhältnisse und durch ihre Schüchternheit daran verhindert. Dem anderen Geschlechte gegenüber war sie stets sehr ängstlich und zurückhaltend. Überhaupt empfand sie vor fremden Menschen immer eine große Scheu: sie sehnte sich nach Freundschaft, ohne jemand zu finden, dem sie ihr volles Vertrauen hätte schenken können. So hat sie immer alles ganz mit sich allein abgemacht. Sie ist weich, feinfühlig und außerordentlich mitleidig. Nein zu sagen fällt ihr sehr schwer und auch für Tiere hat sie stets ein warmes Herz besessen. Kränkungen und unfreundliche Worte empfindet sie sehr hart und durch barsche Behandlung war sie leicht verletzt und zurückgestoßen. Dabei besteht aber keinerlei Mißtrauen, und die Neigung hinter allem etwas zu suchen. ist ihr fremd. So ist sie, nach ihrer eigenen Schilderung, seit sie sich erinnern könne, gewesen, und so sei sie auch ihr ganzes Leben lang geblieben. Doch nicht zu allen Zeiten war die Lebensauffassung gleich trübe und ernst. Ohne daß äußere Verhältnisse es erklärten, hatte sie Monate oder auch Jahre, in denen sie alles leichter aufnehmen konnte als sonst, aber auch in ihren besten Zeiten ist sie ihrer Persönlichkeit treu und eine ausgesprochen schwernehmende Natur geblieben. Sogar mit 18 Jahren, der glücklichsten Periode ihres Lebens, wo sie nach schwerem Dienst wieder vorübergehend zu Hause war, sei dies nicht anders gewesen.

Zweimal im Leben hat sie wirkliche Depressionen durchgemacht. Das erstemal mit 21 Jahren, als sie wegen Geschäftsaufgabe ihre Stellung verlor und sich in einer äußerst mißlichen Lage befand. Anschließend daran entwickelte sich eine traurige Verstimmung mit raschem Anstieg zu schwerem Affekt und sehr langsamem Abklingen. Der Inhalt ihrer depressiven Ideen schloß sich eng an das auslösende Erlebnis an und hielt sich ganz im Rahmen der tatsächlich vorhandenen Schwierigkeiten. Genau das gleiche trat ein, als sie im Dezember 1905 ein Schlaganfall rechtsseitig lähmte. Anfangs, als sich die Störungen rasch zurückbildeten, war die Stimmung eine ganz gute, als aber nach einem halben Jahre eine leichte Schwäche des Armes zurückblieb, die ihr das Schreiben erschwerte und im Verein mit einer geringen Erschwerung der Sprache (nicht durch Aphasie bedingt) sie an der Übernahme ihres alten Postens hinderte, entwickelte sich eine ausgesprochene Verstimmung mit allerlei Befürchtungen für die Zukunft, weil sie nun nichts mehr verdienen könne. Entsprechend ihrer Neigung zu religiösen Selbstquälereien und der geringen Meinung, die sie von ihrer eigenen Person besaß, traten auch Versündigungsideen hinzu, und ließen sie die ganze Krankheit als gerechte Strafe Gottes erscheinen. In diesem Zustande suchte sie am 16. November 1906 die Tübinger Klinik auf, blieb aber nur wenige Tage dort, da sie sich unter den schwer psychisch Kranken nicht recht wohl fühlte. Von der Hemiplegie waren damals nur noch geringe Spasmen im rechten Arm und eine leichte Parese besonders der Hand nachzuweisen. R. Hypoglossus und r. Facialis waren deutlich schwächer innerviert. Intellektuell hatte die Kranke nicht gelitten, wie das ja schon aus ihrer vorzüglichen Selbstschilderung hervorgeht, auch Gedächtnisstörungen waren nicht vorhanden. Die gemütliche Verstimmung, die allerdings schon in der Besserung begriffen war, erschien nicht sehr tiefgehend und ließ sich leicht durch Ablenken zum Verschwinden bringen. Nur sobald man das Gespräch auf den Schlaganfall, ihre Zukunft oder andere Dinge brachte, die sie affektiv lebhaft berührten, brach sie sofort wieder in Tränen aus. Sie war trostbedürftig und für freundlichen Zuspruch empfänglich, der sie sichtlich beruhigte. Sie selbst faßte ihren Zustand nicht als eine wirkliche Gemütskrankheit auf, es sei nur die Reaktion auf die unglückliche Lage, in der sie sich befand. Der weitere Verlauf hat ihr recht gegeben. In wenigen Wochen nach der Entlassung bildete sich die Parese im rechten Arme bis auf eine geringe Störung der feineren Bewegungen zurück, die dauernd bestehen blieb. Und damit verschwand auch etwa gleichen Schritt haltend die gemütliche Verstimmung, so daß die Kranke bei ihrer Vorstellung am 27. Januar 1909 wieder ebenso war, wie in früheren Jahren. Die freundliche und sehr verständige Frau zeigte auch jetzt noch keine Spuren des beginnenden Seniums oder von Nachlassen der Geisteskräfte.

Wir sehen also eine Kranke mit sehr ausgeprägter konstitutionell depressiver Veranlagung des ersten Typus, die sich aber bei hoher Intelligenz und Leistungsfähigkeit im Leben gut vorangebracht hatte. Leichte Schwankungen des Dauerzustandes waren wohl immer vorhanden, anscheinend unabhängig von äußeren Einwirkungen, doch ist es niemals zu irgendwie abgegrenzten depressiven Zeiten gekommen. Eine Ausnahme machen nur die beiden psychotischen Zustände, die sich im Anschluß an traurige Erlebnisse entwickelten, beide Male als Pat. in ihrer ganzen Existenz ernstlich bedroht schien. Der Inhalt ihrer depressiven Ideen bleibt dabei völlig auf das auslösende Ereignis beschränkt, nur die der Kranken von jeher naheliegenden Versündigungsideen treten herzu. Hat sie doch immer an übertriebener Selbstkritik und Neigung zu unnötigen Selbstquälereien gelitten. Die Dauer der Verstimmung ist gering; sie setzt mit großer Heftigkeit ein, entwickelt sich rasch zu voller Höhe, um ganz langsam und allmählich abzuklingen, wobei die Kurve des Ausgleiches ganz der gewöhnlichen Art der Kranken gemütlich zu reagieren entspricht. So trägt die Psychose durchaus den Charakter der psychopathischen Reaktion an sich. Die Angaben der recht intelligenten Pat. waren so klar und präzise und stimmten mit der Schilderung, welche die Freundin von ihr entwarf, vollkommen überein. Ein ganz ähnliches Bild bietet die folgende Krankengeschichte, bei der allerdings die Veranlagung nicht so ausgesprochen ist.

Fall 10.

C. E., Zimmermann aus B., geb. den 15. August 1838, hat eine Schwester die vorübergehend schwermütig war, sonst ist nichts über erbliche Belastung bekannt geworden. Er war von jeher ein stiller und ruhiger Mann, der das Leben sehr ernst nahm, über Unangenehmes aber ohne allzuviel Schwierigkeiten hinwegkam. Neigung zum Grübeln oder sich unnötige Sorgen zu machen, hatte er nicht; er liebte gemütlichen geselligen Verkehr, verhielt sich dabei aber recht still und trat wenig in den Vordergrund. Er arbeitet fleißig und gern und hat sich im Laufe seines Lebens ein ganz schönes Vermögen erworben. Grübeleien war er abgeneigt und weder mit seinen Pflichten, noch mit religiösen Dingen hat er sich über Gebühr abgequält. Empfindlich und reizbar ist er nie gewesen, auch nicht besonders weich oder übertrieben gutmütig. Dinge, die ihn angingen, machte er ganz allein mit sich ab und nur ungern sprach er sich anderen gegenüber aus. Auch bei der Untersuchung in der Klinik war er in seinen Angaben zurückhaltend und äußerte sich nur ungern über seine eigene Persönlichkeit. Er ist in seinem ganzen Leben dauernd ruhiger gleichmäßiger Stimmung gewesen und hat niemals deutliche Schwankungen in seinem Gemütsleben durchgemacht. Nur im Jahre 1898 trat im Anschluß an einen unglücklichen Holzverkauf eine Verstimmung von wenigen Wochen auf, die sich aber inhaltlich ganz auf das unangenehme Erlebnis beschränkte. Sie setzte mit einem heftigen Affekte ein, der ihn 8 Tage völlig arbeitsunfähig machte und ins Bett zwang, dann kehrte die Stimmung im Laufe von wenigen Wochen allmählich wieder zur Norm zurück und Pat. blieb völlig gesund bis Herbst 1908, wo ihm wieder ein schwerer pekuniärer Verlust drohte. Er hatte sein Haus verkauft und hinterher erfahren, daß der Käufer zahlungsunfähig sei.

Auf diese Nachricht hin entwickelte sich rasch eine ziemlich schwere nörgelnde Verstimmung, die Pat. am 23. Oktober 1908 in die Tübinger Klinik führte, nachdem er Anstalten zu einem Suicidversuch getroffen hatte; doch noch im letzten Augenblick war er selbst von der Ausführung zurückgeschreckt. Er erwies sich als ein für sein Alter noch sehr rüstiger Mann ohne Zeichen des Seniums auf psychischem Gebiet. Körperlich litt er an Emphysem und Arteriosklerose mäßigen Grades. Er hatte allerlei unbegründete pekuniäre Sorgen und Befürchtungen, in denen er ganz unbelehrbar war, er machte sich Vorwürfe, daß er sein Haus verkauft habe und nun selbst an seinem Unglück schuld sei. Er stöhnte und jammerte unaufhörlich laut vor sich und gebärdete sich ganz verzweifelt; es schreie in ihm so, behauptete er, aber er könne mit dem besten Willen sich nicht still verhalten, und ließ sich unter diesem Vorwande völlig gehen. Unter dem Einfluß der Klinik beruhigte er sich indessen rasch und konnte schon am 22. November wesentlich gebessert nach Hause entlassen werden. Heimgekehrt erfuhr er, daß der Hauskauf werde rückgängig gemacht werden können, und daß er dann nur einen relativ kleinen Verlust erleiden werde. Da war die Verstimmung sofort völlig verschwunden, und als er sich im Mai 1909 wieder in der Klinik vorstellte, war er ganz derselbe wie in früheren Jahren. Zeichen von geistiger Abnahme konnten auch damals nicht festgestellt werden.

Hier haben wir es gleichfalls mit einer tüchtigen wertvollen Persönlichkeit zu tun; der Kranke vermochte trotz seiner psychopathischen Anlagen aus kleinen Verhältnissen sich zu angesehener Stellung und Wohlstand heraufzuarbeiten. Die gemütliche Veranlagung ist die konstitutionell depressive; doch ist die Neigung zu Selbstquälereien lange nicht so ausgesprochen wie im vorhergehenden Falle. Die schweren inneren Hemmungen, welche jener Kranken das Leben so verbittert hatten, fehlen hier. Dementsprechend ist die Stimmungslage eine viel gleichmäßigere gewesen. Es haben sich in der Anamnese keinerlei Schwankungen des gemütlichen Gleichgewichts feststellen lassen. Um so stärker treten die beiden Verstimmungszustände hervor, an deren Natur als psychopathische Reaktionen wohl kein Zweifel herrschen kann. Bei der in der Klinik beobachteten zweiten Depression zeigten sich in der Form des Affektausdruckes allerlei psychogene Züge. Der Ausbruch der Verstimmung war außerordentlich heftig und verbunden mit übertriebenem Jammern und Klagen, das weit über den tatsächlichen Affekt hinauszugehen schien. Und nachdem sich Pat. einmal ausgetobt hatte, verschwand mit dem Anlasse ebenso schnell und prompt die traurige Verstimmung. In dieser Form der Reaktion, wie sie sich in der Psychose äußert, erinnert der Kranke sehr an den zweiten Typus der konstitutionell Depressiven, zu dem er damit zweifellos in Beziehung tritt. Doch hat Pat. in seinem übrigen Leben sonst niemals psychogene Erscheinungen dargeboten und hat auch, wie uns von ihm und seinen Angehörigen bestimmt versichert wird, stets die protrahierte gemütliche Reaktionsweise der ersten Gruppe gezeigt. Stets ist er nur schwer und mühsam mit Unangenehmem fertig geworden und alle seine Gemütsbewegungen sind tief in seinem Innern abgelaufen, ohne recht nach außen hervorzutreten. Doch in der Psychose, wo es einmal zu einer heftigen Reaktion nach außen kommt, gelingt es ihm in ganz auffälliger Weise, den Affekt zu raschem völligen Abklingen zu bringen, ein schönes Beispiel dafür, wie eng die Unfähigkeit seine Gemütsbewegungen auf motorisches Gebiet hinüber zu leiten und die langsam protrahierte Affektkurve zusammengehören.

Fall 11.

R. H., Fabrikarbeiterin aus E., geb. den 4. April 1877, litt schon als Schulkind viel an Kopfschmerzen. Als sie im Alter von 8 Jahren einmal zufällig einen Erhängten gesehen hatte, trat nächtliche Angst mit Geisterfurcht und Visionen auf, die erst im 12. Jahre wieder verschwand. Sie hat sich normal entwickelt und auf der Schule gut gelernt. Von jeher war sie eine ruhige stille Natur, doch nicht ausgesprochen depressiv und schwernehmend, dagegen sehr empfindlich und weich. Mit 18 Jahren begann sie ein Verhältnis, das zwei Geburten zur Folge hatte. Während der zweiten Schwangerschaft wurde sie von ihren Angehörigen, denen der Bräutigam nicht paßte, recht schlecht behandelt und vom Bruder sogar geschlagen. Die Folge war eine leichte gemütliche Verstimmung, die über das Maß physiologischer Niedergeschlagenheit hinausging, sie aber nicht arbeitsunfähig machte. Bis zur Entbindung hielt der Zustand an, besserte sich dann aber sehr rasch. Das Kind starb nach einigen Wochen an Krämpfen und bald darauf verlor auch ihr Verlobter durch einen Unfall bei der Arbeit sein Leben, was ihr sehr nahe ging und wieder eine leichte Verstimmung auslöste. Ein Jahr später, 1899, lernte sie ihren jetzigen Mann kennen, den sie wenige Monate danach auch heiratete. Anfangs war die Ehe glücklich, doch bald erwies sich der Ehegatte als reizbarer Trinker, der sie im Rausche schlecht behandelte. Besonders seit 1906 wurde der Mann immer schwieriger, es kam öfters zu Streitigkeiten und die ehelichen Verhältnisse spitzten sich zu. Sie trug an diesen Dingen schwer und regte sich sehr darüber auf; die Folge war Niedergeschlagenheit und allerlei körperliche Beschwerden, Müdigkeit, Kopfschmerzen, Stiche in Brust und Schulter und dergleichen mehr. August 1908 holte sie abends den Mann aus der Wirtschaft, der wieder einmal länger ausgeblieben war und schalt ihn dabei im Lokale tüchtig aus. Der Wirt veranlaßte darauf, daß sie eine Polizeistrafe von 3 M. wegen Ruhestörung erhielt. Sie empfand die Bestrafung als ungerecht und grämte sich darüber stark. In der Folge traten die körperlichen Beschwerden noch mehr hervor. Sie konnte nicht mehr schaffen, fühlte sich müde, mußte mehrfach die Arbeit ganz aussetzen und war auffallend vergeßlich. Dazu gesellte sich eine ausgesprochene gemütliche Verstimmung, in der sie sich Vorwürfe machte, daß sie sich bloßgestellt habe, daß sie überhaupt so einen Mann geheiratet habe, und die Zukunft ganz hoffnungslos ansah. Mehrfache ärztliche Beratungen hatten keinen Erfolg. So suchte sie aus eigenem Antriebe am 6. Oktober 1908 die Tübinger Klinik auf. Sie war leicht gedrückter Stimmung, sehr zu Tränen geneigt und außerordentlich labil und beeinflußbar. Sie klagte über Müdigkeit, Vergeßlichkeit und Unfähigkeit zur Arbeit und hatte selbst das Gefühl krank zu sein. Hemmung war nicht vorhanden. Sie machte den Eindruck eines sehr weichen, empfindsamen und wenig selbständigen Menschen. Für freundlichen Zuspruch war sie recht zugänglich, und unter Ablenkung und Beschäftigung lebte Mut und Hoffnung für die Zukunft rasch wieder auf, so daß Pat. nach 3 Wochen wesentlich gebessert entlassen werden konnte.

Die Kranke, eine weiche empfindsame Persönlichkeit mit sehr ängstlichem Naturell, hat in ihrem Leben viel Unglück durchzumachen gehabt und regelmäßig mit leichten Verstimmungen darauf geantwortet. Durch die Trunksucht des Mannes sind die häuslichen Verhältnisse allmählich völlig zerrüttet und dementsprechend hat ihre Empfindlichkeit außerordentlich zugenommen. Durch eine besonders ungeschickte Handlung hat sie sich nicht nur eine gerichtliche Bestrafung zugezogen, die ihr mit Recht als sehr hart erscheint, und sich dem Spott der Zechkumpane ihres Mannes ausgesetzt, sondern auch die häusliche Spannung so gesteigert, daß der Zustand für sie völlig unerträglich wurde. Da entwickelte sich unter dem Eindrucke aller dieser schlimmen Erfahrungen eine ausgesprochene gemütliche Verstimmung, die rasch bis zu einer solchen Höhe anwächst, daß sich die Kranke keinen anderen Rat mehr weiß und schließlich selbst die Hilfe der Klinik aufsucht. So kommt sie zu uns in einer richtigen psychopathischen Depression, die in der günstigen Umgebung des Krankenhauses rasch abklingt. Das sind ja allbekannte Dinge, die mit dem manisch-depressiven Irresein in keinerlei direktem Zusammenhange stehen. Und doch habe ich den Fall hier angeführt, weil er infolge seiner einfachen Verhältnisse die Entstehung der reaktiven Verstimmungszustände auf das schönste klarzulegen vermag. Hier ist es nur eine relativ leichte gemütliche Depression, die erst an der Grenze des Psychotischen steht. Ähnliche nur schwerere Erkrankungen sollen in den nächsten Beispielen gebracht werden. Wir werden dann beobachten können, wie sich die Depressionen immer mehr und mehr vom Anlasse loslösen, bis wir ganz allmählich ohne scharfe Trennungslinie zu den endogenen Verstimmungen hinübergleiten. So spielen auch die einfach psychopathischen Formen für das Verständnis der schweren Depressionszustände eine wichtige Rolle.

Fall 12.

M. B., Bauer aus Sch., geb. den 28. August 1871, hat von jeher das Leben schwer genommen, ist aber nicht dauernd ein wirklicher Kopfhänger gewesen. Nur wenn irgend etwas Unangenehmes eintraf, war er sofort schwer gedrückt, mut- und hoffnungslos, wie ihn auch jede unerwartete Schwierigkeit völlig außer Fassung brachte. So schwer die Niedergeschlagenheit war, so rasch kam er darüber hinaus, wenn nur alles wieder gut zu gehen schien. Seine Stimmung war überhaupt von jeher sehr von äußeren Einflüssen abhängig und auch in seinen Entschlüssen stand er nur selten auf eigenen Füßen. Hatte er aber nach langem Hin und Her wirklich einmal einen entscheidenden Schritt getan, war die Sache für ihn erledigt, er quälte sich hinterher nicht lange mit Reuegedanken, wie überhaupt unnötiges und grundloses Grübeln ihm fern lag. Er arbeitete gern und fleißig, sah auch darauf, daß er seine Pflicht tat, ohne es damit allzu genau zu nehmen. Wenn er etwas vollendet hatte, wußte er, daß es brauchbar war, und hatte nicht den Drang noch einmal nachzukontrollieren. Fremden gegenüber war er stets zurückhaltend und schüchtern; doch liebte er es nicht allein zu sein. Im Kreise von anderen war er still und trat niemals in den Vordergrund. Gegen unfreundliche Behandlung war er stets sehr empfindlich und auch durch Kleinigkeiten leicht zu kränken. Der Gedanke, daß man ihm absichtlich zurücksetze, lag ihm sehr nahe und machte ihn etwas mißtrauisch und ungerecht. Glaubte er so etwas bemerkt zu haben, so war er eigensinnig und schwer zu belehren, während er sonst im Gegenteil leicht fremden Einflüssen unterlag. Gutmütig und mitleidig war er nicht in übertriebenem Maße, dagegen etwas feinfühlig und empfindlich. Blut konnte er nicht sehen, ohne daß es ihm schlecht wurde. Körperlich ist er immer ganz kräftig gewesen und hat keine schweren Krankheiten durchgemacht. Auf der Schule hat er ordentlich gelernt. Geheiratet hat er bisher noch nicht, weil er sich nicht dazu entschließen konnte. Als junger Mensch hat er mehrmals Geschlechtsverkehr ausgeübt, seit langen Jahren aber nicht mehr. Masturbiert hat er bis in die jüngste Zeit. 1904 hatte er in dem Wunsche, sich nun doch zu verheiraten, eine Bekanntschaft angefangen, die aber nach einiger Zeit sehr gegen seinen Wunsch wieder auseinander ging. Er nahm sich das zu Herzen und war mehrere Wochen lang schwer gedrückt, aber doch noch arbeitsfähig. Ganz das gleiche hat sich im Frühjahr dieses Jahres wieder zugetragen. Er hatte Beziehungen zu einem jungen Mädchen angeknüpft in der Hoffnung, daß es nun endlich einmal zur Heirat kommen werde. Anfangs ging alles nach Wunsch, aber im März wurde er in auffälliger Weise hingezogen und kam nun zu der Überzeugung, daß seine Braut ihn zum Narren halten wolle. Da stellte sich wieder ein Verstimmungszustand ein, der diesmal viel ausgesprochener war als vor 5 Jahren. Er wurde arbeitsunfähig, konnte nicht mehr schlafen und mußte immer über die Heiratsgeschichte nachgrübeln. Das ganze Leben war ihm verleidet, zeitweise hatte er sogar Suicidgedanken. Er suchte deshalb am 16. April 1909 unsere Sprechstunde auf. Bei der Untersuchung war er sehr gedrückter Stimmung und nur mit seinen Heiratsgedanken beschäftigt, durch freundlichen Zuspruch aber zu beeinflussen. Hemmung war weder objektiv noch subjektiv nachzuweisen. Der ganze Mensch machte den Eindruck eines weichmütigen Psychopathen, wie das auch seiner eigenen Schilderung entsprach. Die Mutter und zwei seiner Geschwister sollen eben solche Naturen sein. Irgend welche Schwankungen seines Gemütslebens nach der heiteren oder traurigen Seite hin hat er, wie er auf das bestimmteste angab, niemals gehabt.

Wir haben also hier einen depressiv veranlagten sehr labilen Psychopathen vor uns, der auf jede Schwierigkeit im Leben mit einer kurzdauernden Verstimmung reagiert hatte, ohne daß er jemals dadurch völlig aus seiner Berufstätigkeit herausgerissen worden wäre. Schon lange hatte er den dringenden Wunsch sich zu verheiraten. Das Fehlschlagen aller seiner dahingehenden Hoffnungen trifft ihn tief und untergräbt sein ganzes Selbstgefühl, das überhaupt niemals sehr festgegründet war. Seine Neigung, das Verhalten seiner Umgebung paranoisch zu mißdeuten, hat wohl in diesem Mangel an Selbstachtung seine Wurzel. Vielleicht spielen hierfür Selbstvorwürfe wegen jahrelanger Masturbation eine gewisse Rolle. Unter dem Eindrucke der Enttäuschung kommt er ins Grübeln hinein, und daraus entwickelt sich ziemlich rasch eine schwere Verstimmung von kurzer Dauer, die in der akuten Zeit durchaus den Eindruck einer Gemütskrankheit macht, und die sich ein zweites Mal auf den gleichen Anlaß hin genau unter denselben Erscheinungen wiederholt. Wie es seiner ganzen gemütlichen Reaktionsweise entspricht, klingen beide Verstimmungen außerordentlich rasch zur Norm ab. Neigung zu Grübeleien oder irgendwelche Andeutung zu zwangsmäßigem

Denken, sowie die schweren inneren Hemmungen fehlen hier. Der Kranke kann als Typus der zweiten Gruppe gelten.

Fall 13.

K. H. aus E., geb. den 23. März 1887, stammt von einem nervösen Vater, der gern trinkt. Ein Bruder hat sich mit 16 Jahren durch Erhängen das Leben genommen. Er selbst war als Kind gesund und hat sich gut entwickelt. Körperlich war er immer kräftig und einer der besten Turner. Auf der Schule gehörte er stets zu den ersten; er hatte großes Interesse für Bücher und Freude am Lesen, so daß man ihn oft abends ins Bett treiben mußte. Er war ein eigener Bub, der nur mit einem anderen ihm ähnlichen Charakter verkehrte, sich sonst aber von den Kameraden ganz abschloß. Am liebsten saß er für sich allein und hing seinen Gedanken und Träumereien nach. Von klein an war er auffallend schüchtern und zaghaft, schreckte zusammen, wenn man ihn plötzlich ansprach und wagte unter fremden Menschen nicht den Mund aufzutun. Die Stimmung war im allgemeinen nicht niedergeschlagen, eher heiter; nur verlor er bei der geringsten Schwierigkeit gleich den Mut, wurde ängstlich und aufgeregt, so daß ihm erst recht alles mißlang. Dann genierte er sich vor den anderen und war über sich und seine Ungeschicklichkeit ganz unglücklich. Auch wenn etwas Neues von ihm verlangt wurde, geriet er jedesmal in eine solche Aufregung hinein, daß er alles verkehrt machte. So hat man ihn mehrfach als jungen Menschen aus Fabriken weggeschickt, weil man so einen tappigen Kerl nicht gebrauchen könne. Er war dann regelmäßig schwer niedergeschlagen und hatte nur noch den Wunsch zu sterben. Später gewöhnte er sich ein und wurde ein ganz brauchbarer Arbeiter. Nur gegen Tadel und barsche Behandlung ist er immer außerordentlich empfindlich geblieben. Schien ihm der Vorwurf nur einigermaßen gerecht, so nahm er ihn an, trug aber sehr schwer daran, im anderen Falle jedoch erfaßte ihn eine innere Wut und Gereiztheit, ohne daß er sie zu äußern wagte, so daß ihm niemand jemals etwas angemerkt hat. Auch zur Aussprache mit anderen, so gern er sich jemand anvertraut hätte, fehlte es ihm stets an Mut. Er war überhaupt wenig selbständig und gegen fremden Willen sehr gefügig und nachgiebig. Nein zu sagen, gelang ihm nur sehr schwer. Er hatte ein übertriebenes Mitleid mit anderen, war sehr weich, sensitiv und gutmütig. In religiösen Dingen zeigte er sich nicht auffällig, hatte auch nicht die Neigung sich mit Selbstvorwürfen zu quälen. Dagegen bewies er stets einen übergroßen Pflichteifer und fürchtete immer hinter den anderen zurückzubleiben. Im Trinken war er sehr nüchtern und mäßig und auch in sexueller Beziehung enthaltsam. Mit dem anderen Geschlechte hat er niemals Verkehr gehabt; selbst Masturbation wird von ihm in Abrede gestellt.

Schon seit Jahren litt er zeitweise an Kopfschmerzen und Schwindelgefühl, sonst sind bis zu seinem Eintritte beim Militär im Herbst 1907 keinerlei krankhafte Erscheinungen bei ihm beobachtet worden. Er hatte sich immer für Krieg und Soldatengeschichten interessiert und freute sich daher einerseits auf seine Dienstzeit, auf der anderen ängstigte er sich aber doch etwas vor der ungewohnten Situation. So befand er sich schon wochenlang in einer gewissen Spannung, die seine Kopfschmerzen verschlimmerte und den Schlaf störte. Bei der Truppe erwies er sich tüchtig und eifrig, aber sehr aufgeregt und ohne Grund mit sich unzufrieden. Er glaubte hinter den anderen zurückzustehen und quälte sich im Dienst in übertriebener Weise. Von den Kameraden hielt er sich ängstlich und scheu zurück, war sehr niedergeschlagener Stimmung und klagte viel über Heimweh. Wegen seines sonderbaren Benehmens wurde er schon nach 14 Tagen Dienstzeit zur Beobachtung ins Lazarett aufgenommen. Hier war er sehr niedergeschlagen und ängstlich gedrückt und sprach fortwährend von Selbstmord. Schließlich machte er sogar den Versuch, sich mit dem Taschenmesser ernstlich am Halse zu verletzen. Das war die Veranlassung zu seiner Aufnahme in die Tübinger Klinik am 23. Oktober 1907. H. erwies sich als ein kleiner kräftiger Mensch in schlechtem Ernährungszustande. Er hatte ein stark psychopathisches Aussehen und eine Reihe von Entartungszeichen, abnorm gebildete Ohren und Schädel und sehr ungleichmäßige Gesichtshälften. Anfangs befand er sich in schwer ängstlich gedrückter Stimmung, fürchtete seines Verhaltens wegen ins Zuchthaus zu kommen und wagte erst nach freundlichem Zuspruch Auskunft zu geben. Er war völlig hoffnungslos, lebensüberdrüssig und sprach von Suicid. Als er sich etwas eingewöhnt hatte, zeigte er sich kindlich zutraulich, aber doch verbunden mit einer gewissen Scheu und Ängstlichkeit. Während des Sprechens machte er hastige nervöse Bewegungen und verzog tickartig das Gesicht. Außer einer gewissen kindlichen Lebensauffassung war die Intelligenz recht gut. Freundliche Behandlung und beruhigender Zuspruch besserten seine gedrückte Stimmung sehr rasch, doch blieb er dauernd sehr labil und geriet gleich ins Weinen hinein, sobald man seine Militärangelegenheit mit ihm besprach. Auch befürchtete er, daß durch den Aufenthalt in einer Irrenklinik sein Leben verpfuscht sein könne, und dann klagte er viel über Heimweh. In Haushalt und Garten arbeitete er fleißig und gern, und damit hob sich Stimmung und Allgemeinbefinden. Zurückhaltend und scheu blieb er aber während der ganzen Beobachtungszeit. Nach Erledigung seiner Militärangelegenheit — er wurde für unbrauchbar erklärt — konnte er am 4. Dezember 1907 wesentlich gebessert und von den akuten Erscheinungen genesen entlassen werden.

Zweifellos hat der hier geschilderte Kranke recht viel Psychogenes in seinem ganzen Verhalten und auch in der Form, in der seine Depression in Erscheinung tritt. Charakteristisch in dieser Hinsicht ist die große Abhängigkeit seiner Stimmung von äußeren Einflüssen, die Heftigkeit und das Übertriebene in der Art, wie seine Affekte zum Ausdruck gelangen und seine Neigung zu Suiciddrohungen, die wohl zeitweise, aber gewiß nicht immer ernst gemeint waren. Auf der andern Seite erinnert seine langsame und schleppende Verarbeitung aller Lebensreize, sowie seine Verschlossenheit und seine völlige Unfähigkeit, sich anderen gegenüber auszusprechen, sehr an den ersten Typus. Wir haben also auch hier wieder eine heftige psychogen gefärbte Reaktion auf äußeren Anlaß hin bei einem Menschen, dessen gemütliche Vorgänge sonst nur schleppend abzulaufen pflegen. Bei genauerer Betrachtung scheint indessen die ganze Persönlichkeit viel labiler zu sein, als wir es sonst bei den klassischen Fällen der ersten Gruppe finden. Man wird diesen Kranken hier am besten zwischen Fall 2 und 8 stellen, die auch schon sich der Grenze näherten, bei der eine scharfe Trennung der beiden Affektgruppen unmöglich wird. Bei 8 hatten wir neben der ausgesprochenen heftigen, nach außen sich wendenden Reaktionsweise vom zweiten Typus Neigung zu grüblerischer Selbstbeschäftigung gefunden. Hier haben wir bei sonst schleppendem Affektverlaufe auf einen äußeren Anlaß die heftige psychogene Reaktionsart, etwas Ähnliches, wie wir es schon im Falle 10 gesehen hatten. Es ist, als ob bei diesen Menschen die einsetzende psychotische Reaktion alle die Hemmungen hinwegnähme, die sonst auf dem Gemütsleben lasten und verhindern, daß die affektiven Vorgänge zu einem völligen Ausgleiche kommen, und als ob nun die freigewordenen Affekte sich in maßlosen Ausdrucksbewegungen entlüden. Zu solchen heftigen gemütlichen Reaktionen psychogener Art sind Jugend und Alter besonders disponiert. Dort hatten wir einen Mann an der Schwelle des Seniums vor uns. Hier haben wir es mit einer sehr infantilen Persönlichkeit zu tun. Vielleicht liegt darin die Erklärung für das auffällige Verhalten, das ich sonst bei ausgesprochenen Fällen vom ersten Typus nicht gefunden habe. Interessant ist hier auch die Auslösung der Verstimmung. Während wir es in der Regel mit akuten äußeren Erlebnissen, wie plötzlichen harten Schicksalsschlägen oder traurigen Erfahrungen zu tun haben, ist es bei diesem Kranken die völlige Unfähigkeit, sich in eine neue Situation hineinzufinden. Wie er selbst zugeben muß, ist er beim Militär gut behandelt worden und hat im Dienst, nach Aussage seiner Vorgesetzten, keine wesentlichen Schwierigkeiten zu überwinden gehabt. Trotzdem gerät er aus einem auffälligen Mangel an Anpassungsfähigkeit in eine schwere Verstimmung hinein, die sich bis zu völliger Verzweiflung steigert. Sein ganzes Verhalten erinnert etwas an die Zustände, wie man sie bei psychopathisch veranlagten jugendlichen Personen unter dem Einflusse des Heimwehs eintreten sieht. Und in der Tat hatte ja der ganze Mensch in seinem Wesen und Charakter etwas Unreifes und Kindliches an sich. Besonders kennzeichnend hierfür war sein Verhalten den Ärzten gegenüber, denen er, genau wie es sensitive Kinder zu tun pflegen, eine merkwürdige Mischung von naivem Vertrauen und scheuer Zurückhaltung entgegenbrachte. Auch wo ich sonst bei Erwachsenen ähnliche Zustände beobachten konnte, habe ich diese infantilen Züge niemals vermißt.

2. Depressionen nach Anlaß mit protrahiertem Verlaufe.

Die bisher geschilderten Depressionszustände stellen rein reaktive Formen dar. Nach Wegnahme des auslösenden Anlasses und durch Versetzen in eine günstigere Umgebung wird bei ihnen rasch die Verstimmung zum Schwinden gebracht. Allerdings gilt für den ersten Typus eine gewisse Einschränkung. Meist gestaltet sich bei diesen Kranken der Verlauf nicht so gesetzmäßig. Hier besteht schon für gewöhnlich die Unfähigkeit, schnell mit einem Erlebnis, das eine tiefere Wirkung ausgeübt hat, fertig zu werden; alle Gemütsbewegungen ziehen sich daher außerordentlich lange hin. Um so mehr ist bei psychotischen Steigerungen des Affektes eine Neigung zu verschlepptem Verlaufe zu erwarten. Und in der Tat sehen wir auch nicht selten, daß sich nach Wegnahme des ursächlichen Momentes die Verstimmung noch Wochen oder Monate hinziehen kann, ohne daß sich in der Form der Psychose irgend etwas änderte. Schon bei Fall 9 war die Ablaufszeit etwas schleppend gewesen, doch hatte man nicht den Eindruck, als ob sie über das Maß der auch sonst sehr lang hingestreckten Affektkurve hinausginge. Deutlicher wird dies bei den folgenden Kranken.

Fall 14.

G. Sch., geb. den 20. Oktober 1864, ist ein verheirateter Weingärtner aus T. Seine Mutter und eine seiner Schwestern sind konstitutionell depressiv veranlagt; letztere hat auch schon eine schwere Gemütskrankheit traurigen Charakters durchgemacht. Der Vater ist ein Trinker und am Schlaganfall gestorben, ein Bruder des Vaters war angeboren schwachsinnig. Pat. selbst hat sein Temperament von der Mutter geerbt. Stets war er still und niedergeschlagen und hat alles im Leben schwer aufgenommen. Wenn er auch nicht gerade dauernd nutzlos grübelte und sich ohne Grund frohe Stunden verdarb, so war er doch schon bei der geringsten Kleinigkeit, die sich ihm entgegenstellte, völlig mutlos und ganz außer Fassung. Alles war ihm dann verleidet und ohne weiteres stellten sich Suicidgedanken ein. Meist hielten derartige Verstimmungen nicht lange an; nach 1—2 Tagen hatte er sie überwunden und alles Trübe schien vergessen und begraben zu sein, bis bei dem geringfügigsten Anlasse die alten Vorstellungen wieder von neuem auftauchten. Und nun mußte er Stunden und Tage hingrübeln, ohne die quälenden Gedanken bannen zu können. Aussprache mit anderen war ihm nicht gegeben, und so drückte er alle traurigen Erfahrungen in sich hinein und wurde nur schwer und langsam mit ihnen fertig. Auch grobe und unfreundliche Behandlung, die er sehr hart empfand, trug er still für sich; Poltern und Schelten war ihm stets zuwider. Trotz seiner Empfindlichkeit ist er niemals übelnehmerisch gewesen. Dagegen schloß er sich nur schwer an andere an und konnte ein gewisses Mißtrauen nicht leicht überwinden. So ließ er sich auch von seiner Umgebung wenig beeinflussen, beharrte vielmehr eigensinnig auf einer einmal gefaßten Meinung. Alles überlegte er sich sehr sorgfältig und genau, und in seinem ganzen geistigen Wesen war er langsam und schwerfällig. Zu einem Entschlusse kam er nur schwer und hinterher hatte er regelmäßig Reue. In seiner Arbeit war er gewissenhaft, doch nicht übertrieben. Er wußte, wenn er seine Pflicht getan hatte und quälte sich nicht unnötig mit Selbstvorwürfen. Auch in religiösen Dingen war er nicht von Skrupeln geplagt. Trotz seiner Verschlossenheit und seiner unfreundlichen Art war er eine weiche gutmütige Natur, der es sehr schwer fiel, eine Bitte abzuschlagen. Irgendwelche gemütlichen Schwankungen hat er niemals durchgemacht, insbesondere sicher keine manischen Zeiten. Die Stimmungslage war im Gegenteil dauernd völlig gleichmäßig, leicht gedrückt wie oben geschildert. Über seinen äußeren Lebensgang ist nichts Besonderes zu bemerken. Er hat sich normal entwickelt und außer über Kopfschmerzen niemals über körperliche Störungen zu klagen gehabt. In Alcoholicis hat er, wie in seinen Kreisen üblich, leichten Mißbrauch getrieben. Als einziger Sohn übernahm er den väterlichen Grundbesitz und heiratete dann im Jahre 1889. Die Ehe war von Anfang an nicht glücklich, da die Frau trank und hierzu mehrfach heimlich Schulden machte. Das führte im Jahre 1906 vorübergehend zu pekuniären Schwierigkeiten, auf die er mit einer nur wenige Tage dauernden, aber doch schweren gemütlichen Verstimmung antwortete. Herbst 1907 verkaufte er sein Haus, das für seine große Familie von sieben Kindern zu klein geworden war, und erwarb ein neues, bezahlte dies aber viel zu teuer, da es, wie sich später herausstellte, sich baulich in sehr schlechtem Zustande befand. Wie bei jedem ernsteren Geschäfte hatte er auch diesmal lebhafte

Reuegedanken, und als er noch obendrein erfuhr, daß er betrogen worden war, so steigerte sich die traurige Verstimmung zu einer schweren Depression. Er machte sich heftige Vorwürfe, daß er so leichtsinnig gehandelt habe und dadurch seine ganze Familie ins Unglück stürze, er befürchtete alles zu verlieren und in Konkurs zu kommen. Je näher der Tag heranrückte, an dem er ausziehen sollte, desto mehr nahm seine Verzweiflung zu, so daß er sich schließlich keinen anderen Rat mehr wußte, als Suicid zu begehen, da er glaubte, all das Unglück, das über ihn hereinzubrechen schien, nicht ertragen zu können. Zweimal wurde er von seiner Frau noch rechtzeitig bemerkt, als er sich auf die Bühne schleichen wollte, um sich zu erhängen, das drittemal gelang es ihm, und nur durch einen Zufall wurde er gerade noch im letzten Augenblick entdeckt und heruntergeschnitten. Das führt zu seiner Aufnahme in der Tübinger Klinik am 14. November 1907. Er befand sich damals in einer schweren Depression, die sich inhaltlich nur um den verfehlten Hauskauf und die daraus erwachsenden pekuniären Schwierigkeiten drehte. Er ließ sich nur schwer aus diesem Gedankenkreise herausreißen und geriet sofort ins Weinen hinein, wenn er zu sprechen versuchte. Von seinem finanziellen Ruin, wovon tatsächlich keine Rede sein konnte, war er auch hier noch fest überzeugt und bedauerte lebhaft das Mißlingen seines Suicidversuches, zumal er nun auch noch für diesen eine schwere Strafe Gottes befürchtete. Von Hemmung war weder objektiv noch subjektiv eine Spur nachzuweisen, was er damals sowohl wie später immer bestätigt hat. So schwer und verzweifelt die Verstimmung in den ersten Tagen gewesen war, so rasch klang sie unter der Behandlung in der Klinik ab. Schon nach einer Woche war er imstande, das Krankhafte seiner früheren Befürchtungen einzusehen und ruhig und sachlich über den Hauskauf zu urteilen. Er sei wie vom Teufel geschürt gewesen, ganz besonders als der Umzug drohte. Da er sich wohl nicht ganz mit Unrecht Sorgen machte, daß die wenig vernünftige Frau allein Dummheiten begehen könne, und da er sehr an Heimweh litt, wurde er gebessert, aber immer noch leicht gedrückt am 6. Dezember 1907 nach Hause entlassen. Dort erholte er sich vollkommen innerhalb von 2—3 Monaten, als er einmal im neuen Hause war und sah, daß alles ordentlich ging. Als Pat. sich am 13. Juni 1909 wieder vorstellte, war er mit dem Hauskauf schließlich ganz einverstanden, wenn er auch alles hatte neu herrichten müssen und dadurch ziemlich bedeutende Verluste erlitt. Er meinte selbst, daß die Verstimmung krankhaft gewesen sein müsse und daß sie weit über den Anlaß hinausgegangen sei. Doch habe er damals immerhin Grund gehabt, sich Besorgnisse zu machen.

Der hier geschilderte Kranke ähnelt in seiner gemütlichen Veranlagung sehr dem Falle 9; nur ist die Neigung zu bewußten Grübeleien und Selbstquälereien bei ihm weniger ausgesprochen vorhanden, auch wird er scheinbar rascher mit unangenehmen Erlebnissen fertig. Daß dies aber nur ein Zurücktreten des Affektes, nicht ein wirkliches Verwinden der trüben Erfahrungen bedeutet, das zeigt sich in der Hartnäckigkeit, mit der traurige Erlebnisse früherer Zeiten immer wieder in die Erinnerung drängen, sobald irgendein äußerer Anlaß die Stimmung trübt und so einen geeigneten Boden für depressive Vorstellungen schafft. Daher stellen sich auf verhältnismäßig kleine Anlässe hin schwere Verstimmungen ein, die für gewöhnlich nicht sehr lange anzuhalten pflegten. Nur die letzte Verstimmung, die den Pat. in die Klinik führte, war besonders heftiger Natur. Sie trug deutlich den Charakter einer schweren Psychose und erstreckte sich auch über eine Reihe von

Monaten, also viel länger, als man es von einer einfachen Reaktion erwarten sollte. Doch war ja auch der Anlaß nicht rein akuter Natur, und es bedurfte schon einer gewissen Zeit, ehe sich Sch. in die neuen Verhältnisse gefunden hatte, so daß der protrahierte Verlauf auch psychologisch nicht ganz unbegründet erscheint. Daß gerade der Hausverkauf zu einer schweren Verstimmung geführt hat, während andere recht peinliche Erlebnisse, wie das leichtsinnige Schuldenmachen der Frau, nur rasch vorübergehende Reaktionen auslösten, erscheint gleichfalls verständlich. Wir finden gerade dieses Ereignis ganz außerordentlich häufig in der Ätiologie der Affektpsychosen bei der seßhaften Bauernbevölkerung. Das hat seine guten Gründe. Wie sehr der Landmann an dem von den Vorfahren ererbten Grund und Boden hängt, wie innig er mit Haus und Hof, in dem er und seine Familie groß geworden, verwächst, das sind ja bekannte Tatsachen. Seine ganze Gedankenwelt ist auf seinen Besitz gerichtet; seine Tagesarbeit, seine Interessen, seine Zukunftspläne gelten ihm. So bedeutet für die meisten ein Umzug völlige Änderung der ganzen Lebenshaltung nach jeder Richtung hin, ein Eintreten in völlig neue Verhältnisse. Der konservative Sinn des Bauern, der jeder Neuerung abhold ist, läßt ihn vor einer solchen Umwälzung zurückschrecken. Wieviel mehr gilt das noch für psychopathische Naturen aus seinem Kreise, bei denen jede kleine Änderung schon verzweifelte Aussichten für die Zukunft zu eröffnen pflegt. Da ist ein Hausverkauf etwa das Schlimmste, was ein solcher Kranker erleben kann, und regelmäßig führt er zu einer heftigen Gemütserschütterung. Ist diese aber überwunden und der Kranke einmal im neuen Geleise, so dauert es wohl eine Zeitlang, bis alles wieder zur Gewohnheit geworden ist; dann aber pflegt es ohne besondere Schwierigkeiten weiterzulaufen.

Etwas anders verhielt es sich bei dem vorhergehenden Falle, wo auch die Versetzung in neue Verhältnisse das auslösende Moment gewesen war. Jener Kranke hatte sich im Gegenteil auf das veränderte Leben gefreut, wenn er ihm auch mit einer gewissen Ängstlichkeit entgegengetreten war, hatte sich dann aber auf einmal wider sein eigenes Erwarten einfach nicht in die neuen Verhältnisse finden können. Ich hatte auf die Ähnlichkeit zu den Heimwehverbrechern hingewiesen und die eigentümliche kindliche Gemütsart dieser Leute betont. Bei dem Kranken 14 findet sich nichts von diesem infantilen Habitus. Hier hat sich aber auch bei näherer Betrachtung herausgestellt, daß die die Psychose veranlassenden ursächlichen Momente ganz verschiedener Natur sind und daß hier nur eine rein äußerliche Ähnlichkeit vorliegt.

Waren es bei dem Kranken hier nur die Schwere der Erscheinungen und der etwas zögernde Verlauf, die uns über das Bild der einfachen Reaktion hinauszugehen schienen, so finden wir bei den folgenden

Fällen schon ein gewisses Selbständigwerden der Psychose vom Anlaß. Neben den auslösenden Ursachen treten die endogenen Faktoren allmählich hervor.

Fall 15.

N. R., verwitwete Privatiere aus T., geb. den 10. Juli 1856, weiß nichts über erbliche Belastung anzugeben. Sie war ein gesundes kräftiges Kind, das gut lernte, und hat auch in späteren Jahren keine schweren Erkrankungen durchgemacht. Von früh auf hat sie gern und fleißig geschafft, so eifrig, daß sie sich leicht überanstrengte. Doch hat sie sich niemals Gedanken darüber gemacht, ob sie auch wirklich ihre Pflicht tue; sie wußte, wenn sie etwas besorgt hatte, daß es recht war, und daß man damit zufrieden sein konnte. Auch religiöse Skrupel hat sie sich nicht mehr als andere gemacht und sich nicht besonders mit Sünden gequält. Schon als Kind war sie ernst und still, fiel aber nicht besonders vor ihren Freundinnen auf, wie man auch im späteren Leben nichts Auffälliges an ihr wahrgenommen hat. Sie galt nur als etwas ruhig und zurückhaltend. Anderen gegenüber hat sie sich nur ungern ausgesprochen; sie hat sich niemals in ihr Inneres hineinblicken lassen und Dinge, die sie näher angingen, stets allein mit sich abgemacht. Schelten oder heftige Zornausbrüche kannte sie nicht, alles wurde ruhig und anscheinend gleichmütig ertragen. So fiel es der Umgebung auch weniger auf, daß sie das ganze Leben eigentlich recht schwer nahm und bei jedem selbst dem geringfügigsten Mißgeschick gleich mutlos und verzagt wurde. Wenn alles gut ging, hat sie sich wohl frohe Stunden nicht durch Grübeln unnötig verdorben, aber sich so recht von Herzen freuen und glücklich sein, das hat sie niemals fertig gebracht; dazu erschien ihr das ganze Leben viel zu ernst und trübe. Ihre Gemütsstimmung war schwankend und stets von äußeren Eindrücken abhängig. Unglück in der Familie oder pekuniäre Schwierigkeiten waren in dieser Beziehung wirksamer als schroffe Behandlung und persönliche Kränkungen, die sie verhältnismäßig leicht ertrug. Mißtrauen und die Neigung, hinter allem etwas zu suchen, waren ihr fremd. Etwas weich und sensitiv ist sie immer gewesen und Tränen hat sie gleich bei der Hand gehabt. Grundlose Verstimmungen sind niemals bei ihr beobachtet worden, doch wirkten auch geringfügige Anlässe so stark, daß sie sich vorübergehend sehr unglücklich fühlen konnte und allen Lebensmut verlor. Nicht zu allen Zeiten war dies in gleichem Maße der Fall; sie hatte Jahre, wo sie mehr zu solchen depressiven Reaktionen neigte und Jahre, wo sie alles leichter aufnahm, ohne daß indessen eine Änderung ihrer düsteren Grundstimmung eingetreten wäre. Während der Periode war sie immer besonders empfindlich. Heitere Zeiten hat sie, wie sie mit Bestimmtheit darlegte, niemals in ihrem Leben gehabt. Die äußeren Verhältnisse waren günstige, sie führte einen Laden, der große Ansprüche an ihre Leistungsfähigkeit stellte, dafür aber auch guten Gewinn abwarf. Auch ihre Ehe war im allgemeinen glücklich. 1899 starb ganz plötzlich der erwachsene Sohn, ihr einziges Kind, nach kurzer Krankheit. Darauf setzte ganz akut eine schwere Gemütsverstimmung ein, in der sie sich nur mit dem einen Gedanken quälte, daß sie vielleicht durch eine andere Behandlung ihr Kind noch hätte retten können. Sie vermochte nicht mehr zu schlafen, nicht mehr zu arbeiten, fühlte sich unklar und unfähig zu jeder geistigen Tätigkeit und hatte nur den einen Gedanken, wie sie ihr Leben enden könne. Alles war ihr eine Last, alles freudlos und leer. Anfangs besserte sie sich rasch, späterhin nur sehr langsam, so daß es nahezu zwei Jahre dauerte, ehe sie völlig genesen war. 1906 starb unvermittelt der Mann. Das Testament, das er hinterließ, war unklar, und sie hatte große Schwierigkeiten, um ihre Rechte durchzukämpfen. Genau wie beim Tode des Sohnes schloß sich auch diesmal wieder eine schwere Gemütsverstimmung an, die nun seit drei Jahren mit Schwankungen weiter besteht. Mehrfach hat sie im Sommer leichtere Zeiten gehabt, doch wirklich frei ist sie seitdem nicht mehr gewesen. Sie fühlte sich auch diesmal gehemmt, zu allem unfähig und konnte keinen Schlaf finden. Zeitweise war sie sehr schreckhaft und litt viel unter unbestimmten Angstgefühlen. Auch der Gedanke, daß sie nun ganz allein sei, niemand auf der Welt mehr habe, der sich ihrer persönlich annehme, was tatsächlich der Fall ist, bedrückte sie sehr und legte ihr Selbstmordideen recht nahe. Nur die Furcht vor dem Jenseits hat sie bisher von der Ausführung abgehalten. Zu der Aufnahme in eine Anstalt konnte sie sich nicht entschließen, sie hat nur im Laufe des Sommers 1909 mehrfach unsere Sprechstunde aufgesucht, ohne daß während der Beobachtungszeit eine Änderung des Befindens sich eingestellt hätte. Auch ein Aufenthalt in einer offenen Kuranstalt brachte keine Besserung. Die Menopause ist noch nicht eingetreten, nur in letzter Zeit machen sich Störungen der Regel bemerkbar.

Frau R. unterscheidet sich in ihrer ganzen Veranlagung und ihrem Wesen in keiner Weise von den zuletzt behandelten Kranken. Auch bei ihr setzen die Verstimmungen anschließend an schwere gemütliche Traumata ein und sind inhaltlich vollkommen an das auslösende Ereignis gebunden. Daß der Tod des einzigen Kindes und dann auch noch der des Mannes die Kranke, die Alleinsein immer recht schlecht vertrug, außerordentlich hart treffen mußte, ist begreiflich. Auch wird man es noch psychologisch verstehen können, daß es lange dauerte, ehe sie solch schwere Schicksalsschläge verwinden konnte. Anschluß an fremde Personen ihrer Umgebung vermochte sie nicht zu finden, und so war das Gefühl der völligen Verlassenheit, das dauernd weiter fortbestand, nicht ganz unberechtigt. War sie auch schon in früheren Jahren nur schwer und mühsam mit traurigen Erlebnissen fertig geworden, mußte man hier erst recht einen schleppenden Verlauf als etwas ganz Selbstverständliches hinnehmen. Wenn aber die Verstimmung beim ersten Male zwei Jahre und jetzt schon über drei Jahre anhält, ohne daß die Kranke sich aus ihrer depressiven Vorstellungswelt herauszureißen vermochte, so geht das entschieden weit über eine noch so schwere psychopathische Reaktion hinaus. So müssen wir hier eine Psychose annehmen, die zwar aus einem schweren gemütlichen Trauma oder der ihm folgenden Reaktion herausgewachsen ist, jetzt aber völlig frei und unbeeinflußt von äußeren Verhältnissen weiterbesteht. Ihrem ganzen klinischen Bilde nach wird man die Erkrankung am besten als leichte Form einer schleppend verlaufenden Melancholie bezeichnen.

Fall 16.

J. B., Bauer und Kirchenpfleger aus K., geb. den 19. März 1857, hat eine schwerblütige Mutter, die mehrfach leichtere Verstimmungen durchgemacht hat. Ein Bruder ist heiteren Temperaments, sehr rasch und hitzig. Pat. ist wie die Mutter, von entgegengesetztem Wesen. Von jeher war er ein ruhiger stiller Mann, der eine sehr ernste Lebensauffassung besaß und mehr die trüben als die heiteren und angenehmen Seiten der Dinge sah. Von lauten lärmenden Vergnügungen hat er sich immer ferngehalten, sogar einfacher Geselligkeit ging er am liebsten aus dem Wege, ohne aber direkt einsiedlerisch oder menschenscheu zu sein. Seine einzige Freude war die Musik. Mit ihr hat er sich immer gern und viel beschäftigt, und in schweren Zeiten bildete sie seinen Trost. Seine Gemütsstimmung war gleichmäßig ernst und wenig von äußeren Momenten abhängig. Unangenehme Erlebnisse oder Unglück vermochten ihn nicht außer Fassung zu bringen; niemals wurde er zornig oder erregt, oder hätte gar gescholten. Trotzdem war er für alles Unangenehme sehr empfänglich und hatte lange zu kämpfen, ehe er mit irgendwelchen trüben Erlebnissen fertig werden konnte. Er war etwas „eindrückig“, wie seine Angehörigen sagten, hat alles mit sich allein abgemacht und über Dinge, die ihn bewegten, niemals sich anderen gegenüber ausgesprochen. Alle gemütlichen Vorgänge gingen bei ihm sehr tief und spielten sich langsam und schleppend ab. Gegen unfreundliche Behandlung war er sehr empfindlich, ohne es merken zu lassen, doch tat ihm jedes harte Wort im Innersten wehe, und er brauchte lange, um es verwinden zu können. Trotzdem war er vertrauensselig und hatte nicht die Neigung, grundlos bei anderen unfreundliche Gesinnungen zu vermuten. Er war gutmütig und entgegenkommend, und es wurde ihm schwer, eine Bitte abzuschlagen. Trotz seiner guten Begabung war er in allen seinen Handlungen etwas langsam und schwerfällig; er überlegte die Dinge sehr genau nach jeder Richtung hin, war dann aber sicher in seinem Entschlusse und empfand hinterher keinerlei Reue. Alles, was er zu tun hatte, verrichtete er sehr pünktlich und sorgfältig, und auch in der Ausübung seines Amtes war er außerordentlich pflichttreu. Bei Dingen, die eine gewisse Wichtigkeit hatten, quälte er sich gern mehr, als eigentlich notwendig war, doch wußte er auch dann, daß er seine Sache gut gemacht habe, und hatte nie das Bedürfnis, hinterher noch einmal nachzukontrollieren. Mit der Religion nahm er es ernst, zeichnete sich aber nicht durch besondere Frömmigkeit vor seiner Umgebung aus. Auch mit Selbstvorwürfen und Gewissensskrupeln hat er sich niemals mehr als andere gequält. Gegen Häßliches und Sexuelles war er stets sehr empfindlich und prüde. Unter seinen Mitbürgern genoß er großes Ansehen und war wegen der pünktlichen Verwaltung seines Amtes geachtet. Seine äußeren Verhältnisse gestalteten sich günstig und auch seine Ehe war im allgemeinen glücklich.

Irgendwelche Schwankungen seines Gemütslebens nach der heiteren oder der traurigen Seite hin sind bis zum Frühjahr 1907 nicht beobachtet worden. In jener Zeit erkrankte seine Frau recht schwer, so daß man allgemein befürchtete, sie müsse sterben. Und während er von den Sorgen um seine Gattin, die er in rührender Weise pflegte, völlig in Anspruch genommen war, erfuhr er zu seinem größten Entsetzen, daß sein 18jähriger Sohn in seinem eigenen Hause mit der 37jährigen Schwester der Mutter ein Verhältnis angefangen hatte, das nicht ohne Folgen geblieben war. Es kam zu einem Aborte im vierten Monat, der natürlich ruchbar wurde und zu allerhand Geschwätz und Verleumdungen Veranlassung abgab. Da Pat. die gesetzlichen Bestimmungen nicht genau kannte und sich nicht zu erkundigen wagte, befürchtete er eine gerichtliche Verfolgung wegen Blutschande und verlor zum ersten Male in seinem Leben den Kopf. Und aus seiner noch psychologisch verständlichen ängstlichen Unruhe und Verstimmung entwickelte sich binnen weniger Tage ein schwerer Erregungszustand, der die sofortige Aufnahme in die Tübinger Klinik erforderlich machte, wo er am 16. Mai 1907 eintraf. Er befand sich damals in einer verzweifelten ängstlichen Erregung mit gewaltsamen, fast übertriebenen Ausdrucksbewegungen, mit zielloser Unruhe und völliger Nahrungsverweigerung. Allen Versuchen, sich mit ihm in Beziehung zu setzen, wich er aus in tödlicher Angst; gelang es aber ihn zu fixieren, so bekam man auf gleichgültige Fragen gute Auskunft, während er bei affektbetonten Dingen völlig versagte. Er glaubte allerlei drohende und beschimpfende Stimmen zu hören und hatte die phantastischsten Angstvorstellungen und Selbstvorwürfe. Im Kernpunkt aber stand die eine Vorstellung, daß er den Abendmahlskelch verunreinigt und dadurch das Rettungswerk des Heilandes gestört habe. Wie er uns später erklärte, waren diese Gedanken so entstanden, daß er, durch die Pflege seiner Frau abgelenkt, die Reinigung der Abendmahlsgefäße einem fremden Goldschmiede ganz gegen seine Gewohnheit ohne jede Aufsicht überlassen hatte und hinterher befürchtete, es könne dabei irgend etwas Unrechtes vorgekommen sein. Im Verlauf einiger Wochen legte sich die Erregung und ging in einen ängstlich verzweifelten Stupor über, der sich sogar bis zur Unsauberkeit steigerte. In diesem Zustande wurde Pat. am 19. Juli 1907 in eine der Landesanstalten überführt. Dort trat der Affekt immer mehr zurück, und der Kranke machte den Ärzten einen so blöden und geschwächten Eindruck, daß sie bei seinen phantastischen nihilistischen Wahnideen trotz Mangels körperlicher Symptome die Diagnose auf Paralyse stellen zu können glaubten. Gegen ärztlichen Rat wurde er von dort Ende 1907 noch unverändert nach Hause genommen. Seit Anfang 1908 trat mit Hebung des Allgemeinbefindens eine langsame Besserung ein, die Juli 1908 schon so weit gediehen war, daß er sein Amt als Kirchenpfleger wieder übernehmen konnte. Damals erschien er „noch apatischer, weniger zielbewußt und arbeitsunlustiger als früher. Sein ganzes ohnehin schon ruhiges Wesen war noch ruhiger.“ (Briefliche Mitteilung.) Ganz gleichmäßig ohne Schwankungen ging die Besserung weiter und Herbst 1908 schien er wieder völlig der alte. Im Mai 1909 hat er sich in genesenem Zustande bei uns persönlich vorgestellt. Sein Wesen entsprach durchaus der Schilderung, wie er sie klar und präzis von seiner Persönlichkeit entwarf. Und seine Angaben fanden durchaus die Bestätigung der ihn begleitenden Ehefrau. Erst damals sind wir von ihm selbst über die Ereignisse vor Beginn der Erkrankung im einzelnen aufgeklärt worden.

Auch hier ist der Verlauf ein außerordentlich schleppender. Die Psychose zieht sich über $1^1/_2$ Jahre hin und kehrt erst ganz langsam und allmählich zur Norm zurück. Im ganzen ist aber die Erkrankung abgeschlossener und viel klarer umschrieben als in dem vorhergehenden Falle. Vor allem unterscheidet sie sich aber durch den akuten Beginn mit seinem außerordentlich schweren Symptomenbilde, das ganz an die schlimmsten Zustände akuter Angstpsychosen erinnerte. Auffallend war das Übertriebene und etwas Theatralische in den Affektäußerungen des Kranken, das direkt den Eindruck des Psychogenen machte, wenn auch der Affekt selbst zweiffellos sehr heftig und tiefgehend war. Die Höhe der Verstimmung war indessen keine ganz gleichmäßige; sie ließ sich unschwer durch die Umgebung beeinflussen und man vermochte den Kranken ohne Mühe, nur indem man sich mit ihm beschäftigte, in schwere Angst hineinzusteigern oder durch Ablenkung auf Gleichgültiges zu beruhigen. Diese Beobachtungen ließen sich wohl im Sinne einer hysterisch psychopathischen Reaktion deuten, zumal ja die Erkrankung ganz aus der Persönlichkeit herauswuchs, und die sehr heftige Gemütserschütterung zweifellos einen genügenden Anlaß darstellte. Der gemütlich wenig widerstandsfähige Mann, der durch die aufreibende Pflege und Sorge um die Frau schon sehr herunter war, erlebte die bitterste Enttäuschung, die er sich denken konnte. Er, von dem man allgemein wußte, wie streng er in sittlicher Beziehung immer geurteilt hatte, der durch sein Amt als Kirchenpfleger noch die Augen der ganzen Ortschaft besonders auf sich zog, mußte erfahren, daß sein Sohn im Hause der Eltern mit der eigenen Tante ein sexuelles Verhältnis begann, das nicht ohne Folgen blieb. Es gab Schwätzereien, und, wie er fest überzeugt war, drohte entehrende Zuchthausstrafe. Da brach er zusammen, und ganz akut setzte die schwere Psychose ein. Aber statt daß nun, nachdem alles gut abgegangen war, auch die Erregung langsam abgeklungen wäre, entwickelte sich aus dem akuten Stadium ein lang andauernder depressiver Stupor, der so weit ging, daß der Kranke sogar Fachkollegen den Eindruck eines verblödeten Paralytikers machte. Und ähnlich wie wir es sonst auch gelegentlich bei Melancholien alter Leute sehen, kehrte erst ganz allmählich, fast unmerklich, im Laufe von Monaten die Genesung zurück. Hier noch von einer einfachen psychopathischen Reaktion zu reden, ist zweifellos nicht mehr erlaubt. Ebensowenig wird man aber dem auslösenden Ereignis seine bedeutungsvolle Rolle ganz absprechen dürfen. Es bleibt also nichts übrig, als sich mit der Annahme zu begnügen, daß hier auf geeignetem Boden sich aus einer anscheinend rein reaktiven Depression eine schwere selbständige Melancholie entwickelt habe. Eine Abgrenzung von den zuvor geschilderten Fällen erlaubt wohl der eigentümliche Verlauf; doch wird man Bedenken haben, solche Zustände bei der unleugbaren Abhängigkeit vom Anlaß und von der individuellen Persönlichkeit einfach den endogenen Melancholien oder den zirkulären Depressionszuständen zuzurechnen. Eine hysterische Psychose nach Art der Gefängniserkrankungen ist ebenso abzulehnen. Die Eintönigkeit der über Monate sich hinziehenden Verstimmung, in die der Stupor ausklang, das ganz allmähliche Nachlassen der psychotischen Erscheinungen, wie überhaupt die lange Dauer entsprechen durchaus nicht derartigen Bildern. So wird man keinerlei sichere Diagnose stellen können und sich vorderhand mit der oben angegebenen Umschreibung begnügen müssen.

Fall 17.

Th. H., Maurersfrau aus W., geb. den 16. Dezember 1862, hat in ihrer Familienanamnese zwar keine Psychosen, aber eine ganze Anzahl auffallender Charaktere aufzuweisen. Die Mutter, deren Eltern und überhaupt die ganze mütterliche Familie ist auffallend talentvoll, couragiert und aufgeklärt. Auf der väterlichen Seite findet sich gerade das entgegengesetzte Temperament. Der Vater und fünf seiner Brüder waren ängstliche schwerblütige Menschen, die nie ihres Lebens recht froh wurden. Von ihren eigenen Geschwistern ist eines der Mutter nachgeschlagen, zwei sind ebenso wie Pat. Sie selbst war schon als Kind still ängstlich, scheu und verlegen und fühlte sich auch in vertrauter Umgebung wie unter fremden Leuten. Nur im engsten Kreise taute sie auf, war dann gesprächig und konnte nichts verbergen, was sie bewegte. Sie hatte das lebhafte Bedürfnis, sich anderen gegenüber auszusprechen und suchte stets bei ihrer Umgebung Trost und Hilfe. Sie klagte und jammerte gern laut und vermochte es nicht, ihre gedrückte Stimmung in sich zu verschließen. Allein auf sich gestellt war sie kleinmütig und verzagt und warf bei der geringsten Schwierigkeit gleich die Flinte ins Korn. Alles Unangenehme nahm sie stets schwer auf und neigte dazu, über allerhand unnötige Dinge nachzugrübeln und sich wegen der Zukunft und etwa möglicher Gefahren grundlos das Leben zu verbittern. War dann irgend etwas Schlimmes wirklich eingetreten, so quälte sie sich ewig, ohne damit fertig werden zu können. Freundlicher Zuspruch verscheuchte die traurigen Gedanken zwar für den Augenblick, doch die Grübeleien kehrten immer wieder, und es dauerte recht lange Zeit, ehe sie ein trübes Erlebnis ganz verwinden konnte. Auch unfreundliche und barsche Behandlung ertrug sie nur sehr schwer und hatte lange unter einer solchen Erfahrung zu leiden. Im ganzen war sie eine freundliche, offene Natur, die nicht grundlos hinter allem etwas suchte, aber auch nicht kritiklos jedem vertraute. In ihren Arbeiten war sie genau und pünktlich. Sie schaffte gern und fleißig, war aber dann auch überzeugt, daß sie ihre Pflicht getan habe. Selbstkritik und Unzufriedenheit mit ihren eigenen Leistungen lagen ihr fern. So hat sie auch religiöse Dinge nicht allzu ernst genommen und sich in ihrer Frömmigkeit in keiner Weise von ihrer Umgebung unterschieden. Die Stimmung war im allgemeinen gleichmäßig leicht gedrückt; nur auf jedes unangenehme Erlebnis erfolgte eine heftige depressive Reaktion, die dann nur langsam und schleppend abklang und von angenehmen Erfahrungen wenig beeinflußt wurde. Irgendwelche selbstständigen Stimmungsschwankungen hat sie niemals gehabt, sicherlich auch keine manische Zeiten. Stets war sie sehr gutmütig, weich und sensitiv, und sofort kamen ihr die Tränen in die Augen. Mit Menschen wie Tieren empfand sie gleich das tiefste Mitleid; sie konnte nicht sehen, wenn jemand einem Tiere etwas zuleide tat, konnte sich am Schlachten nicht beteiligen, sogar nicht einmal im eigenen Hause. In ihren Entschlüssen war sie sehr schwankend und unsicher und empfand meist hinterher lebhafte Reue. Trotzdem mochte sie sich von niemand hineinreden lassen und tat lieber das Gegenteil von dem, was man ihr angeraten hatte.

Körperlich ist sie niemals krank gewesen. Sie war stets kräftig und leistungsfähig, hat sich normal entwickelt und auf der Schule gut gelernt. In die Fremde ist sie niemals gekommen. Bis zu ihrer Verheiratung hat sie auf dem väterlichen Hofe mitgeholfen, den der Bruder übernahm, als ganz plötzlich im Jahre 1883 beide Eltern rasch hintereinander starben. Sie wurde von diesem Verluste sehr hart getroffen, und aus ihrer Trauer heraus entwickelte sich eine schwere Verstimmung mit Lebensüberdruß und Gefühl des völligen Verlassenseins, die etwa ½ Jahr währte. Versündigungsideen und Selbstvorwürfe fehlten damals; sie beschäftigte sich in ihrer gedrückten Stimmung nur mit dem Tode der Eltern und Gedanken an die Zukunft. 1892 heiratete sie ganz glücklich. Aus der Ehe entstammen vier Kinder, von denen eines Bettnässer ist. Die äußeren Verhältnisse waren einfach, aber ganz günstig, so daß sie niemals Veranlassung zu wirklichen Sorgen hatte. Frühjahr 1906 bewarb sich ihr Bruder um den Bürgermeisterposten des Heimatortes. Der Wahlkampf war sehr heftig und führte zu öffentlichen Beschimpfungen und Bedrohungen, die ein gerichtliches Nachspiel hatten und allgemein die Gemüter sehr erhitzten. Nach langem mühsamen Kampfe — die Wahl war angefochten und für ungültig erklärt worden — gelang es schließlich doch dem Bruder, durchzudringen. Aber schon vorher war bei ihr, die sich lebhaft an der Angelegenheit beteiligt hatte, eine Gemütsverstimmung ausgebrochen, die ganz allmählich an Stärke zunahm. Sie wurde vergeßlich, sprach weniger, und alles ging ihr schwerer von der Hand. Sie fühlte sich unglücklich, freudlos und lebensüberdrüssig, mußte grübeln und in ihrem ganzen früheren Leben die kleinen Verfehlungen zusammensuchen, über die sie sich dann lebhafte

Selbstvorwürfe machte. Da sie auch gelegentlich Suicidgedanken äußerte, wurde sie am 2. Oktober 1906 in die Tübinger Klinik verbracht. Bei der Aufnahme bestand eine nicht sehr schwere traurige Verstimmung mit Befürchtungen für ihre Familie und Selbstvorwürfen religiösen Inhalts, daß sie nicht mehr beten könne und wohl ewig verloren sei. Sie war freundlich, zugänglich und attent, und suchte Aussprache und tröstlichen Zuspruch. Hemmung war weder subjektiv noch objektiv festzustellen; manische Züge sind weder bei uns noch später zu Hause aufgetreten. Ohne daß eine wesentliche Besserung eingetreten wäre, wurde die Kranke schon nach drei Wochen auf ihr Drängen hin wieder nach Hause genommen, wo es noch etwa ein Vierteljahr dauerte, ehe sie völlig genesen war. Ende April 1909 erhielt sie die briefliche Aufforderung, sich zur Nachuntersuchung in der Klinik vorzustellen. Wie alles Ungewohnte regte sie der Gedanke an diese Reise so auf, daß sie mehrere Nächte nicht schlief und sich ein paar Tage lang ganz unglücklich fühlte und befürchtete, die Gemütskrankheit werde von neuem ausbrechen, bis sie sich schließlich entschloß, doch zu kommen, da sie es für eine Anstandspflicht ansah. So stellte sie sich am 21. Mai 1909 in der Klinik vor. Während der ganzen damaligen Unterhaltung konnte sie einer gewissen verlegenen Unruhe nicht Herr werden; sie sprach auffällig hastig und laut, wie um sich Mut zu machen, war aber sonst ganz heiterer Stimmung und wies keinerlei Krankheitserscheinungen auf. Von ihrer Persönlichkeit entwarf sie eine gute Schilderung, die von dem begleitenden Ehemann in allem bestätigt wurde.

Die hier geschilderte Persönlichkeit entspricht im allgemeinen dem zweiten Typus der konstitutionellen Verstimmung. Stets hat die Kranke affektiv außerordentlich heftig reagiert mit steil ansteigender und rasch wieder abfallender Kurve. Ihrer ganzen Veranlagung nach ist sie zweifellos sehr geneigt, auf unangenehme Erlebnisse mit heftigen depressiven Ausschlägen zu antworten, die bei der Stärke ihrer affektiven Reaktion sich leicht ins Psychotische steigern können. Allein die Aufforderung, sich wieder in der Klinik vorzustellen, hatte genügt, einen leichten, kurzdauernden Depressionszustand hervorzurufen. Zweimal hat sie im Leben schwere Zeiten durchzumachen gehabt, und beide Male hat sie mit einer heftigen gemütlichen Erkrankung darauf geantwortet. Das erstemal war es der plötzliche Tod beider Eltern, das zweitemal die Sorgen, Aufregungen und Unannehmlichkeiten, die mit der Wahl des Bruders zum Bürgermeister verbunden waren. Daß auch hier für sie ein ernstliches gemütliches Trauma vorlag, ist zweifellos, da die Familie von der gegnerischen Seite sehr heftig angegriffen wurde, wobei es bis zu Tätlichkeiten kam, und dann, da sie selbst bei den sich hieraus entwickelnden Gerichtsverhandlungen als Zeugin mitbeteiligt war. Auch standen nicht unwichtige materielle Interessen auf dem Spiele. So ist man wohl berechtigt, diesen äußeren Faktoren eine ausschlaggebende ätiologische Bedeutung zuzuweisen. Auffallend ist aber auch hier wieder der schleppende Verlauf bei einer Persönlichkeit, die sonst verhältnismäßig rasch Unangenehmes zu überwinden pflegte, und dann das Auftauchen allgemeiner Versündigungsideen, die ihrer übrigen Veranlagung eigentlich nicht entsprachen. Beachtet man noch das mehr allmähliche Einsetzen, so wird man die Erkrankung sicher nicht als eine rein reaktive Psychose bezeichnen dürfen. Interessant ist dann noch die eigentümliche erbliche Belastung in diesem Falle. Die väterliche Linie ist ausgesprochen konstitutionell depressiv, während die mütterliche Familie gerade den entgegengesetzten Charakter aufweist. Das Resultat scheint eine nahezu rein getrennte Vererbung gewesen zu sein, indem je ein Teil der Kinder der einen oder der anderen Gemütsveranlagung nachschlug. Eine Erfahrung, die ich auch sonst mehrfach gemacht habe.

Fall 18.

K. B., Ökonomenfrau aus B., geb. den 10. Juni 1849, ist eine schwächliche kleine Frau, die nur mäßig gelernt hat. Sie entstammt einer Familie, in der zahlreiche Gemütskrankheiten vorgekommen sind. Der Vater war ein auffallend sparsamer schwerblütiger Mensch, der einmal in seinem Leben einen Erregungszustand durchmachte, über den aber nichts Näheres bekannt geworden ist. Ein Bruder des Vaters starb am Schlaganfall, ein anderer war Trinker. Je eine Tochter von Vatersbruder und von Vatersschwester endeten durch Suicid in Gemütskrankheit. Die Schwester der Mutter war eine eigene und übertrieben fromme Frau. Pat. selbst entspricht in ihrem Temperamente durchaus dem Familiencharakter. Sie hat von jeher alles im Leben schwer aufgenommen und sich sofort völlig niederdrücken lassen, sobald nur eine Kleinigkeit schief ging. Auch über die geringsten Schwierigkeiten regte sie sich stets in übertriebener Weise auf und verlor sofort den Kopf, wenn irgend etwas sie unerwartet überraschte. Jeder Affekt äußerte sich bei ihr in heftigen gemütlichen Reaktionen. Sie vermochte nichts mit sich allein abzumachen; sie mußte klagen und jammern und bei anderen Trost und Hilfe suchen. So heftig sich die Gemütsbewegungen äußerten, so rasch gingen sie vorüber und hinterließen eine ziemlich indifferente, eher gedrückte Stimmungslage. Dauernd grundlos depressiv und grüblerisch war sie nicht; doch da die kleinsten Anlässe heftige Reaktionen auslösten, so kam sie in der Tat kaum aus ihrer niedergeschlagenen Stimmung heraus. War sie doch so empfindlich, daß jedes Wort sie kränken konnte, und daß sie auch hinter den harmlosesten und unschuldigsten Handlungen einen Akt der Feindseligkeit suchte. Auch vergaß sie solche unfreundliche Behandlung nur schwer, und noch nach Jahren erinnerte sie sich irgendeiner kleinen Zurücksetzung. Sie war eine fleißige und pünktliche Arbeiterin, die gern schaffte und sich nicht selten zuviel zumutete. Doch geschah das mehr aus einem gewissen Arbeitseifer als in der Furcht, ihre Pflicht nicht genügend zu erfüllen. In religiösen Dingen war sie sehr eifrig und zeichnete sich durch Beten und Kirchenlaufen aus. Alles das war aber mehr äußerlich. Unter Gewissensskrupeln und Selbstquälereien hat sie in gesunden Zeiten niemals zu leiden gehabt. Grundlose Stimmungsschwankungen sind nicht bei ihr beobachtet worden, und auch sie selbst hat bestimmt in Abrede gestellt, jemals ohne Anlaß besonders heiter oder traurig gewesen zu sein.

Ihr Lebensgang war kein glücklicher. Mit 21 Jahren heiratete sie einen rohen Trinker, der sie schwer mißhandelte und ihr das Leben zur Hölle machte. Als sie durch seinen verhältnismäßig frühen Tod im Jahre 1883 erlöst wurde, nahm sie den jetzigen Mann, mit dem sie sich aber auch sehr wenig versteht. Er trinkt gleichfalls, ist reizbar und heftig und hat sie öfters im Rausche derb behandelt. Besonders hat aber ihre Schwatzhaftigkeit vielfach Anlaß zu Streit gegeben. So hat sie sich trotz recht günstiger pekuniärer Verhältnisse, auch rein äußerlich betrachtet, niemals wirklich glücklich und zufrieden fühlen können. Ihre erste Gemütskrankheit setzte im Jahre 1880 oder 1881 ein, als der Vater, aufgebracht durch das schlechte Benehmen ihres Mannes, ein für sie ungünstiges Testament aufsetzte. Sie war damals mehrere Wochen schwer gedrückt, mußte viel über religiöse Dinge grübeln und hörte immer eine innere Stimme, die sie mit „Säuf di, häng di" zum Suicid aufforderte. Ihrem ganzen Verlaufe nach soll die Verstimmung der zweiten in der Klinik beobachteten genau gleich gewesen sein, nur daß sie viel rascher vorüberging. Sie genaß nach wenigen Wochen vollkommen und hat bis zum Jahre 1907 keinerlei gemütliche Störungen mehr gezeigt. Auch der Eintritt der Menopause mit 50 Jahren blieb ohne Einwirkung auf ihr Gemütsleben. Erst in den letzten zwei Jahren (seit 1907) begann sie noch empfindlicher und übelnehmerischer als früher zu werden, ohne daß ihre ganze Persönlichkeit sich dabei wesentlich verändert hätte. Vielleicht ist daran, wie sie selbst behauptete, die rohere Behandlung durch den Ehemann schuld, der sie seinen Ärger, daß die alternde Frau nicht mehr dasselbe leistete wie vor Jahren, recht fühlen ließ. Im Dezember 1908 bedrohte er sie im Rausche derart mit der Axt, daß sie ernstlich für ihr Leben fürchten mußte, eine Behandlung, wie sie bis dahin noch nicht vorgekommen war. Die an und für sich schon furchtsame Person geriet seitdem in eine ängstliche Verstimmung hinein, die langsam an Schwere zunahm. Sie wurde von innerer Unruhe geplagt, aß und schlief schlecht, lief nachts ziellos hin und her und betete ohne Unterlaß. Auch die inneren Stimmen, die Suicid verlangten, traten wieder in der gleichen Weise auf und wurden der Anlaß zu ihrer Aufnahme in die Tübinger Klinik am 24. Februar 1909. Die Kranke befand sich damals in einem recht schlechten Ernährungszustande und hatte die deutlichen Zeichen einer beginnenden Arteriosklerose. Sie machte einen wenig intelligenten Eindruck, war sehr unpräzis in ihren Angaben und klagte viel über ihren Suiciddrang, der durch innere dem Gewissen ähnliche Stimmen immer wieder angefeuert werde, und gegen den sie mit unablässigem Beten ankämpfte. Sie machte sich Vorwürfe, daß der Aufenthalt in der Klinik zuviel koste, und daß sie sich nicht genügend zusammennehme und dadurch ihre Krankheit verschulde. Sie war sehr redselig und trostbedürftig und hatte zahlreiche Wünsche. Von dem Ehemanne, dem die Kosten zu hoch waren, wurde sie nur leicht gebessert am 3. April 1909 nach Hause genommen.

Die Veranlagung der Pat. ist eine ganz ähnliche wie bei dem vorhergehenden Falle, nur ist die psychopathische Empfindlichkeit und die Neigung zu depressiven Ausschlägen noch viel ausgesprochener. So hat die Kranke denn auch zahlreiche leichte gemütliche Verstimmungen durchgemacht, die in physiologischen Grenzen blieben und mit dem Anlasse sofort wieder abklangen. Einmal kam es zu einer längeren Depression von psychotischem Charakter, als sie sich in sehr unglücklichen äußeren Verhältnissen befand, und nun noch die Sorgen wegen des ungünstigen Testamentes von seiten des Vaters hinzutraten. Ganz anders verhält es sich mit dem zweiten Verstimmungszustande, welcher die Kranke in die Klinik führte. Auch dieser hat sich auf einen äußeren Anlaß hin entwickelt. Doch erfahren wir, daß schon ein längeres Prodromalstadium von etwa zwei Jahren vorausging, während dessen sich das Befinden der Kranken langsam und allmählich verschlechtert hatte. Und dem entspricht ganz der schleppende Verlauf, der weit über eine einfache Reaktion hinausging. Wir dürfen hier also dem Trauma höchstens eine auslösende Bedeutung zusprechen. Wichtig ist, daß bei solchen schweren Psychopathien die Form der Psychose durchaus der Veranlagung entspricht und eigentlich nur eine Verschlimmerung des angeborenen Charakters darstellt. Nicht selten scheint besonders bei den Depressionszuständen des höheren Lebensalters eine solche Verstärkung der angeborenen depressiven Veranlagung zurückzubleiben. Wir hatten bei Besprechung der zweiten Form der konstitutionellen Verstimmung schon darauf hingewiesen und werden ausführlicher noch darauf zu sprechen kommen. Auf die völlig gleichsinnige Belastung bei den Vorfahren soll hier nur noch hingewiesen werden.

Fall 19.

W. H., Weingärtnersfrau aus H., geb. den 28. Oktober 1872, ist außerordentlich schwer belastet. Die Mutter hat sich in einer Gemütskrankheit das Leben genommen, alle drei Geschwister der Muttermutter haben Depressionen durchgemacht. Von deren Kindern sind gleichfalls drei schwermütig gewesen, und eine von diesen hat sich in der Krankheit selbst umgebracht. Der Sohn der letzteren war schon zweimal wegen schwerer Gemütsverstimmung in der Irrenanstalt. Die Kranke selbst war eine stille, ruhige und sehr arbeitsame Frau, die das Leben nicht direkt schwer nahm, die sich aber durch jede Kleinigkeit niederdrücken und den Mut nehmen ließ. Hatte sie etwas zu besorgen, das nur ein klein wenig aus dem Alltäglichen herausfiel, so geriet sie gleich außer Fassung, und bei jeder unerwarteten Anforderung verlor sie sofort den Kopf. Insbesondere war sie um ihre Familie ängstlich besorgt; und wenn hier irgend etwas nicht ganz nach Wunsch verlief, machte sie sich gleich die schlimmsten Befürchtungen für die Zukunft und sah alles im schwärzesten Lichte. Sie war etwas scheu und verlegen, liebte Geselligkeit nicht und war nur im kleinen Kreise gesprächig. Ihre eigenen innersten Interessen und Wünsche suchte sie aber auch dort ängstlich zu verbergen, und alles, was sie näher berührte, machte sie ganz allein mit sich ab. Gegen Kränkungen war sie sehr empfindlich und fühlte sich auch ohne Grund häufig zurückgesetzt. In ihrem religiösen Leben bot sie nichts Auffälliges. Neigung zu Grübeleien und Selbstquälereien war nicht vorhanden. Körperlich war sie ganz kräftig und gesund und auch ihre äußeren Verhältnisse waren günstig. Sie lebt in glücklicher Ehe und in geordneten pekuniären Verhältnissen. Juli 1908 starb ihr jüngstes einjähriges Kind ganz unvermittelt nach kurzer Krankheit. Daran anschließend entstand bei ihr eine gemütliche Verstimmung mit Selbstvorwürfen, weil sie das Kind kurz vorher zu Verwandten gegeben und nicht selbst gehütet habe. Vielleicht, so meinte sie, sei dadurch der Tod mitverschuldet worden. Sie schlief schlecht, war innerlich unruhig und hatte allerlei körperliche Beschwerden, doch blieb sie noch bis in den November hinein arbeitsfähig. Als es aber zu dieser Jahreszeit keine schwerere körperliche Arbeit mehr gab, die sie ablenkte, und sie so den ganzen Tag ihren Gedanken nachhängen konnte, steigerte sich die traurige Verstimmung rasch, zumal die damalige schlechte Ernte Grund zu erneuten Besorgnissen abgab. Sie wurde nun zu allem unfähig, nichts ging ihr mehr von der Hand, sie brachte ihre Gedanken nicht mehr recht zusammen und konnte morgens nicht aus dem Bett finden. Alles war ihr freudlos und leer, sie befürchtete geisteskrank zu werden und dann ihre Familie an den Bettelstab zu bringen und erwog daher ernstlich den Selbstmord. Das wurde die Veranlassung zu ihrer Verbringung in die Klinik am 9. Dezember 1908. Sie befand sich bei uns in einer leichten Verstimmung mit ausgeprägten Tagesschwankungen, bei denen, wie das gewöhnlich zu sein pflegt, ihr abends wohler war, mit schlechtem Schlaf und Befürchtungen für ihre Gesundheit. Hemmung war weder objektiv noch subjektiv nachzuweisen. Die Besserung machte hier rasche Fortschritte, und da sie wegen Heimweh sehr fortdrängte, nahm sie der Ehemann schon am 31. Januar 1909 wieder nach Hause. Dort ging es einige Wochen ganz gut, dann setzte unvermittelt wieder eine neue Verschlimmerung ein, in der sie mit Erfolg Suicid beging.

Diese Krankengeschichte führt uns noch mehr in das Gebiet der endogenen Depressionen hinein. Auch hier haben wir es wieder mit einer ganz ähnlich veranlagten Persönlichkeit zu tun, die allerdings viel mehr äußere Haltung besaß und auch bedeutend leistungsfähiger gewesen zu sein scheint, als die zuvor geschilderte Kranke. Daß trotzdem die inneren Schwierigkeiten, die ihr die depressive Veranlagung bereitete, nicht geringer gewesen sind, läßt sich aus ihrer eigenen Schilderung gut entnehmen. Auch sie hat einen Anlaß zu ihrer gemütlichen Erkrankung. Es ist der Tod des innig geliebten Kindes, das sie vorübergehend zu Bekannten gegeben hatte, bei denen es erkrankt war. Dazu kamen noch Befürchtungen pekuniärer Art, die nicht ganz unbegründet waren, wenn sie auch in der Form, in der sie die Kranke vorbrachte, durchaus nicht der Wirklichkeit entsprachen. Trotzdem werden wir hier nicht von einer reaktiven Erkrankung reden dürfen. Statt einer akuten Reaktion mit heftigen Erscheinungen sehen wir eine langsame Entwicklung der Psychose mit starken Schwankungen, die erst ganz allmählich und zwar ohne erneuten Anlaß zur vollen Höhe führt. Auch die Form mit dem ausgesprochenen Insuffizienzgefühl und der deutlichen Hemmung entspricht vielmehr dem Typus der echten zirkulären Depression. Hier wird man dem auslösenden Momente viel weniger Einfluß einräumen können.

Überblicken wir die ganze Reihe der hier vorgeführten Krankengeschichten, so sehen wir einen ganz allmählichen Übergang von den rein reaktiven Formen zu immer mehr endogen bedingten, bis wir, wie hier zuletzt, dem äußeren Anlasse kaum noch eine andere als auslösende Bedeutung zusprechen können. In allen Fällen handelt es sich aber um eigentümlich veranlagte Persönlichkeiten, bei denen die krankhafte Gemütsveränderung ganz aus ihrer gewöhnlichen Stimmungslage heraus erwächst und mehr oder weniger deren Züge trägt. Die schwere gleichsinnige erbliche Belastung, bei der in der Mehrzahl der Fälle Anlage und Erkrankung in ganz ähnlicher Weise zusammentreffen, weist auf die innigen Beziehungen zwischen beiden Erscheinungen noch ganz besonders hin.

3. Depressionen nach Anlaß bei Kranken mit ausgesprochenen endogenen Schwankungen.

Schon bei den im letzten Abschnitte besprochenen Kranken hatten wir einen Teil der Verstimmungen nicht mehr als einfache Reaktionen auf einen äußeren Anlaß hin auffassen können, da die Dauer der Erkrankung weit über das Maß einer Reaktion hinausging. Es müssen also hier noch andere Faktoren für die Entwicklung der Psychosen von Bedeutung sein, die wir vielleicht in einer auf innere Ursachen zurückgehenden Zunahme der Empfindlichkeit des Gemütslebens gegenüber äußeren Reizen suchen dürfen. Das Auftreten von leichten Schwankungen im Anschluß an eine Depression, die sich über Jahre hinaus in ganz unregelmäßiger Wiederholung erstrecken, spricht hierfür. Auch die Beobachtung, daß die konstitutionelle Veranlagung sich nicht völlig gleichmäßig durch das ganze Leben hinzieht, sondern leichten Änderungen ihrer Stärke unterliegt, ohne daß äußere Momente zur Erklärung herangezogen werden könnten, läßt sich in diesem Sinne verwerten. Doch auch damit werden wir noch nicht allen Fällen gerecht. Gemütliche Schwankungen in Form leichter Verstimmungen finden sich nicht nur im Anschluß an schwerere Psychosen, sondern sie kommen auch gelegentlich über das ganze Leben verbreitet vor, ohne daß sich ein entsprechender Anlaß in den äußeren Verhältnissen auffinden ließe. Die Kranken pflegen vielfach ohne weiteres spontan diese Verstimmungen deutlich von den reaktiven Depressionen zu unterscheiden und zu betonen, daß sie ganz ohne Ursache entständen. So entsprechen diese Verstimmungen in allem den Erscheinungen, wie wir sie bei typisch zirkulären Fällen in den leichten depressiven Phasen zu sehen gewohnt sind. Hierdurch tritt der innere Zusammenhang jener Erkrankungsformen mit den hier besprochenen Zuständen deutlich zutage. Doch soll der Frage, welcher Natur diese leichten gemütlichen Schwankungen eigentlich sind, an dieser Stelle noch nicht näher getreten werden. Es soll vorderhand einmal offen bleiben, ob diese leichten Schwankungen den entsprechenden Erscheinungen bei den Zirkulären wirklich identisch sind, oder ob sie mit den zuvor erwähnten Änderungen der angeborenen Konstitution auf eine Stufe gestellt werden dürfen, mit dieser in irgendwelchem näheren Zusammenhange stehen, oder ob ihnen überhaupt eine ganz verschiedene Bedeutung zukommt. Wir wollen sie vorderhand einfach als endogene Schwankungen bezeichnen, ohne durch diesen Namen etwas anderes aussagen zu wollen, als daß sie sich von den psychopathischen Reaktionen gleichen Charakters, wie von den langdauernden Änderungen der gesamten gemütlichen Stimmungslage rein klinisch unterscheiden lassen. Daß wir damit vielleicht ganz verschiedene Dinge, die nur äußerlich ähnlich sind, zusammenfassen, oder umgekehrt Zusammengehöriges trennen, soll nicht bestritten werden. Doch wollte ich vorerst nur einmal an der Hand von Beispielen zeigen, wie diese endogenen Faktoren sich auch bei vielen der reaktiven Psychosen Geltung verschaffen und was für schwer verständliche Krankheitsbilder dadurch zustande kommen können. Eine eingehendere Analyse der Störungen muß einem späteren Kapitel vorbehalten bleiben.

Fall 20.

M. D., Tagelöhner aus H., geb. den 21. Februar 1862, gehört einer ausgesprochen schwerblütigen Familie an. Der Vater, eine Schwester des Vaters, wie alle Geschwister des Patienten haben dieses Temperament. Der Vater, die Vaterschwester und eine von des Patienten Schwestern haben auch schon richtige Schwermutsanfälle durchgemacht. Der Kranke selbst ist ebenfalls ein typischer Sproß seines Stammes. Von jeher war er still, grüblerisch und schwernehmend; niemals in seinem Leben hat er sich so recht von Herzen freuen können, da er alles, auch die geringfügigsten Dinge, viel zu ernst auffaßte und sich von dem Gedanken an ein drohendes Unglück auch in heiteren Stunden nicht ganz freimachen konnte. In allem war er viel zu gewissenhaft und quälte sich gern unnötig mit der Vorstellung, er habe seine Pflicht nicht erfüllt, selbst wenn er sich sagen mußte, er habe sein Möglichstes getan. Auch die Religion und ihre Gebote nahm er sehr ernst und war zu Skrupeln und Selbstvorwürfen mehr als andere geneigt. Gegen unfreundliche Behandlung war er stets recht empfindlich und wurde gleich gereizt, sobald er sich zurückgesetzt oder gekränkt fühlte. Er geriet dann leicht in heftigen Affekt, dem er in lautem Schelten und Poltern Luft machte, und steigerte sich häufig bis zum Jähzorn. Kränkungen konnte er nur schwer vergessen und trug sie den Betreffenden lange Zeit noch nach. Hatte er etwas Unangenehmes, so mußte er sich aussprechen und fand dadurch stets Erleichterung. Er schloß sich überhaupt gern andern an und vermied nach Möglichkeit das Alleinsein. Lärmenden Vergnügungen ist er aber stets abhold gewesen. Trotz seines Bedürfnisses nach Verkehr mit anderen war er sehr selbständig, leicht entschlossen und eigenwillig und ließ sich von niemand in seine Angelegenheiten hineinreden. Seine Gemütsstimmung war im allgemeinen gleichmäßig depressiv ohne stärkere Schwankungen oder gehobene Zeiten. Im Trinken und in sexueller Hinsicht war er immer sehr mäßig; er verkehrte aber auch gelegentlich im Wirtshause und hatte schon vor seiner Verheiratung „Bekanntschaften". Am Singen und an der Musik hat er stets große Freude gehabt und seit seinem 20. Lebensjahre gehörte er dem Gesangvereine an.

Körperlich war er stets kräftig und gesund und hat sich normal entwickelt. Mit 18 Jahren kam er als Hausbursche nach Stuttgart, aber schon nach 6 Wochen mußte er wieder zurückkehren, da er es vor lauter Heimweh dort nicht aushielt. Seitdem hat er seinen Geburtsort nicht mehr für längere Zeit verlassen. Die Ehe, die er im 25. Jahre schloß, ist glücklich. Von fünf Kindern ist das älteste von Geburt an verkrüppelt und schwach im Kopf, die anderen sind gesund.

Als im Jahre 1896 die Schwester seiner Frau durch Selbstmord endete, nahm ihn das außerordentlich mit. Die Folge war ein Schwermutsanfall, der etwa ein Vierteljahr lang anhielt. Er war ängstlich, innerlich unruhig, schlief schlecht und machte sich Vorwürfe, weil er vielleicht das Unglück hätte verhindern können. Auch die Arbeit wollte nicht mehr so wie sonst von der Hand gehen, doch mußte er sie nicht völlig aussetzen. Während er in früheren Jahren niemals grundlos verstimmt gewesen war, traten seit dieser Zeit etwa 3—4 mal im ganzen leichte Depressionen von kurzer Dauer auf, für die er keinen rechten Anlaß auffinden konnte. In der Arbeitsfähigkeit wurde er dadurch nicht einmal vorübergehend behindert. Frühjahr 1908 beging ein Neffe, der ihm nahestand, Brandstiftung im eigenen Hause, die ruchbar wurde und zur Verurteilung führte. Sobald das Gericht sich mit der Sache zu beschäftigen begann, wurde Pat. sehr niedergeschlagen, und es entwickelte sich nun eine schwere ängstliche Verstimmung, die durch die Aufregung des schwebenden Prozesses noch mehr gesteigert wurde. Neben den Sorgen um den Neffen und den Befürchtungen wegen der drohenden Schande für die Familie traten auch Selbstvorwürfe auf, daß er sich nicht genügend zusammennehme und so seine Familie ins Unglück stürze, und schließlich suchte er in seinem ganzen früheren Leben auch die geringfügigsten Verfehlungen zusammen und klagte sich als verlorener Sünder an. Da er mehrfach von Selbstmord sprach, wurde er am 3. Juni 1908 in die Tübinger Klinik eingeliefert. Die schwere ängstliche Verstimmung mit Selbstvorwürfen bestand auch hier noch kurze Zeit fort. Er befürchtete. ewig verloren und dem Teufel verfallen zu sein, und horchte gespannt auf die Polizei, die ihn holen werde. In der schwersten ängstlichen Unruhe glaubte er auch zeitweise besonders nachts drohende Stimmen zu hören, die er in der Ruhe aber als Täuschungen anerkannte. Schon nach 1—2 Wochen trat eine wesentliche Beruhigung mit völliger Krankheitseinsicht ein. Nur eine gewisse innere Unruhe und starkes Heimweh quälten den Pat. noch weiter. Er faßte selbst seinen Zustand als Gemütskrankheit auf, die als Reaktion auf die Brandstiftung des Neffen entstanden sei. Seine Selbstvorwürfe seien daher gekommen, weil er anfänglich beabsichtigt habe, wider besseres Wissen vor Gericht für den Neffen einzutreten, um ihm die schwere Zuchthausstrafe zu ersparen. Die Besserung schritt weiter rasch voran und am 31. Juli 1908 konnte Pat. fast genesen nur noch in leicht gedrückter Stimmung von den Angehörigen nach Hause genommen werden. Im Oktober 1908 stellte er sich aus freien Stücken wieder in der Klinik vor, um den Ärzten für die Behandlung zu danken und als Zeichen seiner Anhänglichkeit einen Sack Äpfel zu bringen. Er befand sich damals in seiner ruhigen gleichmäßig ernsten Stimmung. Eine manische Erregung war, wie sich mit Sicherheit feststellen ließ, nicht aufgetreten.

Der hier geschilderte Kranke ist eine ausgesprochen konstitutionell depressiv veranlagte Persönlichkeit und zwar vom ersten Typus. Er erinnert sehr an die Beobachtung 14. In beiden Fällen weist die Familienanamnese auf ähnlich geartete Vorfahren hin. Dort hatten wir die psychotischen Verstimmungen als rein reaktiver Natur erkannt; das scheint auch für diesen Kranken zuzutreffen. Mit 18 Jahren, als er zum ersten und einzigsten Male seinen Heimatsort verläßt und in die Großstadt kommt, machte er einen Anfall von schwerem Heimweh durch, wie wir das ja so häufig bei sensitiven Psychopathen sehen. Daran reihen sich im späteren Leben noch zwei schwere Depressionszustände, die beide auf recht eingreifende Erlebnisse hin auftreten und sich ganz im Rahmen der durch die Ereignisse naturgemäß ausgelösten Vorstellungen hielten. Auch die dabei auftretenden Versündigungsideen sind nicht allgemeiner Natur, sondern haften eng in dem tatsächlichen Vorfall und entsprechen durchaus der gewöhnlichen grüblerischen Denkweise des Kranken. Und da die Verstimmungen nur Verstärkungen seiner habituellen Gemütslage darstellen, so glaube ich wohl, daß sie den von uns geforderten Bedingungen entsprechen, und daß sie daher als rein reaktive angesehen werden dürfen. Vielleicht könnte der Selbstmord der Schwägerin nicht als ein genügender Anlaß erscheinen. Doch ist demgegenüber zu bedenken, daß in den einfachen ländlichen Kreisen, denen der Kranke angehört, und vor allem in seiner eigenen

Auffassung Suicid als eine der schlimmsten, wenn nicht als die schlimmste Sünde gilt, die unbedingt den Verlust der ewigen Seligkeit nach sich ziehe. So mußte die Vorstellung, daß er durch seine Unbedachtsamkeit das Unglück nicht rechtzeitig verhütet habe, bei dem tief religiösen Manne als schweres gemütliches Trauma wirken, zumal er wohl aus Analogien mit eigenen Erfahrungen den Zustand der schwermütigen Schwägerin besser als die Umgebung hatte beurteilen können. Im zweiten Falle wird man die tief eingreifende Bedeutung des veranlassenden traurigen Erlebnisses wohl ohne weiteres zugeben müssen, vor allem, da das Bewußtsein, er könne durch eine falsche Aussage vor Gericht höchstwahrscheinlich seinen Neffen vor langjähriger Zuchthausstrafe retten, ihn in einen schweren sittlichen Konflikt brachte. Soweit scheint alles klar und eindeutig zu sein. Da erfahren wir aber von dem Kranken, daß sich zwischen die erste und zweite Verstimmung eine Reihe von leichten gemütlichen Depressionen eingeschoben haben, für die keinerlei Anlaß vorgelegen hat, und die er selbst von den reaktiven Verstimmungszuständen scharf abtrennt. Auffallend ist die Tatsache, daß bis zur ersten Psychose im 34. Lebensjahre niemals solche Schwankungen beobachtet worden sind. Da könnte man denn die Vermutung haben, daß ein gewisser Zusammenhang mit der schwereren Erkrankung bestehe, daß durch diese etwa eine leichte dauernde Schädigung gesetzt worden sei, die eine latente Disposition zu Verstimmungen nun zum Ausdruck kommen lasse. Ebensowohl wäre es auch möglich, daß die Genesung nur zu einem relativen Gleichgewichte geführt habe, das nun schon durch kleine Ursachen gestört würde, die früher völlig symptomlos verwunden werden konnten. Im letzteren Falle würde es sich noch um Erscheinungen handeln, die in das Gebiet der psychopathisch-reaktiven Verstimmungen hineingehören. Es wäre dann als Folge der schwereren Gemütskrankheit eine Verschlimmerung der angeborenen depressiven Veranlagung eingetreten, die sich in einer erheblichen Herabsetzung der an und für sich schon geringen gemütlichen Widerstandskraft bemerkbar mache. Welche dieser Auffassungen dem tatsächlichen Sachverhalt näher kommt, wird sich kaum entscheiden lassen. So bleibt die Frage ungelöst, welcher Gruppe die hier beobachteten endogenen Verstimmungen zugerechnet werden sollen.

Fall 21.

J. R., Tagelöhner aus O., geb. den 13. Februar 1870, ist ein wenig intelligenter dürftiger Mann, über dessen erbliche Belastung nur zu erfahren war, daß beide Eltern auffallend stille und zurückgezogene Naturen gewesen sind. Nach seinen eigenen Aussagen, die durch die Angaben des viel klügeren Bruders vollauf bestätigt wurden, war er von jeher ein stiller und ängstlicher Mensch, der niemals so recht ausgelassen sein konnte, aber doch auch nicht dauernd gedrückt war. Nur wenn irgend etwas nicht nach Wunsch ging, oder wenn ihm ein kleines Hindernis in den Weg trat, war er sofort völlig niedergeschlagen und mutlos, lebte aber sofort wieder auf, wenn man ihm freundlich zusprach und die Schwierigkeit beseitigt schien. Vor allem Ungewohnten wich er ängstlich zurück und suchte möglichst im alten Geleise zu bleiben. Machte ihm doch auch jede Neuerung große Mühe, da er nur schwer begriff und sich schlecht eingewöhnte. Wenn er aber einmal gelernt hatte mit etwas umzugehen, war er nicht ungeschickt, so daß er als ein ganz tüchtiger und brauchbarer Arbeiter galt. Allerdings blieb er stets etwas langsam und umständlich; denn in seinem übertriebenen Bestreben, alles recht gut und pünktlich zu machen, war er außerordentlich genau und kontrollierte sich immer wieder von neuem nach, ob er ja alles recht gemacht habe. Mit sich selbst war er meist nicht zufrieden, fürchtete immer zu spät zu kommen oder nicht rechtzeitig fertig zu werden, so daß er sich bei der Arbeit oft unnötig überanstrengte. Stets war er von der Meinung und dem Rat anderer abhängig und schwankend in seinen Entschlüssen, die er dann regelmäßig wieder bereute. So gern er sich gegen andere aussprach und bei ihnen Trost und Hilfe suchte, so empfindlich war er gegen unfreundliche Behandlung, die ihn tief verletzte und gleich zum Weinen brachte. Häßlichem und Obszönem gegenüber war er stets prüde, im übrigen war er aber nicht gerade schüchtern. Die Religion nahm er sehr ernst. Den Alkohol vertrug er von jeher sehr schlecht, doch überwog die lähmende Wirkung, so daß er nur selten in Unannehmlichkeiten geriet.

Über sein äußeres Leben ist nichts Erwähnenswertes zu berichten; die Ehe war glücklich, und die pekuniären Verhältnisse ausreichend. Mehrfach im Leben hat er depressive Schwankungen durchgemacht, die meist nur von ganz kurzer Dauer waren und schon in seiner ledigen Zeit aufgetreten sein sollen. Ein Anlaß scheint meist nicht vorgelegen zu haben, doch war er selbst nicht imstande, hierüber sichere Angaben zu machen. Über manische Zeiten war nichts von anderer Seite zu erfahren, er selbst hat sie bestimmt in Abrede gestellt. Die erste Gemütskrankheit zeigte sich bei ihm im Jahre 1905, nachdem er im Geschäft Schwierigkeiten mit Kameraden gehabt hatte und befürchtete aus seinem Posten herausgedrängt zu werden. Als letzter auslösender Anlaß wirkte eine Prügelei bei einer Hochzeit, die er anscheinend durch unpassendes Benehmen im Rausche veranlaßt hatte. Einige Tage fühlte er sich müde und leicht gedrückt, dann entwickelte sich akut ein schwerer Angstzustand, in dem er völlig unklar war und die Umgebung verkannte und angriff, da er sich verfolgt glaubte. Bei der Aufnahme in die Klinik am 30. Mai 1905, 8 Tage nach Ausbruch der Erkrankung, war der Verwirrtheitszustand schon im Abklingen begriffen. Es bestand nur noch eine leichte Gemütsverstimmung, die auch bei der Entlassung am 29. Juni noch nicht ganz behoben war. Zu Hause erholte er sich rasch und blieb gesund bis März 1908. Damals starb unvermittelt seine Frau im Wochenbett, was ihm außerordentlich nahe ging und einfach niederschmetternd auf ihn wirkte. Er sprach nicht mehr, schlief schlecht, wurde völlig gleichgültig und ließ schließlich alles mit sich geschehen, ohne überhaupt noch zu reagieren. Da die Pflege zu Hause unmöglich wurde, verbrachte man ihn am 30. März 1908 zum zweitenmal in die Tübinger Klinik, wo er in einem schweren ängstlichen Stuporzustande eingeliefert wurde. Anfangs vermochte er noch einige Worte depressiven Inhaltes hervorzustammeln, dann lag er da wie ein Stück Holz, ließ unter sich gehen und war zu keiner Reaktion mehr fähig. Nach 1—2 Wochen nahm der Stupor ziemlich rasch an Schwere ab, und nun traten Versündigungsideen hervor, die sich in der Hauptsache darum drehten, daß er am Tode der Frau schuld sei, weil er sie nicht genügend verpflegt habe. Von da an besserte sich die Stimmung schnell von Tag zu Tag, so daß er schon am 20. April fast genesen entlassen werden konnte. Zu Hause war er in kurzer Zeit völlig gesund, und ist es bisher geblieben, wie wir uns bei seiner Vorstellung am 1. Juli 1909 selbst überzeugen konnten.

Dieser Kranke ähnelt in seiner Veranlagung sehr dem zuvor geschilderten, nur daß er entsprechend seiner geringeren Intelligenz eine größere Unsicherheit und Unselbständigkeit zeigt. Auch er hat in seinem Leben eine große Zahl leichter Verstimmungen durchgemacht, von denen eine Reihe wahrscheinlich auf Rechnung äußerer Einflüsse zu setzen ist. Ein größerer Teil scheint aber endogener Natur gewesen zu sein, wenn wir den Angaben des Bruders trauen dürfen. Seine eigenen im gleichen Sinne lautenden Aussagen sind bei seiner Beschränktheit nicht ganz sicher zu verwerten. Wichtig ist, daß hier die leichten gemütlichen Schwankungen den wirklichen Depressionszuständen vorausgehen. Diese haben sich beide Male an schwere Gemütserschütterungen angeschlossen und zeigen auch sonst in ihrem Verlaufe ganz den Typus des Reaktiven, rasche Entwicklung, schwere akute Erscheinungen und schneller Ablauf. Auffallend sind nur die ausgesprochenen psychogenen Züge. Aus einer leichten Verstimmung heraus entwickelt sich akut in wenigen Tagen ein schwerer Angstzustand mit Personenverkennung und Angriffen auf die Umgebung, der dann ebenso schnell in tiefen Stupor übergeht. Dessen Lösung erfolgt gleichfalls wieder verhältnismäßig rasch, und nun klingt die Psychose in derselben Weise, wie sie begonnen hat, mit einer leichten Depression ab, die sich noch längere Wochen hinzieht. Die Form des Angstzustandes mit seinen Übergang in Stupor, das plötzliche Einsetzen der außerordentlich schweren Erscheinungen und ihre auffallend rasche Lösung werden hier zuerst an eine hysterische Erkrankung denken lassen. Demgegenüber muß aber daran erinnert werden, daß die gleichen Symptomenbilder auch bei zirkulären Erkrankungen vorkommen, und daß gerade der Beginn mit einer Verstimmung, wie auch die Art der Lösung des Stupors ganz an die einfach gehemmten Depressionen gemahnte. Auch haben wir Ähnliches schon einmal bei Beobachtung 16 gesehen, wo sich aus einem ganz gleichartigen Beginne heraus eine schwere monatelang andauernde Depression entwickelte, die ganz unter dem Bilde einer verschleppten Melancholie verlief. Mit der Bezeichnung Hysterie sind also solche Krankheitszustände durchaus nicht genügend umschrieben, wenn auch nahe Beziehungen zu psychogenen Störungen ganz unverkennbar vorhanden sind. Eine Abgrenzung dieser Symptomenbilder gegenüber anderen hysterischen Erkrankungen soll an dieser Stelle nicht versucht werden. Es genügt vorderhand festgestellt zu haben, daß solche eigentümlichen Erkrankungsformen nicht ganz selten als reaktive Psychosen vorzukommen scheinen.

Fall 22.

M. R., Gipsersfrau aus D., geb. den 21. November 1851, hatte einen ruhigen, fleißigen und heiteren Vater und eine sehr empfindliche schwerblütige Mutter.

Einer ihrer Brüder ist auffallend heiter, eine Schwester aufgeregt und eigentümlich. Von den eigenen Kindern ist ein Sohn nervös und zeitweise verstimmt, eine Tochter sehr weichmütig und hysterisch; beide, wie auch ihre übrigen drei Kinder sind ausgesprochen depressiv veranlagt. Sie selbst war früher körperlich gesund und hat sich normal entwickelt. In ihren Kinderjahren war sie empfindlich und außerordentlich weich, doch hat sich ihre jetzige depressive Veranlagung erst im Laufe der Pubertät entwickelt. Seit dieser Zeit hat sie alles schwerer aufgenommen und sich vielfach ohne jeden Grund Sorgen gemacht. Allerdings waren die äußeren Verhältnisse auch wenig glücklich. Der Mann war ein roher Trinker, unter dessen schlechter Behandlung sie vielfach zu leiden hatte, und mit dem Gelde ging es nicht selten recht knapp her. Aber auch wenn bessere Zeiten sich einstellten, und kein Anlaß zu Besorgnissen vorlag, hat sie sich vielfach mit unnötigen Grübeleien über die Zukunft gequält und sich jede frohe Stunde verdorben. Unangenehmes zu vergessen, wollte ihr gar nicht gelingen, immer wieder kam sie auf solche peinigenden Gedanken zurück. Nicht anders war es bei unfreundlicher Behandlung, gegen die sie außerordentlich empfindlich war. Hatte sie von jemand eine Kränkung erlitten, so trug sie es ihm ewig nach und witterte dann auch hinter allem ganz grundlos Feindseligkeiten. Sonst war sie aber voll Vertrauen, außerordentlich gutmütig und weich und vermochte keinen Wunsch zu versagen. In ihren Arbeiten war sie sehr gewissenhaft und pünktlich und bewies ein übertriebenes Pflichtgefühl, das ihr die eigenen Leistungen stets in zu ungünstigem Lichte erscheinen ließ. Niemals war sie mit sich zufrieden und, auch wenn sie sich noch so sorgfältig bemüht hatte, mußte sie sich stets von neuem vergewissern, ob sie wirklich ihre Pflicht getan habe. Nicht anders erging es ihr auf religiösem Gebiete, wo Zweifel und Selbstquälereien ihr keine Ruhe ließen. Unangenehmes allein für sich zu tragen, vermochte sie nicht; sie hat stets gern geweint, gejammert und gescholten und bei anderen Trost und Hilfe gesucht. In ihrem praktischen Handeln war sie flink und geschickt und auch in Entschlüssen des gewöhnlichen Lebens rasch und sicher.

Irgendwelche schwereren Störungen ihres Gemütslebens sind bis zum 23. Jahre nicht aufgetreten. Zu jener Zeit stand sie wegen einer Gebärmutterknickung in ärztlicher Behandlung, an die sich allerlei hypochondrische Befürchtungen anschlossen. Aus diesen entwickelte sich allmählich eine ausgesprochene Verstimmung, in der ihr alles so schwer war, und sie keine Freude am Leben mehr hatte, doch brauchte sie damals die Arbeit nicht auszusetzen. Nach etwa einem halben Jahre trat Besserung ein, die Stimmung blieb aber auch in den folgenden Jahren viel gedrückter als sonst im Leben, und immer wieder schoben sich kurzdauernde Zeiten dazwischen, wo die Erscheinungen sich bis zur Höhe einer richtigen Depression steigerten. Nach 3—4 Jahren stellte sich der alte Dauerzustand wieder her; aber auch in der Folge sind noch hier und da rasch vorübergehende Schwankungen aufgetreten, die ganz den gleichen Charakter trugen, wie die geschilderte Gemütskrankheit. Vielfach scheint irgendein Anlaß auslösend gewirkt zu haben, ob das aber immer der Fall war, ließ sich nicht mit Sicherheit feststellen. Im Winter 1908/9 waren die pekuniären Verhältnisse sehr wenig günstig, so daß die Kranke sich mit Arbeiten überanstrengen mußte. Im Mai erkrankte die Tochter an einer hysterischen Lähmung, die eine Krankenhausbehandlung erforderlich machte. Pat. regte sich sehr darüber auf und wurde anschließend wieder verstimmt, müde und unfähig zur Arbeit. Allerlei trübe Gedanken, die zumeist Befürchtungen für die Zukunft enthielten, drängten sich in wüster Jagd in ihrem Kopfe, das Leben war ihr verleidet, und sie mochte keinen Menschen mehr sehen. Sie machte sich zahlreiche Selbstvorwürfe wegen früher begangener ganz geringfügiger Verfehlungen, und schließlich drängten sich beim Beten zu ihrem größten Schrecken noch irreligiöse häßliche Gedanken dazwischen, es gebe keinen Gott, keinen Heiland und ähnliches mehr. Wegen dieser Beschwerden suchte sie im Juni 1909 die Sprechstunde unserer Klinik auf.

Auch hier haben wir es wieder mit einer schwer depressiv veranlagten, doch auffallend sensitiven Persönlichkeit zu tun, die ganz an Fall 2 unseres ersten Typus erinnert, der grüblerische Selbstbeobachtung und Unfähigkeit, depressive Vorstellungen zu überwinden, mit starker Affektentladung verband. Die Neigung zu hypochondrischen Vorstellungen ist in beiden Fällen recht ausgesprochen. Die letzte Kranke lebt in sehr ungünstigen äußeren Verhältnissen und ist dementsprechend dauernd außerordentlich niedergestimmt gewesen. Mit 33 Jahren machte sie im Anschluß an eine körperliche Erkrankung eine hypochondrische Verstimmung durch, von der sich heute schwer wird sagen lassen, ob es sich nur um eine psychopathische Reaktion oder um eine selbständige Psychose gehandelt hat. Gegen eine einfach reaktive Verstimmung spricht das sehr wenig akute Bild, sowie die Tatsache, daß sich an die wirkliche Erkrankung ein 3—4 jähriges Nachstadium anschloß, indem die Kranke dauernd schwerer depressiv war, als in normalen Zeiten, und in dem zahlreiche gemütliche Schwankungen auftraten, die sicherlich zum Teil wenigstens ohne äußeren Anlaß sich einstellten. Diese leichteren Verstimmungen sind auch nach der völligen Genesung dauernd bestehen geblieben, ganz ähnlich wie wir das auch im Falle 20 gesehen haben. Der in der Klinik beobachtete zweite Schwermutsanfall trägt mehr den Charakter einer Reaktionspsychose. Auffallend ist hierbei das Auftreten von Zwangsvorstellungen, die sich im früheren Leben niemals gezeigt hatten, die sich aber schon in der Veranlagung durch die grüblerische Unfähigkeit der Kranken mit ihren Vorstellungen zum Abschluß zu gelangen, durch ihre steten selbstquälerischen Befürchtungen, nicht Genügendes zu leisten, und durch den Kontrollierzwang andeuteten. So wächst auch hier das Symptomenbild der Psychose ganz aus der Veranlagung heraus. Die leichteren Verstimmungen erscheinen direkt nur als Verschlimmerungen des gewöhnlichen Dauerzustandes, wie auch das Nachstadium der ersten Erkrankung ganz diesen Eindruck erweckt. Der Einfluß äußerer Faktoren scheint sehr ausgesprochen; ein Teil der depressiven Grundstimmung ist wohl zweifellos auf die Einwirkung der äußerst ungünstigen Verhältnisse zurückzuführen, worauf die starke Verschlimmerung im Laufe des Lebens hinweist. Auf der anderen Seite haben wir die schon besprochenen Momente, die eine endogene Entstehung der Depressionen wahrscheinlich machen. Welche Rolle jedem der beteiligten Faktoren hierbei im einzelnen zukommt, ist nicht zu entscheiden, doch zeigt sich bei einem solchen Falle einmal wieder recht deutlich, wie kompliziert doch alle diese Krankheitsbilder sind, und wie sehr bei der Genese und der Ausgestaltung des Symptomenbildes sowohl gemütliche Veranlagung, als äußere Umstände, als die sog. endogenen Faktoren beteiligt sind.

4. Konstitutionell depressive Kranke mit endogenen Verstimmungszuständen.

Wir hatten bei den im letzten Abschnitt besprochenen Kranken zahlreiche endogene Schwankungen beobachten können. Nehmen diese nur etwas an Stärke zu, dann haben wir periodische Depressionszustände vor uns, die den echten zirkulären Erkrankungen sehr nahe stehen oder sogar mit ihnen identisch sind. Hier werden also endogene Momente zu den ausschlaggebenden Faktoren. Daß auch bei einem Teil der bisher betrachten Psychosen solche endogenen Momente eine Rolle gespielt haben, ist zweifellos und wurde auch mehrfach hervorgehoben. Die Störungen, die wir jetzt besprechen wollen, zeigen schon in ihrer äußeren Gestaltung die nahe Verwandtschaft zum echten manisch-depressiven Irresein. Die einfach gehemmten Depressionen, das typische Krankheitsbild jener Psychose, werden hier viel häufiger angetroffen als bei den zuvor geschilderten Kranken. Doch bedarf das gleich wieder einer gewissen Einschränkung. Denn da auch bei diesen Kranken vieles von der Charakterveranlagung mit in die Depression hinübergenommen werden kann, und da sich auch hier die Verstimmungen nicht allzu selten an einen äußeren Anlaß anschließen, so fehlen uns vielfach der einzelnen Erkrankung gegenüber alle Kriterien zu einer sicheren Unterscheidung. In solchen Fällen gestattet uns nur ein Überblick über den gesamten weiteren Verlauf, die hier versuchte Gruppierung aufrecht zu erhalten. Und auch dann entstehen oft im einzelnen Falle Zweifel, wohin die Erkrankung zu rechnen sei. Da mag es denn vielleicht nur als ein eitles Bemühen erscheinen, so gleichartige Krankheitsgebilde überhaupt auseinanderhalten zu wollen. Denn man wird ja unbedingt zugeben müssen, sicherlich existiert zwischen diesen beiden Formen keine scharfe äußerlich erkennbare Grenzlinie; und wenn wir sie dennoch in klare Gruppen trennen wollen, so ist das, was nicht bestritten werden soll, im einzelnen Falle gelegentlich ein etwas gewaltsames Verfahren, das oft nur mit Wahrscheinlichkeiten rechnen muß. Trotzdem aber glaube ich, daß ein solcher Versuch seine volle Berechtigung hat. Denn die hier zu behandelnden Verstimmungen unterscheiden sich in einem ganz wesentlichen Punkte von dem Typus der bisher geschilderten Formen. Das sehen wir am besten, wenn wir auf den Ausgangspunkt unserer Untersuchungen zurückgehen. Gegenüber den einfachen reaktiven Depressionen tritt hier ein neuer Faktor hinzu, die Periodizität, d. h. eine dem Krankheitsprozesse innewohnende Neigung zu mehrfachem Auftreten aus inneren uns unbekannten Gründen. Damit haben wir aber für die Gestaltung dieser Erkrankungsformen ein neues Moment gewonnen, das bei den bisher betrachteten Krankheitsfällen nur andeutungsweise in Erscheinung trat, jedenfalls aber für ihre Genese nur von untergeordneter Bedeutung war und daher absichtlich vernachlässigt werden konnte. In der folgenden Gruppe sollen nun gerade die Fälle zusammengestellt werden, wo umgekehrt der endogene Faktor die Hauptrolle spielt. Allerdings werden wir uns nach dem Gesagten darauf gefaßt machen müssen, statt einer scharfen Grenze nur fließende Übergänge zu finden, wie das ja überhaupt den auf degenerativem Boden erwachsenden Zuständen eigentümlich zu sein scheint.

Fall 23.

E. K., Tagelöhnersfrau aus M., geb. den 6. Mai 1866, stammt aus einer Familie, in der allerlei nervöse Störungen vorgekommen sind. Der Vater und drei seiner Brüder waren Trinker, ebenso der Bruder der Mutter. Eine Schwester der Mutter ist nervenleidend, desgleichen eine Schwester der Pat. Die Mutter, die sonst heiteren Gemüts war, hat während sie mit der Pat. schwanger ging, eine gemütliche Verstimmung durchgemacht, die allerdings in der Trauer über den Tod ihres Mannes und den dadurch bedingten pekuniären Sorgen eine gewisse Begründung findet. Pat., die als jüngstes von acht Geschwistern nachgeboren wurde, ist das einzige Glied der Familie mit konstitutionell depressiver Veranlagung. Doch war auch bei ihr die Stimmung nicht dauernd gleichmäßig schwer gedrückt und völlig hoffnungslos, sondern wechselte unaufhörlich, je nach den Umständen, in denen die Kranke sich gerade befand. Immer aber hatte die K. die Neigung, alles im Leben zu schwarz anzusehen und sich bei jeder Gelegenheit grundlosen Befürchtungen für die Zukunft hinzugeben. Traf sie irgendein kleines Mißgeschick, so wurde sie völlig mutlos und niedergeschlagen und vermochte sich von nutzlosen Grübeleien nicht mehr loszureißen. Lange mußte sie sich quälen, ehe es ihr gelang, traurige Erfahrungen zu verwinden, da sie sich nicht auszusprechen vermochte und alles tief in ihrem Innern allein für sich abmachte. Sie hielt sich überhaupt vom allgemeinen Verkehre recht zurück und hatte wenig Umgang mit Nachbarn und Bekannten, wenn man sie auch nicht direkt als schüchtern und einsiedlerisch bezeichnen kann. Ganz für sich allein war sie nur ungern; dazu war sie viel zu ängstlich und unsicher in ihrem Wesen. Unter Kränkungen und barscher Behandlung litt sie sehr empfindlich, und bei jeder Gelegenheit fühlte sie sich gleich zurückgesetzt. Doch blieb sie auch dann noch eher zu vertrauensselig und dachte nicht daran, hinter allem eine unfreundliche Absicht zu wittern. In der Sorge für ihre Kinder war sie ganz übertrieben ängstlich und regte sich über Kleinigkeiten furchtbar auf, z. B. wenn die Kinder einmal zu spät nach Hause kamen oder eines von ihnen krank war, was in ihren traurigen Erfahrungen zum Teil seine Erklärung finden mag. Ähnliche Angst und Besorgnis befiel sie bei jedem wichtigeren Geschäfte; denn sie befürchtete stets ihre Pflicht nicht völlig getan zu haben. Sie sah sich daher gezwungen, immer wieder von neuem sich selbst zu kontrollieren, auch wenn sie überzeugt war, daß sie alles auf das beste besorgt hatte. Von sich und ihren Leistungen dachte sie stets gering und war meist mit sich nicht recht zufrieden. In religiösen Dingen war sie weniger auffällig und unterschied sich nicht durch übertriebene Frömmigkeit von ihrer Umgebung.

Ihre äußeren Verhältnisse bieten nichts Besonderes. Sie hat sich gut entwickelt und ordentlich gelernt. 1894 heiratete sie ganz glücklich und hat dann in etwas knappen Verhältnissen gelebt, doch niemals wirkliche Not gelitten. Allerdings war sie stets gezwungen sehr angestrengt zu arbeiten und hatte niemals Gelegenheit sich zu schonen. Darin liegt wohl die Ursache dafür, daß sie so auffallend früh gealtert ist und schon mit 40 Jahren direkt greisenhaft aussah. Ihre erste Gemütsverstimmung entwickelte sich 1895 im Anschluß an eine ernste Erkrankung ihres Kindes, doch handelte es sich damals nur um eine leichte Depression ohne jede Hemmung. 1897, 1899, 1902 und 1904 war sie jedesmal nach dem Tode eines Kindes schwer gedrückt, doch sieht sie auch diese Verstimmungen nur als einfache Reaktionen an, die sich in normalen Grenzen gehalten hätten. Ganz anders im Jahre 1900, wo ihrer eigenen Auffassung nach eine schwere Gemütskrankheit vorlag. Sie machte sich damals die bittersten Vorwürfe, daß sie an dem Tode des Kindes schuld sei. Sie war völlig verzweifelt, zu allem unfähig, zeitweise schwer gehemmt und kam auch körperlich sehr herunter. Die Erkrankung erstreckte sich auf eine ganze Reihe von Monaten bis in das Jahr 1901 hinein. Dann blieb Pat. gesund bis Juni 1906, wo sich gleichfalls wieder im Anschluß an den Tod eines Kindes langsam schleichend eine schwere Verstimmung entwickelte, die am 1. Oktober 1906 zur Aufnahme in der Tübinger Klinik führte. Das Krankheitsbild war das einer einfach gehemmten Depression mit zahlreichen Selbstvorwürfen, die sich alle darum drehten, daß sie nicht genügend für ihre Familie sorge. Auf der Höhe der Erkrankung waren die Suicidgedanken sehr lebhaft, doch kam es nicht zu einem Versuche. Zeitweise traten auch unbestimmte Angstgefühle in den Vordergrund. Die Besserung deutete sich zuerst in sehr ausgeprägten Tagesschwankungen an, bei denen der Abend, wie gewöhnlich, die Zeit des Wohlbefindens war. Noch schwer gedrückt wurde die Kranke von dem ungeduldigen Ehemanne am 11. Dezember 1906 nach Hause genommen, wo sie schon im Verlaufe weniger Wochen völlig genaß. Winter 1907/8 trat auf eine Frühgeburt hin eine leichte Verstimmung auf, die rasch vorüberging. Eine schwere Gemütserkrankung setzte erst wieder im September 1908 ein und diesmal ohne jeden Anlaß. Sie entwickelte sich wieder ganz allmählich und schleichend, und auch diesmal stand die Hemmung bei weitem im Vordergrunde. Pat. fühlte sich unglücklich, ohne zu wissen warum, und zwar so trostlos und verzweifelt, daß sie wieder ernsthaft an Suicid dachte und darum selbst die Aufnahme in die Klinik am 5. Januar 1909 veranlaßte. Wie gewöhnlich bei der Pat. war auch jetzt wieder schweres Krankheitsgefühl und volles Verständnis, selbst zur Zeit der heftigsten Symptome, vorhanden. Die Besserung trat sehr rasch ein und schritt so gleichmäßig voran, daß sie schon am 7. März 1909 völlig genesen entlassen werden konnte.

Die hier geschilderte Kranke steht auf der Grenze zu den psychopathischen Depressionen und bildet den Übergang zu der neuen Gruppe, der wir uns jetzt zuwenden wollen. Sie läßt gleich die großen Schwierigkeiten auf das deutlichste erkennen, die einer scharfen Abgrenzung im Wege stehen. Wie in den vorher behandelten Fällen, so finden wir auch hier eine schwere depressive Veranlagung, die bis in die früheste Jugend sich zurück verfolgen läßt, die aber im Laufe des Lebens in ihrer Intensität deutliche Schwankungen gezeigt hat. Sie hat der Kranken reichlich das Dasein erschwert, ohne sie indessen sozial völlig zu lähmen; es war der Pat., wenn auch mit Schwierigkeiten, doch dauernd möglich, den ziemlich großen Anforderungen, die das Leben an sie stellte, einigermaßen gerecht zu werden. Daß sie aber dabei in ganz anderer Weise als ein normaler Mensch angegriffen wurde, zeigt sich auch auf körperlichem Gebiete und kommt wohl in ihrem auffallend frühen Altern zum Ausdruck, das für eine 40 jährige ganz außergewöhnlich war. Sie hat in ihrem Leben eine ganze Reihe von Gemütserkrankungen durchgemacht. Bei der Mehrzahl derselben läßt sich nur schwer entscheiden, welchen Charakters sie gewesen sind; doch wird man nach der Schilderung der Kranken eher geneigt sein, sie in nahe Beziehung zu den einfachen reaktiven Depressionen zu stellen. Die Sorge um die Kinder war von jeher der Kranken wundester Punkt. Nun hat in der Tat der größte Teil ihrer leichten Verstimmungen sich an ernsthafte Krankheiten und vor allem an den Tod von Kindern angeschlossen. Dazu kommt noch, daß es sich fast durchweg hierbei um leichte Depressionen handelt, die selbst von der Pat. nur als eine natürliche Reaktion aufgefaßt werden. Zwischen diese leichten Erkrankungen oder an ihre Stelle haben sich nun in den letzten Jahren langdauernde Schwermutsanfälle eingeschoben, von denen sich einer an den Tod eines Kindes anschloß, während der andere ganz von selbst ohne jeden äußeren Anlaß auftrat. Hier waren also sicherlich noch andere, nennen wir sie wieder einmal endogene Momente mit am Werke. Man wird daher mit Recht auch den früheren leichten Verstimmungen gegenüber skeptisch werden und zum mindesten die Möglichkeit offen lassen müssen, daß bei den zahlreichen gemütlichen Schwankungen, die größtenteils reaktiver Natur zu sein schienen, auch solche endogenen Faktoren mitgewirkt haben könnten. Dann wären die schweren Depressionszustände einfach Verstärkungen der endogenen Schwankungen und die Ursache zu dieser Verschlimmerung dürfte vielleicht in der Abnahme der allgemeinen Widerstandskraft liegen. Damit stimmt auch die bemerkenswerte Tatsache überein, daß im vorliegenden Falle das Auftreten der schweren Depressionen erst verhältnismäßig spät einsetzt und daß damit Hand in Hand ein körperlicher Verfall geht, der sich deutlich in dem ganz abnorm frühzeitigen Senium ausspricht.

Fall 24.

M. L., Schneidermeister aus der kleinen Landstadt Sch., geb. den 17. Juli 1877, hat seinen Vater, einen Trinker, durch Suicid, wahrscheinlich in Schwermut, verloren. Ein Bruder des Vaters hat gleichfalls durch Selbstmord geendet, drei Brüder haben Depressionszustände durchgemacht, eine Schwester ist von gleicher Gemütsveranlagung und leidet ebenfalls an depressiven Schwankungen. Eines seiner Kinder ist schwächlich und nervös. Er selbst hat sich normal entwickelt, nur bis in die Schulzeit hinein vereinzelt an Enurese gelitten. Er war ein fleißiger braver Junge, dem das Lernen nicht sehr leicht fiel. Von jeher hat er aber gern gearbeitet, war sehr pünktlich und pflichteifrig in seinem Schaffen, ohne sich mit übertriebenen Ansprüchen an die eigenen Leistungen oder mit grundlosen Selbstvorwürfen zu quälen. Er nahm das Leben im allgemeinen nicht besonders schwer, war aber in seiner Stimmung sehr von äußeren Momenten abhängig und ließ sich sogleich zu Boden drücken, wenn ihm irgendeine Schwierigkeit in den Weg trat. Er wurde dann unzufrieden und nörgelnd, jammerte und beklagte sich, wie er überhaupt das Bedürfnis hatte, allen seinen Gemütsbewegungen nach außen hin Luft zu machen. Dabei kam es selten zu wirklich zornigem Affekt; seiner weichen und sensitiven Natur lag es näher, sich in schwächlicher Weise selbst zu bedauern oder bei anderen Trost und Hilfe zu suchen. Und wenn er sich infolge seiner großen Empfindlichkeit auch überall zurückgesetzt fühlte, so genügte meist ein freundliches Wort, ihn wieder zu versöhnen. Er lebte ganz für sein Geschäft und hatte nur den einen Ehrgeiz, sich pekuniär voran zu bringen. Alles, was ihn daran hinderte, empfand er als schweres Mißgeschick. Gleich war er dann völlig mutlos und sah alles im trübsten Lichte. Für diese geringe Stetigkeit in seinem gemütlichen Leben hatte er ein sehr gutes Verständnis und bezeichnete sich selbst als launisch und wankelmütig.

Die erste ausgesprochene Verstimmung entwickelte sich im Jahre 1903, nachdem er geheiratet hatte, und nun mit der Sorge um die Familie größere Anforderungen an ihn herantraten. Ohne daß ein besonderer Anlaß vorgelegen hätte, ging ihm die Arbeit nicht mehr so von der Hand, er fühlte sich unfähig und alles ward ihm schwerer. Sein trauriger Gedankeninhalt drehte sich nur um die alltäglichsten Dinge, wobei er jede Kleinigkeit zum größten Unglück aufbauschte, so daß sein ganzes Verhalten auf die Umgebung den Eindruck plumper Übertreibung machte. Nach 3—4 Wochen war er wieder der alte, aber seit dieser Zeit war die Stimmung noch viel labiler als früher; er schien den Angehörigen im ganzen noch empfindlicher, weichmütiger und unzufriedener als zuvor. Auch traten gemütliche Schwankungen jetzt deutlicher zutage. Zeiten, in denen er leicht gedrückt war und wenig zu leisten vermochte, lassen sich schon bis in seine Militärzeit hinein zurückverfolgen, aber erst von 1903 an traten sie in regelmäßiger Folge auf als umschriebene, wenige Wochen dauernde Verstimmungen, die ohne äußeren Anlaß jeden Hochsommer wieder kamen und ganz das gleiche Bild wie die geschilderte Depression zeigten, nur daß die Erscheinungen nicht so ausgesprochen waren. Er sah die Welt im trübsten Lichte, fühlte sich matt und krank und mochte nicht arbeiten. Da er aber dabei ins Wirtshaus ging und aß und trank wie sonst, so glaubten ihm seine Angehörigen nicht recht und warfen ihm Faulheit und Verstellung vor. Juli 1907 siedelte er aus einer Mietwohnung in der Hauptstraße in sein neuerworbenes Haus über, das er sich in einem etwas entfernteren Stadtteile erstanden hatte. Sofort nach dem Umzuge stellte sich bei ihm der Gedanke ein, daß er durch Verlegen seines Geschäftes aus der günstigen Gegend seine Kundschaft verlieren werde, und verdarb ihm die Freude am eigenen Besitz. Er wurde schlaflos, verlor die Lust an der Arbeit und machte sich Vorwürfe wegen des Hauskaufs. Der Zustand war ähnlich wie bei den gewöhnlichen sommerlichen Depressionen und hielt mit Schwankungen bis zum Herbste an. Da trat unerwartet eine Verschlimmerung ein, die zu einem Suicidversuche und daraufhin zur Aufnahme in der Tübinger Klinik am 21. November 1907 führte. Er klagte hier über körperliche und geistige Unfähigkeit, Angst vor der Arbeit und Unlust zu jeder Tätigkeit. Wenn er den Versuch mache, irgend etwas zu tun, so sei er mit den Gedanken nicht dabei, habe nicht die nötige Kraft und könne sich überhaupt zu nichts entschließen. Dauernd war er mit der Vorstellung beschäftigt, daß der Hauskauf verfehlt gewesen sei und ihn geschäftlich ruinieren werde. So sehr er jammerte und klagte, so leicht ließ er sich ablenken und in seiner Stimmung beeinflussen. Überhaupt hatte die ganze Art seiner Affektäußerung etwas Übertriebenes und erinnerte an Hysterische. Die Stimmung besserte sich hier sehr rasch. Er hatte ein Gefühl der Erleichterung, war hoffnungsfreudig und heiter, doch bekam man durchaus nicht den Eindruck, als ob eine leichte Hypomanie vorliege. Auch gab er selbst an, daß regelmäßig in günstigen äußeren Verhältnissen der gleiche Stimmungswechsel eingetreten sei. Anfang Dezember 1907 wurde er entlassen, doch dauerte es zu Hause noch bis Mitte Januar, ehe er sich ganz der alte fühlte und wirklich wieder mit Lust zur Arbeit ging. Dezember 1908 erhielten wir briefliche Mitteilung von der Frau, daß Pat. seitdem gesund geblieben sei und keinerlei schwerere Verstimmungen mehr aufgetreten wären. Seine Befürchtungen wegen des Geschäftes hatten sich nicht bewahrheitet. Im August 1909 stellte er sich persönlich vor, um sich für die Behandlung zu bedanken. Das Befinden war immer noch zufriedenstellend, doch hatte sich im Laufe des Sommers die gewohnte Verstimmung in der alten Stärke gezeigt, und auch sonst war die Stimmungslage häufig schwankend gewesen. Weihnachten 1909 setzte von neuem eine schwerere Depression ein, die sich allmählich entwickelte und genau die gleichen Erscheinungen zeigte, wie die 1907 in der Klinik beobachtete. Er wurde wieder völlig arbeitsunfähig und litt vor allem unter seinem Insuffizienzgefühle, zumal er zu Hause nicht verstanden wurde, und man ihm sein Umhersitzen nur als Faulheit auslegte. Im Laufe des Januar 1910 traten Suicidgedanken auf, die den Kranken veranlaßten, spontan die Klinik aufzusuchen. Er kam genau wie das erstemal in einem schweren äußerlich wie verzweifelt erscheinenden Depressionszustande, in dem er aber für Zuspruch zugänglich war und sich rasch besserte. Als Pat. schon nach einer Woche gegen ärztlichen Rat die Klinik verließ, war er wieder völlig verändert, beruhigt und zuversichtlich, wenn auch noch leicht gedrückt.

Bei diesem Kranken tritt die endogene Natur seiner Verstimmungszustände deutlicher zutage. Schon seit vielen Jahren haben sich regelmäßig bei ihm zur Sommerszeit immer in der gleichen Weise leichte Depressionen von mehrwöchiger Dauer wiederholt, ohne daß sich ein äußerer Anlaß hierfür nachweisen ließ. Nur bei der schweren Verstimmung 1907 findet sich in dem Hauskauf mit seiner einschneidenden Veränderung eine entsprechende Gemütserschütterung, die unter Berücksichtigung seiner außerordentlichen Stimmungslabilität als ausreichender Anlaß betrachtet werden könnte. Vielleicht ließe sich auch die Heirat mit Gründung eines eigenen Haushaltes und der dadurch vermehrten Sorgen für die Depression vom Jahre 1903 im gleichen Sinne verwerten. Sonst entsprechen aber den zahlreichen Stimmungsschwankungen keinerlei ausreichende ätiologische Momente. Auch läßt sich ihr regelmäßiges periodisches Auftreten nur im Sinne einer endogenen Störung verstehen. Dies erscheint um so bemerkenswerter, wenn wir bedenken, wie Pat. entsprechend seiner sehr labilen und für äußere Eindrücke empfänglichen Gemütsart sogar innerhalb seiner Verstimmungszustände von den Einflüssen seiner Umgebung in ganz ungeahnter Weise abhängig bleibt. Die schwerste verzweifelte Verstimmung mit ernstlichen Suicidgedanken verfliegt in dem günstigen Milieu der Klinik innerhalb weniger Tage, so daß man im ersten Augenblick zu der Überzeugung gelangen muß, es könne sich hier nur um Reaktionen auf unerquickliche äußere Verhältnisse handeln, zumal das verständnislose Verhalten der Angehörigen wohl geeignet war, bei einem psychogen veranlagten Menschen wie L. eine solche heftige Affektreaktion hervorzurufen. Bei näherem Zusehen machen wir dann allerdings die Erfahrung, daß es nur das schwere äußere Bild der Psychose ist, was sich so rasch zu bessern vermag, daß aber die Verstimmung selbst noch weiter andauert, und die völlige Genesung erst allmählich und ganz unabhängig von äußeren Einflüssen einzutreten pflegt. So hat der Kranke 1907 noch 5—6 Wochen gebraucht, ehe er sich wieder völlig normal fühlte, und auch zuletzt hat der kurze Aufenthalt in der Klinik wieder genügt, um eine wesentliche Besserung, keineswegs aber um eine völlige Genesung herbeizuführen. Immerhin wird man nicht leugnen können, daß hier die Verstimmungen in ihrer Stärke und ihrer Ausdrucksform sehr von äußeren Momenten abhängig sind, und daß das Symptomenbild der psychogenen Veranlagung des Pat. und seiner ganzen eigentümlichen Art gemütlich zu reagieren entspricht. Das sind aber Momente, die wir für die psychopathisch-reaktiven Formen als charakteristisch betrachtet haben. Da aber andererseits die Regelmäßigkeit des Auftretens und die Dauer der Verstimmungen nicht auf psychologischem Wege verständlich gemacht werden können, so bleibt nichts übrig als anzunehmen, daß hier neben äußeren Momenten und der konstitutionellen Veranlagung auch noch endogene Faktoren wirksam sind. Dann ist es aber auch ohne weiteres klar, warum eine sichere Abgrenzung gewisser zirkulärer von ähnlichen psychopathischen Depressionszuständen nicht gelingen will, und warum von einer Gruppe zur anderen Brücken hinüber führen. Rechnen wir Fälle wie der zuletzt geschilderte einfach zu den Zyklothymen, was zweifellos von einem Gesichtspunkte aus berechtigt ist, so wird damit aber noch lange nicht alles Wesentliche ausgedrückt; ein großer Teil der Symptome ist dann in seiner klinischen Bedeutung nicht richtig eingeschätzt, und auch die therapeutische Stellungnahme muß unter einer solchen einseitigen Betrachtungsweise zweifellos leiden. Ist doch ein großer Teil der akuten Symptome sicherlich hier psychopathische Reaktion und daher auch psychisch beeinflußbar. Ebensowenig kann natürlich eine Auffassung, die nur der psychogenen Seite Beachtung schenkt, diesen Störungen voll gerecht werden. Man hatte es mit großer Genugtuung begrüßt, als die zyklothyme Natur solcher Erkrankungen festgestellt wurde, und es ist gewiß ein großes Verdienst, die nahen Beziehungen zum manisch-depressiven Irresein, die hier vorliegen, erkannt zu haben; doch müssen wir uns nach solchen Erfahrungen stets eingedenk bleiben, daß wir damit nur die eine Seite der Störung bezeichnet haben, die vielleicht in praktischer Hinsicht nicht einmal die wichtigste zu sein braucht. Wir sehen also, wie wir ohne eine deutliche Grenzlinie zu überschreiten, langsam vom psychopathischen Gebiete zu den echten zirkulären Erkrankungen hinübergleiten. Wir werden uns daher auch nicht wundern, daß bei den zuvor als reaktiv beschriebenen Erkrankungen gleichfalls hier und da endogene Momente sich bemerkbar machten. Ja wenn jemand bei diesen Fällen den endogenen Momenten eine viel größere Bedeutung zuschreiben möchte, als wir es in den vorhergehenden Abschnitten getan haben, so können wir ihm das ruhig zugeben, ohne von unserer bisherigen Darlegung irgend etwas zurückzunehmen. Die etwas einseitige Betonung der psychopathischen Veranlagung und der ursächlichen Bedeutung äußerer Anlässe war einfach der Übersichtlichkeit wegen gefordert und soll in diesem strengen Sinne nicht überall, wo beide Momente zusammentreffen, festgehalten werden.

Fall 25.

F. F., Bauer aus R., geb. den 17. Februar 1848, verlor zwei Brüder in jungen Jahren durch Selbstmord. Die Mutter hat die gleiche depressive Veranlagung wie Pat., der Vater war ein hitziger Mensch mit eher heiterem Temperamente. Körperlich war F. stets gesund und kräftig, hat auch ganz gut gelernt. Die Militärzeit machte ihm trotz seiner weichen Veranlagung keine großen Schwierigkeiten. Weniger gut erging es ihm auf der Schule, wo er durch seine Ängstlichkeit häufig schlecht abschnitt und sich auch bei seinen Kameraden lächerlich machte, da er sich sofort drückte, wenn es lustig herging oder eine Prügelei entstand. Ganz ungesellig war er nicht; auf der Schule wie auch späterhin verkehrte er gelegentlich mit Nachbarn und Bekannten. Am liebsten war er indessen für sich allein und hing seinen eigenen Gedanken nach. Das Leben hat er immer sehr schwer genommen und auch in gesunden Zeiten unnötig über die Zukunft gegrübelt und selbst, wenn alles gut ging, sich Gedanken gemacht, wie es wohl nachher kommen werde. So konnte er niemals sich von Herzen freuen und frohe Stunden wirklich genießen. Ganz gleichmäßig war sein Verhalten in dieser Beziehung allerdings nicht. Seine Gemütsstimmung hing in hohem Maße von den zufälligen äußeren Verhältnissen ab, und schon ein kleines Mißgeschick vermochte ihn völlig zu Boden zu schlagen. Er verlor den Kopf und wußte sich gar nicht mehr zu helfen, während er in ruhigen Zeiten ein tüchtiger und umsichtiger Arbeiter war. Und ebenso rasch, wie die Verzweiflung einsetzte, war auch alles wieder vergessen, wenn man ihm freundlich zusprach, ihn beruhigte, und das drohende Unheil für den Augenblick abgewendet schien. Niemals gelang es ihm aber, wirklich frei und heiter zu werden; auch wenn alles nach Wunsch ging, blieb er in seiner trüben und ernsten Lebensauffassung gefangen. Gegen Kränkungen war er ebenfalls außerordentlich empfindlich und fühlte sich sehr leicht zurückgesetzt; jede barsche Behandlung, jedes harte Wort tat ihm im Innersten weh. Er geriet dann außer sich, weinte und jammerte, wie es ihm überhaupt nur schwer gelang, seine Affekte zu verbergen. Wenn man ihm aber ein paar gute Worte gab, war er sofort wieder ruhig und völlig getröstet, und ärgerte sich nur über sein eigenes Verhalten. Er hat überhaupt stets scharfe Kritik an sich selbst geübt und hatte von sich und seinen Leistungen nur eine geringe Meinung. In seinen Arbeiten war er genau, sorgfältig und etwas langsam und umständlich, doch hat er sich im allgemeinen nicht mit Gedanken gequält, ob er auch seine Pflicht erfülle, auch nicht den Zwang empfunden, gut ausgeführte Arbeiten, noch einmal nachzukontrollieren. In seinen Entschlüssen war er unsicher und schwankend und ließ sich im entscheidenden Augenblick immer mehr von Affekten als von Überlegungen leiten. Hinterher hatte er, zumal bei wichtigen Entscheidungen lebhafte Reue und das nicht immer ganz mit Unrecht. Er soll im Laufe des Lebens eine ganze Reihe unvernünftiger Käufe und Verkäufe abgeschlossen haben.

Seit vielen Jahren, solange er sich erinnern kann, traten bei ihm von Zeit zu Zeit ohne nachweislichen Anlaß kurzdauernde Verstimmungen auf, in denen er mutlos und völlig lebensüberdrüssig war. Suicidgedanken haben sich dabei niemals eingestellt, doch immer der sehnliche Wunsch, daß er doch damals im Kriege — er hat 1870/71 mitgemacht — hätte fallen dürfen. Heitere Zeiten hat er niemals gehabt, sicherlich nicht solche, die sich als manisch deuten ließen. Die erste längere Verstimmung von 2—3 Wochen Dauer trat im Jahre 1898 auf, als eine Rippenoperation drohte. Seitdem haben die depressiven Schwankungen häufig diese Zeit erreicht oder übertroffen, sonst ist aber keine Verschlimmerung im Laufe des Lebens hervorgetreten. Vielleicht spielte in letzten Jahren Insuffizienzgefühl und leichte Hemmung eine größere Rolle als früher. Auch pflegten solche Zeiten sich häufiger im Sommer einzustellen und dann heftiger zu sein als zu anderen Jahreszeiten. Anlässe können für einzelne geltend gemacht werden, doch fehlen sie in der Mehrzahl der Fälle. Pat. selbst ist nicht geneigt, äußeren Momenten einen großen Wert beizulegen. Er meint, er habe diese Zustände geerbt, sie kämen aus seiner Natur heraus. Auch auf die länger dauernde Depression 1907, die erste, die den Charakter einer schweren Erkrankung annahm, sieht er in dem direkt vorausgehenden unglücklichen Pferdekauf kein genügendes ursächliches Moment. Anschließend an dieses Ereignis traten damals ziemlich akut heftige Selbstvorwürfe auf, die ganz seinen gewöhnlichen Reuegedanken entsprachen. Er wurde aber rasch schwer niedergeschlagen und ganz verzweifelt, so daß man ihn am 5. Juni 1907 in die Tübinger Klinik brachte, wo er das Bild einer einfachen, schwer gehemmten Depression mit abendlichen Remissionen bot. Wenig gebessert wurde er am 13. Juli schon wieder nach Hause genommen und ist seitdem nicht mehr völlig genesen. Nach einigen Monaten etwa gegen Ende 1907 war er nach sehr schwankendem Verlaufe wieder einigermaßen arbeitsfähig und hat seit dieser Zeit fast dauernd seinem Geschäfte vorgestanden, doch sind die Zeiten, in denen er gedrückt ist, jetzt länger, und auch die Zwischenpausen nicht mehr so gut, wie in früheren Jahren. Gedanken, daß er am liebsten gestorben wäre, stellen sich noch recht häufig ein. Eine Besserung, nach der Richtung, daß die Zustände leichter würden, hat sich in den letzten Jahren nicht eingestellt. Am 24. Mai 1909 kam der Kranke auf unsere Veranlassung in einer verhältnismäßig freien Zeit wieder in die Klinik. Er erschien genau so, wie er sich selbst geschildert hat, als ein sehr weichmütiger, ernster und gedrückter Mensch. Auffallend war, daß auch er für sein Alter sehr greisenhaft aussah, trotzdem er rüstig und in der Arbeit noch ganz leistungsfähig ist.

Die Ähnlichkeit dieser Krankengeschichte mit dem zuletzt erörterten Beispiele ist unverkennbar. Schon in der gemütlichen Veranlagung treffen wir eine weitgehende Übereinstimmung; in beiden Fällen besteht eine starke Abhängigkeit der Stimmungslage von äußeren Umständen. Nur ist dieser Kranke etwas grüblerisch veranlagt und zeigt in der erschwerten Verarbeitung depressiver Erlebnisse Züge des ersten Typus. Seine Neigung zur Selbstkritik und die peinliche Beobachtung der eigenen Persönlichkeit sind jenem Kranken fremd. Auch ist die Art seines Affektausdruckes viel weniger heftig und lange nicht so übertrieben. Ihm fehlen alle die Erscheinungen, die an jenem Pat. als hysterisch imponierten. Dementsprechend zeigen auch seine Verstimmungen eine etwas andere Form. Sie bieten durchaus das Symptomenbild der einfach gehemmten Depression, deren Affekt von äußeren

Verhältnissen viel unabhängiger ist, als es bei jenem Kranken der Fall war. Statt Befürchtungen für die Zukunft stehen Selbstvorwürfe und Versündigungsideen im Vordergrunde, wie es seiner ganzen Veranlagung zu zersetzender Selbstkritik bei geringer Meinung von der eigenen Persönlichkeit durchaus entspricht. Den gleichen Gedankeninhalt zeigen auch die kurzen leichten Schwankungen, wie überhaupt seine depressiven Vorstellungen sich auf wenige Ideen beschränkt zu haben scheinen, die in einförmiger Weise immer wiederkehren. Die Schwankungen selbst gehen zurück, soweit sich der Kranke zu erinnern vermag, und haben sich ganz regelmäßig im Sommer, und dann auch sonst noch in unbestimmten Zwischenpausen, ohne nachweislichen äußeren Anlaß wiederholt. Sie sind wohl zweifellos endogener Natur und dürfen den ähnlichen Erscheinungen bei den vorigen Kranken an die Seite gestellt werden. Die erste schwerere Verstimmung trat erst verhältnismäßig spät auf, nach dem 50. Lebensjahre. Gleichzeitig finden wir ein auffallend frühes Altern, das vielleicht mit der Verschlimmerung der psychotischen Zustände ähnlich wie im Fall 23 in Beziehung gebracht werden darf. Daß äußere Momente für das Auftreten schwererer Zustände verantwortlich gemacht werden könnten, läßt sich auch hier nicht ohne weiteres bestreiten, denn gerade für die beiden schwereren Attacken sind äußere Umstände bekannt geworden, die sich in diesem Sinne verwerten lassen. Allerdings sind sie nicht sehr eingreifender Natur. Die drohende Operation vor der ersten Verstimmung wird von dem Pat. selbst ebenso bestimmt als ein nicht ausreichender Anlaß abgelehnt, wie der mißglückte Pferdekauf vor der zweiten Depression. Und man wird dem Pat. wohl recht geben müssen. wenn man erfährt, daß er in seinem Leben eine ganze Reihe ähnlicher Dummheiten gemacht habe, ohne darauf jemals mit einer depressiven Verstimmung zu reagieren. Hingewiesen soll noch werden auf die schwere erbliche Belastung, die bei allen diesen Beispielen sehr ausgesprochen vorhanden ist, und zwar handelt es sich, soweit es sich feststellen ließ, um ganz ähnliche Zustandsbilder bei den Vorfahren.

Fall 26.

J. L., Bauer aus F., geb. den 3. August 1862, entstammt mütterlicherseits aus einer schwer entarteten Familie. Die Mutter war eine schwerblütige Natur und litt viele Jahre lang an einer anscheinend melancholischen Geistesstörung; der Bruder der Mutter machte eine Depression durch; die Schwester der Mutter war geisteskrank. Die Großmutter mütterlicherseits wurde im Alter schwermütig und der Großvater spielte gern den großen Herrn. Pat. litt in seiner frühesten Kindheit viel an Gichtern und war so schwächlich, daß man ihn völlig aufgegeben hatte. Seine Jugend verlebte er in sehr traurigen äußeren Verhältnissen. Die schwer geisteskranke Mutter wurde im Hause verpflegt, und niemand hatte Zeit, sich der Kinder anzunehmen. Die Eindrücke, die er damals empfangen hat, verfolgten ihn dauernd und haben, wie er vielleicht nicht ganz mit Unrecht meint, zu seiner ernsten Lebensauffassung beigetragen. Er war ein intelligenter und fleißiger Junge, aber so ängstlich und schüchtern, daß er vielfach in der Schule versagte, auch wenn er alles recht gut wußte. Um ihm sein, wie man meinte, albernes Benehmen abzugewöhnen, bekam er vom Vater und Lehrer reichlich Prügel, was natürlich den entgegengesetzten Erfolg hatte. Der weiche und feinfühlige Mensch, dem gleich die Tränen in die Augen traten, wurde durch solche Erfahrungen nur noch verschlossener und zog sich ganz von seinen Kameraden zurück. Auch im späteren Leben hat er niemals die Geselligkeit geliebt. Der Verkehr mit anderen wurde ihm schon dadurch sehr erschwert, daß er in seiner Ängstlichkeit stets befürchtete, jemand zu nahe zu treten. So wagte er es niemals Fremden gegenüber energisch aufzutreten oder eine abschlägige Antwort zu erteilen. Nur wenn er ernstlich gereizt wurde, kannte er keine Rücksichten. Er verlor dann sofort den Kopf, geriet völlig außer sich und sagte seine Meinung in einer Form, wie es sonst gar nicht in seiner Art lag. Tätlich ist er aber niemals geworden und hat auch ein derartiges Benehmen hinterher stets bitter bereut. Niemals im Leben konnte er so recht von Herzen froh und heiter sein. Immer mußte er über die Zukunft nachdenken, über alle möglichen und unmöglichen Gefahren grübeln, und von allem sah er nur die schwärzeste Seite. Doch wurde sein Gemütszustand durch tatsächliche unglückliche Erlebnisse nicht wesentlich verschlimmert; seine Stimmung war im allgemeinen ziemlich gleichmäßig. Alle affektiven Vorgänge liefen bei ihm außerordentlich schleppend ab, und es dauerte sehr lange, ehe er über traurige Erfahrungen hinauskam. In der Arbeit war er tüchtig und brauchbar, ohne sich mit übertriebenem Pflichteifer allzu sehr zu quälen. Von sich und seinen Leistungen dachte er nicht zu gering.

Mehrfach hat er in seinem Leben schwere Depressionszustände durchgemacht, für die sich zumeist kein Anlaß hat nachweisen lassen. Die äußeren Verhältnisse gestalteten sich in seinem späteren Leben ganz nach Wunsch. Er heiratete 1889 eine sehr verständige Frau, die ihm das Dasein nach Möglichkeit erleichterte, und seine pekuniäre Lage war stets eine gute, so daß er sich niemals materielle Sorgen zu machen brauchte. Die erste schwere Gemütserkrankung mit Selbstvorwürfen und Suicidgedanken machte er im Alter von 15 Jahren durch. Ihre Dauer betrug nur wenige Monate. Zum zweitenmal erkrankte er 1888, als er kurz vor der Heirat stand, wieder mit Versündigungsideen und Lebensüberdruß, wobei Vorwürfe über Onanie die Hauptrolle spielten. Er war unfähig zur Arbeit, das Denken ging nicht recht und er hatte an nichts mehr Interesse. Erst ein halbes Jahr nach der Verheiratung stellte sich die Genesung ein. Seitdem sind mehrfach in ganz ungleichmäßigen Zwischenpausen leichte depressive Schwankungen von kurzer Dauer aufgetreten, die ihn aber niemals in seiner Arbeitsfähigkeit wesentlich beeinträchtigt haben. Eine schwerere Verstimmung entwickelte sich erst wieder 1906, auch diesmal ganz ohne Anlaß. Die Arbeit wurde ihm immer schwerer, er verlor das Interesse an allem, und schließlich wurde er unfähig zu jeglicher Beschäftigung. Suicidgedanken traten auf, und im März 1906 machte er einen schweren Erhängungsversuch, bei dem er nur durch einen Zufall noch im letzten Augenblick gerettet wurde. Juli 1906 trat Besserung ein, die bis Februar 1907 anhielt, doch blieb Pat. auch während dieser Zeit dauernd gedrückt und anders als zuvor. Im Frühjahr 1907 verschlimmerte sich das Befinden aufs neue, und es entwickelte sich nun allmählich an Stärke zunehmend ein schwerer Angstzustand mit hochgradiger Hemmung, der den Kranken am 20. Juli in die Tübinger Klinik führte. Nur mühsam stotternd vermochte er damals seine zahlreichen verzweifelten Selbstvorwürfe und die phantastischen Befürchtungen für sich und seine Familie vorzubringen. Auf sein heftiges Drängen hin wurde er im Oktober noch ganz unverändert von der Frau nach Hause genommen, aber schon nach wenigen Tagen zurückgebracht. Von diesem Zeitpunkte an setzte langsam die Besserung ein, die aber nur so schleichend fortschritt, daß er bei der Entlassung am 20. Januar 1908 immer noch schwer gedrückt und gehemmt war. Zu Hause hat sich die Stimmung weiter gehoben, doch ging es auch jetzt noch sehr schleppend voran, unterbrochen von vielen Schwankungen und Rückfällen, so daß bei der Vorstellung im Dezember 1908 die Stimmung immer noch leicht depressiv erschien, und auch die Selbstvorwürfe und Suicidideen noch nicht ganz verschwunden waren. Er klagte auch damals noch über Mangel an Entschlußfähigkeit, eine gewisse Erschwerung bei der Arbeit und besonders eine übermäßige Empfindlichkeit gegen unangenehme Erlebnisse, die er leicht grundlos auf sich bezieht. Pat. sowohl wie seine Frau haben uns mehrfach auf das bestimmteste versichert, daß niemals manische oder auch nur leichtgehobene Zeiten vorhanden gewesen sind.

Schleppender Affektverlauf, grüblerische schwer depressive Lebensauffassung, lähmende Selbstkritik und völlige Verschlossenheit, das sind die Erscheinungen der hier vorliegenden schwer psychopathischen Veranlagung; also ganz das Bild unseres ersten Typus. Die Verstimmungen, die unser Kranker mehrfach im Leben durchgemacht hat, gleichen in Form und Verlauf durchaus denen des vorhergehenden Pat., nur sind sie viel schwererer Natur. Die leichten gemütlichen Schwankungen, die in den Zwischenzeiten auftraten, zeigen denselben Charakter, lassen aber die Regelmäßigkeit vermissen. Irgendwelche äußeren Anlässe waren nicht aufzufinden, es sei denn, daß man für die zweite Erkrankung in der bevorstehenden Heirat ein auslösendes Moment sehen will, was bei dem unentschlossenen Menschen immerhin möglich ist. Im übrigen bestand niemals ein Grund für trübe Lebensauffassung. Die Verhältnisse waren im Gegenteil recht günstige. So wird man hier wohl eine endogene Entwicklung der Erkrankungen annehmen müssen, und dadurch rückt dieser Fall noch mehr nach der Seite der manisch-depressiven Psychosen hin. Trotzdem bleiben die Verstimmungen in ihrer Form vollkommen entsprechend dem Grundcharakter der Persönlichkeit und geben im allgemeinen die angeborenen Eigentümlichkeiten nur psychotisch verzerrt und vergrößert wieder. Interessant ist die gleichartige schwere Belastung. Den Bruder der Mutter haben wir mehrfach zur Behandlung in unserer Klinik gehabt, zuletzt im Jahre 1907. Er hatte genau die gleiche Veranlagung, dieselbe schleppende Form der affektiven Reaktion, dieselbe schwarzseherische Lebensauffassung, den Mangel an Selbstvertrauen, die innere Unsicherheit und dieselbe Verschlossenheit. Auch er hat in der gleichen Weise mehrfach im Leben Depressionszustände durchgemacht, von denen die ersten allerdings sich an äußere Anlässe anschlossen und sich inhaltlich so vollkommen an die auslösende Ursache hielten, daß sie als reaktive aufgefaßt werden können. Die späteren Erkrankungen sind aber ohne jeden Zusammenhang mit äußeren Ereignissen und müssen als endogene Psychosen betrachtet werden. Die völlige Übereinstimmung des Symptomenbildes mit dem angeborenen Charakter ist auch hier wieder evident. Bei dem ganz parallelen Verlaufe beider Fälle glaubte ich, um nicht zu weitläufig werden zu müssen, auf eine ausführliche Wiedergabe der Krankengeschichte verzichten zu können, und will mich auf diese kurzen Bemerkungen beschränken, zumal die nächste Beobachtung gleich wieder ein Beispiel für solche familiäre Veranlagung bringt.

Pall 27.

K. W., Taglöhnerin aus W., geb. den 7. April 1833, hat einen konstitutionell depressiven Sohn (Fall 1); Mutter und Schwester waren aufgeregte Naturen. Sonst ist nichts über erbliche Belastung bekannt geworden. Über ihre frühe Jugend wissen wir nicht viel. Sie soll in ärmlichen Verhältnissen groß geworden sein, sich aber normal entwickelt und recht gut gelernt haben. Bis zum Tode der Eltern war sie zu Hause. Dann brachte sie sich als Taglöhnerin mit etwas eigenen Acker ganz leidlich durch. Mit Ausnahme von Gesichtsrose hat sie keine körperlichen Erkrankungen durchgemacht. Von jeher fiel sie der Umgebung durch ihre übertriebene Frömmigkeit und ihre ernste Lebensauffassung auf. Schon seit jungen Jahren gehörte sie einer pietistischen Sekte an und lebte auf das Strengste nach deren religiösen Vorschriften. Sie hielt sich zurückgezogen und für sich allein, und fand niemals an den allgemeinen Vergnügungen und der gewöhnlichen Geselligkeit irgendwelche Freude. Ihre Stimmung war dauernd ernst, ohne aber grundlos gedrückt oder grüblerisch zu sein. Ging alles gut, so zeigte sie sich ganz heiter und versuchte sich der Gegenwart zu freuen. Sobald aber irgend etwas nicht nach Wunsch verlief, sah sie sofort alles im trübsten Lichte und nahm jede Kleinigkeit furchtbar schwer. Vor allem, wenn es wieder einmal, wie so häufig, mit dem Gelde knapp herging, war sie gleich außer Rand und Band, jammerte und stellte an, als wenn sie nun völlig verhungern müßte. Auch gegen unfreundliche Behandlung war sie sehr empfindlich. Jede kleine Ungeschicklichkeit konnte sie schwer kränken und tief verletzen. Doch ebenso leicht war sie wieder zu trösten und zu versöhnen. Alle depressiven Affekte lösten bei ihr sehr heftige Reaktionen aus, die sich in lautem Schelten, Jammern und Klagen entluden. Damit war aber auch die Sache abgetan und das Unangenehme vergessen. Ebenso wie ihre Gemütsbewegungen restlos zu äußerem Ausdruck gelangten, hat sie auch gern alles, was sie tiefer bewegte, anderen mitgeteilt. Ihre Ängstlichkeit und Zurückgezogenheit hinderte sie aber an einem näheren Verkehre, zu dem sie volles Vertrauen hätte haben können, so daß sie zu ihrem Leidwesen fast durchweg auf sich allein angewiesen war. Erst in späteren Jahren, als sie mit ihrem Sohne zusammenlebte, war sie darin besser gestellt, wenn sie auch an dem recht schwer depressiven Menschen keinerlei Halt finden konnte.

Von leichteren Verstimmungen, die ohne Grund aufgetreten wären, hat sie selbst nichts beobachtet und auch dem Sohne ist nichts dergleichen aufgefallen. Daß sie bei ihrer labilen und empfindlichen Stimmungslage öfters niedergeschlagen war, ist selbstverständlich, doch soll immer ein handgreiflicher Anlaß vorausgegangen sein. Für die schweren Erkrankungen der früheren Jahre trifft das in gleicher Weise zu. Mit 18 Jahren, anschließend an den Tod der Mutter, die sie verwaist und ganz auf sich gestellt zurückließ, hatte sie eine kurzdauernde Verstimmung, über die wir aber nur durch zweite Hand unterrichtet sind; Pat. selbst hat sie nicht als Gemütskrankheit aufgefaßt. Deutlicher trat die pathologische Natur der Verstimmung bei der zweiten Psychose hervor, die sie im 31. Lebensjahre überfiel. Anlaß war einmal eine außereheliche Schwangerschaft, während der sie der Bräutigam, ein roher Trinker, noch obendrein hatte sitzen lassen, so daß sie sich in einer recht üblen Lage befand, ganz abgesehen von ihren religiösen

Bedenken, die ihr den Fehltritt in besonders schlimmen Lichte erscheinen lassen mußten. In ihren krankhaften Ideen soll sie sich damals nur mit dem auslösenden Ereignis beschäftigt haben. Nach der Entbindung ging die depressive Stimmung im Verlaufe von Monaten ganz allmählich zurück und Pat. blieb nun völlig gesund bis zu ihrem 69. Lebensjahre. Damals, 1902, erkrankte sie im Anschluß an einen Streit mit dem Nachbarn, der sie, wie gewöhnlich, sehr mitgenommen hatte, der aber keineswegs ernsthafterer Natur gewesen war, an einer ängstlichen Depression mit Schlaflosigkeit, innerer Unruhe und Versündigungsideen. Sie machte sich Vorwürfe wegen allerlei Kleinigkeiten aus dem früheren Leben, befürchtete um Hab und Gut zu kommen und beging in ihrer Angst schließlich einen schweren Suicidversuch, der natürlich wieder erneuten Grund zu Selbstvorwürfen abgab. Das wurde der Anlaß zu ihrer Aufnahme in die Klinik am 23. Juni 1902. Bei uns bot sie das Bild einer mittelschweren einfachen Depression mit starkem Lebensüberdruß und ausgesprochenem Insuffizienzgefühl. Schon im Juli wurde sie, erst leicht gebessert, vom Sohne nach Hause genommen; doch hatte die Erfüllung ihres sehnlichen Wunsches nicht den vom Sohn erwarteten Erfolg. Die gedrückte Stimmung dauerte unverändert weiter fort. Pat. war völlig arbeitsunfähig, lag meist zu Bett und brachte ihrer Umgebung nur wenig Interesse entgegen. Unaufhörlich jammerte sie über ihre Unfähigkeit und äußerte Befürchtungen für die Zukunft. So hielt der Zustand mit leichten Schwankungen unverändert an, bis die Kranke das zweitemal am 4. August 1906 in die Klinik eingeliefert wurde, da die häusliche Pflege auf die Dauer doch unzureichend war. Das Krankheitsbild war genau das gleiche wie bei der ersten Aufnahme, doch war die Verstimmung nicht mehr so tief und nicht mehr so starr und unbeeinflußbar; Pat. ließ sich wenigstens für kurze Zeit aus ihren krankhaften Ideen herausreißen. Damals machte sich zuerst das beginnende Senium in Gedächtnisstörungen bemerkbar. Im November 1906 wurde sie in eine der großen Pflegeanstalten überführt, wo im Laufe des Jahres 1907 langsam die Genesung der Depression sich einstellte. Inzwischen war sie aber doch so gealtert, daß sie einer dauernden Versorgung bedurfte, so daß man sie ihrem Wunsch entsprechend bis heute in der Anstalt behalten hat. Verstimmungen sind seit jener Zeit nicht mehr aufgetreten. Außer einer leichten senilen Demenz, die sich vorwiegend in Gedächtnisschwäche und einer gewissen Stumpfheit bemerkbar machte, und dem angeborenen depressiven Temperament sind keinerlei krankhafte Störungen an ihr zu beobachten. Mehrere schwere körperliche Erkrankungen (Influenza, Lungenentzündung) hat sie trotz des hohen Alters gut überstanden.

Ganz ähnlich wie bei dem zuletzt kurz erwähnten Beispiele haben wir auch in diesem Falle anfangs ausgesprochen reaktive Depressionen, soweit wir uns über diese Frage bei Erkrankungen, die wir nur vom Hörensagen kennen, überhaupt schlüssig werden dürfen. Dann setzt eine lange Pause ein und erst mit beginnendem Senium treffen wir von neuem einen Verstimmungszustand, der aber diesmal ohne greifbaren Anlaß sich entwickelt, daher als endogen bezeichnet werden muß. Der Streit mit dem Nachbarn, ein ganz alltägliches Ereignis, das so und so oft ohne nachhaltige Wirkung vorübergegangen war, kann nach dem ganzen Verlauf der Psychose natürlich nicht ernstlich in Betracht kommen. Man könnte hier vor allem an die Einwirkung der Rückbildungsvorgänge denken, zumal sich ja auch im späteren Verlaufe der Psychose deutlich Erscheinungen seniler geistiger Schwäche bemerkbar gemacht haben. Daß es sich nicht um einen in die Gruppe der Altersdemenz gehörigen Verstimmungszustand gehandelt haben kann, das zeigt die völlige Genesung nach mehr als 5jähriger Dauer, also ein Verlauf, wie ihn Dreyfuß nicht selten bei seinen Melancholiekranken beobachten konnte. Die gemütliche Veranlagung ist ein klassisches Beispiel der zweiten Gruppe. Das erscheint um so bemerkenswerter, als der Sohn einen ebenso typischen Fall der ersten Reaktionsform darstellt. Nur eine gewisse Abhängigkeit von äußeren Einflüssen, die uns an ihm auffiel, erinnert an die gemütliche Reaktionsart der Mutter. Jedenfalls lehren uns solche Erfahrungen wieder auf das deutlichste, daß keine völlig unüberbrückbare Kluft zwischen den beiden von uns abgesonderten Gruppen besteht und bestätigen aufs neue die alte Lehre, daß bei den auf dem Boden der Entartung erwachsenden Krankheitszuständen alle Einteilungsversuche nur bis zu einem gewissen Grade den tatsächlichen Verhältnissen nahe zu kommen vermögen.

Fall 28.

K. B., Weingärtners Tochter aus K., geb. den 23. September 1872, hat in ihrer Familie keine Geisteskrankheiten, doch eine Reihe abnormer Charaktere. Der Vater ist ein eigener, auffallend hitziger und reizbarer Mensch, der Vater des Vaters und ein Bruder der Pat. haben genau das gleiche Temperament. Die Schwestern des Vaters gelten als eigentümliche Persönlichkeiten und sind alle drei ledig geblieben. Die Mutter ist eine gutmütige, sehr sensitive Frau, hat aber das Leben nicht besonders schwer aufgenommen. Pat. selbst ist ein schwächliches Kind gewesen. Auf der Schule hat sie gut gelernt, nur war sie in allem etwas langsam und schwerfällig. Die Eltern lebten in sehr kärglichen Verhältnissen; ihre Jugend war dadurch und infolge des hitzigen Temperaments des Vaters wenig glücklich. Von jeher hat sie das Leben sehr ernst genommen und sich niemals so recht von Herzen freuen können. Vergnügungen war sie stets abhold und verstand nicht, wie die anderen so ausgelassen sein konnten. Sie war am liebsten still für sich allein und ging der Geselligkeit möglichst aus dem Wege. Im Verkehr mit anderen war sie ängstlich, verlegen und linkisch. Irgend jemand, der ihr wirklich nahe gestanden hätte, hat sie niemals besessen. Alles Schwere und Unangenehme machte sie ganz allein mit sich ab. Leicht ist ihr das nicht geworden; es dauerte regelmäßig sehr lange Zeit, bis sie irgendein trauriges Erlebnis überwunden hatte. Bei Kränkungen war es ganz das gleiche. Und da sie in ihrer großen Empfindlichkeit jede barsche Behandlung oder kleine Zurücksetzung sehr tief verletzte, so hatte sie unter all den kleinen Unzuträglichkeiten des Lebens besonders zu leiden. Doch wurde durch einzelne trübe Erfahrungen die Stimmung nur wenig beeinflußt; sie war durchweg leicht gedrückt und ernst ohne irgendwelche Schwankungen. Unnötiges Grübeln oder Sorgen für die Zukunft kannte sie nicht. Das einzige, was sie aus dem Gleichgewicht zu bringen vermochte, war der Gedanke, daß sie ihre Pflicht nicht voll getan habe. Sie war daher in ihrem Arbeiten ungemein pünktlich, genau und pedantisch, und trotzdem gelang es ihr häufig nicht, sich selbst zufrieden zu stellen. Am Feierabend fragte sie sich regelmäßig, ob sie auch genug geschafft habe, und oft, wenn ihr irgend etwas nicht in Ordnung schien, konnte sie die ganze Nacht nicht schlafen. Sie wußte selbst, daß ihre Besorgnis unbegründet und unvernünftig sei, und ärgerte sich oft über ihr Verhalten, ohne sich aber trotz aller guten Vorsätze ändern zu können. Immer hat sie etwas gering von sich und ihren Leistungen gedacht und die eigenen Fehler in grelleren Farben gesehen als die der anderen. In religiösen Dingen war sie nicht auffällig, neigte auch nicht zu Grübeleien und Selbstquälereien.

Schwere körperliche Erkrankungen hat sie nicht durchgemacht, nur litt sie seit ihrer frühesten Jugend, dem 6. bis 7. Lebensjahre, an typischen Migräneanfällen sehr heftiger Art, die nur vereinzelt, meist in dem Frühjahre, zu mehreren hintereinander auftraten. 1891 hat sie unehelich entbunden. Der Bräutigam hielt sein Heiratsversprechen nicht und brach schon während der Schwangerschaft alle Beziehungen mit ihr ab. Darauf setzte eine leichte Verstimmung ein, die bis zur Geburt des Kindes währte. Nach ihrer eigenen Schilderung hat es sich nur um eine einfache Reaktion in physiologischen Grenzen gehandelt, die sie scharf von ihren späteren Gemütskrankheiten unterscheidet. Sie war dann wieder völlig gesund bis Ostern 1900, wo im Anschluß an einen leichten Influenzaanfall phantastische hypochondrische Ideen auftraten. Sie glaubte, daß von der Geburt etwas zurückgeblieben und dadurch der Körper innerlich völlig verwest sei. Gleichzeitig stellten sich Angst und schreckhafte Träume ein, aus denen sich allmählich eine schwere Verstimmung mit Selbstmordideen entwickelte. Sie wurde völlig verwirrt, glaubte sich verfolgt und bedroht und griff die Umgebung in rücksichtsloser Weise an. Man brachte sie daher am 14. Juni 1900 in die Tübinger Klinik. Hier war sie ruhig und orientiert, hielt aber weiter an den phantastischsten Wahnideen depressiven Charakters fest. Sie begann über Denkerschwerung zu klagen, und nach Verlauf einiger Wochen entwickelte sich ein gehemmter Stupor, doch stets verbunden mit schwerem traurigem Affekt. Wenig verändert wurde sie am 7. September von den Eltern nach Hause genommen. Dort besserte sich das Befinden sehr rasch, und schon nach ein paar Wochen war sie völlig genesen und ist so geblieben bis zum Jahre 1904. Damals setzte im Frühling, wieder ohne Anlaß, eine leichte Verstimmung ein, die etwa 3—4 Monate anhielt. Die Arbeit ging ihr nicht mehr von der Hand, sie konnte nicht mehr denken, das Gedächtnis wurde schlecht, und sie machte sich allerlei Besorgnisse wegen ihrer Gesundheit. Ähnliche mehr oder weniger ausgeprägte Depressionszustände sind in den folgenden Jahren regelmäßig im Frühling aufgetreten. Auch am 12. März 1909, als sie sich wieder in der Klinik vorstellte, befand sie sich in einer leichten derartigen Verstimmung, die 8 Tage zuvor ausgebrochen war. Sie mußte die Arbeit aufgeben, hatte schauderhafte Träume, daß sie totgeschlagen, daß sie lebendig begraben werden solle usw., klagte über Magenbeschwerden und machte sich Gedanken über ihre Gesundheit. Die Stimmung war nur leicht gedrückt. Die Kranke machte uns den Eindruck einer ruhigen und sehr verständigen Person; ihre Angaben waren gut und zuverlässig.

Diese Kranke unterscheidet sich in einem Punkte von den bisherigen Beispielen, das ist das angebliche Fehlen einer gleichgesinnten Belastung. Und man darf der Pat. darin wohl trauen, da sie ihre Angaben sehr bestimmt und sachlich vorbrachte und nicht die Neigung hatte, in der Hereditätsfrage zu färben, wie man das sonst so häufig antrifft. Bei ihren ausführlichen Schilderungen der psychopathischen Züge ihrer nächsten Angehörigen hätte sie eine konstitutionell depressive Veranlagung, zumal sie diese besonders interessieren mußte, sicher nicht verschwiegen. Im übrigen gleicht die Kranke völlig unserem ersten Typus und hat besonders mit Fall 9 sehr viel gemein. Auch hier ist die depressive

Grundstimmung beherrscht von der Neigung zur Selbstkritik und unaufhörlichem nutzlosen Grübeln, ohne daß äußere Erlebnisse im allgemeinen einen nachweislichen Einfluß auf ihre Stimmungslage gewonnen hätten. Nur einmal läßt sich deutlich ein solcher Zusammenhang nachweisen, als sie vom Bräutigam verlassen der Entbindung entgegensah. Doch betont sie selbst bestimmt den großen Unterschied jener Verstimmung von ihren späteren gemütlichen Erkrankungen. Diese sind sämtlich ohne jeden äußeren Anlaß, anscheinend ganz von innen heraus, aufgetreten. Die erste schwere Erkrankung begann mit einer hypochondrisch phantastischen ängstlichen Erregung, in der sie die Umgebung angriff. Daraus entwickelte sich ein Stupor, der dann in eine Depression überging. Dieser Verlauf erinnert lebhaft an die Beispiele, bei denen wir Ähnliches als reaktive Erkrankungen gesehen hatten (Fall 16 und 21); doch sind die Erscheinungen hier nicht so akut und stürmisch wie dort. Bemerkenswert ist, daß in diesem Falle kein greifbares ätiologisches Moment der Erkrankung vorausging, während die frühere, anscheinend äußerlich bedingte Verstimmung kein ungewöhnliches Bild geboten hatte. Bei der aus dem Stupor sich entwickelnden Depression sind auch hier Hemmung und Insuffizienzgefühl sehr ausgesprochen, und während der Besserung trat in den nachfolgenden leichtgedrückten Wochen der typische Symptomenkomplex der echten zirkulären Verstimmung hervor. Dem entsprechen auch die späteren, leichten, wie schwereren gemütlichen Erkrankungen vollkommen. In den letzten Jahren sind die depressiven Zeiten viel leichter geworden, kehren dafür aber häufiger, und zwar mit Regelmäßigkeit jedes Frühjahr wieder. Es ist das um so auffälliger, als nach der ersten schweren Erkrankung Pat. 4 Jahre völlig frei gewesen ist, und erst der zweite Schwermutsfall den Reigen der periodischen Erkrankungen eröffnete. Was diesen Verlauf der psychotischen Störung bedingt haben könnte, dafür fehlen uns jegliche Anhaltspunkte. Auch sind wir nicht imstande, hier genauer auseinanderzuhalten, wo endogene Störungen, wo reaktive, wo einfache Verschlimmerungen der Veranlagung vorliegen. Daß aber alle diese Momente für die affektiven Störungen der konstitutionell Veranlagten von Bedeutung sind, darauf haben wir ausführlich bei Fall 24 hingewiesen.

Fall 29.

K. B., verwitwet, Schuldienerin aus S., geb. den 26. November 1856, neigte von jeher wie ihre Mutter und Großmutter zur Schwermut. Von ihren eigenen Kindern hat keines diese Veranlagung geerbt. Nur eines derselben ist von klein auf einfältig und schwach begabt, die übrigen sind gesund. Sie selbst war stets eine stille Frau, die Geselligkeit nicht liebte und alle lärmenden Vergnügen mied. Nur im engsten Kreise ging sie aus sich heraus, schüttete aber dann gern ihr Herz völlig aus und erzählte so leicht Dinge, die sie hinterher bereute. In größerer Umgebung war sie schüchtern, verlegen und ungeschickt. Harte Behandlung konnte sie nur schwer ertragen und sah auch leicht Kränkungen und Zurücksetzungen, wo niemand daran gedacht hatte, ihr zu nahe zu treten; und wenn sie sich einmal beleidigt fühlte, dann suchte sie auch hinter allem eine feindliche Absicht. Derartige Beobachtungen konnte sie nicht für sich behalten, sie mußte sich bei andern beklagen und rechtfertigen; sobald aber aus solchen Redereien Streitigkeiten zu entstehen drohten, zog sie sich sofort ängstlich zurück. In ihrer schüchternen und unselbständigen Art ging sie allen Reibereien möglichst aus dem Wege. Alles im Leben hat sie zu schwer aufgenommen und sich immer und überall unnötige Sorgen gemacht. Sobald etwas nicht nach Wunsch ging, war sie mutlos und niedergeschlagen und konnte sich von ängstlichen Befürchtungen für die Zukunft nicht losreißen. So recht dem Augenblick zu leben und ihn voll genießen, das hat sie niemals fertig gebracht. Stets drängten sich Befürchtungen für die Zukunft und allerlei ganz lächerliche Besorgnisse dazwischen. Wenn etwas unerwartet eintraf, verlor sie sofort völlig den Kopf, und auch über Kleinigkeiten konnte sie sich in übertriebener Weise aufregen. Für Trost und freundlichen Zuspruch war sie leicht empfänglich und beruhigte sich meist rasch wieder. Bis sie aber unangenehme Erfahrungen, ein trauriges Erlebnis oder eine vermeintliche Kränkung wirklich verwunden hatte, das dauerte außerordentlich lange Zeit. In ihren Arbeiten war sie tüchtig und brauchbar; sie hat sich immer eher zu sehr angestrengt und leicht darüber Gedanken gemacht, ob sie auch Genügendes leiste, und nicht selten war sie ohne allen Grund mit sich selbst recht unzufrieden. Neigung zu religiösen und anderen Grübeleien war dagegen nicht ausgesprochen. Ihre Stimmungslage blieb nicht völlig gleichmäßig während des ganzen Lebens. Ohne daß eine Veranlassung sich nachweisen ließ, stellten sich hier und da leichtere und schwerere Tage ein, die sich besonders durch die Art, wie sie dann Unangenehmes aufnahm, unterschieden. Doch waren auch die besseren Perioden keine wirklich gehobenen oder heiteren Zeiten, sondern die Gemütsstimmung war dauernd ernst und etwas gedrückt, und nur in der Schwere des depressiven Affektes traten leichte Schwankungen ein. Ihre äußeren Verhältnisse waren in früheren Jahren wenig günstig; es fehlte stets an Geld, und nur mit Mühe gelang es bei dem geringen Verdienste des Mannes, die große Familie mit zehn Kindern durchzubringen. Aber über alle diese Schwierigkeiten kam die Kranke, wenn auch nicht ganz leicht, so doch ohne heftigere Reaktion hinaus, und ihre äußere Lage hatte sich schon merklich günstiger gestaltet, als im Jahre 1894 ohne Anlaß unvermittelt eine schwere Depression einsetzte. Aus ängstlicher Unruhe mit Befürchtungen für die Zukunft wuchs allmählich eine heftige Erregung mit nihilistischem Wahne und illusionären Täuschungen heraus, die zu ihrer Überführung in die Klinik am 29. April 1895 führte. Bei der Aufnahme war die Erregung im Schwinden begriffen und machte einer gehemmten Verstimmung mit Selbstvorwürfen religiösen Inhaltes Platz. Die Besserung schritt sehr rasch voran, und schon am 16. Juni 1895 konnte Pat. völlig genesen entlassen werden. Abgesehen von den schon geschilderten ganz leichten Schwankungen blieb sie völlig gesund bis Juli 1908, wo ihr Mann unerwartet einem Schlaganfall erlag. Der schwere Verlust ging ihr außerordentlich nahe, und langsam schleichend setzte seitdem wieder eine neue Gemütskrankheit ein. Sie wurde unfähig zur Arbeit, machte sich Gedanken, daß sie nun allein sei, und Sorgen, daß sie nicht mehr genug zu leben habe. Durch ihre Verarmungsideen wurde sie in der Familie der Tochter, die sie zu sich genommen hatte, so störend, daß man sie am 12. September ins Stadtasyl von St. brachte, wo sie eine schwere ängstliche Depression mit Nahrungsverweigerung und lautem Jammern und Klagen zeigte. Unverändert wurde sie am 18. Januar 1909 in die Tübinger Klinik überführt. Sie bot auch diesmal wieder das Bild einer einfachen gehemmten Verstimmung. Im Vordergrunde standen Verarmungsideen, zeitweise klagte sie auch über eine innere ängstliche Unruhe. Die Besserung schritt diesmal nur langsam und allmählich voran; erst im Juli 1909 konnte Pat. als völlig geheilt nach Hause entlassen werden. Im genesenen Zustande zeigte sie sich genau, wie sie es geschildert hatte, als eine stille, fleißige, aber etwas ängstliche und schüchterne Frau, die sehr empfindlich und leicht gerührt war.

Diese Kranke gehört mit ihrem labilen und außerordentlich empfindlichen Gemüte noch mehr dem zweiten Typus an, doch zeigt sie auch wieder ähnlich wie Fall 8 eine auffallend geringe Selbsteinschätzung und eine übertriebene scharfe Kritik ihren eigenen Leistungen gegenüber. Sehr ausgesprochen ist hier die lange Nachdauer kränkender Einflüsse bei sonst heiter und rasch abklingender Affektkurve, ein Vorkommnis, auf das oben schon hingewiesen wurde. Wie es dem zweiten Typus entspricht, ist ihre Stimmung stets von äußeren Einflüssen außerordentlich abhängig gewesen, doch sollen nach ihren bestimmten Angaben schon so lange sie sich erinnern kann, auch zahlreiche leichte gemütliche Schwankungen aufgetreten sein, die zu den äußeren Verhältnissen in keiner Beziehung gestanden hätten und von ihnen völlig unbeeinflußt geblieben seien. Besonders soll die ungünstige pekuniäre Lage keine Erklärung für das Auftreten abgeben. Die Kranke ist überhaupt trotz ihrer schweren depressiven Veranlagung und den recht schwierigen äußeren Verhältnissen ganz leidlich im Leben durchgekommen. Ihre erste Gemütskrankheit trat im 38. Lebensjahre auf, als sich die äußeren Verhältnisse wesentlich gebessert hatten und keinerlei nachweislicher Grund für depressive Vorstellungen vorlag. Die Erkrankung selbst war eine ängstliche Erregung, die in eine gehemmte Depression überging und in ihrem Symptomenbilde nichts Besonderes bot. Auffällig ist auch hier wieder der Beginn mit Angst, der bei all diesen konstitutionellen Formen, soweit es sich um schwere akute Bilder handelt, recht häufig angetroffen wird. Anders bei der zweiten Erkrankung, wo sich die Psychose nach Anlaß entwickelte. Hier finden wir einen langsamen schleichenden Beginn und ein Bild, für das ganz die Beschreibung von Kraepelins früherer Melancholie zutrifft. Als rein reaktive Psychose ist diese Erkrankung daher nicht aufzufassen, doch wird man dem gemütlichen Trauma eine auslösende Wirkung nicht direkt absprechen dürfen. Also auch hier wieder eine Vermengung der psychopathisch reaktiven Formen mit mehr endogenen Zügen, ohne daß eine klare Trennung möglich ist; doch herrschen zweifellos die endogenen Faktoren vor.

Fall 30.

F. E., Aufsehersfrau aus D., geb. den 8. Februar 1868, stammt aus schwerbelasteter Familie. Die Mutter war wie die Pat. grüblerisch und schwerblütig und hatte zahlreiche depressive Schwankungen. Der Vater war eine heitere hitzige-

Natur und trank gerne. Ein Bruder hat seinen Charakter geerbt, eine Schwester den der Mutter. Eine andere Schwester ist aufgeregt. Ein Vaterbruder war gemütskrank, der Vater des Vaters außerordentlich streng. Die Schwester der Mutter hat im Alter eine langdauernde Schwermut durchgemacht, eine entfernte Verwandte mütterlicherseits ist unheilbar geisteskrank. Von ihren eigenen fünf Kindern ist das jüngste konstitutionell depressiv. Sie selbst war eine gesunde kräftige Frau, die sich normal entwickelte und sich auf der Schule als ganz begabt erwies. Als Kind hatte sie wenig Freundinnen und hielt sich immer gern für sich allein, galt aber doch nicht direkt als einsiedlerisch. Sie war von jeher mehr trauriger als freudiger Stimmung und im ganzen ernst angelegt. In glücklichen Zeiten hat sie nicht zwecklos gegrübelt und sich unnötig Sorgen gemacht; Unangenehmes hat sie aber stets sehr schwer aufgenommen und sich gleich völlig niederdrücken lassen. Äußerlich merkte man ihr weniger an, da sie alles mit sich allein abmachte, und es niemals fertig brachte, anderen gegenüber Dinge zu besprechen, die ihr persönlich nahe gingen. Eine gewisse Scheu hielt sie von der Umgebung fern, und auch im Verkehre war sie schüchtern und linkisch. Ihr Denken, wie ihr Handeln verliefen langsam, umständlich und schwerfällig. Sie nahm es mit allem sehr genau und war in ihren Arbeiten übertrieben sorgfältig und pflichteifrig. Stets hat sie mehr geleistet, als eigentlich verlangt wurde, und sich dann hinterher noch gequält, ob es denn auch gut genug wäre. Ganz ähnlich verhielt sie sich in religiösen Dingen. Sie war außerordentlich fromm und plagte sich auch in gesunden Tagen viel mit Gewissensskrupeln. Ihr weiches und sensitives Gemüt ertrug barsche Behandlung und Zurücksetzungen nur sehr schwer, und war sie einmal mißtrauisch geworden, so suchte sie auch hinter allem eine böse Absicht und nahm die harmlosesten Dinge für absichtliche Kränkungen. Auch von solchen Erlebnissen ließ sie andere nicht gern etwas merken; nur ihre Neigung zum Weinen verriet häufig den schweren Affekt.

Äußerlich waren ihre Verhältnisse wenig günstig; sie lebt mit einem rohen Trinker in unglücklicher Ehe und hat von ihrem Manne stets viel zu leiden gehabt. Unabhängig von diesen äußeren Verhältnissen hat sie, zurückgehend bis in ihre Jugendzeit, fast regelmäßig einmal im Jahre eine kurze Zeit durchgemacht, in der sie grundlos niedergeschlagen war und an nichts mehr Freude hatte. Besonders morgens beim Aufstehen war sie müde und unfähig, die Arbeit ging ihr nicht mehr von der Hand, und sie konnte die Gedanken schlecht zusammennehmen. Zeiten gehobener Stimmung sind sicher niemals bei ihr aufgetreten. Die erste ausgesprochenere Verstimmung, an die sie sich zu erinnern vermag, war mit 10 Jahren; doch hat es sich damals anscheinend nur um die Reaktion auf schlechte Behandlung im Dienste gehandelt, aus dem sie dann ohne Kündigung davonlief. Die zweite mehr umschriebene Depression brach mit 18 Jahren nach dem Tode einer ihr nahestehenden Freundin aus. Sie erschrak, daß man so plötzlich sterben könne, und machte sich Gedanken, weil sie bisher so wenig an die Ewigkeit gedacht habe. Die schwerste Gemütserkrankung aber trat ganz unvermittelt im Jahre 1899 auf, ohne daß sich ein Anlaß dazu nachweisen ließ. Sie selbst hat der schlechten Behandlung durch den Ehemann die Schuld zugeschrieben, doch war zu jener Zeit keinerlei Änderung in seinem gewöhnlichen Verhalten eingetreten. Sie wurde damals ganz allmählich verstimmt, konnte nicht mehr arbeiten, nicht mehr beten, nicht mehr glauben. Versündigungsideen mit Zwang, das ganze frühere Leben durchzugrübeln, gesellten sich hinzu, und nach 2—3 Monaten verschlimmerte sich der Zustand derart, daß sie am 23. Juni 1899 in die Tübinger Klinik eingeliefert wurde. Sie bot hier das Bild einer einfachen ausgesprochen gehemmten Depression. Ungebessert nahm sie der Ehemann nach Hause, brachte sie aber im Juli 1900 wieder zurück, da inzwischen die Hemmung zurückgetreten war, und ihr lautes und erregtes Jammern die ganze Nachbarschaft störte. Damals erschien sie sehr ängstlich; sie befürchtete allerlei schwere Strafen, weil sie die Sünde wider den heiligen Geist begangen habe. Es trat sehr rasch Beruhigung ein, und schon am 12. August 1900 nahm sie der Mann wieder nach Hause zurück. Unter starken Schwankungen, die sich nicht ganz äußeren Einflüssen entzogen, trat dann im Laufe eines Jahres Genesung ein. Bei der Vorstellung am 17. Mai 1909 war sie völlig gesund. Die dankbare, gutmütige und freundliche Frau gab in etwas schwerfälliger und umständlicher Weise, aber sehr präzise und klar Auskunft. Nach ihren eigenen Beobachtungen ist im Laufe der Jahre weder eine Veränderung ihrer Persönlichkeit, noch eine Verschlimmerung der depressiven Schwankungen eingetreten, die in der oben geschilderten Weise bis auf den heutigen Tag weiterbestanden haben.

Noch mehr führt uns dieser Fall in das Gebiet der endogenen Erkrankungen. Bei einer ausgesprochenen, doch nicht sehr schweren Form der konstitutionell depressiven Veranlagung vom ersten Typus, finden wir zahlreiche leichte Schwankungen, die ohne jeden Anlaß in ganz unregelmäßigen Zwischenpausen auftreten. Eine in der Jugend durchgemachte Verstimmung ist möglicherweise ein psychopathischer Anfall von Heimweh gewesen. Für die beiden schweren Depressionen findet sich aber keine ausreichende Begründung in den äußeren Verhältnissen. Die Kranke lebt allerdings unter wenig günstigen Bedingungen, doch hat sie selbst niemals einen direkten Zusammenhang zwischen ihren depressiven Schwankungen und den trüben häuslichen Erlebnissen nachweisen können; auch haben ihre Verstimmungen wie ihre ganze depressive Reaktionsweise trotz dauernder recht trauriger Erfahrungen, Sorgen und Schwierigkeiten im Laufe des Lebens nicht zugenommen, was bei psychopathischen, rein reaktiven Zuständen zu erwarten gewesen wäre. Nur in der Genesungszeit nach der zweiten Depression, die sich lange Monate hinzog, war sie von äußeren Einflüssen sehr abhängig, und damals schien das augenblickliche Symptomenbild in seiner Schwere wesentlich von zufälligen Ereignissen bedingt. Sonst haben die äußeren Umstände eine relativ geringe Rolle bei ihr gespielt. Daß sie trotz der schwierigen häuslichen Verhältnisse sozial tüchtig geblieben ist, wenn man von den psychotischen Zeiten absieht, spricht auch dafür, daß bei ihr die angeborene psychopathische Anlage nicht so in die Tiefe geht, wie bei den zuvor besprochenen Kranken.

Fall 31.

P. K., Feldarbeiterin aus E., geb. den 27. Juli 1875, hat den gleichen schwermütigen und schwernehmenden Charakter wie ihre Mutter und Großmutter. Sie hat sich gut und kräftig entwickelt und auf der Schule ordentlich gelernt. Als Kind war sie ganz munter, hat mit ihren Freundinnen gespielt und sich nicht durch besonderes Wesen ausgezeichnet, nur war sie stets sehr schüchtern, still und ängstlich. Im engsten Bekanntenkreise fühlte sie sich wohl, hat sich aber auch dort stets sehr im Hintergrunde gehalten. Unter Fremden brachte sie aus Verlegenheit kein Wort heraus, und in der Schule versagte sie häufig, selbst wenn sie alles wußte, nur aus Angst und Aufregung. Von klein auf war sie sehr empfindlich, weichmütig und gleich zu Tränen gerührt. Jedes unangenehme Erlebnis drückte sie sofort völlig nieder und machte sie gänzlich mutlos. Auch barsche Behandlung und Zurücksetzungen ertrug sie nur außerordentlich schwer und sah in kleinen Zufälligkeiten leicht absichtliche Kränkungen, ohne daß sie direkt mißtrauisch gewesen wäre und grundlos hinter allem etwas gesucht hätte. Trübe Erfahrungen nahm sie still und ergeben hin und suchte allein damit fertig zu werden. Sie hätte sich wohl anderen gegenüber gern ausgesprochen, doch dazu fehlte ihr Mut und Vertrauen. Aber auch so vermochte sie für gewöhnlich Unangenehmes rasch und ohne große Schwierigkeit zu überwinden. So heftig die augenblickliche Reaktion war, so schnell klang sie ab, wenn andere Eindrücke in den Vordergrund traten oder freundliche Worte sie beruhigten. Unnötige Sorgen hat sie sich in guten Zeiten niemals gemacht und sich nicht grundlos mit Gedanken an die Zukunft gequält, wenn alles nach Wunsch ging. Auch auf religiösem Gebiete gab sie sich nicht übertriebenen Grübeleien hin. Im übrigen war sie aber fromm und befolgte die kirchlichen Gebote strenger und sorgfältiger, als sonst ihre Umgebung. Gegen häßliche und obszöne Dinge zeigte sie sich nicht auffallend prüde, war auch im Verkehre mit dem anderen Geschlechte nicht schüchterner und zurückhaltender, als sie es überhaupt unter Fremden war. Bei ihren Arbeiten gab sie sich stets große Mühe und setzte ihren ganzen Stolz herein, alles so sorgfältig und gut wie möglich zu machen. Hinterher stellten sich trotzdem leicht Gedanken ein, sie hätte sich nicht genügend angestrengt und ihre Pflicht nicht voll getan, und solche Vorstellungen verfolgten sie so lange, bis sie alles noch einmal auf das genaueste durchgesehen hatte. So kam sie gegen die eigene Überzeugung häufig dazu, Dinge, die sie in Ordnung wußte, noch einmal nachzukontrollieren. Dabei hatte sie aber von sich und ihren Leistungen keine schlechte Meinung und wußte sehr wohl, daß sie eine tüchtige und geschätzte Arbeiterin war.

Irgendwelche gemütlichen Schwankungen manischer oder depressiver Natur hat sie niemals in ihrem Leben durchgemacht mit Ausnahme von zwei ausgesprochenen Schwermutsanfällen, die beide ganz unvermittelt ohne jeden Anlaß ausbrachen. Zum erstenmal erkrankte sie in ihrem 23. Lebensjahre. Sie wurde grundlos traurig verstimmt, weinte viel, betete ohne Unterlaß und machte sich religiöse Vorwürfe, daß sie nicht fromm genug gewesen sei und die sittlichen Gebote nicht befolgt habe. Nach 8 Wochen, ohne daß eine Behandlung notwendig gewesen wäre, genaß sie wieder vollständig und blieb nun gesund bis zum Jahre 1905, wo sie an Weihnachten erneut ohne nachweisbaren Anlaß schwermütig wurde. Sie hatte körperliche Beschwerden, wie Herzklopfen und Kopfschmerzen, glaubte an einer unheilbaren Krankheit zu leiden und fühlte sich zu allem unfähig. Das Leben war ihr völlig entleidet, sie weinte und jammerte ohne Unterlaß und vermutete schließlich auch noch, das fremde Leute von ihr sprächen. Bestimmte Selbstvorwürfe waren diesmal nicht vorhanden. Am 30. April 1906 wurde sie in der Tübinger Klinik in sehr niedergeschlagener ängstlicher Stimmung aufgenommen. Die hypochondrischen Befürchtungen standen jetzt im Vordergrunde. In der Furcht, nicht mehr gesund zu werden, gebärdete sie sich ganz verzweifelt und wälzte sich jammernd auf dem Boden umher. Gegen freundlichen Zuspruch war sie nicht völlig unempfänglich. Unverändert wurde sie am 1. August 1906 nach Hause genommen und ist dort ganz allmählich im Verlaufe eines Vierteljahres genesen. Seit dieser Zeit ist sie dauernd gesund geblieben und hat keinerlei gemütliche Schwankungen mehr durchgemacht, wie wir bei ihrer Vorstellung am 10. Februar 1909 von ihr selbst erfuhren.

Ohne weiteres tritt die Ähnlichkeit dieser Krankengeschichte mit der vorhergehenden zutage. In beiden Fällen ist die Veranlagung nicht sehr ausgesprochen, doch handelt es sich bei der letzten Kranken mehr um eine übergroße Empfindlichkeit und heftige affektive Reaktionen, als um eine schwere Verarbeitung depressiver Erlebnisse. Nur ein übertriebenes Pflichtgefühl und Neigung zu Selbstkritik den eigenen Leistungen gegenüber erinnern an den ersten Typus und zeigen, daß es sich um mehr als um einfache Labilität der Stimmungen handelt, wie wir sie bei psychogenen Naturen antreffen. Gemütliche Schwankungen sind niemals beobachtet worden. Zweimal in ihrem Leben hat sie pathologische Verstimmungszustände durchgemacht, die beide ganz unvermittelt ohne jeden Anlaß auftraten und mehr einen schleichenden Verlauf nahmen. Bei der zweiten Erkrankung kam noch ein richtiger psychogener Aufregungszustand mit übertriebenen Affektäußerungen hinzu, der aber ziemlich rasch vorüberging, ohne die Depression als solche wesentlich zu beeinflussen. Interessant ist, wie sich in eine anscheinend endogene Erkrankung während der Behandlung in der Klinik eine heftige psychogene Verschlimmerung einschiebt, die als solche wohl sicher reaktiver Natur gewesen sein muß, und die allem Anschein nach die Antwort auf die Verbringung in die Klinik darstellte.

Fall 32.

M. S., Steinhauersfrau aus D., geb. den 26. Oktober 1865, stammt aus einer ausgesprochen konstitutionell depressiven Familie. Die Mutter war eine sehr stille Frau, die nach einer Eiterung einen Verwirrtheitszustand durchmachte. Der Vater der Mutter, ein Bruder der Muttermutter, die sämtlichen Geschwister der Pat. haben den gleichen ernsten, gedrückten und übertrieben pflichteifrigen Charakter. Der Bruder der Großmutter mütterlicherseits ist von eigener Hand gefallen. Ein Bruder litt außer seiner depressiven Gemütsveranlagung noch an Epilepsie. Pat. selbst war eine kräftige gesunde Person, die gut gelernt hat und sich normal entwickelte. In geistigen Dingen war sie flink und sehr gewandt, während sie bei körperlicher Arbeit sich etwas ungeschickt anstellte. Sie war von Jugend auf eine schwernehmende Natur, die sich immer wunderte, wie die anderen so heiter sein konnten. Laute Vergnügungen hat sie niemals mitgemacht, dem Tanzen und der Geselligkeit ging sie immer aus dem Wege. Schon als Kind war sie sehr still, schüchtern und verlegen. Sie quälte sich gern mit traurigen Gedanken, auch wenn alles gut ging, machte sich Sorgen für die Zukunft und grübelte hin und her, selbst wenn nicht der geringste Anlaß hierzu vorlag. Ging aber einmal wirklich etwas schief, so verlor sie vollends den Mut ganz und gar und wußte sich nicht mehr zu fassen. Äußerlich hat sie ihre Stimmungen wenig merken lassen. Weinen konnte sie nicht, und zur Aussprache fehlte ihr das Vertrauen, wenn sie es auch noch so gern getan hätte. So hat sie alles mit sich allein abgemacht, kam aber trotzdem verhältnismäßig leicht über unangenehme äußere Erfahrungen hinaus, wenn diese nur erst hinter ihr lagen. So konnte sie Kränkungen von anderer Seite meist ziemlich rasch vergessen. Im Augenblick war sie allerdings außerordentlich empfindlich und stets geneigt, mehr bösen Vorsatz zu vermuten, als wirklich vorhanden war. Auch ganz gleichgültige Dinge legte sie in ihrem übertriebenen Mißtrauen als absichtliche Zurücksetzungen aus. Für ihre eigene Person ist sie niemals furchtsam gewesen, nur in der Sorge um ihre Kinder war sie ganz unvernünftig ängstlich und wollte diesen rein gar nichts erlauben, aus Furcht, es könne ein Unglück geschehen. Dabei war sie überhaupt nicht imstande, ihnen etwas ernstlich zu versagen, sie zu tadeln oder zu züchtigen; dazu war sie viel zu gutmütig und weich. Sie vermochte niemand eine Bitte abzuschlagen, viel lieber gab sie gleich das Doppelte. In ihren Arbeiten war sie stets sehr pünktlich und genau und hielt auf das strengste darauf, ja ihre Pflicht zu erfüllen. Schon auf der Schule hat sie sich oft mit dem Gedanken gequält, sie habe ihre Sache nicht gut genug gemacht, und auch später hat sie von den eigenen Leistungen stets nur eine sehr geringe Meinung besessen. Vielmals hat sie rein zwangsmäßig alles noch einmal nachkontrollieren müssen, auch wenn sie eigentlich überzeugt war, daß alles in Ordnung sei. Nicht weniger gewissenhaft nahm sie es in religiösen Dingen; sie war strenge Stundengängerin und hat sich in ihrem Leben viel unnötigen Selbstquälereien über ihre Sündhaftigkeit hingegeben. Gegen alles Häßliche und Obszöne empfand sie von jeher lebhaften Abscheu und war in sexuellen Dingen auch sehr prüde. Die äußeren Verhältnisse waren stets ganz günstige; auch die Ehe soll glücklich sein. Irgend welche gemütlichen Schwankungen hat die Kranke in ihrem früheren Leben nicht durchgemacht, insbesondere sind niemals Zeiten gehobener Stimmung vorhanden gewesen. Im Anschluß an ihre achte Entbindung im Jahre 1902, als sie körperlich sehr herunter war, traten Magen- und Herzbeschwerden auf, die in Erinnerung an eine Schwester, die an einem Herzfehler gestorben war, sofort den Gedanken erweckten, sie sei unheilbar krank und niemand könne ihr helfen. Allmählich wurde sie ängstlich und schlaflos, hatte schreckhafte Träume und vermochte gar nicht mehr zu arbeiten. Im Juli gesellten sich Versündigungsideen hinzu, daß sie kein Vertrauen auf Gott habe, nicht recht für ihre Familie sorge, selbst an ihrer Krankheit schuld sei u. dgl. m. Das Leben war ihr völlig verleidet und vereinzelt kamen auch Suicidgedanken, so daß sie am 29. August 1902 auf eigenes Verlangen in der Klinik Aufnahme fand. Sie war damals schwer niedergeschlagen und hoffnungslos, weinte viel vor sich hin und machte sich fortwährend Selbstvorwürfe wegen ihres Verhaltens. Über das, was sie damals beschäftigte, hat sie in der Krankheit wenig Auskunft gegeben; hinterher hat sie uns erzählt, daß sie vom Drang zum Fluchen und dem Aufsteigen häßlicher Gedanken sehr geplagt worden sei. Schon nach wenigen Tagen verlangte sie heftig ihre Entlassung, um sich in einer religiösen Anstalt durch Gesundbeten heilen zu lassen. Als ihrem Wunsche nicht sofort willfahrt wurde, trat am 5. September ein schwerer psychogener Anfall von kurzer Dauer auf. Am 7. September nahm sie der Ehemann aus der Klinik, ohne daß dies einen Einfluß auf ihr Befinden ausgeübt hätte. Sie war auch zu Hause dauernd innerlich unruhig, versuchte es alle Augenblicke an einem andern Orte, weil sie immer meinte, dort müsse es besser sein, wo sie sich gerade nicht befand. Sie fühlte sich schwach und elend, besonders morgens beim Aufstehen, und die gleichen Versündigungsideen bestanden unverändert fort. Im Frühjahr 1903 trat ziemlich rasch Genesung ein. Doch hatte sie in den folgenden drei Jahren immer wieder von Zeit zu Zeit ohne jeden Anlaß depressive Wochen, in denen die alten Versündigungsideen wieder auftauchten, sie menschenscheu war und nicht so recht arbeiten konnte. Ganz allmählich haben diese Schwankungen an Stärke, Häufigkeit und Dauer abgenommen und sind seit dem Jahre 1906 völlig ausgeblieben, so daß Pat. seit jener Zeit endgültig genesen ist. Bei ihrer Vorstellung am 22. Januar 1909 meinte sie auch seit ihrer gemütlichen Erkrankung weniger empfindlich gegen Schicksalsschläge und Kränkungen geworden zu sein. Die depressive Grundstimmung, wie sie seit der frühesten Jugend besteht, habe sich aber unverändert bis zum heutigen Tage erhalten.

Bei dieser Kranken setzen die endogenen Verstimmungen verhältnismäßig spät ein. Im 38. Lebensjahr, als sie körperlich sehr herunter war, entwickelte sich eine schwere Depression, deren akutes Stadium, ähnlich wie in Fall 28, mit ängstlicher Verwirrtheit beginnt. Und von da an sind immer wieder ohne äußeren Anlaß leichtere und schwerere Verstimmungen aufgetreten. Die depressive Anlage ist recht schwer. Neben großer Gemütsweichheit, Empfindlichkeit und Ängstlichkeit haben wir stark ausgeprägt die Züge der grüblerischen Veranlagung vom ersten Typus. Mangel des Selbstvertrauens, kritische Zersetzung der eigenen Leistungen und zwangsmäßiger Trieb zur Kontrolle aller wichtigeren Handlungen sind sehr ausgesprochen. Dementsprechend finden wir auch in der Psychose deutliche Zwangserscheinungen. Auch die Neigung zu Beziehungsideen und ängstlicher Mißdeutung während der Gemütskrankheit darf wohl als persönlicher Zug genommen und als Ausfluß ihrer gewöhnlichen paranoiden Empfindlichkeit angesehen werden. Dagegen stehen die heftigen Äußerungen des Affektes, die in ihrer übertriebenen Weise den Eindruck des Psychogenen machen, im Gegensatz zu ihrem sonstigen Verhalten. Wir hatten Ähnliches schon mehrfach beobachtet und bei Fall 10 ausführlicher darauf hingewiesen. Sehr ausgesprochen ist hier die depressive Familienveranlagung, von der fast kein Mitglied frei geblieben ist.

5. Endogene Depressionen des Rückbildungsalters auf dem Boden konstitutioneller Verstimmung.

Unter den im letzten Abschnitt betrachteten endogenen Verstimmungszuständen waren uns einige aufgefallen, bei denen die Rückbildungsvorgänge als ätiologische Faktoren eine wichtige Rolle zu spielen schienen. Hand in Hand gehend mit einem abnorm frühen Altern war da in höheren Lebensjahren bei dem einen Pat. eine Neigung zu periodischen Verstimmungen aufgetreten, die bisher nicht bestanden hatte, und bei einer anderen hatten sich die vordem leichten Erkrankungen, für die sich auch durchweg ein Anlaß wahrscheinlich machen ließ, zu schweren endogenen Depressionen ausgewachsen (25 und 23). Ein weiterer Fall (27), der mit Ausnahme einer wohl begründet erscheinenden reaktiven Verstimmung niemals irgendwelche gemütlichen Schwankungen gezeigt hatte, machte im beginnenden Senium eine schwere melancholische Erkrankung von jahrelanger Dauer durch. Ebenso traten bei Beobachtung 18 zum erstenmal im Rückbildungsalter endogene Schwankungen auf, die der auf Anlaß sich entwickelnden schweren Psychose jahrelang vorausgehen, während in früheren Jahren nur leichte schnell sich beruhigende reaktive Verstimmungen beobachtet worden waren. Echte reaktive Depressionen, die erst im hohen Lebensalter einsetzen, sehen wir bei 10 und bei 15, von denen die letztere in eine langdauernde selbständige Psychose übergeht. In allen diesen Fällen wird man die

Möglichkeit, bei den ersten beiden wohl auch die Wahrscheinlichkeit zugeben müssen, daß den Rückbildungsvorgängen eine gewisse ätiologische Bedeutung zukommt. Die Häufigkeit der Depressionszustände im höheren Lebensalter ist ja schon immer betont worden, und bei der Abgrenzung der Kraepelinschen Melancholie war diese Tatsache mit von ausschlaggebender Bedeutung. Da erhebt sich aber die wichtige Frage, handelt es sich denn bei diesen Erkrankungen immer nur um Psychosen, die sich wie hier auf einem schon von Anfang an disponierten Boden entwickeln, und für die das Rückbildungsalter nur eine auslösende und fördernde Rolle spielt, oder sind die tiefgreifenden körperlichen Umwälzungen, die jene Lebenszeit mit sich bringt, allein schon imstande, solche Verstimmungszustände zu erzeugen, wobei wir von den senilen Erkrankungen organischer Natur natürlich ganz absehen. Die Entscheidung der Frage ist recht schwierig, da wir eine gewisse Anlage ja wohl in jedem Falle annehmen müssen, und da andererseits eine leichte Psychopathie ein so häufiges Vorkommnis ist, daß sie als besondere Disposition nicht angesehen werden darf. Nur wirklich ausgesprochene Störungen der gemütlichen Veranlagung wird man in diesem Sinne verwerten können. Nun haben mich meine Untersuchungen gelehrt, daß man zum mindesten bei einer großen Zahl aller der Menschen, die im höheren Lebensalter erstmalig unter dem Bilde der Melancholie erkranken, bei genauer Nachforschung eine ausgesprochen depressive Veranlagung feststellen kann, wie das im folgenden an ein paar Beispielen gezeigt werden soll. Ob das aber allgemeine Gültigkeit besitzt, das vermag ich auf Grund meines an einwandfrei beobachteten Fällen doch recht wenig umfangreichen Materials nicht zu bestimmen. Gleich hinzufügen möchte ich, daß auch zirkuläre Erkrankungen vorwiegend depressiven Charakters sich gelegentlich zum erstenmal im späten Lebensalter einstellen; sie lassen aber die depressive Veranlagung gewöhnlich vermissen.

Fall 33.

C. K., Webmeistersfrau aus R., geb. den 24. Oktober 1850, hatte einen Vater, der ebenfalls schwerblütig und ernst war. Zwei ihrer Schwestern leiden an Migräne; der Bruder der Mutter ist an einer Nervenkrankheit gestorben. Sie selbst war von jeher langsam und schwerfällig; auch das Lernen auf der Schule wurde ihr nicht leicht. Von früher Jugend an war sie eine stille und ernste Natur, die das Leben immer etwas schwer aufnahm, sich aber nicht ohne Grund Sorgen für die Zukunft machte. Bei ihr handelte es sich vor allem darum, daß sie jede Kleinigkeit, die ihr in den Weg trat, viel zu wichtig, ernst und schwierig auffaßte und sich so durch die geringfügigsten Ursachen völlig aus dem Gleichgewicht bringen ließ. Schon der Gedanke, daß sie irgend etwas zu tun habe, was ein klein wenig aus dem Rahmen des Alltäglichen herausfiel, genügte, um sie so zu erregen, daß sie die ganze Nacht kein Auge zutat. Und stieß sie gar auf eine ernsthafte Schwierigkeit, so verlor sie jeglichen Mut und verzweifelte gleich an Gott und der Welt. Alle ihre

Gemütsbewegungen gingen außerordentlich tief und brauchten sehr lange Zeit, um abzuklingen. Doch spielte sich das ganze Affektleben in ihrem Innersten ab, ohne daß die Umgebung viel davon wahrnahm. Sie hatte nicht die Fähigkeit, sich nach außen hin zu entladen, zu schelten oder auch nur sich auszusprechen; alles hat sie in sich hineingedrückt und ganz allein mit sich abgemacht. Ihre große Empfindlichkeit zeigte sich auch im Verkehr mit anderen. Sie war sehr ängstlich, schüchtern und verlegen, empfand jede etwas derbe Behandlung sehr hart und war über zufällige Ungeschicklichkeiten schon tief gekränkt, da sie dahinter stets eine feindliche Absicht vermutete. Fremden gegenüber kam sie niemals über ein gewisses Mißtrauen hinaus, und stets befürchtete sie, man könne es nicht gut mit ihr meinen. Sie war sich dieser Empfindlichkeit immer bewußt und suchte sich, wo es ging, vor jeder Aufregung zu hüten. Nahm sie doch bei ihrer Weichmütigkeit jeder unangenehme Eindruck außerordentlich mit. Jede Kleinigkeit rührte sie zu Tränen, und Blut oder rohe Handlungen konnte sie schon gar nicht mit ansehen. Doch war sie trotz ihrer Gutmütigkeit nicht übertrieben mitleidig und vermochte ganz gut eine Bitte abzuschlagen, wenn sie gegen ihr eigenes Interesse zu gehen schien. In ihren Entschließungen war sie schwankend und sehr unsicher und ließ sich leicht von fremden Einflüssen leiten. Wie alles andere im Leben hat sie auch ihre Pflichten viel zu schwer und ernst genommen, war in ihren Arbeiten viel zu pedantisch und sorgfältig und trotzdem meistens noch nicht einmal mit sich zufrieden. Und wenn sie etwas einigermaßen Wichtiges getan hatte, so mußte sie die ganze Arbeit noch einmal genau nachkontrollieren, da sie sonst keine Ruhe fand, selbst wenn sie mit Bestimmtheit sagen konnte, daß alles in bester Ordnung war. In religiösen Dingen verhielt sie sich nicht anders, und so hat sie sich mit Skrupeln, Selbstvorwürfen und Bedenken viel und schwer in ihrem Leben geplagt. Seit ihrer frühesten Jugend leidet sie an typischen Migräneanfällen. Schwankungen ihres Gemütslebens nach der heiteren oder depressiven Seite hat sie bis zum Klimakterium niemals gehabt. 1876 gebar sie ein uneheliches Kind. Sie heiratete erst 1890 in ihrem 40. Lebensjahre. Mit 48 Jahren trat die Menopause ein, und seitdem haben sich die Migräneanfälle verschlimmert, und es traten ohne Anlaß einzelne verstimmte Tage hinzu, die sich meist mit den Kopfschmerzen verbanden. Die erste wirkliche Gemütskrankheit entwickelte sich 1902 ziemlich plötzlich ohne greifbaren Anlaß. Pat. wurde verwirrt, sah phantastische Erscheinungen, Männer, Gespenster und feurige Köpfe. Sie jammerte und klagte, daß man sie verfolge, wo sie doch niemand etwas getan habe, und sprang in ihrer schweren ängstlichen Erregung aus dem Fenster des zweiten Stockes auf die Straße. In sehr schlechtem Ernährungszustande wurde sie auf eigenen Wunsch am 18. Februar 1902 in die Tübinger Klinik aufgenommen. Sie befand sich damals in einer schweren Depression mit Angst und innerer Unruhe und klagte vor allem über Insuffizienzgefühle, daß sie zu allem unfähig sei, gar nicht mehr denken könne, und daß wenn sie etwas sage, nur dummes Zeug herauskomme. Sie machte sich Vorwürfe, daß sie ein uneheliches Kind habe, mißdeutete die Vorgänge in ihrer Umgebung und bezog alles auf sich. In den nächsten Wochen steigerte sich die Hemmung allmählich bis zum tiefen Stupor, der nur vereinzelt durch schwere ängstliche Erregungen unterbrochen wurde. Nach sehr schwankendem Verlaufe trat im August endgültige Besserung ein, so daß Pat. am 8. September 1902 geheilt nach Hause entlassen werden konnte. Mit Ausnahme der Kopfschmerzen und einzelner depressiver Tage war sie völlig gesund bis Juli 1905, wo wieder unvermittelt ein ähnlicher ängstlicher Erregungszustand mit phantastischen Sinnestäuschungen auftrat, der sehr rasch in schwere Hemmung überging. In diesem Zustande wurde die Kranke am 10. Juni 1905 zum zweiten Male nach Tübingen gebracht. Der Verlauf war wieder genau der gleiche, wie drei Jahre zuvor, und am 13. November 1905 verließ die Kranke geheilt die Klinik. Seit dieser Zeit sind noch zweimal kurzdauernde leichte Verstimmungen mit Angst, Selbstvorwürfen und Hemmung aufgetreten, die sie beide im Krankenhause ihrer Heimatstadt durchgemacht hat, eine dritte schien gerade in der Entwicklung begriffen, als sich Pat. am 18. Mai 1909 bei uns vorstellte. Sie klagte damals über Kopfschmerzen und Unfähigkeit zur Arbeit. Objektiv erschien sie noch nicht gehemmt; auch der depressive Affekt war noch wenig ausgesprochen. Ihre Gedanken beschäftigten sich viel mit ihrer eigenen Gesundheit, und sie war geneigt, sich ängstlich selbst zu beobachten. Ihr ganzes Wesen entsprach durchaus ihrer eigenen Charakterschilderung. Die etwas langsame und umständliche Frau machte sehr klare und brauchbare Angaben.

Bei dieser Kranken finden wir, daß mit dem Eintritt der Menopause sich leichte depressive Schwankungen einstellen, aus denen heraus sich ohne Anlaß eine schwere melancholische Erkrankung entwickelt, die mit einem ängstlichen Verwirrtheitszustande beginnt und in einen depressiven Stupor übergeht. Wir hatten diese Form der Verstimmung schon mehrfach angetroffen und bei 16, 21 und 28 näher erörtert. Die Erkrankung wiederholt sich noch mehrfach in der gleichen Weise, jedesmal ohne nachweislichen Anlaß, und auch die leichten depressiven Schwankungen bestehen dauernd weiter fort, während im früheren Leben niemals Ähnliches beobachtet worden war. Die Veranlagung der Kranken ist sehr ausgesprochen. Grübelzwang, fruchtlose Kritik der eigenen Leistungen, mangelndes Selbstvertrauen, Unfähigkeit trüber Erfahrungen Herr zu werden und Furcht vor der kleinsten Verantwortung verbinden sich hier mit einer übertriebenen Empfindlichkeit und rührseliger Gemütsweichheit. An der Schwere ihrer ererbten depressiven Veranlagung kann kein Zweifel sein, schon der Vater soll sie in der gleichen Weise besessen haben. Als individueller Zug ihrer Psychosen ist wohl wieder die sehr ausgesprochene ängstliche Mißdeutung der Umgebung mit den ihrem Versündigungswahn entsprechenden Beziehungsideen aufzufassen, der in ihrer gewöhnlichen paranoiden Empfindlichkeit ein völliges Analogon besitzt. Im ganzen erinnert diese Veranlagung in Form und Verlauf der Erkrankung sehr an den zuletzt besprochenen Fall, wo die Erkrankung auch sich relativ spät (im 38. Jahre) entwickelt hatte, und zwar in einer Zeit körperlicher Erschöpfung im achten Wochenbett.

Fall 34.

A. B., Wirtsehefrau aus B., geb. den 12. Januar 1850, hat in ihrer mütterlichen Familie eine ganze Reihe konstitutionell depressiver Verwandter. Die Mutter war still, ernst und zeitweise sehr gedrückt; ein Bruder der Mutter war Trinker. Zwei Stiefgeschwister von der gleichen Mutter sind Kopfhänger und haben Depressionszustände durchgemacht. Pat. selbst war nicht ausgesprochen schwernehmend, doch immer still, ruhig und ernst. Mißgeschick ertrug sie nur schwer, ließ sich leicht zu Boden drücken und verlor schon bei Kleinigkeiten allen Mut. Auch gegen harte Behandlung und gegen Kränkungen war sie außerordentlich empfindlich. Ihr hervorstechendster Charakterzug war überhaupt eine übertriebene Gefühlsweichheit und Empfindlichkeit. Alles vermochte sie zu Tränen zu rühren, und jemanden eine Bitte abzuschlagen, das brachte sie gar nicht fertig. Jede Kleinigkeit verletzte sie tief und nachhaltig, und überall glaubte sie dann absichtliche Kränkungen finden zu müssen. Regelmäßig hat es längerer Zeit bedurft, ehe sie trüber Erfahrung Herr zu werden vermochte und sie endgültig verwand. Dagegen hat sie sich niemals grundlose Befürchtungen für die Zukunft gemacht, noch sich durch Gedanken an kommendes Unglück im augenblicklichen Genusse stören lassen. Nur für ihre Kinder war sie übertrieben ängstlich und besorgt und Gedanken an die Familie, an der sie mit allen Fasern hing, beherrschten vollkommen ihren Interessenkreis. Von Hause fort zu gehen, wurde ihr stets sehr schwer; sie konnte sich nicht einmal zu einem kurzen Fernbleiben entschließen. Nur bei der Heirat machte ihr die Änderung gar nichts aus; sie hatte den Mann sehr gern und die Ehe war immer recht glücklich. Im Verkehr mit anderen war sie freundlich und nicht besonders schüchtern, auch der Geselligkeit nicht gerade abhold, sie hielt sich aber stets sehr im Hintergrunde. Ihre eigenen Angelegenheiten hat sie immer mit sich allein abgemacht und niemals das Bedürfnis empfunden, sich anderen gegenüber auszusprechen. Eine verschlossene Natur ist sie deshalb noch nicht gewesen. Sie war ein gesundes kräftiges Kind, hat sich normal entwickelt und auf der Schule recht gut gelernt. Ihre Jugend verbrachte sie in einer sehr religiösen Umgebung, unter der sie in keiner Weise auffiel. So hat sie später stets etwas auf die kirchlichen Bräuche gehalten und war, wie es ihrer Erziehung entsprach, gegen häßliche und obszöne Dinge empfindlich, doch hat sie sich nie besonders unter ihrer Umgebung hervorgetan und sich auch mit Gewissensskrupeln nicht unnötig gequält. In ihrer Arbeit war sie fleißig und pünktlich, eine tüchtige Schafferin ohne übertriebenes Pflichtgefühl und überzeugt von dem Werte ihrer Leistungen. Irgendwelche gemütlichen Schwankungen sind bei ihr niemals beobachtet worden. Mit 44 Jahren trat die Menopause ein und zu jener Zeit entwickelte sich beginnend mit heftigem Heimweh nach einer Stieftochter, die damals in den Dienst ging, eine schwere Verstimmung. Sie war plötzlich ganz verändert, die Arbeit ging nicht mehr von der Hand, alles war ihr schwer und das Leben völlig freudlos. Nach etwa einem halben Jahre trat rasche Genesung ein. 1904 wollte der Ehemann das Nachbarhaus ankaufen, um dann seinem Sohn die Wirtschaft zu übergeben und sich selbst dorthin zurückzuziehen. Die Verhandlungen zerschlugen sich, und ein Lieblingswunsch der Pat. ging damit nicht in Erfüllung. Daraufhin setzte wieder eine ganz ähnliche Verstimmung ein mit Lebensüberdruß, Arbeitserschwerung, Leutescheu und Entschlußunfähigkeit. Nach zweijähriger Dauer besserte sich der Zustand; doch trat nach einer Pause von einem halben Jahre ein erneuter Rückfall ein, als nun der Sohn tatsächlich die Wirtschaft übernahm und die Eltern in ein inzwischen neugebautes Haus ziehen sollten. Diesmal stand vor allem der Gedanke an den Hauskauf in dem Vordergrund, der sie unaufhörlich beschäftigte. Da alle ärztliche Hilfe versagte, suchte Pat. am 31. Dezember 1908 die Tübinger Klinik auf. Sie befand sich damals in einer leichten Verstimmung mit voller Krankheitseinsicht und großem Bedürfnis nach Trost und Hilfe. Es bestand ein Gefühl der Leistungsunfähigkeit, doch keinerlei Zeichen von Hemmung. Äußere Einflüsse waren bei der sehr sensitiven Pat. von großer Wirkung. So genügte die Verlegung in eine andere Klinik, wo nicht die gleiche Rücksicht auf sie genommen werden konnte, eine heftige Verschlimmerung mit Suicidideen herbeizuführen. Die Veranlassung hierzu hatte eine eigentümliche Arrhythmie der Herztätigkeit abgegeben, für die sich keinerlei organische Grundlage nachweisen ließ. Sonst zeigte die etwas frühzeitig gealterte Kranke keine organische Störungen. Unter Körpergewichtszunahme trat allmählich eine wesentliche

Besserung des Befindens ein, so daß Pat. Ende März 1909 fast genesen entlassen werden konnte.

Wie bei der soeben besprochenen Pat. ist es auch hier wieder die mütterliche Familie, in der das angeborene depressive Temperament kaum ein Mitglied verschont hat, und die Kranke hat diese gemütliche Veranlagung in ausgesprochener Weise geerbt. Neben der allgemeinen depressiven Lebensauffassung steht, ähnlich dem vorigen Falle, die außerordentliche Gemütsweichheit und die übertriebene Empfindlichkeit im Vordergrunde, dagegen ist die Neigung zu Grübeleien und quälender Selbstkritik nicht so ausgesprochen. Auffallend früh mit 44 Jahren tritt die Menopause ein, und gleichzeitig beginnt eine ausgesprochenere Verstimmung, die ganz allmählich einsetzt und nach halbjähriger Dauer zur Genesung führt. Das Heimweh nach der Stieftochter, das als Veranlassung angegeben wird, scheint mir keine genügende Erklärung einzuschließen. Ganz wird man den Einfluß äußerer Momente nicht in Abrede stellen dürfen, da auch die beiden anderen Verstimmungen, die in den nächsten Jahren in Erscheinung traten, sich beide an die Aufregung und Sorgen anschlossen, die mit der Übergabe des Geschäftes an den Sohn und dem Kauf eines neuen Hauses zusammenhingen. Doch spricht der allmähliche Beginn und der außerordentlich protrahierte Verlauf der ganzen Psychose dagegen. Ja man hat überhaupt den Eindruck, als bestehe seit der Menopause dauernd nur mit einer längeren Remission eine leichte, jedoch ausgesprochene Verstimmung, aus der sich die einzelnen geschilderten Depressionszustände nur als Verschlimmerungen herausheben, und daß diese anscheinend nur eine Reaktion auf äußere Anlässe darstellen. Wie sehr der Zustand der Kranken von äußeren Einflüssen abhängig war, wurde auch in der Klinik bei dem Versuche der Verlegung beobachtet. Und dieser Zug entspricht so der persönlichen Veranlagung der Kranken, daß man ihn wohl als individuelle Eigentümlichkeit betrachten darf.

Fall 35.

M. K., Wirt aus S., 50 Jahre, weiß nur wenig über erbliche Belastung zu berichten. Ein Bruder des Vaters hat Suicid begangen, ein weitläufiger Verwandter aus der väterlichen Familie war vorübergehend schwermütig, die eigenen Kinder sind auffallend still und haben ganz die Natur ihres Vaters, des Pat., geerbt. Auch er war stets ein stiller etwas eingezogener Mensch, der Geselligkeit nicht liebte, der aber doch in seinem Berufe als Wirt die Leute ganz gut zu unterhalten verstand. Besonders schwer hat er das Leben nicht genommen. Sobald aber irgendein kleines Mißgeschick ihn traf, war er sofort niedergeschlagen und völlig mutlos und brauchte lange, um sein Gleichgewicht wieder zu erlangen. Bei verantwortungsvollen Dingen regte er sich leicht unnötig auf und verlor bei unerwarteten Anforderungen gleich den Kopf; auch war er gegen rauhe und barsche Behandlung ganz außerordentlich empfindlich, nahm schon Kleinigkeiten tief übel und sah in ganz harmlosen Dingen absichtliche Angriffe. Ganz besonders schwer traf es ihn aber, wenn er sich ungerecht behandelt glaubte. Hinter allem suchte er dann eine böse Absicht und verfolgte seine Umgebung mit ängstlichem Mißtrauen. Und ehe er eine zugefügte Kränkung vergaß, bedurfte es einer recht langen Zeit. Andere ließ er seine Stimmung nicht merken. Er machte alles mit sich allein ab, und niemals vermochte er es, sich frei und offen über Dinge auszusprechen, die ihn innerlich bewegten. Er war überhaupt am liebsten ganz auf sich allein gestellt und ging dem Verkehr, wo ihn nicht sein Beruf dazu zwang, möglichst aus dem Wege. Vor allem, was ihn aufregen oder rühren konnte, hütete er sich ängstlich; denn er war immer ein sehr weichmütiger Mensch, der leicht Tränen vergoß, kein Blut sehen konnte und beim Schlachten einfach davonlief. Trotzdem war er ein tüchtiger Geschäftsmann, der es ganz weit gebracht hat. Nur wichtige Entschlüsse wurden ihm stets schwer. Er war in seiner Arbeit gewissenhaft und genau, aber ohne übertriebene Pedanterie, und kannte auch durchaus den Wert seiner Leistungen. Unnötige Befürchtungen und Sorgen für die Zukunft hat er sich niemals gemacht und auch in religiösen Dingen war er nicht irgendwie auffallend. Er lebt in günstigen Verhältnissen, trinkt aber in den letzten zehn Jahren, seit er den Wirtsberuf ausübt, etwas mehr als gut. Früher als Diener war er sehr solide, hat in einzelnen wenigen Stellen jahrelang ausgehalten. Irgendwelche gemütlichen Schwankungen hat er niemals gehabt. 1906 fühlte er sich aufgeregt in den Nerven, reizbar und empfindlich in ganz erhöhtem Maße, ohne daß irgendeine Veranlassung vorgelegen hätte. Nach kurzer Zeit war er wieder ganz der alte. März 1908 verkaufte er seine Wirtschaft zu einem sehr günstigen Preise und war anfangs sehr erfreut über das gute Geschäft, das er dabei machte. Da trat auf einmal im Mai 1909, ein volles Jahr später, ganz unvermittelt der Gedanke auf, dies sei ein großer Fehler gewesen, denn er habe nun keine Heimat mehr, er werde auch sicher um sein Geld, das auf der Bank lag, betrogen werden und werde schließlich mit der ganzen Familie elend zu Grunde gehen. Er fühlte sich gehemmt, zu allem unfähig, hatte keine Freude am Leben mehr und gelegentlich stellten sich auch Suicidgedanken ein. So suchte er am 10. Juli 1909 unsere Sprechstunde auf. Er befand sich damals in einer leichten Verstimmung und war sehr trost- und hilfebedürftig. Objektiv erschien er nicht gehemmt und vermochte sehr gute und prompte Angaben zu machen, erweckte überhaupt den Eindruck eines intelligenten Menschen. Der ganze Inhalt seiner depressiven Ideen war streng auf den Hausverkauf und seine vermeintlichen Folgen beschränkt.

Hier sind wir leider nicht genau über die erbliche Veranlagung unterrichtet; doch was wir erfahren haben, sind depressive Störungen. Daß die familiäre Anlage auch hier vorhanden ist, wird wahrscheinlich, wenn man hört, der Kranke habe sein depressives Temperament auf alle seine Kinder in ausgesprochener Weise vererbt. Seine gemütliche Konstitution ist vollkommen die gleiche, wie in dem vorhergehenden Falle. Die Ängstlichkeit und Gemütsweichheit steht überhaupt bei all den zuletzt geschilderten Kranken in auffallender Weise im Vordergrund. Trotz der vielen Schwierigkeiten, die diese Veranlagung den Kranken brachte, sind sie sämtlich miteinander tüchtige und brauchbare Persönlichkeiten, die ihre Stelle im Leben ganz gut ausgefüllt haben. Die Erkrankung setzt bei dem letzten Kranken im 59. Jahre ein und knüpft inhaltlich an ein Ereignis an, das, wie Pat, selbst zugeben muß, eher zu entgegengesetzten Gefühlen Veranlassung geboten hätte. Die Psychose selbst ist eine nicht sehr schwere ungehemmte Depression. Dem Alkoholabusus der letzten Jahre, der übrigens nicht besonders schlimm gewesen zu sein scheint, wird man keine tiefere Bedeutung für die Erkrankung zusprechen dürfen.

6. Änderungen im Dauerzustand bei schweren Formen konstitutionell depressiver Veranlagung.

Bei der Betrachtung der Verstimmungszustände konstitutionell-depressiv Veranlagter hatten wir uns vor der Hand auf die Untersuchung der einzelnen Erkrankungsformen und ihrer Beziehungen zu dem Boden, aus dem sie erwachsen, beschränkt; die Veranlagung selbst dagegen hatten wir einfach als einen unveränderlichen Dauerzustand angenommen. Verschiedene Tatsachen, die uns bei Besprechung der einzelnen Beispiele auffielen, hatten uns aber darauf hingewiesen, daß sich diese Auffassung in solch strenger Form nicht aufrecht erhalten läßt. Bei den Beobachtungen 1, 2, 9, 11, 13, 15, 19, 22 und 24 waren uns Schwankungen in der gemütlichen Disposition aufgefallen, die sich über lange Zeiten hin erstreckten, ganz allmählich entstanden, keinerlei neue Symptome mit sich brachten und so leichter Natur waren, daß sie nicht den Eindruck abgeschlossener Verstimmungszustände, sondern nur den einer leichten Verschlimmerung der angeborenen Konstitution hervorriefen. Teilweise schien es sich dabei um die Einwirkung äußerer ungünstiger Verhältnisse zu handeln. Bei 1, 11 und 13 war das unverkennbar der Fall, und zwar lagen hier nicht schwere kurzdauernde Traumen vor, wie sie den gewöhnlichen Reaktionspsychosen voranzugehen pflegen, sondern die Ursache war zu suchen in irgendeiner Änderung der gesamten Lebensverhältnisse im ungünstigen Sinne, die langsam und allmählich, aber darum nicht weniger nachhaltig ihre Wirkung ausübte. So hätten wir es hier gleichfalls mit reaktiven Störungen zu tun, die aber entsprechend der Form der Schädigung viel weniger heftig einsetzten und einen langsamen und protrahierten Verlauf nahmen. Zu dieser Auffassung will auch ganz gut die Beobachtung passen, daß die drei zitierten Beispiele Fälle der ersten Veranlagung sind, die ja überhaupt zu schleppendem Affektverlaufe neigt. Bei den übrigen Kranken konnten wir keinerlei Beziehungen zu den äußeren Umständen aufdecken. Hier müssen wir also annehmen, daß aus unbekannten, wohl endogenen Gründen die Empfänglichkeit für die traurigen Eindrücke des Lebens zunimmt. Der Typus der Veranlagung tritt in solchen Fällen deutlich in Erscheinung. Bei Kranken, die der ersten Gruppe angehören, wie 2 und 9, verschlimmert sich die depressive Grundstimmung in ausgesprochenem Maße, während bei 11 und 15 als Vertretern der zweiten Gruppe sich nur eine hochgradige Steigerung der Empfindlichkeit zeigt, die dem Kranken erst in ihrer Wirkung zum Bewußtsein kommt. Um was es sich bei diesen endogenen Ursachen handelt, ist unklar; die Analogie zu den zirkulären Verstimmungszuständen liegt auf der Hand. Doch finden wir auch bei solchen Kranken echte, kurzdauernde Schwankungen endogener Natur, die sich klinisch unschwer von den langhingestreckten Konstitutionsänderungen unterscheiden lassen. Fall 22 ist ein derartiges Beispiel, dem sich in der folgenden Beobachtung noch ein zweites anreihen soll.

Fall 36.

A. K., Bahnwärterstochter aus L., geb. den 10. Juni 1876, hat einen Vater mit ausgesprochen heiterem lebenslustigem Temperamente. Ihm ist auch die einzige richtige Schwester der Pat. nachgeschlagen, während diese selbst viel mehr ihrer frühverstorbenen Mutter gleicht. Der Vater heiratete noch ein zweites Mal, und mit der Stiefmutter hat sich Pat. niemals so recht verstehen können, so daß ihre Jugend nicht sehr glücklich verlief. Sie war immer ein eigenartiges scheues Kind, das stets für sich allein blieb und kaum mit anderen verkehrte. Von lärmenden Vergnügungen hat sie sich immer ferngehalten, sich später niemals an Tanz und Geselligkeit beteiligt und auch nicht mit dem andern Geschlecht verkehrt. Auf der Schule war sie so verschrocken und ängstlich, daß sie kaum ein Wort herausbringen konnte; auch sonst hat sie trotz großen Fleißes nicht besonders gut gelernt, vor allem das Kopfrechnen ist ihr nicht leicht geworden. Am Leben mit allen seinen Unannehmlichkeiten trug sie immer recht schwer. Sie konnte an nichts so eine rechte Freude haben, das fiel schon früh ihrer Umgebung auf. Die Mutter soll immer gesagt haben, sie verstehe das Kind gar nicht, es sei ganz anders wie seine Geschwister. Gegen Tadel und Kränkungen war sie stets außerordentlich empfindlich, und jedes harte Wort tat ihr weh, ganz besonders übelnehmerisch zeigte sie sich aber ihrer Stiefmutter gegenüber, bei der sie hinter allem etwas suchte und harmlose Kleinigkeiten zum Schlechten auslegte. Machte sie trübe Erfahrungen, so zog sie sich völlig auf sich selbst zurück und quälte sich lange mit ihren schweren Gedanken, ehe sie zur Ruhe kommen konnte. Sich durch Aussprache zu erleichtern, das hat sie niemals vermocht, und eine wirkliche Freundin hat sie nie besessen. Ihre einzige Freude und ihr Trost war die Religion mit ihren Erbauungsbüchern, in die sie sich völlig vertiefen konnte. Doch da sie sehr religiös erzogen worden war, fiel dieses Verhalten nicht besonders auf. Übertriebenen Zweifeln und Grübeleien hat sie sich auch niemals hingegeben, nur in ihren Arbeiten war sie stets zu gewissenhaft und hat sich oft unnötige Sorgen gemacht, ob sie denn auch ihre Pflicht wirklich tue. Niemals konnte sie nach getaner Arbeit das beunruhigende Gefühl ganz los werden, es sei vielleicht etwas nicht in Ordnung. Wenn irgendein wichtiges Geschäft zu erledigen war, dann trieb es sie immer wieder an Ort und Stelle zurück, um sich von neuem zu vergewissern, daß sicher nichts vernachlässigt worden sei. Dabei hat sie aber von sich und ihren Leistungen nicht direkt schlecht gedacht und war nicht geneigt, sich in übertriebener Selbstkritik allzusehr herunterzusetzen. Ihre Dienstherrschaften waren mit ihren Leistungen stets zufrieden, und überall hat man sie gern gemocht. Ihre Gemütsstimmung war recht wechselnd. Solange sie sich erinnern kann, hat sie immer schwerere Tage und Wochen gehabt, die von besseren abgelöst wurden, ohne daß sich dafür irgendein äußerer Anlaß nachweisen ließ. Wirklich heitere Zeiten sind aber niemals aufgetreten. Auch in den besten Stunden blieb sie immer still, zurückgezogen und ihrem ganzen schwerblütigen Naturelle treu. Bis zur Konfirmation, die keine besondere Aufregung für Pat. bedeutete, war die Gemütsstimmung im allgemeinen besser als in den folgenden Jahren, und seit der Erkrankung 1899 ist wieder eine leichtere Zeit eingetreten, die bis heute angehalten hat. Die zuvor geschilderten Schwankungen haben aber trotzdem in der gleichen Weise weiter bestanden. Menstruiert wurde sie mit 17 Jahren und damals setzte ohne nachweislichen Anlaß die erste Erkrankung ein. Pat. befand sich bei einer Verwandten in Stellung, die sie wie eine Mutter hielt; sie hatte es viel besser als in ihrem Elternhause. Dort hörte sie zufällig von einer Grünspanvergiftung durch Kupferkessel, der eine Reihe Leute zum Opfer gefallen waren, und bekam nun auf einmal den Gedanken, der in Form einer typischen Zwangsvorstellung auftrat, sie könne mit dem Kupfergeschirr in der Küche ihre Dienstherrschaft vergiften. Sie wurde traurig und verstimmt, litt an Angstanfällen und befürchtete überall hin Grünspan zu übertragen. Schließlich wurde der Zustand so schlimm, daß sie ins Krankenhaus zu E. verbracht werden mußte, wo sie einen leichten Depressionszustand mit Versündigungsideen durchmachte, der in wenigen Wochen abheilte, so daß sie ihren früheren Posten wieder aufnehmen konnte. Andere Zwangsvorstellungen waren nach den damaligen Beobachtungen und ihren eigenen späteren Aussagen nicht vorhanden; es hat sich auch niemals später wieder etwas von Zwangserscheinungen bei ihr gezeigt. Mai 1899 erkrankte sie zum zweiten Male ganz unvermittelt ohne Anlaß; diesmal aber an einem schweren Angstzustande mit Druck auf der Brust, körperlichen Beschwerden und lebhaften Versündigungsideen, meist religiösen Inhaltes. Da sich der Zustand allmählich immer mehr verschlimmerte, wurde sie im November 1899 in einer schweren Depression in die Tübinger Klinik gebracht. Ohne sich bestimmte Vorwürfe machen zu können, hatte sie das allgemeine Gefühl, verloren und verworfen zu sein, und glaubte auch von anderen so angesehen zu werden. Objektiv bestand eine schwere Hemmung, unter der sie auch subjektiv sehr litt. Es war ihr, als ob sie den Verstand verloren habe. Ohne wesentliche Änderung wurde sie schon am 22. Dezember wieder nach Hause genommen, und es hat noch ein volles Jahr gedauert, ehe sie wieder völlig recht geworden ist. Seitdem ist sie, abgesehen von den leichten Schwankungen, dauernd gesund geblieben. Manische Zeiten hat sie sicher niemals durchgemacht. Das hier entworfene Bild ihrer Persönlichkeit entstammt in der Hauptsache ihrer eigenen Schilderung bei der Vorstellung im Juli 1909. Frühere Angaben der Angehörigen und der Pat. selbst wurden dabei bestätigt und ergänzt.

Die Kranke entspricht vollkommen unserem Typus 1; so wird das Auftreten von Zwangsvorstellungen in der ersten Psychose nicht besonders überraschen. Auffallend ist nur, daß hier wie auch bei den schon erwähnten Fällen (22 und 32) sich diese Erscheinungen nur einmal im Leben bemerkbar gemacht haben und nicht, wie man erwarten sollte, in jeder Depression von neuem auftraten. Wir sehen doch sonst, daß gerade periodische Depressionen die Neigung haben, sich immer in der gleichen Form zu wiederholen. Ich erinnere mich, früher Fälle mit regelmäßiger Wiederkehr der Zwangsvorstellungen beobachtet zu haben, doch scheinen sie selten zu sein. Bei meinen jetzigen Untersuchungen habe ich in einem Materiale von über 600 Krankengeschichten keinen einzigen derartigen Fall gefunden.

Was uns aber hier vor allem interessiert, das sind die eigentümlichen Schwankungen der konstitutionellen Veranlagung. Die depressive Anlage als solche geht hier zweifellos bis in die früheste Jugend zurück;

denn die Kranke ist schon als Kind den Eltern aufgefallen. Nun hat sie aber selbst wahrgenommen, daß kurz nach der Pubertätszeit, ohne daß äußere Momente dafür verantwortlich gemacht werden könnten, eine Verschlimmerung dieser depressiven Anlage eingesetzt hat, die bis nach der zweiten Gemütskrankheit anhielt. Ganz allmählich, ohne daß die Kranke einen bestimmten Beginn anzugeben vermöchte, hat sie sich entwickelt, lange Jahre ist sie in gleicher Höhe bestehen geblieben und dann plötzlich im Anschluß an eine schwere Erkrankung verschwunden. Dieser verschwommene, lang hingezogene Verlauf, der Mangel jeder akuten Erscheinungen und die völlige Übereinstimmung mit der Veranlagung, von der sich der Zustand in nichts unterscheidet, machen es uns außerordentlich schwer, hier eine wirkliche Parallele mit den zirkulären Depressionen anzuerkennen. Man müßte denn annehmen, daß überhaupt die ganze depressive Konstitution nichts anderes als ein verschleppter zirkulärer Verstimmungszustand wäre. Ganz anders heben sich die leichten endogenen Schwankungen aus diesem Boden hervor, kurz dauernd, ohne Anlaß, scharf umschrieben, den echten zyklothymen Phasen vergleichbar. Sie nehmen auch von dem Dauerzustand keinerlei Notiz; ob er schwächer, ob er stärker ausgeprägt ist, stets sind sie in gleicher Weise zu beobachten. Dazu treten noch die beiden schweren Gemütserkrankungen, für die sich ebenfalls kein äußerer Anlaß nachweisen läßt und deren endogene Natur festzustehen scheint.

Fall 37.

A. W., Feilenhauersfrau aus T., geb. den 7. November 1876, kann über erbliche Belastung nur soviel angeben, daß ihr Vater sich in der Schwermut das Leben genommen hat, und daß sie eine aufgeregte Schwester und einen sonderbaren Bruder besitzt. Sie selbst war als klein gesund und kräftig und lernte gut auf der Schule, verhielt sich aber immer auffallend still und brav. Über ihre frühe Jugend weiß sie nicht viel anzugeben. Ihre genauere Erinnerung beginnt erst mit dem 12. Lebensjahre, wo beide Eltern starben und sie zu fremden Leuten kam. Seit jener Zeit ist sie dauernd gedrückt gewesen und hat sich kaum jemals wirklich glücklich gefühlt. Freundinnen hatte sie nicht, da sie sich nur sehr schwer anschloß und von früh auf das Gefühl besaß, anders wie ihre Umgebung zu sein. So kam sie sich immer verlassen und vereinsamt vor; denn auch ihren Pflegeeltern vermochte sie niemals näher zu kommen, da immer hindernd der Gedanke dazwischen trat, man betrachte sie doch nur als eine unnötige Last. Greifbaren Anlaß zu dieser Überzeugung hat man ihr nie gegeben, doch glaubte sie in ihrer übertriebenen Empfindlichkeit aus allerlei geringfügigen Dingen eine ihr unfreundliche Stimmung erraten zu können, wie sie überhaupt gern hinter allem etwas suchte. Machte sie solche Erfahrungen, so kränkte sie das tief, und sie vermochte nur schwer darüber hinauszukommen, doch waren es weniger Gedanken des Beleidigtseins, die sie quälten, als die Vorstellung, daß man ja recht habe, sie so zu behandeln, sie hätte es nicht besser verdient. Von sich selbst hat sie stets nur eine recht geringe Meinung besessen, und war immer sehr zu zersetzender Selbstkritik geneigt, die ihren Lebensmut und ihre Tatkraft lähmte. Peinlichste Pflichterfüllung war ihr von jeher Bedürfnis. Alles, was sie schaffte, mußte noch einmal nachgesehen werden, ob es auch wirklich den Ansprüchen genügte, sonst hatte sie keine Ruhe. Im Verkehr mit anderen war sie sehr schüchtern und sensitiv und zog sich am liebsten ganz auf sich zurück, da ihr jede unzarte Berührung weh tat. Dann fühlte sie sich aber wieder „namenlos“ unglücklich in ihrer Einsamkeit, und hatte in dem Gefühle ihrer Schwäche stets Sehnsucht nach Anschluß mit freundlicher Leitung. Sich so auszusprechen, wie sie es wirklich gewünscht hätte, brachte sie aber niemals fertig, da sie zu keinem Menschen genügendes Vertrauen gewinnen konnte. In ihren Entschlüssen war sie schwankend und unsicher und hatte jedesmal hinterher starke Reue. Die Religion nahm sie sehr ernst und machte sich, wie das ihrem Charakter entsprach, viel unnötige Sorgen wegen angeblicher Sünden. Vor dem anderen Geschlechte empfand sie eine große Scheu und ging aus Schüchternheit jedem Verkehr aus dem Wege. Mit 20 Jahren kam sie von ihren Pflegeeltern fort, ohne daß dies einen wesentlichen Einfluß auf ihre Gemütsstimmung gehabt hätte. Von da an war sie bis zum 30. Lebensjahre in verschiedenen Stellungen als Dienstmädchen tätig und arbeitete durchweg zur Zufriedenheit. Stärkere Schwankungen ihres Zustandes scheinen nicht aufgetreten zu sein. Nur Weihnachten 1900 und Frühjahr 1906 war sie mehrere Wochen lang ohne nachweisliche Ursache gedrückt und lebensüberdrüssig, so daß sie das Spital aufsuchen mußte. Magenbeschwerden seien auch vorhanden gewesen, aber mehr in den Hintergrund getreten. November 1906 lernte sie ihren jetzigen Mann kennen, der sich aber ebenso zurückhaltend und schüchtern benahm, so daß nur durch energisches Eingreifen der Angehörigen die Verlobung zustande kam. Sie fühlte sich enttäuscht, daß der Bräutigam sich so wenig um sie bekümmerte, und machte sich Gedanken, ob er sie auch wirklich liebe. Und je näher die Hochzeit heranrückte, desto mißmutiger und unruhiger wurde sie. Juni 1907 heiratete sie, und nun setzte eine schwere Verstimmung ein, die sich langsam entwickelte. Sie weinte, ohne zu wissen warum, fühlte sich sehr unglücklich und begann sich Vorwürfe zu machen, daß sie dem Mann nicht genügend entgegengekommen sei, daß sie den Angehörigen gegenüber ihre Unzufriedenheit über sein Verhalten ausgesprochen, ja daß sie daran gedacht habe, ihn zu verlassen. Sie schlief schlecht, wurde zu allem unfähig und hatte das Gefühl innerer Leere und Interesselosigkeit. Sie wollte sich nicht mehr blicken lassen, da man ihr ansehe, daß sie geisteskrank sei, und schließlich sprach sie auch von Suicid, was ihre Verbringung in die Tübinger Klinik am 23. September 1907 veranlaßte. Hier zeigte die psychopathisch aussehende Frau eine gleichmäßige, nicht sehr schwere Gemütsverstimmung, vorwiegend mit Versündigungsideen. Trost und Aussprache beruhigten sie sehr und auch Ablenkung durch Arbeit empfand sie wohltuend. Sie war langsam und schwerfällig in ihrem Wesen, klagte über Unfähigkeit und erschien äußerlich leicht gehemmt. Im Verlaufe von Wochen nahmen die Erscheinungen allmählich an Schwere ab, so daß sie am 7. Dezember 1907 wesentlich gebessert nach Hause entlassen werden konnte. Dort war sie nach einer brieflichen Mitteilung aus dem Dezember 1909 wohl imstande, ihre häuslichen Arbeiten zu verrichten, hat sich aber nicht mehr so gut, wie vor der Krankheit, gefühlt. Sie sei im ganzen dauernd unbefriedigt und unglücklich, wie sie schrieb. Eine erneute Aufforderung, sich vorzustellen im Mai dieses Jahres, beantwortete sie wieder ablehnend, da sie gehört habe, daß eine Bekannte auf den Besuch in der Klinik hin von neuem erkrankt sei. Sie könne an die ganze Zeit der Erkrankung nicht mehr zurückdenken, ohne sich aufzuregen, sie müsse sich wohl hüten, die traurigen Stimmungen, mit denen sie kaum fertig geworden sei, wieder aufzufrischen. Auch damals klagte sie über die dauernd gedrückte und unzufriedene Stimmung, doch vermochte sie nach Mitteilung des Ehemannes den Haushalt einigermaßen zu besorgen.

Bei dieser Kranken ist die depressive Veranlagung wesentlich schwerer als in den meisten der früher gegebenen Beispielen. Immerhin war Pat. jahrelang durchaus imstande, ihre Stellung auszufüllen und sich im Leben gut durchzubringen. Schwer gefallen ist es ihr allerdings, und mehrfach scheint sie an der äußersten Grenze ihrer Leistungsfähigkeit gewesen zu sein. Ohne nachweisliche Ursache entwickelte sich bei ihr im 24. Lebensjahre eine vorwiegend hypochondrische Verstimmung, die in wenigen Wochen glatt vorüberging. Bis dahin wäre an dem Fall nichts besonders Auffallendes; wir könnten keinerlei wesentliche Unterschiede gegenüber den früheren Beispielen zeigen. Nun erfahren wir aber, daß mit dem Entschluß zur Heirat im 30. Lebensjahre eine gewisse Veränderung einsetzt, die sich aus einer psychopathischen Reaktion auf die Enttäuschung über das kühle Verhalten des Bräutigams zu einer richtigen Verstimmung mit sehr schleppendem Verlaufe auswächst. Langsam, ganz allmählich nimmt sie an Stärke zu, sie erreicht eine gewisse Höhe, die zur Behandlung in der Klinik führte, und eine deutliche Besserung ist deren Resultat. Nach der eigenen Ansicht der Kranken ist die psychotische Verschlimmerung, die ihr selbst als Gemütskrankheit imponierte, bei uns abgeklungen, und trotzdem wird der alte Zustand nicht mehr erreicht. Die Pat. bleibt dauernd viel gedrückter und labiler als früher und vermag nur unter großer Anstrengung die notwendigsten Arbeiten zu leisten, während sie vordem ohne wesentliche Schwierigkeiten mit ihren Obliegenheiten fertig wurde. Neue Erscheinungen sind nicht hinzugetreten; ihr ganzer jetziger Zustand ist nach ihrer eigenen Schilderung nur eine hochgradige Verschlimmerung ihrer von Jugend auf bestehenden konstitutionellen Depression. Aber auch die Psychose selbst, wenn man die akute Verschlimmerung so bezeichnen will, zeigt keinen anderen Charakter. Es sind dieselben Grübeleien und Befürchtungen wie sonst, nur in höherem Grade, niemals ist etwas von stürmischeren Erscheinungen beobachtet worden, und auch die schwersten Symptome entwickelten sich langsam und allmählich aus der schon bestehenden gemütlichen Veranlagung heraus. So erscheint das Ganze nur als eine hochgradige Verstärkung der angeborenen Konstitution, nicht als wirkliche Gemütskrankheit. Aber eines bleibt dabei zu bedenken. Die Verstimmung, von der hier die Rede ist, scheint bei genauerer Betrachtung doch nicht so vollkommen frei von äußeren Einflüssen. Sie hat sich ja aus einer psychopathischen Reaktion entwickelt, der die Enttäuschung über mangelndes Eheglück zugrunde liegt. Und diese Noxe besteht zurzeit noch fort. Wenn auch die Ehe äußerlich nicht direkt unglücklich erscheint, so ging doch aus den Äußerungen der Pat. zweifellos hervor, daß sie bei ihrem Manne nicht das gefunden hat, was sie erwartete. Das mußte nach der ganzen Natur der Kranken eine bittere Enttäuschung bedeuten. Dann ist aber die allgemeine Verschlimmerung gar keine Änderung der Konstitution im vorher angedeuteten

Sinne einer endogenen bedingten Umwandlung, sondern nur eine protrahierte Reaktion, die in andauernden mißlichen Lebensverhältnissen ihre Ursache hat. Sie rückt dadurch auf eine Stufe mit den Beispielen 1, 11, 13, wo sich gleichfalls für die Verschlimmerung der endogenen Anlage äußere Momente wahrscheinlich machen ließen. Für die Frage, welche klinische Stellung wir den konstitutionell depressiven Störungen zuweisen sollen, haben solche Beobachtungen großen Wert. Sie zeigen, daß das, was wir im allgemeinen kurzweg als Konstitution bezeichnen, kein angeborener, im ganzen Leben sich völlig gleichbleibender Dauerzustand ist. Stärke und Ausprägung sind sicherlich das Produkt verschiedener Faktoren. Zurück bleibt nur als dauernde Eigenschaft eine allgemeine Gemütsveranlagung, die sich in einer besonderen Empfindlichkeit für depressive Eindrücke darstellt, sowie in einer ganz bestimmten Art, diese Eindrücke zu verarbeiten. Wie weit aber diese Anlage in Erscheinung tritt, und inwieweit sie ihren Einfluß auf Leben und Schicksal geltend macht, das scheint von anderen, uns nur zum Teil bekannten Momenten abzuhängen. Der Nachweis einer konstitutionellen depressiven Veranlagung wird daher nur durch eine genaue persönliche Anamnese zu führen sein, die bei dem Interesse, das solche Kranke meist ihrem eigenen Innern zuwenden, gewöhnlich von Erfolg begleitet sein wird.

Fall 38.

G. W., Fabrikarbeiter aus O., geb. den 23. Dezember 1863, hat einen Bruder, der Trinker ist, und eine depressiv veranlagte Schwester, die eine Gemütskrankheit durchgemacht hat, und einen ebenso veranlagten Bruder. Der Großvater mütterlicherseits war ein pedantischer Sonderling, der Bruder des Vaters leichtsinnig und verschwenderisch, mehrere weitläufige Verwandte sind Trinker. Er selbst war immer eigenartig und anders als andere Menschen, so daß er schon als klein der Umgebung auffiel. Er war körperlich schwächlich, vielfach krank und litt bis zum 12. Jahre an Bettnässen. Schon als Kind hatte er hochfahrende Pläne, sprach lieber hochdeutsch als Dialekt und war verbittert, daß er nur einfacher Arbeiter werden sollte, während ein älterer Bruder den Lehrerberuf hatte ergreifen können. Er war still und viel für sich allein, verkehrte aber auch mit seinen Schulkameraden. In seinen Arbeiten war er fleißig, sehr genau und gewissenhaft und hielt besonders darauf, daß alles pünktlich geschah. Gegen Kränkungen und Beleidigungen war er stets außerordentlich empfindlich, nahm die geringsten Kleinigkeiten schwer übel und vermutete überall Feindseligkeiten und absichtliche Zurücksetzung. Er wurde dann gereizt, nörgelnd und ausfallend, doch niemals tätlich. Die Stimmung war leicht unzufrieden und mißmutig, doch war er in seinen jungen Jahren nicht dauernd gedrückt und kopfhängerisch. Das setzte erst mit seinem 20. Lebensjahre ein und hat sich im Laufe der Zeit ganz allmählich zu der heutigen Stärke entwickelt. Er wurde langsam immer mißtrauischer, reizbarer und schwieriger, und der Gedanke, daß er seinen Beruf verfehlt habe, verbitterte ihm das ganze Leben. Ohne Grund machte er sich Sorgen für die Zukunft und spann sich gern in fruchtlose Grübeleien traurigen Inhalts ein. Bei jeder kleinen Widerwärtigkeit wurde er völlig mutlos und spielte fast dauernd mit Suicid, da ja doch alles zwecklos sei und das ganze Leben keinen rechten Sinn habe. Mit sich selbst war er ebenso wenig zufrieden, wie mit den anderen, und übte an seinen Gedanken und Handlungen scharfe Kritik, ohne dadurch irgend etwas zu ändern. In seinen Arbeiten war er außerordentlich pflichteifrig und gewissenhaft und gegen Häßliches und Obszönes sehr empfindlich. Dagegen zeigte er keine Schüchternheit im Verkehre mit dem andern Geschlecht und hat auch schon vor seiner Ehe Bekanntschaften gehabt. Über das, was ihn bewegte, sprach er sich gern aus und konnte auch seine Affekte nicht verbergen. Sein äußerer Lebensgang hat nichts Besonderes geboten. Militärfrei wurde er, weil er zu schwächlich war. Er heiratete 1888 und lebt mit der Frau ganz gut; die pekuniären Verhältnisse sind ordentlich, wirkliche Not hat er niemals durchzumachen gehabt. Etwa seit seinem 20. Lebensjahre hat er immer wieder ohne jede nachweisliche Veranlassung Zeiten gemütlicher Verstimmung durchgemacht, in denen er sich sehr unglücklich fühlte und über allerlei körperliche Beschwerden, wie Kopfschmerzen und Schwindel, klagte. Befürchtungen für seine Gesundheit, Lebensüberdruß und Suicidgedanken fehlten niemals. Freundliches Zureden blieb nicht ganz ohne Einfluß und auch der Witterung schreibt er eine gewisse Einwirkung zu. Zeiten gehobener Stimmung hat er sicherlich niemals durchgemacht.

1903 kam es zu einem heftigen Streit mit einem Nachbarn, der schließlich in Tätlichkeiten ausartete und ihm eine Gefängnisstrafe von 6 Monaten einbrachte. Das hatte eine deutliche Verschlimmerung seines Zustandes zur Folge und besonders ist seit dieser Zeit das Gefühl der Zurücksetzung und ungerechten Behandlung mehr in den Vordergrund getreten. Eine wirkliche Verstimmung war damals nicht vorhanden. Dagegen entwickelte sich im Laufe des Winters 1906/07 ganz allmählich ohne nachweisbaren Anlaß ein schwerer Depressionszustand. Die Arbeit ging ihm nicht mehr von der Hand, er konnte die Gedanken nicht zusammennehmen und hatte für nichts mehr Interesse. Er fühlte sich schwer krank und befürchtete für seine Familie nicht mehr sorgen zu können, ja er sah im Geiste alle schon im Bettelhaus. Er weinte viel, sprach gar nicht mehr und ging ernsthaft mit Suicidgedanken um. Daraufhin wurde er am 27. Mai 1907 in die Tübinger Klinik verbracht. Er befand sich damals in einer schweren Verstimmung, war mißmutig, gereizt und wenig geneigt, irgendwelche Auskunft zu geben. Äußerlich schien er gehemmt zu sein, nach seinen eigenen späteren Angaben hat er nur aus Ärger und Mißtrauen nicht sprechen wollen. Zweifellos befand er sich damals auch in einer gereizt ablehnenden Stimmung und hatte direkt paranoische Ideen. Er glaubte, alle Welt meine es schlecht mit ihm, alle Menschen seien Spitzbuben und betrögen ihn, wo sie nur könnten, ja er hatte sogar Befürchtungen, man werde ihn in der Klinik umbringen und all sein Hab und Gut wegnehmen. Bei Nacht bestand lebhafte Angst, und im Halbschlaf glaubte er drohende Stimmen zu hören und von einer Gestalt gewürgt zu werden. Objektiv trat während der Beobachtungszeit eine ganz wesentliche Besserung ein, die er selbst nicht recht zugeben wollte. Am 14. Juni 1907 wurde er von seiner Frau auf eigenen Wunsch nach Hause genommen. Dort hat sich der Zustand noch weiter gebessert, insbesondere sind die Verfolgungsideen verschwunden. Die körperlichen Beschwerden haben mit Schwankungen dauernd weiter bestanden und die Stimmung war zeitweise so gedrückt, daß er die Arbeit aussetzen mußte. Voll arbeitsfähig ist er seitdem überhaupt nicht mehr gewesen. Am 15. Mai 1909 stellte er sich in der Klinik persönlich vor, und Juli 1909 kam seine Frau nochmals in die Sprechstunde, um sich Rat zu holen, da ihr Mann in letzter Zeit sehr schwierig sei und gar nicht mehr arbeiten könne. Er selbst betrachtet seinen augenblicklichen Zustand nur als eine Verschlimmerung seines früheren Befindens, das sich nicht wesentlich von dem jetzigen Bilde unterschieden habe. In der Zeit, die er in der Klinik zubrachte, und in dem vorausgehenden Winter hat er auch nach seiner Ansicht eine Gemütskrankheit durchgemacht, die über seine früheren Verstimmungen weit hinausging.

Verglichen mit den bisher geschilderten Kranken haben wir hier eine besonders schwere Form der depressiven Veranlagung vor uns, die bis in die früheste Jugend zurückreichend im Laufe des Lebens allmählich an Stärke zunimmt und schließlich den Kranken sozial völlig vernichtet. Neben der depressiven Stimmungslage tut sich die Schwere der Entartung vor allem in dem tiefen inneren Zwiespalt kund, der den Kranken völlig beherrscht. Während wir sonst meist eine scharfe Erkenntnis für die eigene Unzulänglichkeit und dementsprechend eine sehr geringe Selbsteinschätzung beobachten, finden wir bei diesem Kranken einen auffälligen Ehrgeiz, der mit seinen schweren Selbstvorwürfen in unvereinbarem Widerspruche steht. Seine Unfähigkeit, das Leben zu genießen oder wenigstens etwas Fruchtbringendes schaffen zu können, entläd sich in dumpfem Groll gegen alles Bestehende. Enttäuscht und verbittert sieht er in seiner Empfindlichkeit überall nur Gegner und Zurücksetzungen und erschwert sich so das Dasein erst recht. Da ist es kein Wunder, daß seine große Empfänglichkeit für trübe Eindrücke dauernd neue Nahrung erhält, und daß die depressive Grundstimmung im Laufe des Lebens langsam aber stetig zunimmt. Ein unliebsames Erlebnis — er hatte sich durch seine Heftigkeit eine Gefängnisstrafe zugezogen — löst eine leichte reaktive Verstimmung aus, von der er sich nicht mehr völlig erholt. Mit Schwankungen geht es weiter, bis sich dann im Alter von 43 Jahren ohne direkten Anlaß die Verstimmung so weit steigert, daß er die Klinik aufsuchen muß. Die Behandlung bessert ihn wohl etwas, doch zu Hause ist es sofort wieder das alte Lied. Wirklich arbeitsfähig ist er seit jener Zeit nicht mehr geworden. Haben wir es hier nun mit einem Depressionszustand zu tun gehabt, der den zirkulären an die Seite gestellt werden kann, das ist die schwer zu entscheidende Frage. Pat. selbst hebt hervor, daß der Zustand ganz anders, viel schlimmer als seine gewöhnliche depressive Stimmung gewesen sei. Unseren Beobachtungen nach, mit denen sich auch seine Schilderung deckt, war es nichts weiter als eine hochgradige Zunahme seiner gewöhnlichen psychopathischen Verstimmung. Seine allgemeine Unfähigkeit, mit traurigen Erlebnissen fertig zu werden, hatte schon in gewöhnlichen Zeiten alles, was er so im Leben an unliebsamen Erfahrungen gemacht hatte, immer wieder in seinem Gedächtnis auftauchen lassen. Das ist in der Erkrankung natürlich noch viel mehr der Fall, wobei erlittene Zurücksetzungen eine besonders große Rolle spielen. So erscheint, in dem schweren Affekte seiner Verstimmung vorgetragen, seine Auffassung der Umgebung direkt paranoid; doch sind die von ihm vertretenen Ideen nur der Ausdruck seines Gegensatzes zur Umwelt, der sich schon in gesunden Zeiten in dem Gefühl, schlechter als alle anderen behandelt zu werden, geltend gemacht hatte. Es ist verständlich, daß von einer solchen Persönlichkeit die harte Gefängnisstrafe über Gebühr empfunden wurde und nun, da mit viel Affekt betrachtet, nicht objektiv beurteilt werden kann. Seine paranoide Auffassung dieses Erlebnisses erinnert an die Art, wie Verbrecher vielfach ihre Strafen aufzunehmen pflegen. Bei dem Kranken hier mag die Starrheit, mit der er seine Behauptungen festhält, in seiner Unfähigkeit mitbegründet liegen, irgendeine Vorstellung zum Abschluß zu bringen. Nur kurz möchte ich noch anfügen, daß wir bei diesem so schwer psychopathischen Kranken sehr schön die Züge wiederfinden, die Dieckhoff als Zeichen der Entartung gedeutet hat, eine auffällige, paranoide Mißdeutung der Umgebung und eine Inkonsequenz zwischen übertriebenen Ansprüchen und geringer Selbsteinschätzung.

Bei der Psychose, die den Kranken in die Klinik führte, fanden sich von neuen, nicht aus der Veranlagung ohne weiteres hervorgehenden, Symptomen die ängstlichen Träume mit halluzinatorischer Deutlichkeit und der eigentümliche Stupor, der an die Beobachtungen 16, 21 und 28 erinnert; nur fehlte hier der in den drei anderen Fällen vorausgehende verwirrte Erregungszustand. Beides sind Erscheinungen, wie sie bei psychogen veranlagten Individuen nicht selten angetroffen werden; einen Schluß auf die Psychose lassen sie nicht zu. Für eine reaktive Erkrankung fehlen uns hier alle Anhaltspunkte. Für die dauernden Schwierigkeiten, die sich der Kranke durch seine paranoide Vorstellungsart immer wieder von neuem schuf, ließen sich in diesem Sinne verwerten. Doch ist nichts über eine Zunahme dieser Schädigungen im Laufe der Jahre bekannt geworden, und da der Pat. nicht mehr arbeitet und weniger unter die Leute geht, müßte man eher vermuten, daß sie sich vermindert haben sollten. Eine volle Erklärung ist auf diesem Wege nicht zu finden, und wir müssen schon annehmen, daß bei der Anlage dieses Kranken die Tendenz zur Verschlimmerung der Konstitution schon von vornherein in höherem Maße vorhanden war, als bei dem vorhergehenden Falle. Ebenso müssen wir endogene Faktoren für das Auftreten der schweren Depression in Anspruch nehmen, wie auch für die leichteren gemütlichen Schwankungen, die vielfach im Leben aufgetreten sind. Ob in solchen Fällen die als endogen bezeichneten uns bekannten Faktoren wirklich mit den endogenen Momenten des zirkulären Irreseins identisch sind, diese Frage vermögen wir zurzeit noch nicht zu beantworten.

C. Die Depressionszustände von hysterischem Gepräge.

Bei der Schilderung unseres zweiten Typus der konstitutionell Depressiven hatten wir auf die Ähnlichkeit mit der hysterischen Veranlagung hingewiesen. Es war die Labilität des Gefühlslebens, die außerordentliche Beeinflußbarkeit der Stimmungslage durch äußere Umstände und die starken und übertriebenen Affektentladungen, die übereinstimmend in beiden Gruppen vorhanden waren. Die Zustände können sich so ähnlich sehen, daß es schwer wird, eine scharfe Grenze zwischen beiden Krankheitsformen zu ziehen. Das, was uns aber trotzdem veranlaßt hatte, die depressiven Formen als eine besondere Gruppe der Veranlagung herauszuheben, war die Neigung zu trauriger Lebensauffassung, die sich bei ihnen als Hauptmerkmal durch das ganze Leben hindurchzog. Sie verleiht den Kranken ein eigentümliches Gepräge und setzt sie in so innige Beziehung zu der ersten, wenn man will, klassischen Form der konstitutionellen Verstimmung, daß ihr gesondertes Hervorheben zweifellos berechtigt ist. Tritt nun aber diese Neigung zu depressiver Lebensauffassung etwas mehr in den Hintergrund, so bleibt eine Form labiler und sensitiver Psychopathie zurück, die alle Züge der hysterischen Gemütsveranlagung an sich trägt. Entwickeln sich auf solchem Boden Depressionszustände, so werden sie nach unseren bisherigen Erfahrungen auch die Züge der Veranlagung an sich tragen; die Erkrankung wird also den vorgeschilderten Schwermutsanfällen beim zweiten Typus sehr ähnlich sehen. Reaktive Psychosen in Form der Depression sind auch bei hysterischer Veranlagung nicht selten anzutreffen; doch pflegt bei der außerordentlichen Labilität der Stimmungslage ein einzelnes Ereignis meist nicht nachhaltig genug auf solche Kranke einzuwirken, um eine länger dauernde Verstimmung hervorzurufen, so daß es gewöhnlich nur zu einem kurzen Aufregungszustande kommt. Daher treffen wir reaktive Verstimmungszustände meist nur im Gefolge langdauernder schwerer Schädigungen, wie unglücklicher häuslicher Verhältnisse, an. Oft ist irgendein auslösendes Ereignis noch nachweisbar. Dann stehen die Erkrankungen den vorgeschilderten reaktiven Depressionen nahe, ja man wird gelegentlich im Zweifel sein, wohin man den einzelnen Fall rechnen soll. Nicht selten kommt es aber auch zu endogenen Verstimmungszuständen, d. h. solchen, für die wir keinerlei Anlaß nachweisen können, und die sich aus rein inneren Gründen zu entwickeln scheinen. In diesen Fällen kann der psychogene Charakter der Erkrankung nur etwas Akzidentelles sein und muß dann als der Ausdruck einer besonderen Gemütsveranlagung aufgefaßt werden, die der Psychose ihren Stempel aufprägt. Das wären die zirkulären Depressionen oder auch Melancholien mit hysterischen Zügen, wie man sie gewöhnlich bezeichnet hat, während die reaktiven Formen so etwa dem entsprechen würden, was Specht vor wenigen Jahren als Hysteromelancholie beschrieb. Letztere stehen den bisher geschilderten Psychosen bei konstitutionell Verstimmten nahe; wir wollen daher mit ihnen beginnen.

Fall 39.

M. N., Bäckersfrau aus G., geb. den 14. Mai 1858, ist wie ihre sämtlichen Schwestern und die eigenen Kinder weichmütig und nervös. Der Vater endete durch Suicid im Rausch, sonst ist nichts über erbliche Belastung bekannt geworden. Pat. selbst war von jeher außerordentlich empfindlich, weichmütig und sensitiv. Ganz besonders war es die eigene Gesundheit und dann vor allem das Wohl und Wehe ihrer Kinder, das ihr sehr am Herzen lag und sie vielfach ganz unnötig beunruhigte. Schon das geringste Unwohlsein erweckte bei ihr die schlimmsten Befürchtungen und raubte ihr jegliche Ruhe. Auch sonst hat sie die kleinen Unannehmlichkeiten des Lebens nicht leicht genommen und sich von allem gleich niederdrücken lassen, doch konnte sie im allgemeinen traurige Erlebnisse rasch vergessen und wenn alles gut ging, hat sie sich niemals zwecklosen Grübeleien hingegeben. Frohe Stunden konnte sie heiter genießen und, wenn sie auch stets still und bescheiden blieb, war sie im kleinen Kreise gern gesellig; sobald sie aber ihre Umgebung nicht ganz genau kannte, wurde sie sofort schüchtern und verlegen. Sie nahm dann leicht alles übel und vermutete hinter harmlosen Zufälligkeiten absichtliche Kränkungen. Überhaupt war sie sehr empfindlich und nicht ganz leicht zu behandeln, da sie jede Kleinigkeit mißdeutete und Kränkungen nur schwer vergaß. Bei allem, was sie drückte, sehnte sie sich nach Aussprache und Trost von anderer Seite, konnte sich aber ihrer Schüchternheit wegen nur selten dazu entschließen, jemand ihr Herz auszuschütten, und hat so das meiste für sich allein getragen. Was sie auch unternahm, überall war sie mit Feuereifer bei der Sache und ganz besonders darauf bedacht, ihre Pflicht auf das peinlichste zu erfüllen. Auch ging sie mit Feuer, Licht und Ähnlichem nur übertrieben vorsichtig um, da sie immer befürchtete, es könne durch ihre Ungeschicklichkeit ein Unglück entstehen. Trotzdem hat sie niemals den Zwang empfunden, sich in dieser Richtung besonders zu kontrollieren; sie wußte, was sie machte, war sorgfältig und gut. Schon immer hat sie nur leise und unruhig geschlafen und vielfach an schreckhaften Träumen gelitten. Im ganzen hat sie das Leben eher leicht genommen, doch war ihre Stimmung stets von den äußeren Verhältnissen abhängig, die aber im allgemeinen günstige waren. Irgendwelche Gemütsschwankungen hat sie in früheren Jahren niemals gehabt, doch litt sie von jeher zeitweise an heftigen Kopfschmerzen. Sie war überhaupt körperlich niemals sehr kräftig, hatte auch in ihrer Jugend viel mit Bleichsucht zu tun. Die Hitze hat sie immer schlecht vertragen. 1902 erkrankte sie nach einer Totgeburt im Oktober an Lungenentzündung und kam dadurch körperlich sehr herunter. Anschließend entwickelte sich bei ihr ein Angstzustand mit schreckhaften Träumen, ruhelosem Umherlaufen und Jammern, der sich rasch steigerte. Als Anfang November die Nahrungsaufnahme Schwierigkeiten machte und sie mit Selbstmord drohte, wurde sie in die Tübinger Klinik verbracht. Die Kranke, die körperlich sehr elend war, befand sich in lebhafter Angst, für die sie keinerlei begründende Vorstellungen anzugeben wußte. Sie beteuerte immer wieder, daß sie doch nichts begangen habe; nur zeitweise kam sie mit einzelnen Selbstvorwürfen hervor, daß sie nicht genügend gebetet und einen falschen Namen angegeben habe. Vorübergehend verweigerte sie auch die Nahrung, so daß sie mit der Sonde gefüttert werden mußte. Die Orientierung war dabei dauernd erhalten. Unter Zurücktreten der Angst kamen allmählich Versündigungsideen mehr zum Vorschein; sie wurde ruhiger und im Laufe des März begann auch die traurige Stimmung sich zu vermindern. Am 14. Mai konnte sie fast geheilt nach Hause entlassen werden. Sie war gleich arbeitsfähig und nach wenigen Wochen wieder völlig die alte, und ist seitdem auch dauernd gesund geblieben. Nur hatte sie mehr als früher mit Kopfschmerzen zu tun, und wenn diese sehr heftig wurden, war sie gewöhnlich auch ein paar Tage verstimmt und konnte nicht so gut arbeiten wie sonst. Auch 1907 erschien sie nach dem Tode eines Kindes vorübergehend sehr gedrückt. Als gemütskrank kann sie ihren damaligen Zustand nicht bezeichnen. Durch die anstrengende Pflege mit vielen Nachtwachen sei sie nur körperlich sehr herunter gewesen und habe sich elend gefühlt. Mit der körperlichen Erholung sei damals in etwa 3 Wochen auch die gemütliche Verstimmung behoben gewesen. Pat. stellte sich im Februar 1909 bei uns vor, als sie sich anläßlich einer kleinen Operation in der hiesigen Frauenklinik befand. Sie machte damals einen gesunden Eindruck und erschien genau, wie sie sich schilderte, als eine etwas weiche und empfindliche Persönlichkeit.

Diese Kranke erinnert in ihrer Veranlagung noch sehr an den zweiten Typus der konstitutionell Depressiven, ja man könnte bei der außerordentlich weichmütigen und sensitiven Psychopathin, die zu depressiven Ideen und hypochondrischen Befürchtungen neigt, direkt im Zweifel sein, ob man sie nicht noch in die frühere Gruppe hineinrechnen sollte. Ausschlaggebend scheint mir die Tatsache zu sein, daß alle ihre traurigen Stunden Augenblicksbildungen sind, die irgendein zufälliges Ereignis hervorgerufen hat, die sich aber durch jede Gegenvorstellung sofort beseitigen lassen. Die Kranke besitzt die Fähigkeit, mag ihre Stimmung sein wie sie will, in froher Gesellschaft sogleich ausgelassen heiter und fröhlich zu sein. Sobald es nur gelingt, ihre Gedanken von den eigenen Mühseligkeiten abzulenken, ist die scheinbare depressive Veranlagung gänzlich verschwunden, und Pat. vermag wie irgendeiner an Frohsinn und Heiterkeit teilzunehmen. Gerade daß sie es jederzeit so vollständig fertig bringt, ganz dem Augenblick zu leben, ist ein Zeichen, daß keine wirkliche tiefe Veranlagung zu trauriger Lebensauffassung vorhanden sein kann. Es ist nur die Labilität ihres Gemütslebens, die ihre Stimmungen ebenso häufig nach der einen, wie der anderen Seite ins Übertriebene ausschlagen läßt. Daß eine solche Persönlichkeit den depressiv Veranlagten vom zweiten Typus nahestehen muß, ist selbstverständlich. Hier gibt es keine scharfen Grenzen, sondern nur fließende Übergänge, und Pat. bildet eine solche Zwischenstufe. Mehrfach im Leben sind bei ihr depressive Schwankungen leichteren und schwereren Grades vorgekommen, die man als endogener Natur auffassen könnte. Doch besteht dagegen ein sehr lebhaftes Bedenken; die Kranke ist so empfindlich, daß sie auch auf einen Anlaß, der so minimal ist, daß er sich später nicht mehr nachweisen läßt, mit einer auzgesprochenen Depression zu reagieren vermag. Man wird daher eine äußere Ätiologie für ihre Schwankungen nicht ganz ablehnen dürfen. Eine reaktive Depression leichten Grades scheint sie in der Tat nach dem Tode des Kindes 1907 durchgemacht zu haben. Wichtig ist, daß sie auch damals ebenso wie bei der früheren schweren Erkrankung körperlich sehr herunter war. Für diese, die einzige wirkliche Schwermut, die Pat. durchgemacht hat, ist aber kein ausreichender Anlaß vorhanden. Die Versündigungsideen, die sich damals sehr ausgesprochen entwickelten, entsprechen nicht ganz ihrem gewöhnlichen Naturell und deuten darauf hin, daß die hier vorliegende Störung wohl keine einfache Reaktion darstellt, wie es ihre sonstigen leichteren depressiven Schwankungen gewesen zu sein scheinen. Ob wirklich endogene Ursachen wesentlich beteiligt sind, ist immerhin noch fraglich, da allein die körperliche Hinfälligkeit in jener Zeit den Anstoß dazu gegeben haben könnte, daß Schädigungen, die sonst leicht überwunden wurden, nun zu einer schweren Verstimmung führten. Die Kranke war selbst in der Psychose dauernd so von äußeren Einflüssen abhängig, daß eine melancholische Erkrankung im Sinne der zirkulären Psychosen nicht wahrscheinlich ist, und man trotz aller Bedenken eher geneigt sein wird, das Ganze als eine Reaktion auf dauernde, besonders ungünstige Verhältnisse aufzufassen.

Fall 40.

C. H., Taglöhnersfrau aus F., geb. den 6. Dezember 1869, ist in Charakter und Temperament ihrer Mutter durchaus gleich. Diese war eine stille, ängstliche und sehr empfindliche Frau, die das Leben nicht leicht nahm. Zwei Brüder und eine Schwester sind ebenso veranlagt, während der Vater ein hitziger, leicht erregbarer Mensch gewesen sein soll, der gerne trank. Pat. selbst war von jeher eine stille, schüchterne und ängstliche Persönlichkeit, die sich über Kleinigkeiten übertriebene Sorgen machte und leicht jeglichen Mut verlor. Unerwarteten Erlebnissen zeigte sie sich nicht gewachsen, sie ließ sich von ihnen völlig zu Boden drücken und geriet in solche ängstliche Unruhe, daß sie weder aus noch ein wußte. Lange hielten derartige verzweifelte Stimmungen bei ihr nicht an; die Aussicht, daß die Schwierigkeiten behoben seien, oder ein freundlicher Zuspruch genügten, um sie wieder zu beruhigen, wie überhaupt ihre ganze Gemütsstimmung sehr von äußeren Bedingungen abhing. Schon der Gedanke, das irgend etwas Wichtiges zu besorgen war, raubte ihr die Ruhe, und wenn sie es dann glücklich erledigt hatte, so mußte sie sich noch mehrfach überzeugen, daß wirklich alles in Ordnung war, ehe sie wieder ganz ins Gleichgewicht kam. Gegen unfreundliche Behandlung und Kränkungen war sie stets sehr empfindlich und hatte leicht den Argwohn, daß man sie absichtlich zurücksetze. Alle trüben Erfahrungen trug sie still für sich und hatte nicht den Mut sich auszusprechen, nur wenn sie bei Leuten war, die ihr ganzes Vertrauen besaßen, da jammerte und klagte sie gern. In der Arbeit war sie tüchtig und fleißig, doch ist sie körperlich immer sehr schwächlich gewesen und hat niemals viel zu leisten vermocht. Sich zu schonen, hatte sie aber keine Gelegenheit, denn die wenig günstigen pekuniären Verhältnisse stellten ganz unerhörte Anforderungen an sie. Sie hat in 15 Jahren 13 mal geboren und dabei, wenn es ihr Zustand irgendwie erlaubte, neben den häuslichen Geschäften auch noch Fabrikarbeit getan. Intellektuell war sie nur mäßig begabt und in geistiger Beziehung immer recht langsam und schwerfällig. Seit der ersten Geburt hat sie mehrfach Schwächezustände mit Bewußtseinsverlust gehabt, die zum Teil sicher hysterische Anfälle waren. Unter der Not und den Sorgen des Daseins ist ihre Stimmung im Laufe der Jahre durchweg gedrückter als in der Jugend gewesen, doch hat sie, wenn man von den kurzen begründeten Reaktionen absieht, niemals wirkliche depressive Schwankungen durchgemacht. Manische Zeiten waren sicher auch nicht vorhanden.

In den letzten Jahren gestalteten sich mit der Zunahme der Kinder bei geringerem Verdienste des Mannes die Verhältnisse noch schwieriger, auch war sie körperlich elender und weniger leistungsfähig als früher. Im übrigen lag aber kein direkter Anlaß zu der Erkrankung vor, die etwa 1905 ganz schleichend einsetzte. Sie wurde verstimmt, machte sich Vorwürfe, daß sie so wenig leiste, fühlte sich müde und elend, und die Anfälle traten häufiger auf. Juli 1907 setzte unvermittelt eine Verschlimmerung ein. Sie wurde ängstlich, hatte schreckhafte Träume und auch während der Anfälle ängstliche Erscheinungen. Die Stimmung war verzweifelt und trostlos, doch ohne lautes Jammern und Klagen, und trotzdem sie kaum noch etwas zu leisten vermochte, arbeitete sie bis zur Erschöpfung weiter. August 1907 wurde sie in die Medizinische Klinik in Tübingen geschickt, von wo man sie wegen ängstlicher Unruhe nach einem Anfalle zu uns verlegte. Die körperlich sehr elende und anämische Kranke befand sich damals in einem Zustande ausgesprochener Verstimmung, doch hielten sich ihre depressiven Ideen durchaus im Rahmen der wirklichen Verhältnisse, die sie nur zu ungünstig beurteilte. Äußeren Einflüssen war sie wohl in gewissem Maße zugänglich, doch ließ sie sich nicht völlig aus ihrem Gedankenkreise herausreißen. Unter Körpergewichtszunahme trat langsame Besserung ein, so daß sie im November in leidlich gutem Zustande entlassen werden konnte. Zu Hause war sie arbeitsfähig und konnte ihre Geschäfte ohne Mühe besorgen, nur verließ sie die depressive Stimmung nicht mehr. Weihnachten 1908 trat wieder eine Verschlimmerung ein, die sie erneut zu allem unfähig machte. Sie lag ängstlich und untätig zu Bett, alles war ihr verleidet, und zu nichts konnte sie sich aufraffen. Dabei bestanden dauernd heftige Selbstvorwürfe, daß sie nicht nur nichts verdiene, sondern auch noch die älteste Tochter durch ihre Krankheit von Verdienen abhalte. Sie kam sich überflüssig und zwecklos vor und hatte den Wunsch zu sterben. Ganz allmählich mit vielen Schwankungen besserte sich der Zustand, so daß sie im März 1909 bei ihrer Vorstellung in der Klinik wenigstens zeitweise arbeitsfähig war. Doch schien sie damals noch sehr gedrückt und empfindlich und quälte sich noch unausgesetzt mit dem Gedanken an ihre Krankheit und mit Selbstvorwürfen, daß sie sich nicht genügend zusammennehme. Appetit und Schlaf waren schlecht, und sie sah auch jetzt körperlich elend aus.

Auch hier haben wir die gleiche sensitive Veranlagung und übertriebene Empfindlichkeit, die schon hinter belanglosen Kleinigkeiten absichtliche Kränkungen wittert, ohne daß eine eigentlich depressive Grundstimmung vorhanden ist. Allerdings war in diesem Falle die durchgehende Stimmungslage eher unter der Normallinie, doch entsprachen die äußeren Verhältnisse durchaus dem gemütlichen Verhalten. Das Leben hat in der Tat außerordentliche Anforderungen an die Kranke gestellt, denen sie mit ihren schwachen Körperkräften einfach nicht gewachsen war. So bricht sie im Laufe der Jahre körperlich zusammen und damit parallel gehend entwickelt sich eigentlich ohne rechten Anlaß eine schleichende Depression, aus der heraus unvermittelt die psychotische Verschlimmerung hervortritt. Abgesehen von den psychogenen Anfällen, bleibt die gemütliche Erkrankung im ganzen doch im Rahmen der psychopathischen Veranlagung, so daß man nicht von einer wirklichen Psychose reden kann. Die Gedanken, die sich die Pat. machte, entsprachen in der Hauptsache den wirklichen Tatsachen, und ihre Unfähigkeit, den Anforderungen des Lebens nachzukommen, war der Kernpunkt ihrer depressiven Vorstellungen. Die Behandlung in der

Klinik erzielt eine leichte Besserung, die Hand in Hand ging mit der körperlichen Erholung; zu Hause, als die schweren Anforderungen wieder aufs neue an sie herantraten, war der Zustand sehr rasch wieder der alte. Hier liegen die Verhältnisse klarer als bei dem vorhergehenden Falle. Das ganze Krankheitsbild gehört wohl sicher unter die reaktiven psychopathischen Zustände, doch findet sich hier statt der akuten psychotischen Exacerbationen, wie wir sie im letzten Abschnitt betrachtet haben, eine lange sich hinziehende wenig akute Verstimmung, die die Züge der angeborenen Veranlagung an sich trägt, als Antwort auf unerträgliche Lebensverhältnisse. So verbindet die Kranke die reaktiven Depressionen der konstitutionell Verstimmten mit den sich jahrelang hinziehenden hysterischen Erkrankungen gleichen Charakters, die so betrachtet nur wie eine Dauerform jener Psychosen erscheinen und gleichfalls in den äußeren Verhältnissen ihre volle Erklärung finden.

Fall 41.

R. B., Schuhmachersfrau aus R., geb. den 4. März 1857, stammt aus einer „leicht erregbaren“ und „gemütvollen“ Familie, in der eine Menge von psychischen Störungen vorgekommen sind. Die Mutter, eine schwerblütig veranlagte Frau und Gewohnheitstrinkerin, wurde im Alter kindisch. Die Schwester der Mutter war in späteren Jahren melancholisch, der Bruder derselben ein leichtsinniger Mensch und Trinker; der eigene Bruder der Pat. ein unruhiger Geist, der zeitweise schwermütig war, und ihr Stiefbruder von der gleichen Mutter ein Trinker. Der Vater war ein aufgeregter schwieriger Mensch, der Bruder des Vaters ein unruhiger Geist, dessen Sohn an Fallsucht litt. Eine der Vaterschwestern hatte im Alter den Verfolgungswahn, der Sohn einer anderen befindet sich in einer Irrenanstalt. Der Vater des Vaters war ein Besserwisser, der mit niemandem auskam, die Schwester desselben machte einen Schwermutsanfall durch. Auch Pat. selbst war von jeher keine ganz normale Persönlichkeit. Von klein auf zeigte sie sich als ängstlich und schüchtern, übertrieben empfindsam und weich. Sie konnte kein hartes Wort vertragen, nichts Häßliches oder Schreckliches mit ansehen oder hören, und bei dem geringsten Anlasse floß sie vor Rührung in Tränen über. Gegen unfreundliche Behandlung war sie außerordentlich empfindlich; jede Kleinigkeit konnte sie beleidigen und tief verletzen und auch geringfügige Kränkungen, vergaß sie nur schwer. Hatte sie einmal trübe Erfahrungen gemacht, so war sie gleich bereit, hinter allem etwas zu suchen und auch harmlose Dinge zu mißdeuten. Jede Schwierigkeit, jedes unangenehme Erlebnis drückte sie für den Augenblick schwer danieder; sie wurde mutlos, leicht ganz verzweifelt und machte sich die unsinnigsten Befürchtungen für die Zukunft. Sobald aber nur einigermaßen das Hindernis aus dem Wege geräumt schien, war sie wieder heiter und guter Dinge, wie überhaupt ihre Gemütsstimmung, wenn alles gut ging, eher gehoben war. Ebenso wie in ihren Affekten war sie auch in ihren Entschlüssen und Handlungen völlig abhängig von der Umgebung. Alles, was sie von anderer Seite hörte, nahm sie unbesehen an, obschon sie sonst ganz intelligent war. Die von einer Bekannten gelegentlich gemachte Äußerung, Pat. sei vielleicht schwindsüchtig, hat sie jahrelang beschäftigt, sobald ihr gesundheitlich irgend etwas fehlte. So schüchtern und verlegen sie in größerer Umgebung war, so sehr hatte sie Verlangen nach intimerem Verkehr und persönlichem Anschluß, bei dem sie über ihr häusliches Elend klagen und ihr Herz ausschütten konnte. Sich auszusprechen war ihr ein dringendes Bedürfnis, und wenn ihr das fehlte, so schrieb sie ihre gemütstiefen Briefe, über die alle staunten. Denn nur mit Hilfe von Trost und freundlichem Zuspruch konnte sie ihrer heftigen Gemütsbewegungen Herr werden.

Diese Frau hatte das Unglück, einen ziemlich rohen und reizbaren Mann zu bekommen, der ihr keinerlei Verständnis entgegenbrachte. Zur Ehe war sie erst 19jährig gegen ihren Willen von der Familie gedrängt worden. Dazu kamen noch wenig günstige pekuniäre Verhältnisse und sehr schwere Geburten, welche die überhaupt nicht sehr kräftige Pat. körperlich herunterbrachten. So fühlte sie sich vielfach unglücklich und vom Leben bitter enttäuscht. Wirkliche Verstimmungen oder auch nur depressive Schwankungen ohne direkten Anlaß soll sie aber bis zum Jahre 1893 niemals gehabt haben. Damals fühlte sie sich nach einer Entbindung besonders elend und, als der Arzt von Unterleibsleiden sprach, stellte sich die Angst ein, sie könne unheilbar krank sein, die nun nicht mehr von ihr wich. Sie wurde verstimmt, innerlich unruhig und vermochte nicht mehr recht zu arbeiten, da sie sich dauernd mit ängstlichen Befürchtungen beschäftigte. Der Schlaf blieb aus, sie konnte es nachts nicht im Bett aushalten, lief unruhig jammernd im Hause umher, und kam so körperlich immer mehr herunter. Ein Aufenthalt bei Pfarrer Kneipp, eine Behandlung in der Frauenklinik, überhaupt jedesmal, wenn sie Gelegenheit hatte, sich körperlich zu erholen, brachte wesentliche Verbesserung, indessen ohne daß die Verstimmung wirklich verschwunden wäre, und sobald sie in die alten Verhältnisse zurückkam, stellte sich auch das alte Leiden wieder ein. Eine Lähmung des Armes im Winter 1893/94 wurde durch elektrische Behandlung in einem Krankenhause geheilt. Aber da im übrigen keine wesentliche Besserung erzielt wurde, suchte Pat. spontan im April und Juni 1895, beidemal nur für kurze Zeit, die Klinik auf, in der Hauptsache, um sich bei jemand, der ihr Verständnis entgegenbrachte, auszusprechen. Sie befand sich damals in einer leichten Verstimmung mit innerer Angst, Unruhe, schreckhaften Träumen und allerlei hypochondrischen Befürchtungen wegen des Unterleibsleidens, die sie selbst teilweise als übertrieben ansah. Zeitweise waren auch Suicidgedanken vorhanden. Im Laufe des Jahres 1895 besserte sich der Zustand rasch, sie wurde wieder völlig arbeitsfähig, und ist es seitdem ohne stärkere Schwankungen bis zum Jahre 1908 geblieben. An die Klinik hat sie eine große Anhänglichkeit bewahrt und im Laufe der nächsten Jahre noch mehrere dankerfüllte Briefe geschrieben. Im Dezember 1908 erkundigten wir uns nach ihrem Befinden, und wenige Wochen später kam Pat. wieder schwer depressiv in die Klinik gefahren und bat auf das eindringlichste, wieder aufgenommen zu werden. Seit etwa einem Jahr gehe der Ehemann mit dem Gedanken um, sein Anwesen zu verkaufen und in seinen Heimatort zurückzuziehen, wodurch sie ihren ganzen Bekanntenkreis verlieren würde. Sie habe sich dagegen ohne allen Erfolg gesträubt und sich schon die ganze Zeit Gedanken über diese Angelegenheit gemacht. Auf einmal habe sie erfahren, daß der Mann das Haus hinter ihrem Rücken ausgeboten, und daß auch ein Käufer dafür vorhanden sei. Darauf habe wieder eine Verstimmung mit Angst und nächtlicher Unruhe eingesetzt, die sie zur Arbeit völlig unfähig mache. Auch habe sie den Drang in sich gefühlt, in der Kirche laut aufschreien zu müssen und daher befürchtet, geisteskrank zu werden. Durch die Aussprache wurde eine gewisse Beruhigung erzielt. Die Kranke, die wegen Platzmangels nicht aufgenommen werden konnte, hat in der Folge mehrfach unsere Sprechstunde aufgesucht. Im Juni 1909 bestand die gleiche Verstimmung noch unverändert weiter; die Verkaufsangelegenheit war damals auch noch in der Schwebe.

Haben wir schon bei dem vorhergehenden Falle die psychotischen Zustände als die Antwort einer psychopathischen Persönlichkeit auf die unerträglichen Anforderungen des Lebens kennen gelernt, so trifft dies bei der letzten Kranken in höherem Maße zu. Sie lebt in recht schwierigen äußeren Verhältnissen, angekettet an einen Ehemann, der sie mißhandelt und in keiner Weise versteht. So wird ihr das Leben zur Hölle und sie flüchtet sich, wie man wohl mit Recht hier sagen darf, in die krankhaften Zustände, die ihr wenigstens zeitweise Ruhe vor dem Manne und den Sorgen des Lebens verschaffen. Eine schwer abnorme Persönlichkeit ist sie von jeher gewesen. Sie stammt aus einer außerordentlich belasteten Familie und war selbst von klein an auffallend und anders wie ihre Umgebung. Die Form ihrer psychopathischen Veranlagung gleicht durchaus den vorherigen Fällen, ist nur eher noch ausgesprochener. Auch hier steht die übertriebene Empfindlichkeit und die Labilität der Stimmungen im Vordergrunde. Die depressive Lebensauffassung mit der entsprechenden Stimmungslage erscheint nur als berechtigter Ausdruck äußerer Verhältnisse; von Zeit zu Zeit, meist auf einen nachweislichen Anlaß hin, steigert sie sich derart, daß wirkliche psychotische Perioden mit Angst und Suicidgedanken auftreten. Entsprechend ihrer körperlichen Hinfälligkeit spielen hypochondrische Vorstellungen dabei eine wichtige Rolle, wie ja auch diese Kranke wieder von Hause aus zart und schwächlich ist und, abgesehen von der psychischen Minderwertigkeit, rein körperlich den an sie gestellten Anforderungen nur schwer nachzukommen vermag. Die schlimmeren Zeiten unterscheiden sich nicht von dem, was wir bei wirklichen Depressionszuständen häufig sehen, Erkrankungen, die man als hysterisch gefärbte Melancholien bezeichnet hat. Wir werden später unter den anscheinend endogen sich entwickelnden Zuständen Bilder finden, die sich von den hier besprochenen Erkrankungen symptomatisch kaum abtrennen lassen, da kann nur die Kenntnis der Verhältnisse, inwieweit Abhängigkeit von äußeren Bedingungen besteht, die Entscheidung geben. In allen unseren zuletzt geschilderten Fällen war das Eheleben recht wenig glücklich. Hier tritt es wohl am deutlichsten zutage. Ob dabei auch sexuellen Verhältnissen eine ätiologische Bedeutung zukommt, wage ich nicht zu entscheiden. Ich möchte nur kurz erwähnen, daß Angst und schreckhafte Träume, die Freud als Ausdruck sexueller Schädigungen betrachtet, hier sehr ausgesprochen vorhanden waren, und ein Hauptsymptom der schweren Zustände bildeten.

Fall 42.

L. B., Schmiedsfrau aus R., geb. den 30. Juli 1852, stammt aus erblich schwer belasteter Familie. Der Vater war ein aufgeregter hitziger Mensch und Trinker, die väterliche Familie besteht aus eigentümlichen Leuten, die alle übertrieben fromm und auch sonst auffällig sind. Die Mutter war eine etwas schwerblütige Frau, ihr Bruder ein Trinker. Sie selbst war ein gesundes Kind und als klein nicht weiter auffällig, außer daß sie von jeher außerordentlich furchtsam und schüchtern war, so daß sie bei Fremden kein Wort herausbrachte und auch in der Schule vor lauter Angst nichts aufsagen konnte. Auch sonst hat sie nicht gut gelernt, sie hat sogar in Geographie und Aufsatz Nachhilfestunden erhalten müssen. Abgesehen von ihrer Ängstlichkeit hat sie das Leben nicht besonders schwer aufgenommen und ist im allgemeinen über Unangenehmes rasch hinausgekommen. Nur die Sorge um die eigene Gesundheit hat sie von jeher sehr beschäftigt, und schon kleine körperliche Störungen wurden von ihr sehr ernst angesehen. Mit sorgsamem Auge beobachtete sie sich selbst und dokterte fast unausgesetzt nach allerlei populärmedizinischen Büchern an sich herum. Dabei war sie eine gesunde kräftige Frau, die für zwei schaffte; „wie von Eisen" sagten die Leute. Sie wußte auch, was sie leisten konnte, und war stolz darauf. Gedanken, ob sie auch wirklich ihre Pflicht tue, oder religiösen Selbstquälereien hat sie sich niemals hingegeben. Sie war stets weich, mitleidig und gutmütig und konnte schreckliche Dinge weder hören, noch sehen. Im Verkehr mit anderen zeigte sie sich ängstlich und schüchtern und ging größerer Geselligkeit gern aus dem Wege. Bei ihrer übertriebenen Empfindlichkeit fühlte sie sich schon durch Kleinigkeiten schwer verletzt und war auch geneigt, hinter allem etwas zu suchen. Glaubte sie eine Kränkung erfahren zu haben, so war sie gleich sehr niedergeschlagen, ließ sich aber bald wieder trösten. Niemals hat sie längere Zeit ohne Anlaß trüben Gedanken nachgehangen. Die Stimmung war sehr labil und ganz von äußeren Anlässen abhängig, und jede Gemütsbewegung machte sich in heftigen Reaktionen Luft. Etwas für sich zu behalten und ihre eigenen Angelegenheiten mit sich allein abzumachen, das hat sie niemals vermocht.

1875 heiratete sie. Die Ehe war nicht glücklich, da der Mann trank und sie nicht immer gut behandelt hat. Trotzdem ging alles ordentlich bis zum Herbst 1902. Damals starb eine Schwester, die sie sehr gerne hatte, und gleichzeitig mußte der Sohn, der bei der Aushebung freigelost worden war, doch noch ganz unerwartet als Ersatzmann zum Militär. Durch diese Aufregungen sehr mitgenommen, erkrankte sie an Influenza mit nachfolgender Ohrenentzündung. Bei der Besserung des körperlichen Leidens im Dezember stellten sich zahlreiche hypochondrische Beschwerden ein. Sie wurde unruhig, schlaflos und lief unausgesetzt ängstlich jammernd umher. Die Unruhe und Angst nahmen rasch zu und im Februar 1903 machte sie einen schwächlichen Versuch, sich die Radialis zu durchschneiden, angeblich nur um sich zur Ader zu lassen, weil der Arzt gesagt habe, sie hätte zu viel Blut. Daraufhin brachte man sie am 21. Februar in die Tübinger Klinik. Auch hier war sie von hypochondrischen Ideen vollkommen beherrscht. Sie klagte über Brennen, Zucken, Druck und Schmerzen im Leib, im Kopf, Genick und Mund, hatte das Gefühl, als ob etwas im Bauche sei und dergleichen mehr. Sie weinte und jammerte ohne Unterlaß und hatte das Bestreben, die Schwere ihrer Verzweiflung recht deutlich vorzuführen. Anfangs steigerten sich Unruhe und Angst noch weiter, und im April kam es schließlich so weit, daß sie völlig die Nahrung verweigerte und mit der Schlundsonde gefüttert werden mußte. Von da an trat der Umschlag zur Besserung ein. Das Jammern nahm allmählich ab und beschränkte sich mehr auf die Anwesenheit des Arztes, während sie mit anderen Kranken zusammen ganz heiter sein konnte. Einmal trat ein typischer hysterischer Anfall auf, der sich durch Druck auf die Ovarialgegend sofort kupieren ließ. Lidkrampf und Tick der Zunge hatten eine Zeitlang vorher bestanden und klonische Zuckungen in den Extremitäten zeigten sich vorübergehend, alles nur in Anwesenheit des Arztes und erst zu einer Zeit, als die schwere Verstimmung in Besserung begriffen war. Pat. war damals so suggestibel, daß ein Wort genügte, um bei ihr eine neue Erscheinung hervorzurufen. Alle Heilversuche blieben ohne Erfolg, bis Ende Juni ganz unvermittelt rasche Besserung einsetzte. Pat. arbeitete fleißig, war heiter und vergnügt und zeigte keinerlei krankhafte Erscheinungen mehr. Anfang August 1903 konnte sie geheilt nach Hause entlassen werden und ist seitdem völlig gesund geblieben, trotzdem sich ihre häuslichen Verhältnisse wesentlich verschlechtert haben. Der Mann durch Trinken heruntergekommen, hat seinen Beruf aufgegeben, und Pat. muß allein die ganze Familie unterhalten durch das, was sie in einem kleinen Kramladen verdient. Bei ihrer Vorstellung im Februar 1909 machte sie den Eindruck einer wenig intelligenten empfindlichen Frau und erweckte durch ihr Aussehen den Verdacht, daß sie gleichfalls trinke. Sie gab sehr redselig aber wenig einsichtig Auskunft, so daß es nicht leicht war, sich ein klares Bild von ihrem Vorleben und ihrer Persönlichkeit zu machen, doch konnte die mitgekommene Tochter das Wesentlichste aufklären und ergänzen.

Die Kranke unterscheidet sich ihrer ganzen Veranlagung nach nur wenig von den soeben besprochenen Patienten. Sie ist hypochondrisch und ängstlich von Hause aus, lebt in unglücklicher Ehe und mißlichen äußeren Verhältnissen und hat darauf immer mit depressiven Gedanken und leichter Verstimmung reagiert. Sie ist jedoch im Gegensatz zu den beiden vorhergehenden Fällen im allgemeinen arbeitsfähig geblieben, ja sie hat sogar in den letzten Jahren, als der Mann, durch Trinken heruntergekommen, völlig versagte, die nötige Energie besessen, die Familie über Wasser zu halten. Nicht wie dort finden wir ein weichliches Nachgeben und ein sich Hineinsteigern bis zur Psychose; die Kranke hat vielmehr die moralische Kraft, sich unter dem Zwang der äußeren Verhältnisse genügend zusammenzuraffen und mehr zu leisten als je zuvor. Bei ihr bedarf es noch anderer schädigender Momente, um sie völlig versagen zu lassen.

Körperliche Erkrankung, Unglück in der Familie, Tod der Schwester, die Aussicht den Sohn, ihre Stütze, auf längere Zeit verlieren zu müssen, das alles kommt auf einmal über sie herein. Da bricht sie zusammen und nun entwickelt sich eine akute Psychose von ängstlich hypochondrischen Charakter mit typisch hysterischen Erscheinungen, wie Anfällen, Tiks, Krämpfen usw. Wir haben also eine richtige Reaktionspsychose vor uns, die ganz den früher geschilderten analog ist, nur daß statt des konstitutionell depressiven Boden hier eine hysterische Veranlagung zugrunde liegt und sich das Symptomenbild demgemäß gestaltet. Sehr hübsch wird hier unsere Auffassung von den Beziehungen der reaktiven Verschlimmerungen zu den echten Reaktionspsychosen bestätigt. Die Kranke hier ist widerstandsfähiger; die andauernden unglücklichen häuslichen Verhältnisse vermögen daher nicht eine stärkere Verschlimmerung ihrer labilen gemütlichen Veranlagung herbeizuführen, die dann als Zunahme der pathologischen Konstitution in Erscheinung träte. Nur eine dauernd leicht gedrückte Stimmungslage ist die Folge. Dafür tritt aber als Wirkung einer akuten Schädigung eine rasch vorübergehende sehr heftige Reaktionspsychose auf. Bei Kenntnis der ganzen Entwicklung dürfte die Diagnose klar sein. Die Erkrankung muß wohl als hysterischer Depressionszustand aufgefaßt werden. Bemerkenswert ist vielleicht noch die Tatsache, daß hier ebenso wie bei den vorhergehenden Kranken sich eine Abhängigkeit von dem körperlichen Befinden feststellen ließ, die wohl nicht nur ein zufälliges Zusammentreffen darstellt.

Fall 43.

F. B., Weingärtnersfrau aus H., geb. den 14. November 1856, entstammt einer schwerbelasteten Familie. Die Mutter, eine auffallend geizige Frau, machte einen Depressionszustand durch. Ihre Stieftochter, deren Tochter, ein Stiefbruder, die Enkelin einer echten Schwester haben alle gleichfalls Schwermutsanfälle gehabt. Der Vater war ein Trinker, der Sohn eines Vaterbruders starb als Epileptiker in jungen Jahren, ein Geschwisterkind väterlicherseits ist geisteskrank, doch ließ sich leider nichts Näheres über die Natur der Erkrankung feststellen. Ein Sohn hat mehrfach Verstimmungen durchgemacht, eine Tochter litt an Bettnässen bis zum 18. Lebensjahre. Trotz der vielen Depressionszustände ist bisher in der Familie kein Selbstmord vorgekommen, mit Ausnahme eines Falles, der unten näher erwähnt werden soll. Die Kranke selbst war ein aufgewecktes lebhaftes Kind, das regen freundschaftlichen Verkehr unterhielt und auf der Schule sehr gut vorankam. Sie sprach gern und viel, konnte keinerlei Geheimnis bei sich behalten und war etwas hastig und ungestüm in ihrem ganzen Wesen. In größerer Gesellschaft war sie stets etwas scheu und wurde leicht verlegen. Sie war überhaupt ein ängstliches Naturell, dem gleich die Tränen kamen. Um das Wohl der Kinder hat sie sich stets übertriebene Gedanken gemacht und mochte ihnen aus Furcht vor einem Unglücksfall selbst die harmlosesten Dinge nicht erlauben. Durch widrige Verhältnisse ließ sie sich für den Augenblick gleich niederschlagen, und wenn sie keinen Ausweg sah, so dachte sie sofort an Selbstmord, ohne indessen diesem Gedanken jemals ernstlich näher zu treten. Um wirkliche Verstimmungen hat es sich dabei nicht gehandelt; es war mehr ein plötzliches Mutloswerden, wie sie auch bei günstigen äußeren Umständen sofort in den höchsten Enthusiasmus geriet. Im ganzen hat sie das Leben eher leicht aufgenommen, niemals grüblerischen Gedanken nachgehangen oder sich grundlos Sorgen gemacht. Im Gegenteil, sie baute gerne Luftschlösser, malte sich die Zukunft in den rosigsten Farben aus und lebte dann ganz in ihren glücklichen Phantasien. Gegen unfreundliche Behandlung war sie stets außerordentlich empfindlich; hinter allem eine absichtliche Zurücksetzung zu wittern, lag ihr immer sehr nahe. Ebenso wie sie selbst streng rechtlicher Gesinnung war, hielt sie sehr darauf, daß man berechtigten Ansprüchen von ihr in keiner Weise zu nahe trat. Auch war sie im allgemeinen mehr als notwendig sparsam. Von sich selbst hatte sie keine zu schlechte Meinung, doch ließ sie es nicht an Selbstkritik fehlen. In religiöser Beziehung dachte sie streng und wäre gern einer Gemeinschaft beigetreten, wenn das ihr Mann erlaubt hätte. Doch fiel sie in ihrer Umgebung nicht durch besondere Frömmigkeit auf. Von jeher hat sie viel und lebhaft geträumt, oft im Schlafe laut gesprochen, auch Andeutungen von Nachtwandeln gezeigt.

Bis zur Heirat im 22. Jahre lebte sie im elterlichen Hause. Die Ehe ist glücklich, die äußeren Verhältnisse waren stets günstige. Sie hat im ganzen fünfmal geboren. Alle Entbindungen waren schwer und mit großen Blutverlusten verknüpft. Im Herbste 1908 sollte der älteste Sohn heiraten. Sie war mit seiner Wahl wohl einverstanden und beschäftigte sich im Laufe des Sommers eifrig mit allen erforderlichen Zurüstungen. Während dieser Tätigkeit stellte sich allmählich eine leichte Verstimmung mit Gefühl der Verlassenheit ein. Sie hatte immer an dem ältesten Sohn besonders gehangen, der ihr in allem eine Stütze gewesen war.

Bei den Vorbereitungen zur Hochzeit fiel es den Angehörigen auf, daß sie sich so viel mehr Sorgen machte, als es sonst ihre Art war. Auch trat ganz unvermittelt die Befürchtung auf, sie möchte krank werden und könnte an der Feierlichkeit nicht teilnehmen. Wider ihr Erwarten ging alles ganz gut vorüber, nur ein Gewitter, das während der Trauung ausgebrochen war, hatte sie in auffallender Weise beunruhigt. In der folgenden Nacht hatte sie einen ängstlichen Traum, in dem sie die Braut des Sohnes bei der Trauung am Altare stehen sah, wie dieser von einem Blitzstrahl der Schleier heruntergerissen wurde. Sie wachte in schrecklicher Angst auf, vermochte nicht mehr weiter zu schlafen und fühlte sich völlig unglücklich und verzweifelt. Von jenem Augenblicke an war sie gedrückter Stimmung und ganz verändert, hypochondrische Befürchtungen und Sorgen für die Zukunft traten auf und mehrfach wurden Suicidgedanken geäußert. Tagsüber vermochte sie noch zu arbeiten, aber abends stellte sich regelmäßig die schwere Angst ein, die sie keinen Augenblick Ruhe finden ließ. Am 19. November 1908 trat ein heftiger Angstanfall auf, indem sie in Anwesenheit der Tochter einen schwächlichen Suicidversuch mit einem Strick machte, was zu ihrer Aufnahme in die Klinik führte. Hier zeigte sie einen ausgesprochen psychogen wirkenden ängstlichen Depressionszustand mit übertriebenen Klagen und Jammern. Sie ließ sich steif in Kreuzesstellung auf den Boden fallen, erklärte im Predigerton gestorben zu sein und begleitete alle Vorgänge in ihrer Umgebung mit beschreibenden Bemerkungen. Solche Zustände wiederholten sich mehrfach, ließen sich aber stets durch energisches Zureden rasch beseitigen. In der Zwischenzeit bestand eine ängstliche Verstimmung mit lautem Klagen und Jammern; Erscheinen des Arztes wirkte regelmäßig befördernd, während Ablenkung sie leicht beruhigte, so daß eine längere Unterhaltung ohne Schwierigkeit zu führen war. Sie war des Trostes und der Aussprache bedürftig und gern bereit, über ihre krankhaften Erscheinungen mit viel Liebe Auskunft zu geben. Unter Beschäftigung und völliger Vernachlässigung ihrer Beschwerden hob sich ihr Befinden rasch innerhalb einiger Wochen, so daß sie sehr gebessert mit völliger Krankheitseinsicht entlassen werden konnte. Zu Hause war sie wieder empfindlicher und mehr verstimmt, doch scheint keine wirkliche Depression bestanden zu haben. Jedenfalls wurden keine ähnlichen Erscheinungen mehr beobachtet wie vor der Aufnahme. Man war daher auf das äußerste überrascht, als sie im März 1909, etwa drei Monate nach der Entlassung, plötzlich durch Erhängen ihrem Leben ein Ende machte. Wenige Tage zuvor war eine weitläufige Verwandte, die Enkelin einer Schwester ihrer Mutter, die mit ihr zusammen gleichzeitig wegen einer schweren Depression in Behandlung der Klinik gewesen und gegen ärztlichen Rat nach Hause genommen war, den gleichen Weg gegangen (Fall 19). Da beide im gleichen Orte ansässig sind, ist dies vermutlich für Pat. der Anstoß zur Tat geworden.

Ähnlich wie bei dem letzten Beispiel haben wir es hier mit einer abgeschlossenen Verstimmung zu tun, die in einem genau bekannten Augenblicke einsetzt und unter akuten stürmischen Erscheinungen verläuft und einen typisch hysterischen Charakter an sich trägt. Die völlige Abhängigkeit der Schwere des Affekts von der äußeren Umgebung, die außerordentliche Beeinflußbarkeit, die echt hysterischen Erregungen mit ihren anfallsartigen Erscheinungen sprechen so deutlich für die hysterische Natur der Erkrankung, daß ein Zweifel kaum mehr möglich bleibt. Diese Form der Erkrankung würde nicht schlecht für eine Reaktionspsychose passen, und in der Tat schließt sich der Ausbruch auch so direkt an die Heirat des Sohnes an, daß ein gewisser Zusammenhang wohl als sicher anzunehmen ist. Der Traum, mit dem die akuten Erscheinungen einsetzten, weist mit Nachdruck auf diese ätiologische Wurzel hin. Auffallend ist aber doch, daß der Anlaß für eine so schwere Erkrankung nur so gering gewesen sein sollte, zumal früher niemals etwas von hysterischen Erscheinungen hervorgetreten ist. Mag sie dem Sohne auch noch so nahe gestanden haben, bei den sonstigen äußerlich glücklichen Verhältnissen, die keinerlei Anlaß zu Sorgen und Verstimmung boten, wird man nur ungern in dieser nicht einmal völligen Trennung die Ursache zu der schweren Psychose erblicken. Nach den Lehren der Freud'schen Schule würden allerdings gerade derartige Konflikte in der Ätiologie der Neurosen eine große Rolle spielen, was nur nebenbei bemerkt werden soll. Noch ein zweites Moment weist aber gleichfalls auf eine endogene Entstehung hin, der Tod durch Suicid, ohne daß eine direkte auslösende Ursache vorangegangen wäre. Das ist doch für eine hysterische Verstimmung eine ungewöhnliche Handlungsweise. Sie läßt auf eine andauernde Schwere des Affektes schließen, wie wir sie sonst nur bei melancholischen Kranken anzutreffen pflegen. Auch die vielen in der Verwandtschaft beobachteten Verstimmungszustände und entsprechenden Veranlagungen machen eine depressive Familiendisposition wahrscheinlich und lassen vermuten, daß auch hier eine ernstere Psychose vorgelegen habe, als eine einfache hysterische Reaktion. Eine in der Klinik behandelte Verwandte (Fall 19) bot das Bild einer schweren gehemmten Depression ohne alle hysterischen Erscheinungen. So wird auch hier wieder die Diagnose außerordentlich schwierig. Trotz aller erwähnten Bedenken möchte ich mich für meinen Teil nach dem typisch hysterischen Verhalten der Kranken, das sich leider in einer kurzen Krankengeschichte nicht genügend wiedergeben läßt, für eine hysterische Erkrankung entscheiden, deren tieferer Anlaß wie das ja so häufig geht, nur zum geringsten Teil aufgedeckt ist. Wir gelangen ja nur dort ohne weiteres zu wirklich klarem Verständnis, wo eine einfache direkt übersehbare Reaktion vorliegt. Ob in unklaren Fällen neben unbekannten psychologischen Beziehungen auch die Momente eine Rolle spielen, welche die endogenen Depressionszustände hervorrufen, vermögen wir nicht zu entscheiden. Trifft das aber zu, so hätten wir echte, den zirkulären gleichzusetzende Melancholien vor uns, die nur einer individuellen Veranlagung ihr gesondertes klinisches Bild verdanken. Die eigentümliche Gestaltung rechtfertigt auch eine gesonderte Besprechung. Vor der Hand wird übrigens eine scharfe Abtrennung von den vorher geschilderten reaktiven Erkrankungen nicht möglich sein, ehe wir nicht einen tieferen Einblick in die Genese dieser Zustände gewonnen haben; denn das Kriterium für die Abgrenzung bestände ja zurzeit nur in dem Mangel an Verständnis für die Entwicklung im einzelnen Falle. Ich füge noch eine zweite Krankengeschichte hinzu, wo der Anlaß noch problematischer ist und die Diagnose einer Melancholie im zirkulären Sinne noch näher liegt.

Fall 44.

M. H., Polizeiinspektorsfrau aus H., geb. den 7. November 1849, weiß nichts über erbliche Belastung aus ihrer Familie anzugeben. Einer ihrer Brüder soll ein brutaler schwieriger Mensch gewesen sein, der nach Amerika auswanderte, weil er sich mit seiner Familie nicht vertrug. Sie selbst war von jeher auffallend ängstlich und schreckhaft; als Kind wagte sie in der Dunkelheit keinen Schritt allein, hatte vielfach schreckhafte Träume und litt an Pavor nocturnus. Stets war sie außerordentlich empfindlich und bei jeder Kleinigkeit gekränkt, doch gelang es regelmäßig, sie rasch zu beruhigen. Schon bei geringfügigen Anlässen geriet sie außer sich und verlor dann gleich den Kopf. In ihren Affektäußerungen war sie sehr lebhaft und auch ziemlich jähzornig. Unangenehmes nahm sie immer schwer auf und trug nicht leicht daran, doch war ihre Gemütsstimmung nicht dauernd gedrückt. Aus Geselligkeit und lärmenden Vergnügungen hat sie sich nie etwas gemacht; sie war eine sparsame und fleißige Frau, die ihre Arbeiten sehr pünktlich besorgte und für andere Dinge wenig Interesse besaß. Übertrieben pflichteifrig ist sie nicht gewesen; auch hatte sie keine Neigung zu unbegründeten Sorgen und Grübeleien. In jungen Jahren war sie in verschiedenen Stellungen als Dienstmädchen und später als Haushälterin tätig, und überall war man mit ihr sehr zufrieden. In die Ehe trat sie erst mit dem 46. Jahre, zwei Jahre nach Eintritt der Menopause. Mit dem recht verständigen Manne und den Stiefsöhnen scheint sie glücklich gelebt zu haben; die pekuniären Verhältnisse waren günstig.

Schon 1893 trat im Anschluß an eine Zahnextraktion mit sehr heftiger Blutung, die bis zur Ohnmacht führte, eine kurz dauernde Verstimmung mit Angst und hypochondrischen Ideen auf. Auch Lebensüberdruß und lebhafte Selbstvorwürfe waren eine Zeitlang vorhanden. 1904 machte sie sich bei dem Tode einer Nichte heftige Vorwürfe, sie habe diese nicht ordentlich verpflegt, und nahezu ein halbes Jahr konnte sie sich aus diesen depressiven Ideen nicht herausfinden. Sie war damals durch eine angebliche Influenza körperlich heruntergekommen. 1907 erkrankte sie gleichfalls wieder nach einer Influenza an einer Verstimmung mit hypochondrischen Beschwerden. Sie klagte über Magen-, Hals-, Brust- und Unterleibsstörungen und suchte wegen ihres Leidens zahlreiche Ärzte auf. Da sie sich zu Hause über alles furchtbar aufregte und durch ihr unaufhörliches lautes Jammern sehr störend war, wurde sie am 23. November 1908 in die Tübinger Klinik verbracht. Körperlich ließen sich damals keinerlei Störungen bei ihr nachweisen. Die blühend aussehende Kranke war trotzdem von einer schweren körperlichen Erkrankung felsenfest überzeugt und einzig und allein mit ihrem Wohlbefinden beschäftigt. Jede Gelegenheit benutzte sie, um mit leidender Miene die verschiedensten Beschwerden in allen nur möglichen Körperteilen unter großem Wortschwalle vorzutragen. Trost und freundlichem Zuspruch war sie für den Augenblick zugänglich, kam aber bei der nächsten Visite stets mit neuen Klagen. Alle ihre Affektäußerungen erschienen übertrieben und nicht dem Grade der Stimmung entsprechend. Wenn sie niemand fand, dem sie vorklagen konnte, sang und unterhielt sie sich ganz frei mit anderen Kranken und arbeitete auf Verlangen auch ganz fleißig. Am liebsten war sie aber mit allerlei Maßnahmen für ihre Gesundheit beschäftigt, denen sie eine außerordentliche Wichtigkeit beilegte. Mehrfach verlangte sie nach Hause, doch jedesmal, wenn von Entlassung die Rede war, verschlechterte sich der Zustand erheblich. Im ganzen trat im Verlaufe der Behandlung eine leichte Besserung ein. Am 8. April 1909 wurde Pat. versuchsweise nach Hause entlassen. Ohne daß dort eine bedeutende Verschlimmerung aufgetreten wäre, machte sie schon wenige Wochen später durch Erhängen ihrem Leben ein Ende. Möglicherweise hat der kurz vorher erfolgte Selbstmord zweier anderer Bekannter aus der Nachbarschaft, die mit ihr zusammen in der Klinik gewesen waren, bestimmend auf sie eingewirkt.

Die hier geschilderte Erkrankung entwickelt sich ohne nachweislichen Anlaß und erweckt in ihrer abgeschlossenen Form noch mehr den Verdacht einer echten melancholischen Psychose. Trotzdem hat sie hier eine Stelle gefunden wegen ihres auffallenden hysterischen Gepräges. Der Affekt schien nicht tief zu gehen, entlud sich in ganz übertriebenen Ausdrucksbewegungen und war außerordentlich abhängig von der jeweiligen Umgebung. Der Inhalt der depressiven Vorstellungen entsprach der hypochondrischen Gedankenrichtung, die der Kranken schon in früheren Jahren immer nahe gelegen hatte. Auch die psychogene Ausdrucksform ergibt sich als die angeborene Art der Kranken in gemütlicher Weise zu reagieren. Die äußere Gestaltung der Erkrankung geht also hier zweifellos auf die angeborene Veranlagung zurück, und da wir sonst keinerlei ätiologische Anhaltspunkte haben, bleibt nichts übrig als die Erkrankung zu den endogenen Störungen zu rechnen. Man wird sie also am besten als Melancholie mit hysterischen Zügen bezeichnen. Über die Stellung zu den zirkulären Erkrankungen wird man wohl ein non liquet aussprechen müssen. Möglicherweise gehört die Erkrankung mit zu den eigentümlichen Formen hysteriformer Psychosen im beginnenden Präsenium, die im nächsten Abschnitt näher betrachtet werden sollen.

Fall 45.

K. S., Taglöhnerin aus R., geb. den 27. September 1866, hatte einen Vater, der trunksüchtig war. Sonst ist über erbliche Belastung nichts bekannt geworden. Pat. selbst war ein gesundes kräftiges Kind, das sich normal entwickelte, aber geistig nur mäßig veranlagt war und auf der Schule nur schlecht vorankam. Die Eltern sind früh gestorben, und die Kranke hat sich als landwirtschaftliche Taglöhnerin kümmerlich durch das Leben schlagen müssen. In ihrem ganzen Wesen war sie von jeher etwas ungeschickt und schwerfällig und im Verkehr mit Fremden immer außerordentlich verlegen und scheu. Bei allem Ungewohnten und Neuen zeigte sie sich ängstlich und unsicher und verlor sofort den Kopf, wenn irgendwelche besonderen Ansprüche an sie herantraten. Gegen barsche Behandlung war sie außerordentlich empfindlich; sie war durch alles zu kränken und weinte bei jeder Gelegenheit. Ihre Stimmung war labil und sehr von äußeren Umständen abhängig, im allgemeinen aber heiter und zufrieden, sobald sie nur in ihrem gewohnten Geleis war und keinerlei besondere Anforderungen an sie herantraten. Neigung zu Grübeleien oder depressiver Lebensauffassung besaß sie nicht. Von jeher war sie außerordentlich fromm und hielt in einfältig strenger Weise alle kirchlichen und religiösen Gebote. Im Verkehr mit Mannsleuten war sie ganz übertrieben scheu und prüde und hat sich teils aus Angst, teils aus religiösen Bedenken niemals auf irgendeine Liebschaft eingelassen, bis es in ihrem 39. Lebensjahre einem ganz jungen Burschen gelang, sie zu verführen. Als sie in andere Umstände kam, ließ sie der Mann natürlich sitzen, und nun wurde sie, die immer früher so prüde getan hatte, das Gespött der gesamten Bekannten. Wehrlos dem ausgeliefert, litt sie bei ihrer Empfindlichkeit ganz unsäglich darunter, und da sie sich keinen andern Ausweg wußte, zog sie sich immer mehr von allen anderen zurück, bis sie schließlich sich gar nicht mehr zeigte und mit niemand mehr ein Wort sprach. Sie war schwer gedrückt und völlig arbeitsunfähig, und da sie keinerlei Pflege zu Hause besaß und die Entbindung vor der Türe stand, lieferte man sie Anfang November 1906 in die Tübinger Frauenklinik ein, von wo sie aber sofort als psychisch krank zu uns verlegt wurde. Sie befand sich damals in einem apathischen weinerlichen Zustand und erschien auf das schwerste gehemmt, so daß das ganze Krankheitsbild den Eindruck eines typischen depressiven Stupors erweckte. Sprechen, sich bewegen, kurz alles gelang nur unter der größten Erschwerung und mit den Anzeichen einer tiefen Verstimmung. Selbst die Nahrungsaufnahme machte die größten Schwierigkeiten. Ende November wurde sie von einem gesunden Kinde entbunden. Nun löste sich der Stupor ziemlich rasch und machte einer hypochondrisch gereizten Verstimmung Platz mit ausgesprochenen hysterischen körperlichen Störungen, vor allem Contracturen und Lähmungen bis zur völligen Astasie und Abasie; doch waren diese Erscheinungen ebenso wie die Stimmungslage sehr von der Umgebung abhängig. Unter energischer Übungstherapie besserte sich der Zustand außerordentlich rasch trotz eines gewissen passiven Widerstandes der Pat., die keinerlei Besserung zugeben wollte und immer aufs neue mit ihren hypochondrischen Klagen kam. Ende Februar wurde sie als arbeitsfähig gegen ihren Wunsch nach Hause entlassen. Ende Januar 1909 hat sie sich wieder bei uns vorgestellt. Wie sie damals erzählte, habe sie bei ihrer Entlassung in Erinnerung an die schweren Zeiten während der Schwangerschaft sich sehr vor der Heimkehr gefürchtet und sich auch anfangs gar nicht recht wohl und kräftig gefühlt. Als aber wider Erwarten alles gut ging und man ihr von keiner Seite mit Bemerkungen oder Neckereien entgegenkam, da hätte sie sich bald wieder glücklich und zufrieden gefühlt und sich sehr rasch vollkommen erholt. Die äußeren Verhältnisse gestalteten sich ganz ordentlich und, da die Kranke in ihrem Kinde jemand hatte, für den sie sorgen konnte, fühlte sie sich glücklicher als zuvor und denkt an alles ohne jede Bitterkeit zurück.

Über die Natur dieser Erkrankung kann wohl kein Zweifel sein. Es ist eine hysterische Reaktionspsychose und gehört den Erkrankungsformen an, die Specht mit seiner Hysteromelancholie umschrieben hat. Auffallend ist nur hier das äußere Symptomenbild, das so vollkommen an eine schwere Depression erinnerte, daß wir bis nach der Entbindung nicht auf den Gedanken kamen, es könne nur eine hysterische Reaktion vorliegen. Viel eher dachte man noch des schweren Stupors wegen an eine beginnende Katatonie. Erst die auffallenden psychogenen Störungen wiesen den richtigen Weg, den der weitere Verlauf ja vollkommen sichergestellt hat. Man darf wohl das eigentümliche Symptomenbild aus der ganzen Persönlichkeit heraus erklären. Die beschränkte und schüchterne Person, die niemals vor anderen ein lautes Wort wagte, hat auf allen den Spott ihrer Umgebung keine andere Abwehr gewußt, als sich vollkommen zurückzuziehen, und der Stupor in der beginnenden Psychose erscheint nur als die äußerste Konsequenz dieses Verhaltens. Als es dann der Genesung zuging und sie nach Hause sollte, war die Unfähigkeit zu gehen und zu stehen wohl auch das Nächstliegende ihre Verpflegungsbedürftigkeit recht deutlich vor Augen zu führen. Daß die Kranke bewußt stark übertrieben habe, soll damit gar nicht behauptet werden; es ist bei ihren schweren hysterischen Erscheinungen und dem tiefgehenden Krankheitsgefühl nicht einmal sehr wahrscheinlich.

Wir haben in einigen der vorhergehenden Fälle auf die sexuellen Faktoren hingewiesen, denen von Freud'scher Seite eine so große Bedeutung beigemessen wird, haben aber die Frage offen gelassen, wieweit dies tatsächlich für unsere Kranken zutrifft. Symptomatisch erinnern einzelne unserer Krankengeschichten an Zustände wie sie Freud als Angsthysterien auf sexueller Grundlage beschrieben hat. Ein größeres Material von nach dieser Richtung hin beobachteten Kranken steht mir leider nicht zur Verfügung, doch hat mir der Zufall eine Patientin in die Hände gespielt, deren spontan erfolgte Schilderungen im großen und ganzen einer derartigen Ätiologie entsprechen. Die Verhältnisse liegen hier so durchsichtig und weisen mit solcher Deutlichkeit auf die ätiologische Bedeutung sexueller Faktoren hin, daß wir wenigstens für einen Teil solcher Zustandsbilder die sexuelle Ätiologie nicht ganz werden bestreiten dürfen. Ich führe die Krankengeschichte im folgenden an:

Fall 46.

E. S., Schuhmachersfrau aus O., geb. den 5. April 1869, stammt angeblich aus völlig unbelasteter Familie. Sie war ein gesundes kräftiges Kind, das auf der Schule ganz ordentlich lernte und keinerlei Besonderheiten aufwies. Sie hat im allgemeinen eine ganz glückliche Jugend verlebt. Nur zur Zeit der Pubertät traten ohne rechten äußeren Anlaß öfters Stunden gedrückter Stimmung auf, ja sie soll nach eigener Angabe damals schon gelegentlich Suicidgedanken gehabt haben; doch scheint eine länger dauernde abgeschlossene Verstimmung zu jener Zeit nicht vorhanden gewesen zu sein. Im übrigen war sie eine heitere Natur, die das Leben nicht besonders schwer aufnahm und sich auch in alle seine vielen Unannehmlichkeiten und Enttäuschungen ohne große Mühe fand. Allerdings war ihre Gemütsstimmung von jeher etwas labil und von äußeren Einflüssen abhängig. Sie besaß eine außerordentliche Empfindlichkeit gegen kleine Zurücksetzungen oder Kränkungen und konnte unfreundliche Behandlung nur schwer hinnehmen. Sie ließ sich dann für den Augenblick stets völlig niederschlagen und ganz außer Fassung bringen, und war ihrer zornigen Stimmung so wenig Herr, daß es gelegentlich zu Differenzen mit der Umgebung kam, während sie sonst von Natur aus eine sehr ängstliche und schüchterne Persönlichkeit war, die niemals irgend jemand zu nahe zu treten wagte. Doch waren solche Erregungen stets nur ganz vorübergehend und wurden von der Kranken rasch überwunden, wie überhaupt ihre ganze gemütliche Reaktionsweise in sehr steilen und kurzen Kurven ablief. Und zwar waren es viel weniger traurige Erlebnisse, Sorgen oder schwierige Situationen, die solche Ausschläge herbeiführten, als vielmehr der Gedanke, sie solle irgendwo zurückgesetzt werden, wozu bei ihrer übertriebenen Empfindlichkeit sich alle Augenblicke eine Gelegenheit bot. Ihr Affekt trat dann in sehr heftigen, oft übertriebenen Ausdrucksbewegungen zutage. Besonders, wenn sie mit Arbeiten überhäuft oder sonstwie stark angespannt und erschöpft war, kam es leicht zu schweren Entladungen. Sie weinte, klagte, schalt und drohte, gebärdete sich ganz verzweifelt, war aber im nächsten Augenblicke wieder völlig beruhigt. So leicht sie geneigt war, hinter allem Kränkungen und Zurücksetzungen zu vermuten, so wenig hat sie jemals irgendwelche vermeintliche oder wirkliche trübe Erfahrung einem anderen nachgetragen. Mit dem Abklingen des Affektes war der ganze Anlaß vergessen. Nur selten ließ sie sich im Zorn zu wirklich energischem Vorgehen hinreißen; dazu war sie ein viel zu ängstliches Gemüt. Vor jedem Neuen, Ungewohnten und Außergewöhnlichen schreckte sie zurück. Schon über Kleinigkeiten konnte sie sich ohne Not ängstigen und aufregen und in der Nacht vor besonderen Ereignissen tat sie kein Auge zu. In religiöser Beziehung unterschied sie sich nicht von ihrer Umgebung und wegen Übertretung kirchlicher Gebote hat sie sich nicht allzuviel Sorgen gemacht. Im Alter von 16 Jahren soll sie ein geschlechtliches Attentat erlitten haben, über das aber nichts Näheres von ihr zu erfahren war. Bis zur Verheiratung im 28. Jahre lebte sie im elterlichen Hause und half mit bei der Feldarbeit. In diesen langen Jahren war sie dauernd von der Furcht geplagt, sie werde keinen Mann bekommen und in ihren Gedanken war sie stets mit dem Heiraten beschäftigt. Ganz besonders war das um das 20. Jahr der Fall, ohne daß sich heute dafür noch ein besonderer Anlaß nachweisen ließ. Sie war damals direkt verstimmt und litt so unter der Vorstellung, sie könne ledig bleiben, daß ihre Arbeitsfähigkeit stark herabgesetzt war, und sie sich äußerst unglücklich fühlte. Der Zustand soll eine Reihe von Wochen angehalten haben. Eine genaue Schilderung ihres damaligen Verhaltens war leider nicht zu bekommen. Ähnliche Zeiten nur von kürzerer Dauer sollen in der Folge noch oft aufgetreten sein. Stets sei die traurige Stimmung nur mit dem Gedanken verknüpft gewesen, sie werde keinen Mann bekommen. Andere depressive Vorstellungen werden auf das bestimmteste in Abrede gestellt, und auch sollen diese von Zeit zu Zeit sich wiederholenden Stimmungsschwankungen mit einem Schlage aufgehört haben, als sie einmal geboren hatte. Keinen Tag, keine Stunde sei sie seit jener Zeit wieder in ähnlicher gemütlicher Verfassung gewesen. Von jeher, solange sie sich erinnern kann, sei sie geschlechtlich außerordentlich erregbar gewesen und habe unter sexueller Abstinenz furchtbar gelitten. Bis zur Ehe habe sie keinerlei Verkehr gehabt. Und in der Ehe habe sie sich in fortwährendem inneren Zwiespalt befunden, da der Mann, ein sehr braver und religiöser Mensch, ihren Wunsch nach Präventivmitteln strikte ablehnte, und sie auf der anderen Seite die mit der Zahl der Kinder rasch wachsenden pekuniären Sorgen sehr ernst nahm und auch unter den Erschöpfungen der vielen Entbindungen litt. Sie hat in den 12 Jahren der Ehe 11 Geburten und einen Abort durchgemacht. Bei jeder neuen Schwangerschaft hatte sie den sehnlichsten Wunsch, das Kind möge tot zur Welt kommen und sie empfing den neuen Sprößling mit sehr wenig freundlichen Gefühlen. Wenn aber ihr Wunsch wirklich eintraf, oder sonst ein Kind starb, machte sie sich die bittersten Vorwürfe und war äußerst unglücklich darüber. Im allgemeinen sorgte sie recht gut für die Kinder, ja sie war in ganz übertriebenem Maße ängstlich, daß ihnen irgend etwas zustoßen könnte. Nur im Zorn wurde sie gelegentlich sehr heftig und ungerecht, bereute es aber stets sofort hinterher und suchte es auf jede Weise wieder gutzumachen. Der Wunsch, kein lebendes Kind zu bekommen, war besonders ausgesprochen bei der letzten Schwangerschaft, die mit der Geburt eines gesunden Knaben im Oktober 1908 endete. Während sie in der Hoffnung war, litt sie viel an Angstträumen, die sich mit dem Tode der Schwiegermutter und der Trennung vom Manne beschäftigten. 6 Wochen nach jener Entbindung setzte die Erkrankung, die sie der Klinik zuführte, mit allerlei hypochondrischen Befürchtungen ein. Sie glaubte sich durch Stillen des Kindes zu schaden und litt an allerlei Mißempfindungen des Unterleibes, die mit Angst und innerer Unruhe verbunden waren und besonders nachts auftraten, so daß sie nicht im Bett zu bleiben vermochte. Gleichzeitig war sie sexuell sehr erregt und litt heftig unter der damaligen Abstinenz; sie äußerte selbst die Vermutung, daß diese mit ihren Mißempfindungen im innigsten Zusammenhange stehe. Gemütlich war sie dabei sehr niedergestimmt und wurde von einer ungewissen, ihr unverständlichen inneren Angst geplagt; das Leben war ihr verleidet, und sie sprach mehrfach von Suicid. Es kam sogar zu einem Vergiftungsversuche mit Essigsäure, der ernsthaft gewesen zu sein scheint. Anlaß dazu war eine innere Abneigung gegen die eigenen Kinder, die zwangsmäßig gegen den Willen der Kranken auftrat und sich von Zeit zu Zeit zu „Wutanfällen" steigerte, in denen sie den heftigen Trieb fühlte, die Kinder umzubringen. Aus Angst, sie könne eine solche Tat wirklich vollbringen, suchte sie am 1. Februar 1909 selbst die Hilfe der Klinik auf. Sie befand sich damals in einem äußerlich sehr schweren ängstlichen Depressionszustande mit heftigen Selbstvorwürfen wegen ihrer Lieblosigkeit den Kindern gegenüber und Angst, sie werde niemals mehr nach Hause zurückkehren können. Sie jammerte und klagte in ganz übertriebenem Maße und hatte ein lebhaftes Bedürfnis, bei anderen Trost und Hilfe zu suchen. Im Laufe einiger Wochen, besonders nachdem sich Pat. ausführlich ausgesprochen hatte, trat allmählich Beruhigung ein. Die obigen Angaben entstammen ihrer eigenen Schilderung, wurden aber in allem wesentlichen durch den Ehemann bestätigt. Unter Ablenkung und Beschäftigung erholte sie sich rasch und konnte am 29. Mai sehr wesentlich gebessert nach Hause entlassen werden.

So sehen wir bei einer Kranken eine Reihe von leichten und schweren Verstimmungszuständen, deren Entwicklung, wenn wir ihren Angaben trauen dürfen, mit dem Fehlen sexueller Befriedigung im engsten Zusammenhange zu stehen scheint. Eine Bestätigung der Auffassung der Pat. gibt die Tatsache, daß diese gemütlichen Störungen nach der Verheiratung mit der ersten Entbindung verschwinden und in dieser Form dauernd ausbleiben, bis nach 12 jähriger Ehe nach einer Reihe von gemütlichen Schwankungen eine schwere Verstimmung einsetzt, die der Anlaß zur Einlieferung in die Klinik geworden ist. Auch für die Ätiologie dieser letzten Störungen finden sich in dem Geschlechtsleben zureichende Momente. Der Zwiespalt zwischen sexuellen Wünschen und erneuter Gravidität lassen die sexuell immer sehr bedürftige Pat. dauernd unglücklich und unbefriedigt werden. Bei jeder Schwangerschaft hat sie den sehnlichsten Wunsch, sie möchte doch diesmal von einem lebenden Kinde verschont bleiben, einen Gedanken, den sie selbst als schwere Sünde empfindet, und um jeden Preis vergessen machen möchte. Ihre übertriebene Sorge um das Wohl der Kinder ist vermutlich nur der Ausdruck dieses inneren Zwiespaltes. Gerade bei der letzten Entbindung scheinen diese Vorstellungen in ganz besonderem Maße hervorgetreten zu sein. Auch war sie damals durch die vielen Geburten körperlich ziemlich elend. Sonst fehlt aber jeder erkennbare äußere Anlaß. Im Vordergrunde der Verstimmung steht die schwere Angst, die sich an die eigentümlichen Zwangsvorstellungen anschließt, sie müsse die eigenen Kinder umbringen. Doch erscheint die ganze depressive Verstimmung nicht als Folge der Zwangsvorstellungen, sondern sie tritt als eine äußerlich geschlossene Depression auf, deren Symptom neben zahlreichen hypochondrischen Befürchtungen die Zwangsvorstellungen sind. Die Kranke glaubt auf einmal ihr Kind nicht mehr stillen zu können, weil sie fürchtet, sich dadurch zu schaden. Sie hat zahlreiche Mißempfindungen, vor allem im Unterleib, die nach ihrem unbestimmten Gefühle nur durch geschlechtliche Befriedigung vertrieben werden können, vor der sie aber der Folgen wegen immer wieder zurückschreckt. Vom Manne entfernt in der ruhigen Umgebung der Klinik erholt sie sich unter Ablenkung ziemlich rasch. Hier scheinen die Zusammenhänge psychologisch klar zu liegen, und die ätiologische Bedeutung des sexuellen Momentes sichergestellt. Auch die Zwangsvorstellungen haben hier wohl eine ähnliche Genese, wie sie Freud als typisch annimmt. So wird die ganze Verstimmung der Ausdruck eines sexuellen Konfliktes, aus dem die Kranke keinen Ausweg zu finden vermag.

Selbstverständlich werden wir diese Erkrankung mit den vorgeschilderten nicht auf eine Stufe stellen dürfen, aber rein klinisch betrachtet finden sich in den hypochondrisch ängstlichen Symptomenbildern einer Anzahl der besprochenen Kranken doch recht viele Ähnlichkeiten mit dem hier skizzierten Bilde. Nach solchen Erfahrungen wird man es auch bei den psychogen gefärbten Verstimmungszuständen mit hochgradiger Angst, bei denen wir sexuelle Schädigungen in ausgesprochenem Maße in der Anamnese finden, nicht ohne weiteres in Abrede stellen dürfen, daß hier wenigstens für einen Teil der Erscheinungen, vielleicht für die ganze Erkrankung, diesen sexuellen Schädigungen eine gewisse ätiologische Bedeutung zukommt. Eine Entscheidung darüber, wie weit das im einzelnen zutreffen dürfte, wage ich nach keiner Richtung hin zu fällen, da mir zu wenige eingehend untersuchte Fälle zur Verfügung stehen. Eine einmalige mehrstündige Unterredung, wie es meine Nachuntersuchungen waren, vermag in den meisten Fällen gerade über die sexuelle Seite der Persönlichkeit fast nichts zu ergeben. Spontanen ehrlichen Angaben über die ehelichen Verhältnisse begegnet man überhaupt nur selten.

Die hysteriformen Depressionen des Präseniums.

Bei einer Reihe der schon besprochenen Fälle war die Erkrankung erst im höheren Lebensalter ausgebrochen. Wir hatten bei dieser Gelegenheit darauf hingewiesen, daß gerade die Rückbildungszeit besonders zu Verstimmungszuständen neigt, und die Vermutung geäußert, daß bei einem Teile solcher Kranken die in jenem Alter sich einstellenden körperlichen Veränderungen für das Manifestwerden der Psychosen eine ausschlaggebende Bedeutung besitzen. Ob es sich dabei um direkte körperliche Schädigungen, oder ob es sich um psychologisch vermittelte Einwirkungen handelt, darüber wissen wir heute noch nichts Bestimmtes. Daß nahe Beziehungen zu den organischen Störungen bestehen, ist allerdings höchst wahrscheinlich. Wir kennen Verstimmungszustände als Folge arteriosklerotischer Hirnerkrankung, wir sehen senile Demenzen nicht selten mit Depressionen beginnen, und wir beobachten vor allem häufig, daß sich hysterische Symptomenkomplexe auf dem Boden einer senilarteriosklerotischen Erkrankung entwickeln. Gerade diese letzteren Krankheitsbilder scheinen aber nur indirekt mit dem Krankheitsprozesse selbst zusammenzuhängen und mehr oder weniger der Ausdruck individueller Veranlagung zu sein. Das läßt sich am besten in Fällen darlegen, wo schwerere organische Hirnerkrankungen noch nicht Platz gegriffen haben, und sich die erwähnten Krankheitsbilder auf dem Boden der allgemeinen physiologischen Kräfteabnahme entwickeln. Ich habe eine kleine Gruppe solcher Patienten beobachtet, die im folgenden näher geschildert werden sollen. Es handelt sich um ängstlich hypochondrische Verstimmungen von typisch hysterischem Gepräge, die in ihrem Symptomenkomplexe sehr an einzelne der im letzten Abschnitte beschriebenen Kranken erinnern. Auch hier stellt die Psychose nichts vollkommen Neues, der Persönlichkeit Fremdes dar, sondern sie erwächst so aus einer eigentümlichen Veranlagung heraus, daß man völlig den Eindruck gewinnt, es seien mit der Altersrückbildung nur gewisse Hemmungen weggefallen, und dadurch Eigentümlichkeiten zur Geltung gelangt, die zwar von jeher dagewesen, aber bisher unterdrückt und beherrscht worden sind. Es sind ängstliche, weiche Naturen mit sehr labiler Stimmungslage, äußerlich beeinflußbar und schwankend und haltlos im Innern, denen nur Gewohnheit, Erziehung, religiöse Vorstellungen und der Druck äußerer Verhältnisse gerade so viel festen Halt verliehen haben, um bei voller Gesundheit und Kraft sich in dem ruhigen Gleichmaß engbegrenzter Tätigkeit einigermaßen aufrechterhalten zu können. Ohne Verantwortung im kleinen Kreise erweisen sie sich durchweg als ganz brauchbare und leistungsfähige Menschen. Bei ihnen entwickeln sich im beginnenden Senium gleichzeitig mit der allgemeinen körperlichen Abnahme hypochondrische Verstimmungszustände, die meist an irgendwelche tatsächlichen Störungen anknüpfen, die dann von den Pat. in ganz übertriebener Weise zum Mittelpunkt ihrer krankhaften Befürchtungen, ja schließlich ihres ganzen Denkens und Trachtens gemacht werden. Das Krankheitsbild erinnert vielfach direkt an Rentenhysterien, und es ist dies wohl keine rein äußerliche Ähnlichkeit. Überzeugt von ihrer Leistungsunfähigkeit, in der Angst, die Rente einzubüßen, schrecken jene Kranken ängstlich vor den Mühseligkeiten der Arbeit zurück. Hier beherrscht in ähnlicher Weise den sich schwach und nicht mehr leistungsfähig fühlenden Patienten die Furcht vor den

Anforderungen des Lebens, denen er so lange Jahre mit Aufbietung aller seiner Kräfte gerade standgehalten hatte. In dem dunklen Gefühle, daß seine Leistungsfähigkeit nachläßt, möchte er sich von allen äußeren Sorgen und Lasten befreien. Er hat nicht den Mut, Schwierigkeiten entgegenzutreten, keinen Drang zu genesen, wo ihm die Gesundheit nur die Aussicht auf Kampf und Mühen eröffnet. So flüchtet er sich gewissermaßen in die Krankheit hinein, die ihm erlaubt, all den Zwang, den er sich zeitlebens angetan, mit einem Male fahren zu lassen. Es ist in verstärktem Maße, was wir sonst nur angedeutet im Egoismus des Seniums sehen, wo mit dem Zurücktreten der durch Erziehung erworbenen Hemmungen allerlei unerfreuliche persönliche Eigenschaften sich ungehindert geltend machen. So erwächst hier die Psychose ganz auf individuellem Boden und steht, entsprechend der zugrundeliegenden gemütlichen Disposition, den reaktiven Depressionen des zweiten Typus, wie denen bei psychogener Veranlagung nahe. Allerdings mit dem einen Unterschiede, daß dort die Veränderung der äußeren Lebensbedingungen die Reaktion auslöste, während hier bei gleichbleibenden äußeren Verhältnissen die Empfänglichkeit des Kranken zunimmt. Da haben wir also eine Konstitutionsänderung vor uns, deren Ursache zweifellos in der allgemeinen senilen Rückbildung liegt. Vielleicht hat bei einzelnen Kranken aus dem letzten und vorletzten Abschnitt etwas Ähnliches eine Rolle gespielt. Die Wichtigkeit des körperlichen Kräftezustandes für die gemütliche Widerstandskraft war ja bei einer ganzen Reihe unserer Beispiele deutlich hervorgetreten.

Fall 47.

F. E., Tagelöhner aus S., geb. den 3. März 1847, hat einen ängstlichen, empfindlichen und leicht depressiv veranlagten Bruder. Mutter und Schwester haben beide Schwermutsanfälle durchgemacht. Er selbst ist nach Ansicht seiner Familie niemals ganz normal gewesen. Auf der Schule tat er sehr schwer, da seine geringe Begabung kaum ausreichte, doch hat er bei körperlicher Arbeit immer Gutes geleistet und war in seinem Berufe als Fabrikarbeiter recht brauchbar. Erst in den letzten Jahren, als er älter und kränklicher wurde, ist er nur noch als Tagelöhner beschäftigt gewesen. Von klein auf fiel er seiner Umgebung durch sein furchtsames und schüchternes Wesen auf. Stets hielt er sich von anderen ängstlich zurück, mied alle Geselligkeit und war froh und dankbar, wenn man ihn nur in Ruhe ließ. Vor allem Unerwarteten schrak er zurück, wagte niemals einen Widerspruch und richtete sich in allem nach fremdem Rat und Einfluß. Zu einem eigenen Entschlusse konnte er sich nur selten aufraffen. Ja er war so ängstlich, daß man ihn beim Militär schon nach wenigen Wochen als gänzlich unbrauchbar nach Hause schicken mußte. Von dem anderen Geschlechte hat er sich stets völlig ferngehalten und ist niemals zu einem Mädchen in nähere Beziehungen getreten. So hat er sich, trotz seines sehnlichen Wunsches, zum Heiraten nicht aufraffen können. Sein ganzer Gesichtskreis war außerordentlich eng begrenzt. Nur zwei Dinge haben ihm in seinem ganzen Leben ein tieferes Interesse abgenötigt. Einmal der Gelderwerb und dann die Religion. Das Zusammensparen gewährte ihm eine solche Freude und Genugtuung, daß er es mit seiner Bedürfnislosigkeit fertigbrachte, bei einem Lohn von durchschnittlich 3 M. täglich im Laufe der Jahre 12000 M. zurückzulegen, und diese Summe will er nach seinem Tode zu einem religiösen Zwecke verwenden. Er ist katholisch, und die Kirche mit ihren Geboten und Vorschriften hat stets für ihn eine außerordentliche, alles bestimmende Rolle gespielt. In ganz übertrieben gewissenhafter Weise hielt er sich an alle religiösen Gebote, und bei der Beichte konnte er aus Furcht, etwas zu vergessen, überhaupt nicht zu einem Ende gelangen. Das gleiche übertriebene Pflichtbewußtsein zeigte er auch im übrigen Leben. Bei seinen Arbeiten hat er sich stets sehr gequält, ob er wirklich seine volle Pflicht tue. Seine Gemütsstimmung war dauernd ernst und leicht gedrückt, zu einem wirklichen Lebensgenusse war er gar nicht fähig, doch hing die Schwere seiner Verstimmung sehr von den äußeren Lebensumständen ab. Schon Kleinigkeiten genügten, ihn völlig hoffnungslos oder verzweifelt zu machen. Ganz besonders waren es da körperliche Beschwerden, die er nur schwer zu tragen vermochte. Seine hypochondrische Gedankenrichtung ließ ihn dann gleich das Schlimmste befürchten. In früheren Jahren, als er noch gesund und kräftig war, trat das weniger hervor. Erst im höheren Alter, etwa seit 1901, hatte er vielfach mit Magen-Darmbeschwerden zu tun und ließ sich dadurch sehr niederdrücken. Dezember 1907 trat eine Verschlimmerung ein, an die sich eine hypochondrische Verstimmung anschloß, die den Pat. in die Medizinische Klinik zu Tübingen führte. Da er dort durch sein psychogenes Verhalten, lautes Jammern, Singultusanfälle und Schwierigkeiten bei der Nahrungsaufnahme zu störend und mühsam wurde, verlegte man ihn am 23. Mai 1908 in die Nervenklinik. Körperlich fanden sich damals bei dem in der Ernährung sehr heruntergekommenen Menschen arteriosklerotische Herzveränderungen und eine typische Hernia epigastrica, auf die seine Magenbeschwerden bezogen werden mußten. Die Stimmung war ausgesprochen depressiv. Im Vordergrunde standen hypochondrische Befürchtungen, und die Überzeugung, daß er unheilbar krank sei, und niemand ihm helfen könne, hatte sich bei ihm tief festgesetzt. Dazu traten Befürchtungen religiöser Natur, der Zwang, über das eigene Leben nachzugrübeln, und eigene kleine Fehler, die er längst vergessen glaubte, tauchten nun wieder auf und wurden zu schweren, nicht wieder gutzumachenden Sünden. Insbesondere sein Verhalten beim Militär, das er als bewußte Verstellung auffaßte, gab ihm zu Selbstvorwürfen reichlichen Anlaß. Das ganze Benehmen wie die Äußerung seiner Krankheitserscheinungen waren psychogen übertrieben und sehr von äußeren Einwirkungen abhängig. Durch eine operative Entfernung der Hernie wurden die Beschwerden wohl gebessert, aber keine Änderung seines Verhaltens erzielt. Die Stimmung blieb gleich gedrückt und an der Unheilbarkeit seiner Erkrankung hielt er nach wie vor fest; er hatte gar nicht die Tendenz gesund zu werden; denn sein innigster Wunsch war nur, von allen Mühen des Lebens völlig befreit in einer von katholischen Schwestern geleiteten Irrenanstalt den Rest seines Lebens verbringen zu dürfen, in der sein Bruder seit Jahren als Angestellter tätig war. Ein Versuch, ihn zu Verwandten zu geben (im Juli 1908), mißlang. Schon nach kurzer Zeit mußte er in die betreffende Anstalt verbracht werden, wo er sich seitdem befindet. Anfänglich hat er auch dort in der übertriebensten Weise gejammert und geklagt und unaufhörlich seine hypochondrischen Beschwerden geäußert, wobei er sich immer wieder versichern ließ, daß man ihn dauernd in der Anstalt behalten werde. Erst im Verlaufe von Monaten konnte man ihn ganz allmählich zu leichterer Arbeit bewegen, die er aber nur mit großer Schonung und Ängstlichkeit besorgte. Eine wesentliche Änderung ist während der Beobachtungszeit in seinem Verhalten nicht mehr eingetreten. Er ist ruhig, geordnet, beschäftigt sich etwas und kommt von Zeit zu Zeit immer wieder mit seinen hypochondrischen Klagen, die dann regelmäßig eingehender ärztlicher Behandlung bedürfen. Dauernd herrscht eine leicht gedrückte Stimmung mit Neigung zu Versündigungsideen vor, doch vermag der Kranke in unbewachten Augenblicken ganz heiter zu sein, und mehrfach wurde er beobachtet, wie er sich kleine Neckereien und Scherze bei anderen erlaubte.

E. ist ein von Hause aus weichmütiger, sensitiver und übertrieben ängstlicher Mensch, der seiner ganzen Gemütsveranlagung nach dem zweiten Typus unserer konstitutionell Depressiven sehr nahe steht. Trotzdem die Verstimmung einen ausgesprochen psychogenen Charakter hatte, sind schwere psychogene Erscheinungen im früheren Leben nicht an ihm beobachtet worden. Er ist allerdings in seinem ganzen labilen und weichmütigen Wesen den Formen hysterischer Veranlagung nahe verwandt, die wir im vorigen Abschnitt in ihren innigen Beziehungen zum zweiten Typus konstitutionell Depressiver kennen gelernt haben. Sie neigen ja, wie wir wissen, infolge ihrer Abhängigkeit von äußeren Einflüssen ganz besonders zu reaktiven Störungen. E. war zweifellos von Hause aus eine äußerst minderwertige Persönlichkeit. Da aber keinerlei Anforderungen, die Verantwortung und selbständiges Handeln verlangt hätten, an ihn gestellt wurden und keinerlei besondere äußere Schwierigkeiten ihm in den Weg traten, hat er sich immer ganz ordentlich im Leben durchzubringen vermocht, und sogar ein für seine Verhältnisse beträchtliches Vermögen zusammengespart. Ganz leicht ist ihm das sicher nicht geworden. Doch hielten ihn sein Pflichtgefühl und die Selbstverständlichkeit, mit der er in seinem beschränkten Geiste alle Anforderungen als unabänderliches Fatum hinnahm, so lange aufrecht, als er im Vollbesitz seiner körperlichen Kräfte sich befand. Als aber mit dem Herannahen des Greisenalters die Körperkräfte abzunehmen begannen, da gewannen seine angeborene Energielosigkeit und Ängstlichkeit die Oberhand, und eine unüberwindliche Sehnsucht nach innerem und äußerem Frieden erfüllte ihn. Ihm schwebte als einziges Ziel seiner Wünsche die von frommen Schwestern geleitete Irrenanstalt vor, die er durch seinen dort bediensteten Bruder näher kannte. Hier wollte er den Rest seiner Tage verbringen, und dafür gab er alles, auch sein Vermögen hin. Im einzelnen hat er sich das gewiß nicht so klar überlegt, doch gefühlsmäßig ist der Vorgang sicherlich ähnlich verlaufen. So stand sein ganzes Wünschen und Hoffen einer Genesung hindernd im Wege, die ihm statt der ersehnten Ruhe ja nur Erneuerung der alten Mühseligkeiten gebracht hätte. Kein Wunder, daß dann tatsächlich vorhandene körperliche Beschwerden aufgegriffen werden und sich aus ihnen allmählich eine schwere hypochondrische Verstimmung entwickelt, die den Kranken nun wirklich anstaltsbedürftig macht. Sie hat zu Symptomen alle seine psychopathischen Eigenschaften, nur in höchst gesteigerter Form; wesentlich neue Züge sind nicht hinzugetreten. Man könnte also hier statt von einer Psychose direkt von einer hochgradigen Verschlimmerung der angeborenen Veranlagung reden, die sich als Folge der beginnenden Altersrückbildung und als Reaktion auf die Abnahme seiner körperlichen Leistungsfähigkeit entwickelt hat.

Das Symptomenbild wie auch die Form der psychopathischen Veranlagung erinnert an Fall 44; wir hatten schon damals auf die Beziehungen zur senilen Rückbildung hingewiesen. Allerdings war dort die Veranlagung nicht so schwer, die Psychose erschien etwas schärfer umgrenzt, und trotz der klinischen Ähnlichkeit bestand darin ein großer Unterschied, daß sich keinerlei Momente aufzeigen ließen, die uns das Auftreten der Erkrankung hätten psychologisch verständlich machen können. Es wird sich dort also wohl kaum um eine in der Hauptsache auf psychischem Wege vermittelte Erkrankung gehandelt haben; wir werden daher zu ihrer Erklärung endogene Faktoren mit heranziehen müssen. Das dortige Symptomenbild war aber zweifellos ganz ebenso wie in dem vorliegenden Falle durch die individuelle Veranlagung bedingt und der Ausdruck einer eigentümlichen Persönlichkeit. Vielleicht mögen auch psychische Momente bei Entstehung und Verlaufsform mitbeteiligt gewesen sein.

Fall 48.

J. K., Schreiner aus T., geb. den 23. Oktober 1854, stammt angeblich aus völlig unbelasteter Familie. In seiner Jugend hat er nichts Besonderes geboten, er war fleißig, tüchtig und lernte sehr gut. Durch einen Fall in der Kindheit erlitt er eine Verkrümmung der Nase, die eine kleine Operation erforderlich machte. Bis diese vorgenommen wurde, hatte er viel unter Kopfschmerzen zu leiden, die auch späterhin nicht ganz ausblieben. Er heiratete 1884 ganz glücklich, und 4 Jahre später trat er in eine Möbelfabrik ein und blieb in dieser Stellung bis zu seiner Erkrankung 1907. Im allgemeinen war man mit ihm recht zufrieden, doch war er immer etwas umständlich und langsam. Große Anforderungen stellte sein Beruf übrigens nicht an ihn. Ohne daß es zu ernstlichen Differenzen gekommen wäre, bot seine ganze Persönlichkeit doch häufig Anlaß zu allerlei Schwierigkeiten. Von jeher war er außerordentlich leicht reizbar und aufgeregt und geriet ganz außer sich, sobald einmal etwas nicht nach seinem Wunsche ging. Traf ihn etwas unerwartet, so verlor er völlig den Kopf und wurde dann gleich sehr ausfallend und wußte sich gar nicht mehr zu helfen. Auch sobald mehr als gewöhnlich zu tun war, wuchs ihm die Arbeit gleich über den Kopf. Gegen Tadel, Kränkungen oder ein unfreundliches Wort war er äußerst empfindlich und trug sehr schwer an den kleinsten Unannehmlichkeiten. Seinen Stimmungen ließ er stets freien Lauf, polterte, schalt und nörgelte, wenn ihn irgend etwas geärgert hatte, ohne sich im geringsten zusammenzunehmen. Daß es trotzdem niemals ernstliche Schwierigkeiten für ihn gab, ist wohl der großen Rücksichtnahme seiner Prinzipale zu verdanken. Er selbst bereute sein heftiges Verhalten stets im Augenblicke wieder und war, sobald er sich ausgescholten hatte, wieder freundlich und ruhig. Gegen unangenehme Eindrücke war er stets sehr empfindlich; er konnte nichts Schreckliches erzählen hören und war so weichmütig, daß ihn alles zu Tränen rührte. Sich zu entscheiden oder einen wichtigen Entschluß zu fassen, wurde ihm außerordentlich schwer. Immer wieder schwankte er hin und her, und wie er sich auch entschieden hatte, hinterher erschien es ihm als verkehrt und als ein großes Unglück. Hatte er sich aber einmal etwas in den Kopf gesetzt, so war er, wie alle schwachen Leute, außerordentlich starrsinnig und Vernunftgründen nicht mehr recht zugänglich. Etwa bis zu seinem 50. Lebensjahre ging bei dem Pat. alles ganz gut. Ohne daß ein Anlaß nachzuweisen wäre, begann er damals über allerlei körperliche Beschwerden zu klagen, wenn er abends von der Arbeit nach Hause kam. Anfangs waren es Kopfschmerzen, Schwindelgefühl und allgemeine Müdigkeit, dann kam Zittern, starke Reizbarkeit und Unruhe hinzu, die ihn zwang, zeitweise seinen Beruf auszusetzen. Im Laufe des Jahres 1907 verschlimmerte sich der Zustand wesentlich. Der Schwindel trat häufiger auf, er wurde ängstlich, sehr besorgt um seine Gesundheit und schlief schlecht. Mehrfach sollen leichte Ohnmachtsanfälle beobachtet worden sein. Da er wegen seiner Reizbarkeit zu Hause ganz unerträglich wurde, verbrachte man ihn am 16. Januar 1908 in die Tübinger Klinik. Er befand sich damals in einer tiefen hypochondrischen Verstimmung, für die sich außer Adipositas und leichter Arteriosklerose keinerlei körperliche Grundlagen nachweisen ließen. Er war den ganzen Tag nur mit Gedanken an seine Gesundheit beschäftigt und klagte über zahlreiche körperliche Beschwerden, insbesondere über Schwäche und pelziges Gefühl in den Gliedern. Die Stimmung war gedrückt und sehr reizbar, irgendwelchen Suggestionen war er in keiner Weise zugänglich. Ungebessert wurde er im März nach Hause entlassen. Jeden Versuch, ihn zur Arbeit zu bewegen, lehnte er energisch ab und beantwortete ihn mit verstärkten Klagen. Der Gedanke an seine Invalidenrente beschäftigte ihn eifrig, obschon er in ganz guten Verhältnissen lebte, und der Betrag der Rente verhältnismäßig klein war. Der Wunsch nach ärztlicher Behandlung führte ihn im November in die Medizinische Klinik in Tübingen, wo er sich indessen zu störend erwies, so daß er am 25. September 1908 wieder in unsere Klinik verlegt wurde. Das Krankheitsbild war genau das gleiche, nur standen diesmal klagen über Trockenheit und Parästhesien in der Zunge im Vordergrunde. Pat. jammerte, nörgelte an allem, und jede Behandlung erwies sich als völlig wirkungslos. Im Gegenteil, je mehr man sich mit ihm beschäftigte, desto mehr steigerten sich seine Klagen. In Abwesenheit des Arztes war er zeitweise ganz vergnügt, erzählte dann und renommierte gern. Meist war er aber gedrückter Stimmung, hatte keinerlei Interessen und war völlig von seinen hypochondrischen Befürchtungen eingenommen. Auf Wunsch der Familie wurde er in ein Krankenhaus mit Pflegeabteilung überführt, wo er nach einigen Wochen einen Suicidversuch machte.

Hier haben wir es gleichfalls wieder mit einem Menschen zu tun, der im allgemeinen während des Lebens ganz gut durchgekommen ist, ohne jemals härter anzustoßen, allerdings nur, weil ihn seine Vorgesetzten als pathologische Persönlichkeit erkannten, ihm stets sehr entgegenkamen und recht viel Nachsicht mit ihm übten. Statt der Zaghaftigkeit und Ängstlichkeit des vorigen Kranken finden wir hier mehr Empfindlichkeit und Weichmütigkeit im Vordergrunde, die er hinter Grollen und Poltern zu verbergen sucht. Daneben bestanden von jeher ausgeprägte hypochondrische Neigungen und übertriebene Besorgnis um die eigene Gesundheit. Als nun beginnendes Senium und leichte Arteriosklerose allerlei körperliche Beschwerden mit sich brachten, wurden diese von seiner hypochondrischen Sinnesart bereitwilligst aufgegriffen und verwertet. Die Sorge ums eigene Wohl, die bisher mühsam den Pflichten der Familie gegenüber zurückgehalten worden war, gewann nun die Oberhand, und es setzte sich bei dem Pat. die Überzeugung fest, er sei schwer krank und völlig arbeitsunfähig. Aus dieser Stimmung heraus entwickelte sich allmählich unter immer stärkerer Betonung der körperlichen Beschwerden eine ängstlich hypochondrische Depression, die entsprechend der gemütlichen Reaktionsweise des Kranken mit lebhaften und übertriebenen Affektausbrüchen Hand in Hand ging. Ihr Symptomenbild entspricht auch hier wieder vollkommen der psychopathischen Veranlagung des Kranken und bringt, nur in stark übertriebener Weise, seine angeborenen Eigentümlichkeiten zur Darstellung, so daß man statt von einer Psychose beinahe nur von einer Verschlimmerung der konstitutionellen Veranlagung reden könnte. Auffallend aber und nicht ganz seinem Verhalten in gesunden Tagen entsprechend ist die Tatsache, daß er, der sonst von allen äußeren Eindrücken völlig abhängig war, sich nun ganz unbeeinflußbar erweist; das deutet doch auf eine tiefere Störung hin, als es eine einfache Konstitutionsverschlimmerung wäre. Das gilt, wenn auch vielleicht nicht so ausgesprochen, auch für das erste Beispiel, wo wir keine völlige Genesung eintreten sehen, als der Kranke endlich seinen Wunsch erreicht hat. Allerdings ist er auch die Furcht, man werde ihn nicht in der Anstalt behalten, niemals ganz los geworden.

Die Prognose der Erkrankung wird wohl als ungünstig betrachtet werden müssen. Bei dem starken Hervortreten seniler Rückbildungserscheinungen wird vermutlich auch das Zentralnervensystem auf die Dauer nicht verschont bleiben. Vielleicht ist die Zunahme der Energielosigkeit, die allerdings schon als angeborene Charaktereigenschaft in recht ausgesprochenem Maße bei diesen Leuten vorhanden ist, das erste Zeichen beginnender organischer Hirnveränderungen. Dann würde einer der verursachenden Faktoren in organischen Prozessen zu suchen sein, und der ganze Symptomenkomplex, der uns rein psychologisch vermittelt erschien, wäre dann der Ausdruck einer materiellen Schädigung des Gehirnes, die allerdings auf die Gestaltung des Symptomenbildes selbst keinerlei Einfluß gewinnt. Wenden wir diese Überlegung auf die in den letzten beiden Abschnitten geschilderten Erkrankungsformen an, so würden wir wenigstens bei einem Teil der Fälle ein gewisses Verständnis für die Beziehungen der endogen erscheinenden Krankheitsbilder zu den rein reaktiven Formen finden.

D. Die zirkulären Erkrankungen.

1. Die echten zirkulären Formen.

Wir hatten im letzten Abschnitte die konstitutionelle Depression in ihren Beziehungen zu den auf diesem Boden erwachsenden Depressionszuständen genauer betrachtet. Wollen wir nun ihre Stellung zum manisch-depressiven Irresein näher ins Auge fassen, so werden wir am besten von den klaren typischen Formen ausgehen, die uns das Bild in seiner klassischen Ausprägung vorführen, ich meine die Fälle, wo die zyklothymen Schwankungen bis in die früheste Kinderzeit zurückgehen und sich in regelmäßiger Wiederkehr während des ganzen Lebens wiederholen. Allgemeines brauche ich über diese Erkrankung nicht zu bemerken. Sie ist so allbekannt und vielfach beschrieben, daß ich mich auf das Anführen von ein paar Beispielen beschränken kann. Schöne klassische Fälle leichter Zyklothymien sind leider unter meinem Materiale selten, da solche Kranke ja nur vereinzelt anstaltsbedürftig werden, und auch unsere Sprechstunde, solange wir keine offene Abteilung besaßen, kaum von ihnen aufgesucht wurde. So habe ich unter denjenigen meiner Zyklothymen, die niemals schwere Anfälle durchgemacht haben, keinen einzigen gefunden, bei dem sich mit absoluter Sicherheit die Schwankungen bis in die früheste Jugend als deutlich getrennte Phasen zurückführen ließen. Es besteht da überhaupt eine große Schwierigkeit, einwandfreie Anamnesen zu bekommen, da die ganz leichten gemütlichen Ungleichmäßigkeiten, mit denen sich die zirkuläre Veranlagung gewöhnlich in den Kinderjahren anzudeuten pflegt, vor allem von Ungebildeten, meist übersehen oder als Ungezogenheiten mißdeutet werden. So haben wir bei dem folgenden Falle, sonst ein schönes Beispiel, erst mit dem 23. Lebensjahre ausgeprägte Schwankungen in beiden Phasen, während leichte Ungleichmäßigkeiten des Gemütslebens, die zweifellos die gleiche Bedeutung besitzen, nach den eigenen Beobachtungen der Kranken viel weiter, wahrscheinlich bis in die Schulzeit zurückgehen.

Fall 49.

C. E., Landwirtstochter aus N., geb. den 1. Januar 1878, hat eine weichmütige, sehr sensitive Mutter, die alles im Leben schwer aufnimmt; doch scheint auch sie nicht gleichmäßig depressiv zu sein und stets leichte Schwankungen gehabt zu haben. Ein Bruder und eine Schwester sind ausgesprochene Zyklothyme leichten Grades, genau wie Pat., bei der nur die Schwankungen noch ausgeprägter sind. Als Kind war sie heiter und lebhaft, doch nicht gerade ausgelassen. Stets hat sie gern geschafft und für andere gesorgt. Sie war immer kurz entschlossen, außerordentlich flink und gewandt, so daß man sie überall gebrauchen konnte, und daher auch sehr beliebt. Sie hatte Freundinnen, verkehrte gern und viel und war unter anderen weder besonders schüchtern noch allzu sicher. Unangenehmes überwand sie verhältnismäßig leicht und auch für Kränkungen und unfreundliche Behandlung war sie nicht sonderlich empfindlich. Ihre Entwicklung war normal, auf der Schule hat sie recht gut gelernt. Ganz leichte gemütliche Schwankungen gehen bis in die früheste Jugend zurück, doch trat die zyklothyme Anlage erst deutlicher mit dem 23. Jahre in Erscheinung. Seit jener Zeit ist sie niemals wieder ganz gleichmäßig gewesen. In unregelmäßigen Zwischenräumen von Tagen oder wenigen Wochen wogte die Stimmung immer auf und ab, bald leicht hypomanisch, bald ausgesprochen depressiv; doch überwiegen bei weitem die gedrückten Zeiten. Niemals ist es aber zu einer längeren einheitlichen Depression gekommen, und wenn sich die Verstimmungen einmal über einen größeren

Zeitraum hinzogen, so schwankte dann doch innerhalb derselben die Stimmung immer sehr hochgradig. Tage und Wochen völliger Unfähigkeit wechselten mit relativ leichten Zeiten. Die Form der Verstimmung war immer die gleiche. Versündigungsideen sind nur ein einziges Mal 1906 vorübergehend aufgetreten; sonst stand das Insuffizienzgefühl im Vordergrunde als alles beherrschendes Symptom. Anfänglich äußerte es sich mehr in körperlichen Beschwerden; in den letzten Jahren überwog einfach das Gefühl völliger Leistungsunfähigkeit. Der Schlaf ist dabei gewöhnlich schlecht. Tagesschwankungen sind häufig sehr ausgesprochen, und zwar sind, wie das ja gewöhnlich der Fall zu sein pflegt, die Morgenstunden bei weitem die schwersten. Während der Depression ist die Empfindlichkeit sehr gesteigert. Pat. nimmt alles übel und weint außerordentlich leicht. Die manischen Zeiten bieten das typische Bild leichter hypomanischer Zustände. April 1906 suchte die Kranke in einer leichten depressiven Schwankung die Klinik auf, weil sie sich Gedanken wegen eines Zeugeneides machte; doch da schon nach wenigen Tagen der Umschlag eintrat, verließ sie die Klinik sehr bald wieder. Seitdem ist es in der geschilderten Weise ohne irgendeine Änderung weitergegangen. Eine Verschlimmerung der Perioden an Stärke oder Dauer ist nicht eingetreten, wie uns die Kranke bei ihrer Vorstellung im Januar 1909 selbst angab. Sie ist trotz ihrer ewigen Schwankungen im allgemeinen arbeitsfähig geblieben. Doch will das nicht so viel bedeuten, da sie im elterlichen Hause schafft. Sie schilderte ihren Zustand mit großem Verständnis und zeigte sogar für das Krankhafte ihrer manischen Zeiten völlige Einsicht; möglicherweise war dies allerdings nur eine Folge der ganz leichten Verstimmung, in der sie sich damals gerade befand.

Die Kranke zeigt ein klassisches Beispiel der Zyklothymie; über ihre Erkrankung ist nichts weiter zu bemerken. Die Veranlagung war eine heitere und lebensfrohe. Das scheint mir nach meinen Beobachtungen das häufigere zu sein, doch habe ich ganz vereinzelt auch Kranke gesehen, die bei ausgesprochen depressiver Anlage typische zyklothyme Schwankungen über Jahre hinaus zeigten, bei denen die Schwankungen sogar teilweise in der Pubertätszeit oder kurz danach begannen. Ich werde solche Krankengeschichten später in dem Abschnitt bringen, wo die konstitutionell Depressiven mit manischen Erkrankungen zusammengestellt sind. Die erbliche Belastung scheint in dem vorliegenden Falle völlig gleichsinnig zu sein; denn auch bei der Mutter haben leichte Schwankungen vorgelegen, die vermutlich in das Gebiet der Zyklothymie gehören.

Fall 50.

A. D., Hafnermeistersfrau aus K., geb. den 23. März 1853, ist von Hause aus schwer belastet. Der Vater war ein schwernehmender, grüblerischer und ängstlicher Mensch, die Mutter eine stille und ernste Frau, die mehrfach im Leben zyklothyme Schwankungen durchgemacht hat. Ein Bruder hat eine ganz ähnliche Natur, ein anderer ist überglücklich und ausgelassen heiter. Drei Schwestern sind leicht zyklothym. Ein Sohn einer Schwester leidet an Anfällen. Der Vater der Mutter war ein Trinker. Die Schwester der Mutter ist mehrfach geisteskrank gewesen, aber immer wieder gesund geworden, deren eine Tochter ist geisteskrank, die andere schwachsinnig und gelähmt. Pat. selbst hat sich normal entwickelt und auf der Schule sehr gut gelernt. Sie war stets eine heitere lebhafte Natur, die sehr gern schaffte und sich überall als brauchbar und tüchtig erwies, so daß sie allgemein beliebt war. Irgendwelche besonderen Charaktereigenschaften hat sie niemals geboten.

Mit Bestimmtheit kann sie sich erinnern, schon in ihrer Schulzeit Tage gehabt zu haben, wo sie mit ihren Schularbeiten gar nicht fertig werden konnte, wo ihr gar nichts von der Hand ging, und dann wieder Tage, wo ihr alles so leicht fiel und sie sich so überglücklich fühlte. So lange sie überhaupt denken kann, sind solche ganz leichten Schwankungen stets vorhanden gewesen und ohne jede Ursache von selbst gekommen und wieder verschwunden. Ausgesprochener wurden sie mit dem 20. Jahre. Damals erkrankte sie ohne jeden Anlaß an einer einfach gehemmten Depression von typischem Verlauf, die nach etwa einem halben Jahre wieder zur Genesung führte. Eine leichte heitere Periode schloß sich an und seit jener Zeit ging es dauernd hin und her, nur daß in früheren Jahren die heiteren, in späteren die depressiven Zeiten mehr überwogen. Oft hat sie bei sich gedacht, wenn sie nur einmal so wie die anderen sein könnte und nicht immer zu lustiger oder zu trauriger Stimmung sein müßte. Die Schwankungen selbst boten das klassische Bild leichter Depressionen mit Insuffizienzgefühl, Befürchtungen für die Zukunft und hypochondrischen Ideen, oder echter Hypomanien mit übertriebener Glückseligkeit, Schaffensfreude und ausgelassenem Frohsinn. Schwerere manische Erkrankungen hat sie niemals durchgemacht, doch auch die leichten Zeiten waren so ausgesprochen, daß sie stets ihrer Umgebung auffielen. Schwerere Depressionen traten anfänglich mit großer Regelmäßigkeit alle 10 Jahre auf, 1873, 1883 und 1893. Keine dieser Erkrankungen hat sie der Klinik oder einer Anstalt zugeführt. Die Dauer war gewöhnlich etwas über ein halbes Jahr. Sie glichen sich untereinander, ebenso wie die leichteren Schwankungen, mit geradezu photographischer Treue. Bei sämtlichen ihrer Erkrankungen hat niemals ein Anlaß bestanden. Die Entwicklung war stets eine allmähliche und schleppende. Seit dem Jahre 1893 hat sich das Bild wesentlich geändert. An Stelle der leichten rasch wechselnden Schwankungen sind jetzt länger dauernde Perioden depressiver oder heiterer Stimmung getreten, die in ganz regelmäßigem Turnus einander ablösen. 7—8 Monate ist sie verstimmt, leistungsunfähig und hat hypochondrische Ideen, 7—8 Monate ist sie dann wieder ganz überglücklich, heiter und ausgelassen, kann sich an allem freuen, und alles geht ihr mühelos von der Hand. Sie hat selbst das volle Verständnis, daß sie seit Jahren keine normale Stunde mehr gehabt hat, und hegt den sehnlichsten Wunsch, sie möchte doch endlich einmal innerlich wirklich zur Ruhe kommen. In den Jahren 1903 bis 1906 hat sie in ihren depressiven Zeiten mehrfach die Hilfe der Klinik aufgesucht. Sie kam sich dann gefühlsleer vor, innerlich gehemmt, verödet, wie selbst gestohlen. Alles drückte auf sie, sie war zu allem unfähig und unbrauchbar. Hypochondrische Ideen traten zeitweise in den Vordergrund, daneben Befürchtungen, die Angehörigen würden ohne sie alles verkehrt machen und sich dadurch ins Unglück stürzen. Selbstvorwürfe wegen kleiner Verfehlungen und unbegründete Selbstbeschuldigungen gewannen zeitweise die Oberhand, dann fehlten ernstliche Suicidgedanken nicht, doch ist es niemals zu einem Versuche gekommen. In den Mauern der Klinik fühlte sich die Kranke einigermaßen geborgen, so daß sie aus eigenem Antriebe immer wieder hierher zurückkehrte. Seit 1906 sind die Verstimmungen etwas leichter gewesen, so daß Pat. ohne die Hilfe der Klinik durchkam, doch hat sich sonst im Verlaufe der Erkrankung nichts geändert. Bei ihrer Vorstellung im Januar 1909 befand sie sich gerade wieder in einer ganz leichten Depression. Ihre Schilderungen waren ganz vorzüglich und bestätigten in allem die früher von ihr und anderen erhobenen Angaben.

Auch hier haben wir wieder eine ausgesprochen gleichsinnige Belastung. Der Vater scheint allerdings ein konstiutionell Depressiver gewesen zu sein; soweit wir aber sonst genauer über die Familie unterrichtet sind, treffen wir überall echte Zyklothyme an. Pat. selbst ist auch wieder eine heitere Natur, doch ohne daß ihr Temperament sich als chronisch-manisch deuten ließe. Bei ihr gehen die Schwankungen mit voller Sicherheit bis in die frühe Schulzeit zurück; doch zu echten zyklothymen Perioden entwickeln sie sich erst mit dem 20. Jahre und zwar anschließend an die erste schwerere Erkrankung, die auch schon beide Phasen deutlich ausgeprägt enthielt. Anfänglich überwiegen die heiteren Zeiten, später treten mehr die depressiven in den Vordergrund. Die Unabhängigkeit von äußeren Einwirkungen und die echte reine Periodizität ist hier in klassischer Weise vorhanden. In ganz gleichem Intervall von 10 zu 10 Jahren treten schwere Verstimmungszustände auf, die wie gesetzmäßig genau in der gleichen Weise ablaufen und jedesmal das völlig gleiche Symptomenbild einer einfach gehemmten Depression darbieten. Dazwischen finden wir die leichten Schwankungen, deren Dauer keine ganz übereinstimmende ist, die aber in der Erscheinungsform gleichfalls völlig miteinander identisch sind. Noch gesetzmäßiger wird aber der Verlauf mit dem 40. Lebensjahre. Nun folgen sich in regelmäßigem Wechsel Manie und Depression, stets in der gleichen Form, stets von der gleichen Dauer, nur daß die Erscheinungen im Laufe der Jahre etwas an Heftigkeit abnehmen. Hier kann über die rein endogene Natur der Erkrankung kein Zweifel sein, ein Einfluß psychologischer Momente ist ganz ausgeschlossen. Und darin liegt der große Unterschied gegenüber einem großen Teil der Erkrankungsformen, die wir in den ersten Abschnitten besprochen und als Reaktion auf ungünstige äußere Bedingungen erkannt haben.

Fall 51.

C. K., Bauernsohn aus U., geb. den 13. März 1894, soll angeblich in seiner Familie keinerlei Nerven- oder Geisteskranke gehabt haben. Der Kranke selbst soll körperlich gesund, aber stets auffallend zart und empfindlich gewesen sein. In seinen Stimmungen und seinem ganzen Verhalten war er von jeher außerordentlich unzuverlässig und wechselnd. Er war reizbar empfindlich und geriet sofort in lebhafte Wut und brutales Schimpfen, sobald man ihn ärgerte, aber er hatte auch Zeiten, wo er alles viel gleichgültiger hinnahm und überhaupt viel stiller war. Bei seiner ungewöhnlichen Ungleichmäßigkeit machte die Erziehung große Schwierigkeiten, was zu Hause wie in der Schule unangenehm auffiel. Auch im Lernen waren seine Leistungen sehr wechselnd. An Begabung fehlte es ihm nicht, doch war er faul und indolent und niemals bei der Sache. Genauere Beobachtungen über sein Verhalten stehen uns leider nicht zu Gebote. Man hielt ihn eben einfach für boshaft und ungezogen und behandelte ihn demgemäß, allerdings ohne jeden Erfolg. Frühjahr 1908 sollte er nach Entlassung aus der Schule in der Landwirtschaft untergebracht werden, wogegen er sich heftig sträubte, da er ein Handwerk erlernen wollte. Er war verstimmt, klagte über allerlei körperliche Beschwerden, die besonders mit dem Magen zusammenhingen, aß nicht, schlief schlecht und leistete auch in der Arbeit sehr wenig. Nach einem halben

Jahre, November 1908, ging er plötzlich nach Karlsruhe durch — nicht etwa der nächsten großen Stadt; er war ganz in der Nähe von Tübingen zu Hause — und wollte nun hier seinen Plan durchführen, ein Handwerk zu erlernen. Man brachte ihn in einer typischen manischen Erregung zurück. Er lachte, scherzte, sprach ununterbrochen, reimte und verführte nichts wie Dummheiten, so daß er am 9. November 1908 in die Klinik verbracht werden mußte. Hier bot er in den ersten Tagen das Bild einer klassischen Hypomanie mit außerordentlicher Anregbarkeit und Freude an Neckereien und boshaften Scherzen. Sehr bald schlug aber die Stimmung in eine leichte gehemmte Depression mit vorwiegend hypochondrischen Ideen um; auch sie währte gleichfalls nur kurze Zeit, bis sich Anfang Dezember ziemlich akut eine in der Hauptsache gereizte schwere Manie entwickelte, die in der Behandlung recht viel Schwierigkeiten verursachte, mehr als man es bei einem so jungen Menschen und der ersten ausgesprochenen Erkrankung erwarten sollte. Mitten in Zeiten tobsüchtiger Erregung schoben sich Stunden schwerer Verstimmung mit Suicidversuchen hinein, die aber ebenso unvermittelt, wie sie auftraten, wieder verschwanden. Ende Dezember 1908 wurde er allmählich wieder ruhiger und nun entwickelte sich allmählich eine leichte hypochondrische Depression mit Andeutung von Hemmung und einzelnen Selbstvorwürfen. Die gereizte Stimmung blieb aber dauernd weiter bestehen. Ende Januar 1909 trat wieder ein neuer Umschlag zu einer gereizten manischen Erregung ein, die aber in mäßigen Grenzen blieb. Ohne völlig genesen zu sein, wurde der Kranke in diesem Zustande vom Vater nach Hause genommen, der einer Überführung in eine der Staatsanstalten zuvorkommen wollte.

Über die erbliche Belastung haben wir bei diesem Kranken nichts erfahren können, eine Beobachtung, die ich bei so jugendlichen Pat. mehrfach gemacht habe; die Eltern wollen unter keinen Umständen zugeben, daß die Erkrankung auf erbliche Einflüsse zurückgehe und leugnen daher irgendwie belastende Tatsachen. Trotz ungenauer Anamnese über die früheren Jahre läßt sich hier mit Gewißheit feststellen, daß die gemütlichen Schwankungen bis in die früheste Jugend zurückgehen. Die erste schwere Erkrankung setzt schon mit 14 Jahren ein. Fälle, die so früh beginnen, sind nicht sehr häufig, sie pflegen gewöhnlich recht schwer zu verlaufen und die Kranken dauernd arbeitsunfähig zu machen. Auffallend sind die kurzen Phasen mit den heftigen plötzlichen Umschlägen. Ähnliches habe ich mehrfach bei den jugendlichen Formen gesehen. Sie erscheinen dadurch wie richtige Zyklothyme, wo ja auch die einzelnen Perioden meist nur kurz zu sein pflegen, nur mit besonders heftigen Ausschlägen. Das Symptomenbild ist das der klassischen Depressionen und Manien.

Fall 52.

A. S., Student der Theologie aus G., geb. den 6. Januar 1886, ist erblich schwer belastet. Die ganzen Vorfahren väterlicherseits waren eigentümliche Leute, wie man hierzulande sagt „Eigenbrödler". Der Vater des Vaters war ein Trinker. Die Mutter ist eine sehr nervöse Frau, bei der sich abwechselnd Zeiten von großer Reizbarkeit und solche von großer Niedergeschlagenheit einstellen. Schwester und Bruder sind sehr nervös und nehmen Unangenehmes schwer auf. Ein Sohn der Mutterschwester war längere Zeit nervenleidend und ist seitdem depressiv.

Pat. selbst war von klein auf ein kräftiges gesundes Kind von ausgelassenem heiteren Temperamente, so ein richtiger Schlingel, der zahlreiche dumme Streiche machte und nicht leicht zu erziehen war. Mit 12 Jahren wurde er stiller und ernster. Ob damals schon Schwankungen bestanden haben, ist unsicher. Festgestellt konnte nur werden, daß die erste ausgesprochene Depression mit dem 17. Lebensjahre auftrat, unter langsamer und allmählicher Entwicklung. Er zog sich von seinen Freunden ganz zurück, machte sich Vorwürfe wegen Onanie, glaubte sich dadurch gesundheitlich geschädigt zu haben, bei anderen aufzufallen und dergleichen mehr. Das dauerte mit Schwankungen bis zum 19. Lebensjahre. Ebenso allmählich, wie sie eingetreten war, verschwand auch die depressive Verstimmung wieder und machte nun einer heiteren Erregung Platz, die ihn zu unvernünftigem Trinken und hochnasiger Behandlung der Umgebung verleitete. Dank seiner guten Begabung bestand er doch sein Abiturientenexamen. Auf der Universität machte er sich aber als katholischer Theologe durch seinen liederlichen Lebenswandel so mißliebig, daß er schon nach einem halben Jahre wieder nach Hause mußte. Statt Kollegien zu besuchen, trieb er sich vom frühen Morgen bis in die Nacht hinein bei Kellnerinnen umher, und die berechtigten Vorhaltungen seiner Vorgesetzten erwiderte er mit heftigen Auftritten. Sommer 1906 saß er untätig zu Hause, bald völlig unfähig zu allem und schwer gedrückt, bald heiter und unternehmend; doch auch dann beschäftigte er sich nur mit harmlosen Spielereien wie Schmetterlingsammeln, von denen er ungeahnte Bereicherung der Wissenschaft erhoffte. Herbst 1906 ging er, um Medizin zu studieren, nach einer anderen Universität, wurde dort aber bald so schwer depressiv, daß er gehemmt und entschlußunfähig in seiner Wohnung herumlag, bis ihn Bekannte nach einem Badeort brachten. Eine Varicozelenoperation, die auf Grund seiner hypochondrischen Vorstellungen von einem Chirurgen ausgeführt wurde, blieb natürlich ohne jeden Erfolg. Frühjahr 1907 schlug die Stimmung plötzlich wieder um. Er wollte nun das Badeleben richtig genießen, fing ein Verhältnis an und beteiligte sich ausgiebig an der allgemeinen Geselligkeit. Ein erneuter Versuch zu studieren im Herbst 1907, wohl eine Folge der nachlassenden Erregung, schlug wieder fehl; denn es entwickelte sich ziemlich rasch eine schwere Depression, diesmal mehr von reizbarem Charakter, die ihn wieder monatelang schwer gehemmt und zu allem unfähig zu Hause herumzusitzen zwang. Genau wie in den vorhergehenden Jahren ließ auch diesmal die traurige Verstimmung mit dem einsetzenden Frühlingswetter nach. Er wurde wieder heiter, leicht erregt und fühlte den Drang, sich zu betätigen; doch hielt sich die Hypomanie jetzt in so leichten Grenzen, daß er eine ihm übertragene Hilfslehrerstellung mit ganz gutem Erfolg auszufüllen vermochte. Einzelne depressive Tage, die sich immer wieder dazwischen schoben, erschwerten ihm allerdings hin und wieder seine Tätigkeit. Im Herbst kam wieder die Lust zum Studium, und er machte aufs neue einen Versuch auf der Universität. Doch in der gleichen Weise wie in früheren Jahren setzte auch jetzt wieder die hypochondrische Verstimmung ein, die ihn im November 1908 der Klinik zuführte. Er war leicht gehemmt, ganz entschlußunfähig, schwankend und innerlich unsicher. Zahlreiche Befürchtungen wegen seiner Gesundheit beherrschten ihn, die in der Hauptsache auf seine Selbstvorwürfe wegen früherer Masturbation zurückgingen. Hie und da traten Stunden ausgesprochen hypomanischer Stimmung dazwischen, in denen er Pläne machte, voll froher Hoffnung war und seine ganze frühere Bedenklichkeit als krankhaft verlachte. Er erwies sich als ein sehr intelligenter Mensch, der eine ausgezeichnete Schilderung seiner Persönlichkeit und seines Lebensganges entwarf. Nach wenigen Wochen kehrte er noch ungebessert in seine Heimat zurück, da seine Familie unter diesen Umständen nicht gewillt war, die großen Opfer, die ein weiteres Studium erfordert hätte, aufzubringen.

Die väterliche Familie ist schwer psychopathisch, anscheinend depressiv. Die Mutter ist eine Zyklothyme. Ob sonst noch bei den Verwandten neben der vorwiegend depressiven Stimmungslage zirkuläre Schwankungen vorgekommen sind, ließ sich aus der uns gewordenen Anamnese nicht mit Sicherheit feststellen. Der Kranke selbst hatte als Kind ein auffallend heiteres Temperament, das man vielleicht als chronisch-manisch auffassen könnte. Mit 12 Jahren ändert er sich, doch scheint es nicht zu einer wirklich depressiven Stimmungslage gekommen zu sein. Mit 17 Jahren setzt die erste Depression ein, und seit dieser Zeit ist er niemals wieder frei geworden. In ziemlich langgezogenen Perioden von monate- oder jahrelanger Dauer schwankt seine Stimmung zwischen ausgesprochener Hypomanie und Depression hin und her. Außer in den Übergangszeiten von einer Phase zur anderen scheinen keinerlei kurzdauernde Schwankungen bei ihm vorgekommen zu sein. Auch für seine Jugendzeit hat er sie bestimmt in Abrede gestellt.

Fall 53.

C. L., Schuhmachersfrau aus B., geb. den 4. März 1850, entstammt väterlicherwie mütterlicherseits einer schwer belasteten Familie. Der Vater war typisch zyklothym mit einzelnen stärkeren Schwankungen, so daß er mehrfach eigentlich anstaltsbedürftig gewesen wäre. Die Schwester des Vaters war vorübergehend melancholisch; drei Brüder der Mutter sind nervös. Über die Natur dieser letzten Erkrankungen ist nichts bekannt geworden. Zwei Brüder und eine Schwester der Pat. sind zirkulär. Zwei andere Brüder haben in Schwermut Selbstmord begangen, keines von den Geschwistern der Pat. ist gemütlich gesund gewesen, wenn man von den sieben früh verstorbenen absieht. Von den eigenen Kindern ist eine Tochter zyklothym, die andern sind nervös. Die Mutter des Vaters machte auf einen Anlaß hin einen Schwermutanfall durch, unter den Vettern und Basen aus der väterlichen Familie sind eine ganze Reihe nervenkrank. Pat. selbst hat sich normal entwickelt und auf der Schule gut gelernt. Sie war ein heiteres lebhaftes Kind, doch nicht besonders ausgelassen. Sie hat nur immer gern viel gesprochen und geriet dabei leicht in starken Affekt, so daß sie allgemein für etwas aufgeregt galt. Dabei war sie aber ängstlich und unter Fremden stets verlegen. Schon bei Kleinigkeiten kamen ihr die Tränen, gegen schlechte Behandlung war sie stets sehr empfindlich; ein hartes Wort konnte sie kränken und schon der Verdacht, daß man es vielleicht nicht gut mit ihr meine, war ihr Grund genug, nun auch hinter allem eine böse Absicht zu vermuten. Niemals aber hat sie solche Erfahrungen einem Menschen längere Zeit nachgetragen. Sie wurde mit Kränkungen ebenso schnell fertig, wie sonst mit allem Unangenehmen im Leben. Der augenblickliche Affekt war wohl sehr heftig, doch entlud er sich sehr rasch nach außen und damit war die Sache für sie abgetan. Wenn sie einmal etwas ärgerte oder bedrückte, zürnte und schalt sie unter lebhaftem Gestikulieren, verlor auch für den Augenblick leicht den Kopf, beruhigte sich aber sofort wieder, wenn die erste Erregung vorbei war. Stets hat sie sich bei andern ausgesprochen und gern deren Rat und Hilfe gesucht. Sie war überhaupt eine gesellige Natur, die Verkehr mit Gleichgesinnten liebte. In religiösen Dingen unterschied sie sich nicht von ihrer Umgebung. Stets hat sie fleißig und gern gearbeitet und darauf gehalten, daß sie alles pünktlich besorgte, ohne sich aber nach dieser Richtung hin irgendwie besonders zu quälen. Dieses Temperament ist der Pat. ihr ganzes Leben lang treu geblieben.

Bis zum 18. Lebensjahr soll ihr Gemütszustand völlig gleichmäßig gewesen sein. Damals erkrankte sie, anscheinend im Anschluß an einen schweren Unfall des Bruders, der sie lebhaft erschreckte, an einer leichten Depression mit Angst, Insuffizienzgefühl und Befürchtungen für die Zukunft, der nach einer Dauer von wenigen Wochen eine leichte hypomanische Phase folgte. Von diesem Augenblick an ist sie niemals mehr längere Zeiten völlig normal und gleichmäßig gewesen. Ohne Regel folgten sich seitdem unaufhörlich in Zwischenpausen von wechselnder Länge Zeiten, wo alles schwer ging, ihr nichts mehr Freude machte und sie alles krumm und schief aufnahm, ohne daß irgend welcher äußere Anlaß vorgelegen hätte. Ihnen folgten ebenso unbegründet Tage und Wochen, wo sie so besonders froh und glücklich war, und alles im heitersten Lichte strahlte. Einzelne dieser Schwankungen traten stärker hervor, so eine ängstliche Depression mit 20 Jahren, die aber nur wenige Wochen anhielt und sie nicht anstaltsbedürftig machte. Sozial eingreifender waren schon die manischen Zeiten, die sie bis zum Jahre 1899 schon dreimal in die Irrenzelle des heimatlichen Krankenhauses gebracht hatten. Doch war gewöhnlich nach wenigen Tagen alles abgelaufen, so daß man von der Überführung in eine Anstalt absehen konnte. Die erste schwerere und länger dauernde Erkrankung entwickelte sich 1899 anschließend an einen Fall auf den Kopf, der zu einer vorübergehenden Bewußtlosigkeit geführt hatte. Pat. wurde verstimmt, leistungsunfähig und hatte ausgesprochenes Insuffizienzgefühl. Ängstliche Ideen traten hinzu; sie glaubte, man spräche Schlechtes von ihr, sie wurde reizbar und schwierig, und im Verlaufe von wenigen Wochen hatte sich eine typische flotte Manie entwickelt, welche die Kranke im Januar 1900 der Klinik zuführte. Das klassische Bild mit Ideenflucht, ausgelassener Stimmung und Beschäftigungsdrang und starker Eotie hielt auch nur ein paar Wochen an und ging dann ziemlich rasch in Genesung über, so daß die Kranke schon Mitte März entlassen werden konnte. Zu Hause war sie noch wenige Wochen reizbar und aufgeregt, dann aber wieder genau die alte. Die leichten Schwankungen bestanden auch jetzt in der früheren Weise weiter fort, ohne sie in ihren Haushaltungsgeschäften wesentlich zu beeinträchtigen. Eine schwere Erkrankung setzte erst wieder im Oktober 1904 ein, diesmal ohne irgendwelchen Anlaß. Die rasch sich entwickelnde flotte Manie, anscheinend diesmal ohne daß eine Depression vorausgegangen wäre, machte schon in den ersten Tagen des Novembers die Überführung in die Klinik notwendig. Unter einzelnen depressiven Umschlägen kam es im Januar 1905 allmählich zur Beruhigung, so daß die Kranke Ende Februar nach Hause zurückkehren konnte. Danach begann gerade die Menopause. Schon Ende des gleichen Jahres trat wieder eine erneute heftige Erregung auf, die diesmal verhältnismäßig schleichend einsetzte, dafür sich aber zur heftigsten Tobsucht steigerte,. so daß Pat. zu Hause alles zerschlug. 19. Dezember 1905 wurde sie zum dritten Male in die Klinik aufgenommen und auch hier war die Manie viel schwerer, als bei den früheren Beobachtungen; zeitweise kam es zu völliger Verworrenheit. Ende März trat wieder Beruhigung ein, und im April konnte die Kranke nach Hause entlassen werden. Sie war damals noch sehr erregbar und außerordentlich labil in ihrer Stimmung, doch herrschte die depressive Komponente vor, die sich dann allmählich zu einer richtigen Depression entwickelte. Sie fühlte sich zu allem unfähig, war leutescheu, wie niedergedrückt, und konnte sich zu gar nichts entschließen. Auch Suicidgedanken waren vorhanden. Erst nach einem halben Jahre wurde der alte Zustand wieder erreicht. Seitdem sind keine schweren Erkrankungen mehr aufgetreten, nur die eingangs geschilderten gemütlichen Schwankungen bestehen noch in der gleichen Weise fort. Im Januar 1909 hat sich die

Kranke wieder in der Klinik vorgestellt und bei dieser Gelegenheit über die persönliche wie die Familienanamnese ausführlich Auskunft erteilt. Sie befand sich damals in normalem Zustande. Ihre Schilderungen, die sich mit den früheren Angaben der Angehörigen deckten, waren ausgezeichnet klar und verständig.

Auch diese Kranke ist wieder sehr schwer belastet und, soweit wir genauer orientiert sind, ausgesprochen zyklothym. Sie hat ein lebhaftes heiteres Temperament, das aber sicher nicht als manisch bezeichnet werden kann. Auffällig ist ihre übergroße Empfindlichkeit und Weichmütigkeit, die etwas an das erinnert, was wir in der Anamnese bei Kranken gefunden haben, die wir bei der Gruppe der hysteriformen Depressionen schilderten. Ganz entsprechend ist auch ihre Art, gemütlich zu reagieren, außerordentlich lebhaft und heftig und ihre Affektkurve sehr kurz und steil. Da könnte man bei der ersten leichten Depression, die sich an einen Unglücksfall in der Familie anschloß, an eine reaktive Erkrankung denken, doch die sofort folgende hypomanische Phase macht das äußerst unwahrscheinlich. Bemerkenswert ist noch, daß sich die erste wirklich schwere, länger dauernde Erkrankung an ein ernstliches Trauma anschloß, das eine kurzdauernde Bewußtlosigkeit nach sich gezogen hatte. Zu bedenken ist aber, daß schon jahrelang zuvor manische und depressive Schwankungen vorausgegangen waren, die allerdings nur eine kurze Dauer und geringe Heftigkeit gezeigt hatten. Die Schwankungen setzen, wie bestimmt angegeben wird, erst mit dem 18. Lebensjahre ein, bleiben aber von dieser Zeit an dauernd bestehen. Sie verlaufen sehr unregelmäßig, was Dauer und Stärke anbetrifft, sind aber von äußeren Einflüssen nicht nachweislich abhängig. Ob die eigentümliche persönliche Gemütsveranlagung in ihren Psychosen zutage getreten ist, läßt sich natürlich nach einer Krankengeschichte nur schwer entscheiden. Vielleicht äußert sich aber darin ein individueller Zug, daß sie die Neigung hatte, in der Depression sich von anderen schlecht beurteilt zu glauben und gern ihre eigenen depressiven Ideen auf die Umgebung projizierte. Das würde gut zu ihrer außerordentlichen Empfindlichkeit passen, die sie schon in gesunden Zeiten harmlose Vorgänge paranoid mißdeuten ließ.

2. Zirkuläre Erkrankungen bei hypomanischem Temperamente.

Bei den soeben besprochenen echten Zirkulären mit Schwankungen bis in die früheste Jugend hinein war uns durchweg die heitere lebenslustige Stimmung aufgefallen, die solche Kranke in der Kindheit beherrscht hatte. Bei einem Patienten (Fall 48) hatten wir sogar ein ausgesprochen hypomanisches Temperament gefunden. Solche Erfahrungen sind gar nicht selten, sobald man sich einmal näher erkundigt, wie die Kranken eigentlich in ihrer Kindheit gewesen sind. Haben die zirkulären Schwankungen sehr früh eingesetzt, so wird häufig die Aufklärung schwierig sein, zumal man über die Zeit der Pubertät und gar noch über die weiter zurückliegenden Jahre in vielen Fällen keinerlei sichere Angaben erhalten kann. Bei den Kranken aber, bei denen man eine einwandfreie Anamnese über eine hypomanische Jugendstimmung erhält, macht man die merkwürdige Erfahrung, daß wohl die manischen Zeiten unter ihren Psychosen im allgemeinen überwiegen, daß aber Kranke, die niemals eine Depression durchgemacht haben, zum mindesten nicht häufig sind. Nun wissen wir aber, daß rein manische Erkrankungsformen ohne jede depressive Schwankung überhaupt recht selten beobachtet werden, sobald man nur genauer diesen Fragen nachgeht. Aber wenn das angeborene Temperament einen überwiegenden Einfluß auf die Form der Psychosen ausübt, dann sollte man wenigstens in den Fällen, wo in der Jugend eine ausgesprochen manische Stimmungslage vorhanden war, nur manische Erkrankungen erwarten. Mein Material ist viel zu klein, um irgendwelche bindende Schlüsse zu erlauben, doch habe ich unter meinen Fällen hypomanischer Veranlagung keinen einzigen finden können, der nicht vorübergehend depressive Zeiten gehabt hätte. Bei einzelnen sind sogar nur traurige Verstimmungszustände beobachtet worden. Auf diese Beziehungen bei der heiteren Veranlagung im einzelnen einzugehen, würde über den Rahmen der Arbeit hinausführen. Für uns ist hier nur die Frage wichtig, welche Formen von zirkulären Psychosen überhaupt bei manischem Temperamente vorkommen. Das soll im folgenden an ein paar Beispielen dargelegt werden.

Fall 54.

E. J., Wirtstochter aus M., geb. den 19. Juni 1880, hat eine aufgeregte Mutter und einen trunksüchtigen Vater; sonst ist über erbliche Belastung nichts bekannt geworden. Pat. selbst war als klein schwächlich und kränklich und machte im frühesten Kindesalter eine schwere Rachitis durch, die sich auch heute noch in ihrem ganzen Körperbau deutlich ausspricht. Sonst hat sie sich normal entwickelt. Auf der Schule lernte sie leicht und gut und erwies sich auch im Haushalte recht anstellig und brauchbar. Viel Freude hat ihr allerdings die körperliche Arbeit niemals gemacht. Sie saß viel lieber für sich und las oder unterhielt die Gäste in der väterlichen Wirtschaft. Sie war überhaupt eine sehr gesellige Natur, die wegen ihrer heiteren Stimmung und ihrer nie versiegenden Lustigkeit überall beliebt war. Das war es, was sie immer gerne wollte; sie mußte eine Rolle spielen, etwas mehr sein als die anderen, und deswegen suchte sie sich auch durch Bücher und Zeitschriften eine höhere Bildung anzueignen als ihre Umgebung. Dabei war sie aber gutmütig und freundlich und nahm nicht leicht irgend etwas übel. Die Stimmung war dauernd auffallend glücklich und heiter, irgendwelche äußeren Unannehmlichkeiten machten niemals einen tieferen Eindruck auf sie. Gemütliche Schwankungen sind in früheren Jahren nicht an ihr beobachtet worden. Mit 20 Jahren trat ihr heiteres unruhiges Temperament noch mehr hervor. Sie wurde noch geselliger, ausgelassener, trank mehr als ihr gut war und knüpfte überall erotische Beziehungen an, doch ohne daß ein ernstliches Verhältnis sich daraus entsponnen hätte. Gleichzeitig damit traten vereinzelt kurzdauernde Verstimmungen auf, die gewöhnlich nur wenige Tage anhielten und sich mehr in einer Unlust zu allem, als in depressiven Ideen geltend machten. Seit Anfang 1907 steigerte sich ihr heiteres Temperament zu einer richtigen leichten Hypomanie, was bei dem Berufe ihrer Eltern zu allerlei Reibereien und Schwierigkeiten führte. Der Gedanke an eine Heirat stand stets im Vordergrunde. Anfang 1908 traten die depressiven Zeiten mehr hervor, sie wurden länger und ausgeprägter und drängten die manischen Perioden auf einzelne Tage zurück. Mißmutige Stimmung, Gefühl der Leistungsunfähigkeit, einzelne hypochondrische Beschwerden waren die einzigen Erscheinungen ihrer Depression. Ende 1908 setzte die Hypomanie aufs neue ein und diesmal so heftig, daß Pat. nicht mehr zu Hause verpflegt werden konnte. Sie begann tüchtig zu trinken, in alles hineinzureden, ernsthafte Beziehungen anzuknüpfen, das Geld hinauszuwerfen und allerlei erotische Phantasien als Träume preiszugeben. In der Klinik, in die man sie im Jahre 1909 verbracht hatte, zeigte sie das Bild einer leichten Hypomanie. Die Entziehung des Alkohols wirkte wesentlich beruhigend auf sie ein. Doch war sie auch hier durch ihre Reizbarkeit anfangs etwas schwierig. Sie sprach sehr viel, mischte sich in alles hinein, kokettierte lebhaft, scherzte und neckte und war stets heiterer glückseliger Stimmung. Sie hatte viel traumhafte Phantasien von Himmelserscheinungen und erotischen Dingen, von denen sie gern ausführlich erzählte. Im Laufe von einigen Monaten trat Beruhigung ein, und bei der Entlassung im April soll Pat. wieder ganz so gewesen sein wie früher. Sie machte noch immer einen etwas gehobenen Eindruck und zeigte das Bild einer ganz leichten Hypomanie.

Die hier geschilderte Kranke hat zweifellos ein leicht hypomanisches Temperament, was bei ihrer Entlassung, die nach Angabe der Angehörigen in völlig normalem Zustande erfolgte, recht schön hervortrat. Damit stimmten die Schilderungen, die man uns über ihre ganze Persönlichkeit gemacht hatte, in allen wesentlichen Zügen überein. Bis zum 20. Lebensjahre soll die angeborene leicht hypomanische Stimmungslage ziemlich gleichmäßig angehalten und keinerlei greifbare Schwankungen aufgewiesen haben. Damals trat eine ausgesprochene Verschlimmerung ein, die man geneigt sein könnte, vielleicht mit vermehrtem Alkoholgenuß in Verbindung zu bringen, auf den die Kranke in der Tat sehr stark reagiert, wie sich bei ihrer späteren Behandlung in der Klinik zeigte. Doch erfahren wir, daß gleichzeitig kurzdauernde leichte Verstimmungen einsetzten, die anfänglich nur angedeutet sind, aber dann im 27. Jahre Hand in Hand gehend mit einer Zunahme der hypomanischen Erregung stärker in den Vordergrund treten. Also eine echte zyklothyme Erkrankung auf dem Boden einer chronischen angeborenen ganz leichten Hypomanie.

Fall 55.

H. D., Landwirt aus T., geb. den 4. Februar 1851. Hat außer einem trunksüchtigen Vater angeblich keine erbliche Belastung aufzuweisen. Pat. selbst ist ein gesunder kräftiger Mensch, aus dessen Jugend nichts Besonderes zu bemerken ist. Auf der Schule war er tüchtig und auch im Leben hat er sich als recht brauchbar erwiesen. Von jeher aber galt er als schwierig und vorsichtig zu behandeln, weil er furchtbar eigensinnig und reizbar war und immer ein großes Selbstbewußtsein besaß. Er nahm das Leben stets von der heiteren Seite, sah nur das Angenehme und ließ sich durch nichts, mochte es sein was es wollte, auch nur einen Augenblick unterkriegen. Er lachte und scherzte gern und war stets ein beliebter Gesellschafter, der alle anderen zu unterhalten wußte. Über sein Leben ist nichts Besonderes zu berichten. Er heiratete 1879 und lebt in glücklicher Ehe mit der recht verständigen Frau. Unter seinen Landsleuten genießt er Ansehen und hat es bis zum Mitglied des Gemeinderates gebracht. Über irgendwelche gemütlichen Schwankungen ist nichts bekannt geworden; doch hat möglicherweise seine große Reizbarkeit leichtere Schwankungen verdeckt.

Die erste Erkrankung setzte 1903 ziemlich unvermittelt anschließend an eine erregte Gemeinderatsdebatte ein, wo er mit seiner Ansicht nicht durchgedrungen war. Und zwar entwickelte sich ein schwerer gereizter Verwirrtheitszustand mit zahlreichen ängstlichen Sinnestäuschungen, in dem er brutal auf seine Umgebung losging. Das führte zu seiner Aufnahme in die Klinik am 11. Februar 1903. Damals war er völlig desorientiert, schwer erregt und voller Angst, doch trat sehr rasch Beruhigung ein, und damit Hand in Hand gehend wurde er klar und besonnen unter immer stärkerem Hervortreten der gereizten Stimmungslage, so daß Pat. bald das Bild einer gereizten Manie darbot. Er querulierte, wußte alles besser, stellte die ungerechtfertigsten Ansprüche und machte sich über alle anderen lustig. Auch das ging im Laufe des Mai zurück, so daß er völlig genesen entlassen werden konnte. Ein Jahr später, Ende 1904, setzte abermals ganz unvermittelt die gleiche schwere Erregung ein, so daß er im November 1904 wieder in die Klinik gebracht werden mußte. Der Zustand glich der ersten Erkrankung ganz außerordentlich, ging aber diesmal nach kurzer Zeit in eine typische verworrene Manie mit heiterer ausgelassener Stimmung und scherzhaftem Toben über. Die Genesung erfolgte auch jetzt wieder sehr rasch, durch ein hypomanisches Stadium hindurchgehend, so daß Pat. Ende Januar 1905 geheilt nach Hause entlassen werden konnte. Schon im Juli des gleichen Jahres zeigte sich wieder dieselbe ängstliche Erregung, gefolgt von leichter Manie, doch diesmal so kurzdauernd und wenig ausgesprochen, daß er die Erkrankung in einem gewöhnlichen Spitale durchmachen konnte. Er blieb dann gesund bis Juni 1906. Abweichend von den bisherigen Erfahrungen begann damals die Erkrankung nicht mit ängstlicher Erregung, sondern setzte ganz langsam und allmählich gleich als typische Hypomanie ein, die ihn Ende Juni 1906 der Klinik zuführte. Er befand sich in einer leichten manischen Erregung mit völliger Besonnenheit und den typischen Symptomen; es war ein klassisches Bild. Nach wenigen Wochen trat völlige Heilung ein, die bis Januar 1907 anhielt. Damals mußte er wieder wegen einer besonnenen manischen Erregung in die Klinik verbracht werden; ein ängstlicher Erregungszustand war auch diesmal ausgeblieben. Er war in heiter ausgelassener Stimmung, motorisch schwer erregt, schimpfte, tobte und demolierte alles. Schon nach wenigen Tagen wurde er in eine der Landesanstalten überführt, wo er im Laufe von einigen Monaten allmählich genas. Seit dieser Zeit ist er gesund geblieben; doch haben sich immer alle paar Wochen leichte hypomanische Erregungen gezeigt, in denen er sehr unternehmungslustig wurde und große Pläne für die Zukunft machte, auch für den Verkehr mit seiner Umgebung sehr schwierig war. Arbeitsfähig ist er aber dauernd geblieben. Die letzten Nachrichten über ihn stammen aus dem Dezember 1908.

Bei diesem Kranken ist die heiter ausgelassene Seite des manischen Temperaments weniger ausgesprochen, dafür treten das gehobene Selbstbewußtsein und die Reizbarkeit mehr in den Vordergrund; doch darf auch er zweifellos als ganz leicht hypomanisch betrachtet werden. Trotzdem ist es ihm in früheren Jahren stets gelungen, ohne ernstlichere Schwierigkeiten durchzukommen. Er hat überall seinen Posten ausgefüllt und es sogar in seiner Gemeinde zu hohem Ansehen gebracht. Letzterem verdankt er es wohl auch, daß er trotz seines immerhin nicht einfachen Charakters ohne ernstlichere Reibereien durchkam. Schwankungen scheinen nicht vorhanden gewesen zu sein, lassen sich jedenfalls nicht nachweisen. Vielleicht sind sie nur durch seine heftigen Ausschläge auf alle unangenehmen Erlebnisse hin verdeckt worden, da man in seiner Umgebung leicht geneigt war, auch unmotivierte Erregungen auf äußere Gründe zurückzuführen. Auffallend ist das späte Einsetzen der Psychosen. Die erste Erkrankung trat im 52. Lebensjahre auf und begann mit einem ängstlich depressiven Verwirrtheitszustande, dem sich erst die gereizte Manie anschloß. Nun aber häufen sich die Psychosen. Jahr um Jahr wird er psychisch krank; anfänglich ganz in der gleichen Art, später sind es nur noch besonnene Manien von typischer Ausprägung, denen das depressive Stadium fehlt. Und schließlich seit 1906 haben wir nur noch unregelmäßig auftretende leichte periodische Manien von zyklothymem Charakter. Die Form der depressiven Phase ist ungewöhnlich. Es handelt sich nur um schwer verwirrte Angstzustände mit zahlreichen Sinnestäuschungen, die den manischen Erkrankungen vorausgehen.

Fall 56.

W. G., Student aus H., geb. den 18. März 1887, hat seinen Vater durch Suicid verloren. Eine Schwester ist nervenkrank. Sonst ist nichts über erbliche Belastung bekannt geworden. Er selbst war ein etwas schwächliches Kind, hat aber keine schweren Erkrankungen durchgemacht. Er ist von kleiner schmächtiger Figur, hat sehr unregelmäßige Kopf- und Gesichtsbildung und macht in seinem ganzen Äußeren einen auffallend degenerierten Eindruck. Als klein soll er häufig im Schlafe laut gesprochen haben. Er ist ein intelligenter Mensch von leichter Auffassung und lebhaftem Geist, doch etwas sprunghaft und wenig ernst. Stets war er ausgelassen, heiter, gesprächig und gesellig und hatte zahlreiche literarische und andere Interessen, die er aber nur in sehr oberflächlicher Weise betätigte. Schon als klein war er sehr selbstbewußt und offen bis zur Grobheit. Er ließ sich nur ungern etwas sagen, war reizbar und jähzornig und wenig lenksam. Die Stimmung war dauernd ausgelassen heiter und durch trübe Erfahrungen nicht herabzustimmen. Auf der Universität hat er viel getrunken und in seiner Verbindung eine große Rolle gespielt; doch fiel er seinen Freunden stets durch seine heitere Laune, seine Redseligkeit und seine Unbeständigkeit auf. Von gemütlichen Schwankungen ist nichts bekannt geworden.

Im Sommer 1907 zog er sich plötzlich von allem Verkehr zurück, wurde still und gedrückt und schließlich ganz lebensüberdrüssig. Er saß für sich allein untätig herum und war durch nichts aus seinen depressiven Gedanken herauszureißen. Gegen Ende des Jahres ließ die traurige Stimmung nach, er wurde allmählich wieder lebenslustig und im Frühjahr 1908 entwickelte sich ziemlich akut eine schwere manische Erregung, in der er unnötige Einkäufe machte, sich als großen Herrn aufspielte und sein ganzes kleines Vermögen durchbrachte. Da sein Benehmen zu allerlei Schwierigkeiten Anlaß gab, wurde er im Mai 1908 in die Klinik gebracht. Er befand sich damals in einer allerdings besonnenen, doch recht schweren manischen Erregung. In übertriebenem Selbstbewußtsein behandelte er alle von oben herunter, lobte sich unaufhörlich und stellte die ungerechtfertigsten Ansprüche. Selbst richtige Größenideen, wie er werde die ganze deutsche Studentenschaft, ja selbst ganz Deutschland reformieren, wurden zeitweise geäußert. Er befand sich in lebhafter Unruhe, sprach viel und hastig, oft direkt ideenflüchtig und war fast gänzlich unlenksam. Nach einigen Tagen trat eine gewisse Beruhigung ein, in der er ungebessert nach Hause geholt wurde.

Eine ganz ähnliche Veranlagung, wie der vorige, zeigt auch dieser Kranke. Wir haben die gleiche gehobene Stimmungslage und die gleiche Reizbarkeit, den gleichen schwierigen Charakter. Nur ist alles hier viel ausgesprochener und schwerer, wie der Pat. auch in seinem ganzen Äußeren schon einen höchst degenerierten Eindruck macht. Er erscheint außerdem viel sprunghafter, fahriger und viel weniger zu ernster Arbeit brauchbar, doch sind auch die studentischen Jahre für einen solchen Menschen kein günstiges Milieu, und man wird daher heute wohl kaum bestimmen können, ob er in seinen guten Zeiten jemals wirklich leistungsfähig werden wird, falls überhaupt längere freie Perioden ihm dazu Gelegenheit geben. Ob in jüngeren Jahren Schwankungen bestanden haben, ließ sich leider nicht sicher feststellen. Die erste Erkrankung setzte mit dem 20. Lebensjahre als einfach gehemmte Depression ein, an die sich dann eine besonnene Manie von typischem Charakter anschloß. Auffallend war die äußerst gehobene Stimmung, die ihn zu ganz unsinnigen Größenideen hinriß, bei voller Besonnenheit und nur geringer motorischer Erregung.

Fall 57.

L. L., Packersfrau aus E., geb. den 22. Januar 1851. Der Vater war ein aufgeregter, heiterer und schwatzhafter Mensch, der gern über den Durst trank. Drei der Brüder sind gleichfalls Potatoren, der vierte Bruder ist übertrieben fromm. Eine Bruderstochter leidet an Anfällen, eine andere ist sehr leichtsinnig. Die Großmutter von Vaterseite sowie deren ganze Familie haben das gleiche Temperament wie der Vater. Der Großvater mütterlicherseits war sehr dumm und unselbständig. Pat. selbst ist eine sehr lebhafte Frau, die von klein auf einen auffallend unruhigen und regen Geist besaß. Stets hat sie außerordentlich gern und viel gesprochen, immer war sie heiter und aufgeräumt und durch nichts ließ sie sich unterkriegen. Sie steckte stets voller lustiger Dinge, lachte und scherzte gern und im geselligen Kreise war sie das belebende Element, und wo sie sich zeigte, da war sie gleich der Mittelpunkt der ganzen Unterhaltung und die ganze Wirtschaft hörte auf sie. Sie spielte gern die erste Rolle und fühlte sich leicht zurückgesetzt, wenn sie nicht alles anzugeben hatte. Gegen Kränkungen war sie überhaupt außerordentlich empfindlich und antwortete auf die kleinste Zurücksetzung mit einer sehr heftigen Gemütserregung, die sich in stärksten Ausdrücken nach außen entlud. Doch war alles gleich wieder vergessen, und niemals hat sie irgend etwas länger nachgetragen. Sonst konnten ihr unangenehme Dinge gar nichts anhaben. Selbst das Schlimmste machte sie mit lachendem Gesichte ab. In ihrem Geschäft war sie sehr fleißig und arbeitsam, doch eher etwas fahrig, ließ sich auch durch Unerwartetes leicht aus dem Konzept bringen. Für alles war sie gleich Feuer und Flamme; nein zu sagen fiel ihr außerordentlich schwer, und wer an ihr Mitleid und ihr weiches Herz zu appellieren verstand, der konnte alles von ihr erreichen. Sie lebte in äußerlich guten Verhältnissen und glücklicher Ehe. Irgendwelche gemütlichen Schwankungen sollen in früheren Jahren bei ihr niemals aufgetreten sein. Solange man sich ihrer erinnern kann, soll sie nach den Angaben ihrer Angehörigen das gleiche Bild geboten haben. Die erste Erkrankung fiel in das Jahr 1905. Damals wurde sie ausgesprochen manisch. Ihr gewöhnlicher Beschäftigungsdrang artete in unruhigen Tatendurst aus, sie wurde reiselustig und unbeständig und vermochte vor lauter Reden und Hin- und Herlaufen ihre Arbeit nicht mehr recht zu machen. Das dauerte mit Schwankungen eine Reihe von Monaten; dann stellten sich allmählich allerlei hypochondrische Beschwerden ein und die Stimmung wurde gedrückt und mißmutig. Im ganzen war es das Bild einer sehr schwankend verlaufenden gereizten nörgelnden Depression, in die sich immer wieder manische Tage einschoben. In einem solchen Zustande kam sie im Oktober 1906 in unsere Klinik, um sich wegen ihrer Nerven behandeln und außerdem wegen Krebs untersuchen zu lassen, auf den sie ihre zahlreichen körperlichen Beschwerden zurückführte. Trotz der depressiven Stimmung zeigte sie auch bei uns eine eigentümliche Unruhe, Redseligkeit und Vielgeschäftigkeit. Nörgelnd und unzufrieden verließ sie schon nach wenigen Tagen die Klinik und es hat nach ihren Angaben noch ein ganzes Jahr gedauert, ehe sie wieder völlig gesund geworden ist. Seit dieser Zeit ist die Stimmung auffallend schwankend geworden. Die frühere heiter ausgelassene Grundstimmung herrscht noch immer vor, doch traten ganz unvermittelt von Zeit zu Zeit immer für einige Tage die alten depressiven Ideen ans Tageslicht und vorübergehend war das gleiche Bild der nörgelnden Depression wie in der Klinik vorhanden. Diese Schwankungen haben angehalten bis zu ihrer Vorstellung im Juni 1909. Damals soll sie nach der Aussage der sie begleitenden Tochter in ihrer gewöhnlichen alltäglichen Stimmung gewesen sein, ganz so wie sie ihr Leben lang sich gezeigt hatte. Sie war eine heiter redselige Frau mit strahlendem Gesichtsausdruck, die auf den Untersucher ganz den Eindruck einer leichten Hypomanie machte.

Die Schilderung, die uns von dem Charakter dieser Kranken entworfen wird, ist das Bild einer typischen leichten Hypomanie. Ihr hervorstechendster Zug ist neben der ausgelassen heiteren Stimmung, die ewige Unruhe und ein nicht recht gezügelter Beschäftigungsdrang, doch hielt sich alles in so leichten Grenzen, daß Pat. dauernd sozial geblieben ist. Entsprechend der Beobachtung, daß bei ihr die Hauptstörung auf psychomotorischem Gebiete liegt, sind alle Ausdrucksbewegungen außerordentlich lebhaft und alle Affekte drängen mit großer Heftigkeit nach außen, so daß es auf kleine Anlässe hin zu starken Entladungen kommt. Dabei ist sie aber nicht eigentlich reizbar und schwierig wie die zuvor geschilderten Kranken; sie ist im Gegenteil außerordentlich gutmütig, weich und sensitiv, so daß ihre freundliche Gesinnung in direktem Gegensatz zu ihrem Poltern und Lärmen steht. Auch hier haben möglicherweise wieder die heftigen Affektentladungen leichte Schwankungen nach der manischen Seite hin verdeckt. Depressive Zeiten werden bestimmt in Abrede gestellt. Wir müssen überhaupt nach der uns gewordenen Schilderung annehmen, daß ihre gemütliche Veranlagung bis zum 54. Jahre völlig gleichmäßig geblieben ist, daß also hier ein ähnlich spätes Einsetzen der Erkrankung sich findet wie bei Fall 51. Ohne nachweislichen Anlaß steigerte sich damals die angeborene gehobene Stimmungslage zu einer richtigen Hypomanie, an die sich bald leichte depressive Schwankungen anschlossen. Die anfänglich sehr ausgeprägten, wenn auch kurzen Perioden mit auffallend raschen Umschlägen haben sich im Laufe der letzten Jahre gemildert, und es sind nur noch leichte zyklothyme Schwankungen zurückgeblieben, bei denen nun auch die depressiven Zeiten entsprechend dem Grundcharakter der Kranken einen nörgelnden Zug bewahren. Die erbliche Belastung ist in diesem Falle sehr ausgesprochen und zwar ganz im gleichen Sinne. Nur ein Bruder ist übertrieben fromm, ob er auch depressiv veranlagt war, ließ sich nicht mit Sicherheit feststellen; alle anderen Geschwister und die ganze väterliche Familie haben das gleiche Temperament wie Pat.

Fall 58.

B. G., Fabrikarbeiterin aus U., geb. den 9. Januar 1887, stammt von einer aufgeregten und empfindlichen Mutter ab, deren Schwester, eine schwere Hysterica, auch schon in unserer Behandlung war. Zwei Geschwister sind an Epilepsie gestorben. Die Geschwister des Großvaters väterlicherseits waren geistesschwach. Pat. selbst war ein gesundes kräftiges Kind mit ganz guter Gegabung. Von Temperament war sie heiter und ausgelassen, stets bei der Hand und überall in der ersten Reihe. Sie spielte in der Familie die erste Rolle, viel mehr als die älteren Geschwister, und war auch unter ihren Freundinnen stets die Tonangebende. Sie schwatzte gern, wußte heiter zu erzählen und war wegen ihres fröhlichen Temperamentes überall gern gesehen. In allem, was sie tat, war sie flink, ja fast übereilig, kam aber im allgemeinen mit ihren Arbeiten gut zustande. Nur wenn es etwas viel zu schaffen gab, verlor sie gleich den Überblick, wurde zappelig und war dann leicht völlig unbrauchbar. Sie ließ sich überhaupt rasch aus dem Gleichgewicht bringen. Sobald etwas vorfiel, was sie kränkte, war sie ganz außer sich und entlud ihren Affekt in schweren Ausbrüchen. Sie schalt, polterte und drohte, war aber im nächsten Augenblick wieder gut und hatte alles vergessen. Auch unangenehme Erlebnisse oder Befürchtungen konnten sie leicht für den Moment aus ihrer guten Stimmung herausreißen, doch war das immer nur ganz vorübergehend. Sie hatte sofort ihre gute Laune wieder. Unnötige Sorgen hat sie sich niemals gemacht; sie nahm das Leben, wenn es nur irgend ging, von der heiteren Seite. Den hitzigen ungeduldigen Charakter hat sie von ihrer Mutter geerbt, nur daß diese nicht alles so leicht aufnehmen konnte wie Pat. Körperliche Erkrankungen hat sie niemals durchgemacht. Ob gemütliche Schwankungen bis vor das 14. Lebensjahr zurückgehen, ließ sich nicht mit Sicherheit feststellen, doch ist es höchst wahrscheinlich, daß sich in die heitere glückliche Jugendzeit einzelne depressive Tage eingeschoben haben, da Pat. sich genau erinnern kann, schon in der Kindheit oft das Gefühl gehabt zu haben, sie hätte ihre Arbeit nicht recht gemacht, und dann ganz übertrieben pflichteifrig gewesen zu sein, was sonst nicht ihrer Natur entsprach. Sicherlich beginnen aber die Schwankungen mit 14 Jahren. Damals setzte unvermittelt eine leichte Verstimmung verbunden mit körperlichen Beschwerden (Gelenkschmerzen) und Insuffizienzgefühl ein, die etwa 6 Wochen anhielt und dann in eine hypomanische Erregung ausging, in der sie ausgelassen heiter war, sehr viel schwatzte und Dummheiten trieb. Dabei soll ein Anfall mit Bewußtlosigkeit und Krämpfen aufgetreten sein, der sich aber später im Leben nicht mehr wiederholte. Ein halbes Jahr nachher wurde sie menstruiert. Seit jener Zeit ist sie niemals mehr ganz gleichmäßig gewesen. Dauernd wechselten Zeiten leichter Gehobenheit mit solchen leichter Verstimmung ab, ohne daß Pat.

jemals zur Ruhe gekommen wäre. Die Länge der einzelnen Perioden war ganz verschieden, meist handelte es sich nur um Tage oder wenige Wochen. Auffallend häufig schlossen sich die depressiven Zeiten an die Regel an. Dazwischen schoben sich längere Verstimmungen heiteren oder depressiven Charakters ein. So war sie 1902 wieder 6 Wochen ausgesprochen manisch und eigentlich anstaltsbedürftig. Damals, wie auch später häufig, begann die heitere Erregung mit einer ausgesprocheneren Verstimmung, die sich mit Gelenkschmerzen verband. Die nächste schwerere Erkrankung trat 1903 auf und führte diesmal die Kranke in die Klinik, wo sie eine typische besonnene Manie mit starker Erotie und hochgradiger motorischer Unruhe durchmachte. Einzelne depressive Tage schoben sich auch jetzt in die schwerste Erregung hinein. Nach 4 Monaten trat Genesung ein und Pat. wurde leicht depressiv entlassen. April 1904 machte eine schwere manische Erregung zum zweitenmal die Aufnahme in die Klinik erforderlich. Es war wieder das klassische Bild der Manie ohne irgendwelche Besonderheiten. Juli 1904 konnte sie leicht hypomanisch entlassen werden. Seit jener Zeit sind keine schwereren manischen Erkrankungen mehr aufgetreten, doch machte Pat. jedes Frühjahr eine ausgesprochenere Depression durch, die stets von einer stärkeren Hypomanie gefolgt wurde und gewöhnlich einen Krankenhausaufenthalt notwendig machte. Dazwischen schwankte die Stimmung unaufhörlich hin und her. Gute und schlechte Tage wechselten ohne Unterlaß miteinander ab, ohne daß die Kranke jemals das Gefühl gehabt hätte, auch nur eine Stunde wirklich normal zu sein. Die Arbeit hat sie daher völlig aufgeben müssen, da sie alle paar Tage einmal auszusetzen gezwungen war. Sie ist dauernd in ärztlicher Behandlung, doch, wie sie selbst einsieht, ohne Aussicht auf Erfolg. Trotzdem hat sie schon viel Geld den Quacksalbern hingetragen, worüber sie sich in manischen Zeiten selber lustig macht. Juni 1909 stellte sie sich auf Aufforderung wieder in der Klinik vor. Sie kam in auffallend geputztem Anzuge, Tränen in den Augen, ganz gedrückt und verschüchtert herein. Nur in einem heiteren Augenblicke hatte sie sich überhaupt entschlossen, dem Briefe Folge zu leisten. Seit Januar 1909 war wieder eine schwerere Verstimmung in der Entwicklung begriffen, die langsam und allmählich zugenommen hatte, aber wie gewöhnlich von einzelnen heiteren Tagen unterbrochen war. Sie fühlte sich gedankenschwach, völlig entschlußunfähig und konnte sich zu keiner Leistung aufraffen. Sie ging allen Leuten aus dem Wege, grübelte über ihre Vergangenheit und machte sich Suicidgedanken, da ihre Erkrankung ja doch niemals besser werden könne. Bei ihren Angehörigen fand sie keinerlei Glauben, weil in der Unterhaltung leicht ein Umschlag eintrat, und sie dann oft ausgelassen heiter sein konnte, so daß man alles nur als Verstellung und Faulheit ansah. Und in der Tat trat auch bei uns während der Untersuchung sofort eine ausgesprochen hypomanische Stimmung ein. Pat. wurde heiter, ja ausgelassen. Lauter lustige Erinnerungen kamen, und sie erzählte unter schallendem Gelächter von ihren Dummheiten während der Manie. In demselben Moment aber, wo man sich von ihr abwandte, nur um ein paar Notizen zu machen, kehrte sofort die depressive Stimmung wieder, und Pat. war so völlig in ihre trüben Vorstellungen versunken, daß man sie direkt herausreißen mußte. Die Kranke machte einen ganz intelligenten Eindruck und stand besonders ihrer Erkrankung mit großem Verständnis gegenüber.

Auch hier haben wir wieder die typisch hypomanische Veranlagung mit ausgelassener glücklicher Stimmungslage, die sich mit den gleichen psychomotorischen Störungen verbindet, wie wir sie bei der vorhergehenden Kranken gesehen haben. Sie ist eine lebhafte flinke Person, in ewiger Unruhe und Geschäftigkeit, doch sozial tüchtig und brauchbar in jungen Jahren. Auch bei ihr sind die Affektentladungen außerordentlich lebhaft und erfolgen auf die geringsten Anlässe hin mit plötzlichem heftigen Einsetzen der Gemütsbewegung und ebenso raschem und vollständigem Abklingen ohne jede nachhaltige Wirkung. Dabei ist sie eine gutmütige Person, ebenso weich und rührselig wie die gerade besprochene Kranke. Doch darin besteht ein wesentlicher Unterschied. Wir haben hier bis in die früheste Jugend hinein leichte depressive Schwankungen, die vom 14. Lebensjahre an in eine typische Zyklothymie übergehen, die anfänglich neben einigen stärkeren Ausschlägen noch freie Zeiten zurückließ. Im Verlaufe der Jahre hat sie sich aber allmählich so verschlimmert, daß schließlich gar keine Intervalle zwischen den einzelnen Anfällen mehr übrig bleiben, und die Stimmung dauernd so hin und her schwankt, daß die Kranke völlig arbeitsunfähig geworden ist. Dabei ist die Schwere der Affektstörung verhältnismäßig gering und eine gewisse Beeinflußbarkeit durch die Umgebung vorhanden. Ohne Schwierigkeiten lassen sich mit wenigen Worten je nach Wunsch hypomanische oder depressive Phasen hervorrufen.

Fall 59.

B. S., Kleidernäherin aus F., geb. den 10. Mai 1880. Der Vater ist ein reizbarer hitziger Mensch, der an periodischen Trunksuchtsanfällen leidet. Ein Bruder ist eigentümlich und hat zwei Depressionen durchgemacht. Eine Schwester und ein Bruder sind gehobene Naturen, eine andere Schwester soll an Hysterie leiden. Der Bruder des Vaters ist durch Suicid gestorben. Pat. selbst hat ausgezeichnet gelernt und sich gut entwickelt. Trotz trüber Jugend wegen der Roheit des Vaters und der Krankheiten des Bruders war sie stets heiterer und glücklicher Stimmung. Alles ging ihr leicht von der Hand, durch nichts ließ sie sich niederdrücken und stets sah sie von allen Dingen nur die frohen und glücklichen Seiten. Gesprächig und liebenswürdig, wie sie sich gab, war sie überall beliebt und spielte unter ihren Bekannten eine große Rolle. Allgemein nannte man sie nur „die heitere Berta“. Aber auch im Geschäft war sie gut zu brauchen. Sie war fleißig, geschickt, anstellig und flink im Schaffen, so daß man sie überall gern sah. In ihren Stellungen als Dienstmädchen war sie sehr tüchtig und beliebt. Später hat sie sich selbständig gemacht und betreibt nun mit gutem Erfolge ein eigenes Konfektionsgeschäft, in dem sie von ihren Schwestern unterstützt wird; doch ist sie das führende Element. Gemütliche Schwankungen sind in der Jugend nicht bei ihr beobachtet worden.

Im Alter von 17 Jahren machte sie eine grundlose Depression von wenigen Wochen Dauer durch, an die sie sich aber im einzelnen nicht mehr erinnern kann. Sie weiß nur noch, daß sie damals völlig leistungsunfähig war und sich zu allem mit großer Mühe aufraffen mußte. Dann war sie wieder in ihrer gleichmäßigen heiteren Stimmung bis 1900, wo im Anschluß an eine leichte körperliche Erkrankung (Influenza?) ganz allmählich eine typische gehemmte Depression sich entwickelte. Sie war müde, das Denken ging nicht mehr, alles hatte sie vergessen. Dazu kamen Selbstvorwürfe wegen Masturbation, daß sie nicht genug gebetet hätte und dergleichen mehr. Da sich Suicidgedanken hinzugesellten, wurde sie im April 1900 in die hiesige Klinik verbracht, wo sie das eben geschilderte Bild sehr ausgesprochen darbot. Die Versündigungsideen traten nun ganz in den Vordergrund, sie glaubte an allem schuld zu sein, sogar am Burenkriege, sie sei die allerschlechteste Person und dergleichen mehr. Ganz allmählich erleichterte sich der Zustand und im Juli wurde sie wesentlich gebessert nach Hause entlassen, doch hat es noch eine ganze Reihe von Wochen gedauert, ehe sie ihre alte heitere Stimmung wiedergewonnen hatte. Seit jener Zeit treten regelmäßig in den Sommermonaten, gewöhnlich anschließend an die angestrengte Frühjahrsarbeit, leichte Depressionszustände auf, die 1—2 Monate anhalten und sich immer in der gleichen Weise äußern. Sie wird nervös, innerlich unruhig, fühlt sich müde und abgespannt und nicht mehr leistungsfähig, alles gelingt nur noch mit großer Überwindung. Die Freude an dem Berufe geht ihr verloren, sie hat kein Vertrauen mehr in die Zukunft und befürchtet wieder aufs neue gemütskrank zu werden. Sie schläft schlecht, kann morgens gar nicht aus dem Bette finden und mag keinem Menschen ins Gesicht sehen. Nach wenigen Wochen ist alles vorbei und sie befindet sich wieder in dem gleichen Zustande, in dem sie sich auch im Januar 1909 bei uns vorstellte. Heiter, redselig, liebenswürdig, ja leicht erotisch, sprunghaft und weitschweifig in ihren Erzählungen, machte sie ganz den Eindruck einer ausgesprochenen Hypomanie. Nach den uns gewordenen Mitteilungen ist sie seit Jahren immer so gewesen.

Bei dieser Kranken, über deren hypomanisches Temperament auch keine Zweifel bestehen können, liegt der Hauptnachdruck auf der heiter ausgelassenen, glückseligen Stimmung, die starken psychomotorischen Störungen der soeben besprochenen Fälle fehlen hier. Gemütliche Schwankungen scheinen nicht aufgetreten zu sein. Die erste Erkrankung entwickelte sich im 17. Lebensjahre und bestand in einer gehemmten Depression leichten Grades. Ganz das gleiche, nur viel schwerer, wiederholte sich drei Jahre später und seit dieser Zeit haben sich regelmäßig während der Sommermonate leichte, traurige Verstimmungen eingestellt, die nur wenige Wochen anhielten und einander aufs Haar glichen. Manische Erkrankungen oder auch nur Schwankungen nach der manischen Seite hin hat Pat. sicher niemals gehabt. Hierin besteht ein wesentlicher Unterschied gegenüber den früher besprochenen Kranken dieser Gruppe. Wir sehen also hier bei ausgesprochen hypomanischer Veranlagung endogene periodische Depressionen als einzige Psychosen. Die erbliche Belastung ist wieder sehr ausgesprochen. Ein Bruder, der auch früher in unserer Behandlung war, hat zwei Depressionen und anscheinend auch manische Zeiten durchgemacht. Eine Nachuntersuchung war mir leider nicht möglich, da der Kranke meiner Aufforderung nicht Folge leistete. Zwei Geschwister haben das gleiche Temperament wie die Pat. und auch der Vater scheint an periodischen Erregungen gelitten zu haben, die wohl hypomanischer Natur gewesen sein werden. Die Hysterie der Schwester ist sehr fraglich, und sonst wissen wir nur noch von einem Suicid des Bruders des Vaters. Also in der Hauptsache wieder eine typisch zirkuläre Belastung anscheinend mit besonderer Betonung der manischen Seite.

Fall 60.

C. H., Schuhmachersfrau aus S., geb. den 2. September 1846, weiß über erbliche Belastung nur anzugeben, daß Vater und Schwester Trinker gewesen sind, und daß eine Vaterschwester im Wochenbett an Geisteskrankheit starb. Sie selbst war ein gesundes kräftiges Kind, das sich normal entwickelte und auf der Schule gut lernte. Von jeher ist sie durch ihr heiter ausgelassenes Temperament und ihre lebhafte Natur aufgefallen. Sie redete gern und viel, wußte über alles zu schwätzen und war, wo sie sich zeigte, immer der Mittelpunkt der Unterhaltung. Sie hatte einen gesunden Humor, scherzte und neckte die anderen und wußte stets etwas Lustiges zu erwidern. Durch nichts ließ sie sich ihre Stimmung verderben. Sie hat im Leben viel Unangenehmes durchzumachen gehabt; so hat sie als junge Frau ihr ganzes Vermögen verloren, hat oft hart um den Unterhalt kämpfen müssen und auch bei ihrem rohen trunksüchtigen Ehemann sehr wenig Gutes erfahren. Aber durch nichts ließ sie sich ihre glückliche Stimmung nehmen. Stets blieb sie die heitere lustige Frau, die jeder gerne sah und hörte. Auch Kränkungen und unfreundlicher Behandlung gegenüber war sie auffallend wenig empfindlich. Es gab eigentlich gar nichts, was sie aus dem Gleichgewicht zu bringen vermochte. So ist sie sich mit Ausnahme der Gemütskrankheiten in ihrem ganzen Leben völlig gleich geblieben. Irgendwelche Schwankungen haben sich niemals gezeigt. Sie war eine gleichmäßige tüchtige Schafferin, die außerordentlich viel leisten konnte.

Nach der ersten Entbindung 1866 setzte ganz unvermittelt ohne jeden äußeren Anlaß eine schwere Depression von einfach gehemmtem Typus ein, die nach einer Reihe von Wochen allmählich verschwand. Dann ist sie wieder völlig gesund geblieben bis 1896, ein Jahr nach der Menopause. Damals entwickelte sich, auch wieder ganz ohne jeden Anlaß, eine ausgesprochene Verstimmung mit allgemeinen Versündigungsideen, Hemmung, Insuffizienzgefühl und innerer Angst. Nach kurzer Zeit trat eine gewisse Besserung ein, doch blieb sie dauernd still, leicht gedrückt und völlig verändert. März 1897 verschlimmerte sich der Zustand von neuem zu einer akuten ängstlichen Erregung mit einem schweren Suicidverusch, der sie der Klinik zuführte. Hier hielt die ängstliche Erregung nur kurze Zeit an; schon nach wenigen Wochen konnte sie gebessert nach Hause entlassen werden, doch blieb eine leichte Verstimmung mit Insuffizienzgefühl zurück, die sich von Zeit zu Zeit immer wieder zu schwereren Depressionen steigerte. März 1898 setzte wieder eine ganz ähnliche schwere ängstliche Erregung ein, die der Anlaß zur zweiten Verbringung in die Klinik wurde. Das hat sich bis 1902 noch viermal in etwa gleichen Zwischenräumen wiederholt. Stets dauerten die ängstlichen Erregungen nur kurze Zeit. Sie waren regelmäßig mit schwerem Lebensüberdruß verknüpft und führten jedesmal zu ernstlichen Selbstmordversuchen, zu denen schreckhafte Träume und nächtliche innere Stimmen trieben. Sie fühlte sich ganz verzweifelt und verworfen, jammerte und klagte ohne Unterlaß, und war kaum zu beruhigen. In den Zwischenzeiten bestand immer die gleiche leicht gehemmte Depression mit Selbstvorwürfen, die in ausgesprochenen Schwankungen verlief, doch ohne von den äußeren Ereignissen irgendwie Notiz zu nehmen. Auffallend war das außerordentlich akute Einsetzen der ängstlichen Erregungszustände und ihre plötzliche Besserung in wenigen Tagen bis Wochen, das sich mit einer gewissen Regelmäßigkeit wiederholte. Manische Zeiten sind niemals beobachtet worden; nur als im Jahre 1902 endgültige Genesung eintrat, machten sich eine Reihe von Monaten vorher in der depressiven Stimmung nörgelnde und querulierende Züge bemerkbar, die früher stets vermißt worden waren und die wohl als manisch gedeutet werden müssen, wenn man nicht lieber von einem Hervortreten ihres Temperamentes reden will. Seitdem ist die Kranke völlig gesund geblieben; es haben sich auch keinerlei Stimmungsschwankungen mehr bemerkbar gemacht. Der Tod des Mannes, der drei Jahre nach der Genesung folgte, ist völlig ohne Einfluß auf Pat. geblieben. Als sie sich im Januar 1909 in der Klinik vorstellte, war sie in ihrer gewöhnlichen heiteren Stimmung, die sie ihr Leben lang beherrscht hatte, auf den Untersucher machte sie direkt den Eindruck einer ganz leichten Hypomanie.

Die Kranke hier hat genau das gleiche Temperament wie die zuvor geschilderte Pat. Auch bei ihr steht die ausgelassen heitere glückselige Stimmung im Vordergrunde, die sich durch keine trübe Erfahrung beeinflussen läßt. Sozial hat sich die Kranke ganz in der gleichen Weise stets tüchtig gezeigt und sich selbst in schwierigen Verhältnissen bei einem rohen trunksüchtigen Ehemanne gut durch das Leben gekämpft. Irgendwelche gemütliche Schwankungen scheinen niemals aufgetreten zu sein. 20jährig, nach der ersten Entbindung, machte sie eine schwere Depression von einfach gehemmtem Typus durch, bleibt dann 30 Jahre gesund, bis sich ein Jahr nach der Menopause ganz die gleiche Erkrankung wieder zeigte. Nach kurzer Genesung erkrankte sie aufs neue an einem ängstlichen Erregungszustand, der in eine einfach gehemmte Depression überging. Ähnliche Psychosen wiederholten sich häufig in den nächsten Jahren, nur daß jetzt dauernd die gedrückte Stimmung mit Hemmung zurückblieb. Nach 7jähriger Dauer tritt völlige Heilung ein, die nun schon nahezu 8 Jahre angehalten hat. Und auch die Stimmung entsprach seitdem wieder vollkommen ihrem angeborenen hypomanischen Temperamente. Irgendwelche heiteren Erregungen oder gehobene Zeiten, die irgendwie über die gewöhnliche Stimmungslage hervorragten, sind niemals bei ihr aufgetreten. Wir haben also auch hier wieder periodische endogene Depressionen auf angeboren hypomanischem Boden.

Die Symptomenbilder der hier in dieser Gruppe vereinigten Fälle von manischer Veranlagung waren sehr mannigfach. Wir haben periodische Manie, periodische Depressionen, schwere zirkuläre Erkrankungen und echte Zyklothymien, ohne daß die Veranlagung uns einen bestimmten Fingerzeig für den Verlauf abgegeben hätte. Die zyklothymen und schweren zirkulären Formen bilden hier in den Beispielen das Übergewicht. und das scheint auch nach meinen Beobachtungen den Tatsachen zu entsprechen. Wirklich hypomanische Veranlagung mit nur depressiven Psychosen ist sehr selten. Ich habe nicht mehr als die beiden hier angeführten Fälle auffinden können.

3. *Zirkuläre Erkrankungen bei anscheinend normaler Gemütsveranlagung.*

a) bei heiter ruhigem Temperamente.

Unter den zirkulär Erkrankten treffen wir eine ganze Reihe von Menschen an, die in ihrer Kindheit, und auch später im Leben in ihren gesunden Zeiten, in keiner Weise auffielen, und die auch nichts von psychopathischem Wesen an sich tragen. Persönlichkeiten jeden Temperamentes, solche, welche mehr der manischen und solche, welche mehr der depressiven Gemütsveranlagung nahestehen, finden sich darunter; und da wir sonst keinerlei Anhaltspunkte haben, wollen wir diese anscheinend normalen Menschen einmal nach diesen beiden Gesichtspunkten gruppieren. Viel werden wir hierdurch für unsere Fragestellung überhaupt nicht gewinnen können; doch ist es immerhin wünschenswert, auch hier, wo es sich um dem Normalen nahestehende Menschen handelt, sich darüber Klarheit zu verschaffen, ob irgendein Unterschied gegenüber den Erkrankungen bei einer bestimmten gemütlichen Veranlagung besteht, ob gewisse Formen fehlen und andere bevorzugt werden und diese leicht depressiven und leicht heiteren Anlagen auch einen Einfluß auf die Form der Psychosen ausüben.

Fall 61.

P. B., Bauerstochter aus S., geb. den 5. Juni 1881. Die Mutter war eine heitere, sehr erregbare Frau, der Vater ein depressiv veranlagter Mensch, der vor einigen Jahren eine melancholische Erkrankung durchgemacht hat. Zwei Brüder sind gleichfalls depressive Naturen, ebenso wie die beiden Brüder des Vaters. Der Großvater väterlicherseits war vorübergehend schwermütig. Pat. selbst war als klein schwächlich und hatte in den ersten Lebensjahren lange mit Rachitis zu tun. Später hat sie sich kräftig entwickelt und ist körperlich sehr gesund und stark geworden. Auf der Schule hat sie gut gelernt und sich sonst auch als begabt und tüchtig erwiesen. Im Gegensatze zu ihren Brüdern hat sie ganz das heitere Temperament der Mutter geerbt und ist von jeher eine fröhliche und leicht erregbare Natur gewesen. Sie nahm das Leben immer von der besten Seite, ließ sich durch nichts niederdrücken oder aus dem Gleichgewichte bringen und sah überall nur das Angenehme und Erfreuliche. Sie liebte die Geselligkeit und war wegen ihrer fröhlichen Stimmung stets gern gesehen und wohl gelitten. In der Arbeit war sie tüchtig und brauchbar, ja sie konnte ganz Außerrodentliches leisten; sie schaffte wie ein Mannsbild, und nichts war ihr zu viel. Was auch eintreten mochte, sie verlor niemals den Kopf, und stets war sie auf ihrem Posten. An Musik hatte sie immer viel Freude und Verständnis und sang gern und gut. Über ihre Jugend ist nichts Besonderes zu bemerken. Sie wuchs im elterlichen Hause auf und hat von früh an einen großen Teil aller Arbeiten auf sich genommen. Gemütliche Schwankungen sind niemals an ihr beobachtet worden. Mit 18 Jahren entwickelte sich ganz unvermittelt eine leichte Verstimmung, die sich in Insuffizienzgefühl und Erschwerung bei der Arbeit äußerte, aber schon nach etwa 4 Wochen wieder verschwand. Sie blieb dann gesund bis zum Herbst 1907, wo eine erneute Depression einsetzte, auch diesmal wieder ganz ohne Anlaß; die Entwicklung war eine ganz allmähliche. Sie verlor das Interesse an der Arbeit, es fehlte ihr an Mut zu allem und jedem, sie konnte sich nicht aufraffen in Dienst zu gehen, wie man ihr anriet und sich überhaupt zu nichts mehr entschließen. Einzelne Versündigungsideen traten auf, sie glaubte, man denke schlecht von ihr, und sie wollte sich gar nicht mehr unter den Leuten zeigen. Anfang 1908 besserte sich der Zustand rasch, sie wurde wieder fleißig und heiter wie zuvor, so daß man sie für ganz genesen hielt. Mitte April verschlimmerte sich das Befinden der schwerkranken Mutter, worauf sie, die sich bisher mit der Pflege gesorgt und bemüht hatte, auf einmal völlig gleichgültig wurde, unter Hervortreten einer ausgelassen heiteren Stimmung. Statt sich des Haushaltes anzunehmen, trieb sie sich in der Nachbarschaft umher und erlaubte sich allerhand kindliche Späße. Nach dem Tode der Mutter am 3. Mai nahm die heitere Erregung rasch zu. Sie begann die ausgelassensten Dummheiten zu treiben, und schließlich warf sie unter lautem Singen und Tollen die ganze Zimmereinrichtung zum Fenster hinaus. Das wurde der Anlaß zu ihrer Aufnahme in die Klinik Mitte Mai 1908. Bei uns befand sie sich in einer außerordentlich flotten manischen Erregung bei voller Besonnenheit. Die ausgelassene Heiterkeit und die Freude an Neckereien und jeglichem Uufug stand auch hier im Vordergrunde. Ende Juni wurde sie nach einer der Staatsanstalten überführt, wo ziemlich rasch Beruhigung eintrat, so daß sie im August völlig geheilt nach Hause entlassen werden konnte, wie uns damals von der Anstalt aus mitgeteilt wurde.

Diese Kranke bietet körperlich und geistig durchaus das Bild eines völlig gesunden Menschen. Ihre heitere, ruhige und tüchtige Art läßt uns gewiß nicht an eine psychopathische Veranlagung denken. Allerdings sticht sie mit ihrem heiteren Wesen sehr ab gegenüber ihren Brüdern und der ganzen väterlichen Familie, die durchweg ausgesprochen depressive Naturen sind. Das könnte uns vielleicht stutzig machen, wenn wir nicht bei der Mutter das gleiche Temperament, wie bei der Pat. sähen, und so keinerlei Veranlassung haben, hier pathologische Momente zur Erklärung mit heranzuziehen. Von einer eigentlich manischen Veranlagung kann bei der Kranken sicherlich keine Rede sein. Gemütliche Schwankungen sind niemals aufgetreten. Mit 18 Jahren machte sie eine leichte Depression von typisch einfach gehemmter Form durch, die sich ganz in der gleichen Weise mit 26 Jahren wiederholte. Und nach einer kurzen, anscheinend gesunden Zeit sehen wir auf einen traurigen Anlaß hin sich eine schwere manische Erregung entwickeln. Beispiele, wo Anlaß und Form der Erkrankung so auseinander weichen, sind ja bekannt, doch scheint mir ein solches Zusammentreffen nicht gerade häufig zu sein. Ich habe sonst unter meinem Materiale keinen ähnlichen einwandfreien Fall angetroffen.

Fall 62.

L. L., Fabrikarbeitersfrau aus M., geb. den 25. April 1876, stammt von einer depressiv veranlagten sehr aufgeregten Mutter, die durch Suicid geendet hat. Ein Bruder des Vaters und dessen Sohn sind Trinker. Sonst ist nichts über erbliche Belastung bekannt geworden. Pat. selbst, die Überlebende von einem Zwillingspaar, hat eine normale Jugend gehabt. Sie ist nicht besonders begabt, hat aber auf der Schule ordentlich gelernt, nur das Rechnen ist ihr etwas schwer gefallen. Außer Bleichsucht im Entwicklungsalter hat sie keinerlei körperliche Erkrankungen durchgemacht. Ihre Gemütsart war stets gleichmäßig heiter. Unnötigen Sorgen hat sie sich niemals hingegeben und über alles Unangenehme ist sie leicht und glatt hinweggekommen. Nur gegen Kränkungen war sie stets etwas empfindlich, doch wurde sie auch damit im allgemeinen schnell entgültig fertig. Gemütliche Eindrücke pflegten niemals länger und nachhaltiger bei ihr einzuwirken und auch unerwartete Ereignisse brachten sie nicht aus dem Gleichgewicht. Im Verkehr mit Fremden war sie ruhig und eher still, doch nicht schüchtern oder verlegen.

Mit ihren eigenen Angelegenheiten hielt sie etwas zurück, da sie selbst zu ihr Näherstehenden nicht das genügende Vertrauen besaß; doch war sie nicht eigentlich verschlossen. In der Arbeit war sie fleißig und pünktlich und nahm es mit ihren Pflichten eher etwas zu genau. Doch wußte sie, daß sie ihre Sache gut mache und hat sich niemals mit unnötiger Selbstkritik gequält. In ihrem Berufe war sie geschickt und flink und alles ging ihr gut von der Hand. Nach der Entlassung aus der Schule blieb sie einige Jahre im elterlichen Hause und ging dann als Kellnerin in Stellung, wo sie ihren Posten ganz gut versah. Sommer 1897 traten plötzlich ohne irgendwelchen Anlaß Gedanken auf, sie könne ihre Pflichten nicht mehr erfüllen. Sie fühlte sich müde und matt, und ganz allmählich entwickelte sich eine leichte Depression mit ausgesprochener Hemmung und Versündigungsideen, die sich indessen in so mäßigen Grenzen hielt, daß sie, wenn auch mit Mühe, ihren Dienst weiter fortführen konnte. Ganz plötzlich im August schlug die Stimmung in heitere Erregung um. Sie verließ ohne Kündigung ihre Stellung und kam ausgesprochen hypomanisch nach Hause zurück, wo sich in wenigen Tagen eine schwere manische Erregung entwickelte, die sie am 13. August 1897 der Klinik zuführte. Sie bot das Bild einer typischen besonnenen Manie mit sehr starker motorischer Unruhe und ausgelassen heiterer Stimmung. Vereinzelt war sie für Stunden verworren, meist aber klar und immer hochgradig ideenflüchtig. Im Dezember trat allmähliche Beruhigung ein, und Ende Januar 1898 konnte sie genesen nach Hause entlassen werden. Doch war sie nach eigenen Beobachtungen noch etwa ein Vierteljahr auffallend reizbar und empfindlich, so daß es mehrfach zu Schwierigkeiten kam, wenn ihr Wille nicht durchdrang, während sie sonst stets nachgiebig gewesen war und sich mit allem ohne weiteres abfand. Seitdem ist sie dauernd völlig gesund geblieben. Manische oder depressive Schwankungen haben sich niemals weder vorher noch nachher bei ihr eingestellt. Ihre Stimmung war dauernd gleichmäßig heiter. Pat. hat sich im Februar 1909 wieder in der Klinik vorgestellt. Sie machte den Eindruck einer ruhigen, zwar etwas ungewandten, doch recht verständigen Person, die gut über sich Bescheid wußte. Psychopathische Züge sind nicht an ihr zu bemerken gewesen. Sie hat inzwischen geheiratet und lebt in glücklicher Ehe.

Diese Kranke ist etwas ruhiger und stiller als die vorige und auch gegen unfreundliche Behandlung etwas empfindlicher, doch von heiterem Temperamente und ohne irgend welche psychopathischen Züge. Gemütliche Schwankungen hat sie niemals gehabt. 23jährig entwickelt sich bei ihr ohne Anlaß eine leichte Depression von einfach gehemmtem Typus, an die sich als die eigentliche Psychose eine schwere Manie anschließt. Beide Erkrankungen erheben sich ganz unvermittelt aus der anscheinend normalen gemütlichen Veranlagung heraus und führen wieder zur völligen Genesung zurück. Pat. ist jetzt 12 Jahre gesund geblieben und hat in ihrem Gemütsleben nicht die geringste Störung mehr gezeigt. Über die Vererbung war nicht viel zu erfahren. Die Mutter scheint eine konstitutionell Depressive vom zweiten Typus gewesen zu sein.

Fall 63.

L. R., Verkäuferin aus K., geb. den 5. Oktober 1883. Der Vater ist ein hitziger schwieriger Mensch, der gern trinkt, die Schwester empfindlich, weinerlich und aufgeregt. Sonst ist über erbliche Belastung nichts zu erfahren gewesen. Pat.

selbst hat sich normal entwickelt und gut gelernt. Die frühe Jugend soll wegen des Temperaments des Vaters nicht ganz glücklich gewesen sein; doch hat Pat. nie besonders darunter gelitten, da sie nicht leicht den Kopf hängen ließ und sich nicht unnötig Sorgen machte. Noch ziemlich klein, 8 jährig, kam sie nach dem Tode der Mutter zu Pflegeeltern, wo man große Ansprüche an sie stellte; doch habe sie es ganz gut gehabt. Ihre heitere gleichmäßige Natur sei auch dort aufgefallen. Man habe gemeint, so eine wie sie könne man gar nicht unterkriegen. Die steht hin und lacht, als wenn gar nichts wäre, auch wenn ihr das Unangenehmste passiert, habe der Pflegevater immer gesagt. Sie ist auch in der Tat mit allem fertig geworden, hat gern gearbeitet und etwas Tüchtiges leisten können. Nur war sie in der Arbeit immer etwas zu pflichteifrig und gewissenhaft. Der Gedanke, sie könne etwas nicht ganz richtig vollendet haben, konnte sie im Schlafe stören; sie hat aber niemals den Zwang empfunden, getane Arbeit nochmals nachzukontrollieren. Sie war sich im allgemeinen wohl bewußt, daß sie etwas leisten könne, und daß man zufrieden mit ihr sei. Sie wußte überhaupt was sie wollte, und ließ sich nicht leicht durch andere beeinflussen. War auch im Verkehr mit anderen nicht verlegen. Nur gegen unfreundliche Behandlung war sie etwas empfindlich und dann gleich rasch und hitzig. Auch sonst überlegte sie nicht lange, sondern ließ dem Gedanken gleich die Tat folgen, sprach auch gern über Dinge, die sie besser für sich behalten hätte. Sie konnte nichts allein abmachen und war überhaupt eine gesellige Natur, die Einsamkeit nur schlecht vertrug.

Mit 19 Jahren wurde sie wegen einer unehelichen Schwangerschaft von ihren Pflegeeltern verstoßen, als sie vom Bräutigam verlassen heimkehren wollte. Auf diese bittere Erfahrung hin entwickelte sich eine leichte gemütliche Verstimmung, die sich aber nur mit dem traurigen Erlebnis beschäftigte und die sie selbst im Gegensatz zu ihren späteren Depressionen, nicht als Gemütskrankheit auffaßte. Der Tod des Kindes, wenige Wochen nach der Geburt, ging ihr besonders nahe. Nach etwa einem Jahre hatte sie sich in alles gefunden und war wieder in ihrer alten guten Stimmung, bis sie 1904 erfuhr, daß ihr früherer Bräutigam nun eine andere geheiratet habe. Sie regte sich darüber sehr auf, weinte nächtelang und wurde außerordentlich reizbar. Im Laufe des Sommers steigerte sich ihre Verstimmung immer mehr, so daß sie im Herbst ihre Stellung aufgeben mußte. Sie war müde, vergeßlich, konnte gar nicht mehr denken und fühlte sich zu allem unfähig. Eine unbestimmte Angst überfiel sie, sie kam sich so allein und verlassen vor und es war ihr, als müßten es ihr die Leute ansehen, daß sie ein Kind geboren habe. Schließlich nahm die Verstimmung derart zu, daß sie wegen ernstlicher Suicidgefahr in das Stadtasyl aufgenommen werden mußte. Dort lag sie wochenlang in schwerem depressivem Stupor mit Nahrungsverweigerung, in den sich aber einzelne heitere Tage mit ausgelassener Stimmung, Singen und Tollen einschoben. Anfang 1905 trat die Depression mehr zurück, die manischen Zeiten wurden länger und gewannen schließlich die Oberhand, so daß Pat. im März 1905 als sie zu uns in die Klinik überführt wurde, ausgesprochen hypomanisch war. Heiter ausgelassener Affekt wechselte mit zorniger Erregung und hie und da schoben sich plötzlich schwer depressive Tage mit Hemmung bis zum Stupor ein. Die Umschläge erfolgten außerordentlich rasch binnen weniger Stunden, und zwar von einem äußersten Extrem direkt in das andere hinein. Juni 1905 begann die Stimmung gleichmäßiger zu werden, unter Hervortreten der depressiven Phase. Bei ihrer Entlassung, die damals erfolgte, war sie vorwiegend leicht gedrückt. Sie fühlte sich unsicher und ganz unentschlossen, und alles ging ihr nicht recht von der Hand. Sie hatte ein Bedürfnis nach Liebe und äußeren Halt und ging daher in eine religiöse Familie, die sich sehr ihrer annahm. In der ersten Zeit schoben sich noch häufig ausgesprochen manische Tage dazwischen, später traten sie mehr zurück, doch blieb die Stimmung noch etwa 2½ Jahre sehr schwankend, und zwar im ersten Jahre viel mehr als im zweiten. Sie hatte immer wieder Zeiten, wo ihr ohne Veranlassung gar nichts mehr von der Hand ging, wo sie völlig niedergeschlagen und direkt verzweifelt war. Diese Zeiten seien sicher nicht Folgen äußerer Anlässe gewesen, obschon sie sonst sehr die Neigung habe, nach irgendeinem Anlaß für ihre Verstimmungen zu suchen, war ihre bestimmte Erklärung. Seit Ende 1907 eröffnete sie mit dem Bruder zusammen ein Geschäft, das anfangs sehr schlecht ging und ihr viele Sorgen bereitete. Als Reaktion darauf war ihre Gemütsstimmung sehr gedrückt, doch dann ganz abhängig von äußeren Verhältnissen, wie sie stets beobachten konnte. Mit dem Emporkommen des Geschäftes ist die Stimmung immer besser geworden und heute ist sie ganz wieder die alte, die sie in ihrer Jugend war. Pat. hat sich im Juni 1909 wieder in der Klinik vorgestellt. Sie machte den Eindruck einer ruhigen heiteren Persönlichkeit, doch ohne jede manischen Züge. Ihrer Erkrankung steht sie mit großem Verständnis gegenüber; sie hat sich stets sorgfältig beobachtet.

Auch diese Kranke hat wieder ein heiteres gleichmäßiges Temperament; ihre fröhliche Stimmung läßt sich durch nichts anfechten. Doch tritt bei ihr als ein psychopathischer Zug eine übertriebene Gewissenhaftigkeit und ein über alles Maß hinausgehender Pflichteifer hinzu, wie man ihn sonst bei solchem Temperamente nicht häufig findet. Bei ihrer geringen Empfindlichkeit unangenehmen Erlebnissen gegenüber ist es auffällig, daß sie auf die allerdings sehr traurigen Erfahrungen in ihrem 19. Lebensjahre mit einer so ausgeprägten Niedergeschlagenheit reagierte; nach der ganzen Schilderung werden wir ja wohl die damalige Verstimmung als reaktiv bedingt auffassen müssen, zumal sie sich in physiologischen Grenzen gehalten zu haben scheint. Dann wird man aber auch geneigt sein, bei der drei Jahre später auftretenden Depression, der ein erneutes Aufleben des früheren Anlasses vorausging, die gleiche Entwicklung zu vermuten. Es handelt sich um eine akut einsetzende Verstimmung mit Insuffizienzgefühl und Angst, wie sie ganz gut zu einer reaktiven Erkrankung passen würde. Doch da erfahren wir, daß sich ganz plötzlich mitten in die depressive Zeit hinein manische Tage einschieben, bis es schließlich zu einer ausgesprochenen Hypomanie kommt, in der nun umgekehrt wieder einzelne schwer gehemmte depressive Tage auftreten. Ganz rasch und unvermittelt erfolgen die Umschläge und, was vielleicht am interessantesten ist, die Erkrankung klingt erst ganz allmählich, und zwar in der Form einer leichten Zyklothymie mit zahlreichen ganz unregelmäßigen Schwankungen ab. Nach $2^1/_2$ Jahren ist auch diese verschwunden, doch nun besteht noch eine Zeitlang eine auffallende Überempfindlichkeit gegenüber traurigen Erlebnissen weiter fort, wie man sie an der Kranken gar nicht gewohnt war. Zu bemerken ist allerdings, daß damals auch die äußeren Verhältnisse wenig günstig waren. Aber auch diese Empfindlichkeit verschwand wieder vollkommen, und die Kranke ist wieder genau so geworden, wie sie in ihrer Jugend gewesen war, und ist seit einer Reihe von Jahren bis heute so geblieben.

Fall 64.

Z. S., Bauer und Gastwirt aus B., geb. den 22. April 1859, stammt aus schwer belasteter Familie. Der Vater war ein heiterer gleichmäßiger Mann; die Mutter hat im Alter eine Melancholie durchgemacht und auch sonst das Leben recht schwer genommen. Ein Bruder mit dauernd depressivem Temperament war mehrfach im Leben gemütskrank und hat durch Suicid geendet, eine Schwester ist dauernd leicht gedrückt, eine andere auffallend heiter und ausgelassen wie keine im Dorf; sie litt Frühjahr 1909 an einer Depression. Eine Vaterschwester ist auffallend geizig, deren Tochter seit Jahren geisteskrank. Eine Schwester der Mutter war vorübergehend gemütskrank. Über die weiteren Vorfahren ist leider nichts zu erfahren gewesen. Pat. selbst war ein gesundes kräftiges Kind von lebhaftem Temperamente, das sehr gut gelernt hat und flink und geschickt in seinen Arbeiten war. Die Stimmung war im allgemeinen heiter, ohne besonders ausgelassen zu sein. Er hat das Leben eher leicht genommen und sich niemals unnötige Sorgen gemacht. Mit Unangenehmem wurde er leicht fertig, hat sich auch niemals unnötig aufgeregt oder den Kopf verloren. Gegen Kränkungen oder unfreundliche Behandlung war er nicht besonders empfindlich und nahm das meiste ganz gleichmütig hin. Wenn er aber einmal in Affekt geriet, dann wurde er sofort sehr zornig und ausfallend, schalt und polterte mehr als nötig war. Alles mußte bei ihm heraus; nichts hat er allein mit sich abgemacht. Aber wenn er sich einmal ausgesprochen hatte, dann war es auch gut und die ganze Sache ein für allemal für ihn erledigt. Nur wenn man ihn mit Bitten und Freundlichkeit faßte, da war er sofort zu haben. Nein sagen oder jemand abweisen, das vermochte er nicht, besonders wenn man an sein Mitleid appellierte. So hat er mit Verleihen und allerlei anderen Freundesdiensten schon recht viel Geld in seinem Leben eingebüßt. Er war überhaupt etwas weich und sensitiv, ließ sich leicht zu Tränen rühren und konnte niemals häßliche Dinge, wie Tierquälereien, mit ansehen, ja ein Tropfen Blut konnte ihn vertreiben. In der Arbeit war er tüchtig und fleißig und wußte was er wollte. Gedanken, ob das, was er angefangen hatte, nicht gut sei, hat er sich in gesunden Tagen nicht gemacht. Er war in allem sehr bestimmt, ließ sich nicht durch andere beeinflussen und verlangte, daß in seinem Hause alles nach seinem Kopfe ging. In seinem Charakter und Wesen ist nichts Besonderes aufgefallen. Er stand als ruhiger heiterer Mensch in der Mitte zwischen seinen extrem veranlagten Geschwistern. Über seinen äußeren Lebensgang ist nichts zu bemerken. Die Ehe ist glücklich, und die pekuniären Verhältnisse recht günstig. Gemütliche Schwankungen irgendwelcher Art sind bis zu seinem 40. Lebensjahre niemals bei ihm aufgetreten. Er kann das mit voller Bestimmtheit versichern, da er infolge der vielen Gemütskrankheiten in der Familie sehr gewohnt war, auf solche Dinge zu achten. Erst seit dem Jahre 1899 bemerkt er, daß ohne jeden Anlaß Zeiten auftreten, in denen er sich grundlos Geldsorgen macht, und die Arbeit nicht mehr recht vom Flecke gehen will. Ganz langsam setzen solche Verstimmungen ein, dauern eine Reihe von Wochen und verschwinden fast unmerklich wieder. Gleichzeitig traten einzelne Tage oder Wochen auf, wo er auffallend heiter war, ihn alles freute und die Arbeit wie von selbst ging. Das seien Zeiten, in denen er entschieden gehobener und besser sei, als es seiner Natur entspräche, die sich deutlich aus dem sonstigen Leben heraushöben. Die depressiven Verstimmungen wurden im Laufe der Jahre schlimmer und beschränkten sich schließlich nicht nur auf den Winter, doch blieben sie in dieser Jahreszeit immer am ausgesprochensten. Er fühlte sich dann müde, unfähig zu allem, das ganze Leben war ihm verleidet und zeitweise traten Suicidgedanken ganz energisch hervor. Er wurde unruhig, hatte allerlei körperliche Beschwerden, schlief schlecht und jammerte den ganzen Tag. An Arbeiten war gar nicht mehr zu denken.

Eine besonders schwere derartige Verstimmung setzte im Winter 1907/08 ein und führte ihn dann im März in unsere Klinik, nachdem er eine Zeitlang in der poliklinischen Sprechstunde in Behandlung gewesen war. Insuffizienzgefühl und innere Unruhe standen im Vordergrunde. Neben allerlei körperlichen Beschwerden quälte er sich besonders mit den Gedanken, daß seine Familie ohne ihn zurückkommen müsse, weil niemand da war, der die große Wirtschaft und das zahlreiche Vieh richtig versorgen konnte. Um nur fortzukommen, dissimulierte er stark und erreichte auch dadurch, daß er schon Anfang Mai von seinen Angehörigen heimgeholt wurde. Im Laufe des Sommers besserte sich das Befinden rasch, und es schloß sich nun eine ausgesprochene Hypomanie an, die eine Reihe von Wochen anhielt. Er sprach viel mehr, unterhielt die Gäste in einer Weise, wie er das sonst nie getan hatte, und wurde unternehmend, ohne indessen eine unvernünftige Handlung zu begehen. Er fühlte sich frei und glücklich wie nie im Leben und war auch in den Augen seiner Umgebung verändert. Seitdem ist der Zustand verhältnismäßig ordentlich geblieben, und es sind nur noch ganz leichte Schwankungen aufgetreten. Mai 1909 stellte er sich in der Klinik vor in völlig normalem Zustande.

Dieser Kranke ist auch von gleichmäßiger heiterer Stimmung ohne manische Züge. In seiner Familie steht er mitten drin zwischen der extrem heiteren Veranlagung des Vaters und eines Teiles seiner Geschwister und dem ausgesprochen depressiven Temperament der Mutter und seiner übrigen Angehörigen und erschien so eigentlich als der einzig Normale, von dem niemand glauben mochte, daß es ihm einmal an den Nerven fehlen könnte. Doch weist auch er einige psychopathische Züge auf, wie seine große Reizbarkeit und Starrköpfigkeit und seine übertriebene Gemütsweichheit, die sich von allem zu Tränen rühren ließ. Bis zu seinem 40. Jahre ist nichts Besonderes zu bemerken. Da aber treten auf einmal richtige zyklothyme Schwankungen auf von unregelmäßiger Dauer und Stärke. Sie nehmen allmählich an Ausprägung zu, wobei beide Phasen in gleicher Weise beteiligt sind, bis es im 52. Lebensjahre zu einer ausgesprochenen Depression mit nachfolgender Hypomanie kommt. Und mit diesem starken Ausschlage tritt eine gewisse Beruhigung ein. Seit dieser Zeit hören wir nur noch von ganz leichten Schwankungen, die sich kaum über die Grundstimmung erheben. Die Zyklothymie ist wohl noch vorhanden, macht sich aber nur in ganz leichten Andeutungen geltend. Der späte Ausbruch der Erkrankung ist bemerkenswert. Wir hatten Ähnliches schon bei den Fällen 55 und 57 gesehen; auch bei konstitutionell Depressiven war das erste Auftreten der Psychosen in höherem Lebensalter keine seltene Erscheinung.

b) Bei stillem ernsten Temperamente.

Unter dieser Gruppe wollen wir alle die Formen der Veranlagung zusammenfassen, die von den ruhigen, etwas ernster veranlagten Normalen zu den konstitutionell Depressiven hinüberführen. Sobald die ernstere Lebensauffassung ausgesprochener ist, treffen wir recht häufig einzelne Züge, die wir als psychopathisch ansprechen dürfen, vor allem übertriebene Gewissenhaftigkeit, große Empfindlichkeit und hochgradige Gemütsweichheit. Die Grenze zur depressiven Veranlagung ist hier nur sehr verschwommen, und man wird oft im Zweifel sein, ob man einen Kranken schon zu der Gruppe der Depressiven hinzurechnen soll oder nicht, zumal wenn ungünstige äußere Verhältnisse die chronisch ernste Stimmung begründet erscheinen lassen. Schon von diesem Gesichtspunkte aus ist es angezeigt, an solchen Kranken nicht ganz achtlos vorbeizugehen. Ein paar Beispiele von Fällen, die an der Grenze zu den Depressiven stehen, sollen im folgenden gegeben werden.

Fall 65.

P. N., Fuhrmann aus D., geb. den 18. September 1861, hatte einen stillen ruhigen Vater, der nach Unglückfällen zweimal kurze Verstimmungen durchmachte. Sonst ist nichts über erbliche Belastung bekannt geworden. Pat. selbst war ein gesundes kräftiges Kind mit guter Begabung. Von Temperament war er ruhig und still, nicht besonders schwernehmend, aber auch nicht ausgelassen. Er machte bei allem mit, war überall zu brauchen, ohne irgendwie aufzufallen. Die Stimmung war gleichmäßig, eher heiter und durch äußere Umstände nicht zu beeinflussen. Traf ihn etwas Unangenehmes, so nahm er es ohne besondere Reaktion hin und wußte sich mit allem abzufinden. Er war entschlossen, bestimmt, ging ruhig seinen Weg, ohne sich viel um andere zu kümmern. Nur war er stets außerordentlich weichmütig und gutartig. Er konnte nur schlecht andere leiden sehen, und wenn jemand nur richtig zu bitten verstand, dann vermochte er alles bei ihm zu erreichen. Tierquälereien waren ihm immer ein Greuel, und das Schlachten des Viehs hat er niemals mit ansehen können. Er ging sogar von Hause weg, wenn ein Schwein geschlachtet werden sollte, und vor einem Tropfen Blut lief der Riese von einem Mann davon. Irgendwelche gemütlichen Schwankungen sind in seinen jungen Jahren sicher niemals vorgekommen, nach seiner eigenen und den bestimmten Angaben seiner Angehörigen. Mit 27 Jahren heiratete er und lebte ganz glücklich in ruhigen ordentlichen Verhältnissen. Er hatte sich durch vernünftige Sparsamkeit ganz hübsch in die Höhe gebracht, bis ihm im Jahre 1895 bei einem Hochwasser als Fuhrmann ein sehr bedeutender Verdienst in die Hände fiel, und sich dadurch seine Verhältnisse wesentlich besserten. Da trat auf einmal in seinem ganzen Wesen eine auffällige Änderung ein. Statt zu arbeiten trieb er sich in Wirtschaften umher, schloß mit übelbeleumdeten Elementen Freundschaft, die er sonst ängstlich gemieden hatte, vergeudete sein Geld mit sinnlosem Freihalten und wurde zu Hause reizbar und schwierig. Man glaubte, der große Verdienst sei ihm in die Krone gefahren und warnte ihn von allen Seiten, doch wurde dadurch sein Verhalten nur immer schlimmer. Er begann nun in ganz unverständiger Weise zu prahlen und großzutun. Er stellte zwei Knechte ein, kaufte sich sieben kostspielige Pferde, mehr als er überhaupt Platz im Stalle hatte, so daß die Tiere teilweise wieder für ein Spottgeld losgeschlagen werden mußten. Die Arbeit wurde ganz unregelmäßig, doch ließ er sich wenigstens zeitweise zum Schaffen bewegen, so daß die Verhältnisse nicht völlig verfahren wurden. So ging es mit vielen Schwankungen bis 1898, doch ohne daß er jemals wieder völlig zu seinem ruhigen früheren Verhalten zurückgekehrt wäre. Damals wurde es mit dem Trinken immer toller. Er verließ die Wirtschaft überhaupt kaum mehr, prahlte überall mit seinem großen Vermögen und machte die unsinnigsten Ausgaben. Er kaufte ein Pferd nach dem anderen und verhandelte schließlich die sämtlichen Tiere gegen ein Gut in der Schweiz, das er niemals gesehen und das für ihn nicht den geringsten Wert besaß. Nur mit großen pekuniären Opfern konnte er es wieder los werden. Auf den recht erheblichen Geldverlust hin wurde er ruhiger, begann sich selbst Vorwürfe über sein Verhalten zu machen, und es setzte nun eine etwa drei Monate dauernde leichte Verstimmung ein, die er, wie alle anderen, nur als eine Reaktion auf die Folgen seines unsinnigen Gebarens auffaßte. Kurze Zeit danach war er wieder fleißig und ordentlich wie in früheren Jahren; doch bald begann unter Zunahme der gehobenen Stimmung das unsinnige Trinken von neuem, und damit stellten sich die alten Schwierigkeiten wieder ein. So ging es mit Schwankungen weiter bis 1900. Immer wieder hat er für eine kurze Zeit ordentlich geschafft und für seine Familie gesorgt, aber schon nach wenigen Wochen meldete sich die Erregung wieder, er kam ins Trinken, machte Dummheiten und mißhandelte seine Familie und Nachbarn in ganz unerträglicher Weise. 1900 wurde es ganz besonders schlimm. Er warf alles Geld, dessen er nur irgend habhaft werden konnte, mit vollen Händen zum Fenster hinaus. Bald kaufte er Pferde, bald Unmengen von Holz, bald traf er Vorbereitungen zu einem großen Neubau. Er wurde in der Betrunkenheit ausfallend und lärmend und störte die allgemeine Ordnung derart, daß man ihn wegen Trunksucht entmündigte und in die Klinik einlieferte. Neben den Zeichen des chronischen Alkoholismus wies er damals das Bild einer typischen querulierenden Hypomanie auf. Er war sehr gehobener Stimmung, hatte direkte Größenideen, was sein Vermögen anbetraf, war völlig einsichtslos für sein Verhalten, redselig und weitschweifig und verfaßte ellenlange direkt ideenflüchtige Berichte, in denen er sich bitter über die Entmündigung beschwerte. In den folgenden Monaten beruhigte er sich etwas und wurde wesentlich gebessert nach Hause entlassen. Doch es ging nur kurze Zeit gut. Immer wieder traten für Wochen leichte Erregungen auf, in denen er trank und dann für seine ganze Umgebung zu einer wahren Plage wurde. Ruhigere Zeiten, in denen er arbeitete, schoben sich in unregelmäßigen Pausen dazwischen hinein, doch handelte es sich auch dabei stets nur um wenige Wochen. 1902, 1905, 1907 hatte er besonders erregte Perioden, die ihn jedesmal der Klinik zuführten. Hier trat unter Alkoholabstinenz regelmäßig eine gewisse Beruhigung ein, doch bestand die heiter gehobene Stimmung und die Unruhe weiter fort. Selbst in der Klinik hat er nur wenig gearbeitet. Er saß gewöhnlich hinter seinen langatmigen Schriftstücken, in denen er in derber, echt manischer Weise über seine Mitmenschen loszog. Seit 1907 ist zum ersten Male wieder eine längere Periode der Ruhe bei ihm eingekehrt. Als er sich im Juni 1909 vorstellte, war er ganz der fleißige und solide Arbeiter, wie ihn die Anamnese aus seiner Jugendzeit schildert, und so war er seit der letzten Entlassung auch nach den Schilderungen seiner Frau dauernd geblieben. Irgendwelche gemütliche Schwankungen sind weder von ihm selbst noch von der recht verständigen Frau bemerkt worden. Trotz seiner Intelligenz machte der große mächtige Mann in seiner gutmütig vertraulichen Art ganz den Eindruck eines riesigen Kindes. Er hatte für seine Erkrankungen völlige Einsicht gewonnen und war um seine Familie und deren Wohl so ängstlich besorgt, daß man ihn gar nicht wiedererkannte. Die hypomanischen Zustände waren meist so leicht und durch den Alkohol so versteckt, daß der Kranke selbst von psychiatrischer Seite jahrelang für einen schwachsinnigen Potator gehalten worden war.

N. ist ein stiller ruhiger Mann von gleichmäßigem normalen Temperamente, dessen psychopathische Seite sich nur in seiner übertriebenen Gutherzigkeit und Weichmütigkeit kund tut, und darin erinnert er ganz an den eben beschriebenen Kranken, nur daß diese Eigenschaften bei ihm vielleicht noch ausgesprochener sind. Dort hatten wir eine richtige Zyklothymie, hier überwiegen durchaus die manischen Erkrankungen. Nur eine einzige ganz leichte Verstimmung hat sich vorübergehend eingestellt, und zwar unter so entsprechenden äußeren Bedingungen, daß sie niemand, nicht einmal dem Pat. selbst, als krankhaft auffiel. Wir werden aber doch Bedenken haben müssen, sie als einfache Reaktion anzusehen, da der Kranke niemals wieder, weder vorher noch nachher, auf trübe Erfahrungen hin sich ähnlich verhalten hat. Und Gelegenheit dazu hätte er bei seinen verfahrenen häuslichen Verhältnissen ja häufig genug gehabt. Auch die manischen Erkrankungen sind relativ leicht verlaufen; nur unter Einwirkung des Alkoholes kam es zu lebhafteren Ausschlägen, sonst ging sein Verhalten kaum über ein starkes hypomanisches Temperament hinaus. Alle seine unsinnigen Handlungen, wie seine Käufe und Verkäufe, sind im Wirtshause unter Alkohol erfolgt. Und dann traten die heiteren Schwankungen so häufig, so protrahiert und in so kurzen Intervallen auf, daß man ohne sehr sorgfältige Anamnese leicht den Eindruck gewinnen konnte, einfach ein gehobenes Temperament vor sich zu haben, dessen stärkeres Hervortreten nur Folgen des übertriebenen Alkoholgenusses seien, wie das auch früher geschehen ist. Das trifft aber ganz gewiß nicht zu. Wir können hier klar umschriebene deutlich abgrenzbare Perioden unterscheiden, die ohne jede äußere Ursache entstehen und wieder verschwinden und für kurze Zeit dem gewöhnlichen ruhig stillen Temperamente Platz machen. Nur für den ersten Beginn finden wir ein eigentümliches Zusammentreffen mit dem unerwarteten großen Gewinn. In Anbetracht des späteren Verlaufs müssen wir das wohl als einen Zufall ansehen. Also ein Beispiel von periodischen Manien, die sich im 34. Lebensjahre auf dem Boden eines stillen und ruhigen Temperamentes entwickeln. Der Vater hat anscheinend die gleiche gemütliche Veranlagung; er hat aber nur Depressionen durchgemacht, die mehrfach im Leben auf äußere Anlässe hin sich einstellten.

Fall 66.

M. E., Bauerntochter aus B., geb. den 22. Dezember 1887, soll angeblich nicht erblich belastet sein. Mutter und Vater sind Geschwisterkinder. Pat. selbst ist immer gesund und kräftig gewesen und hat sich normal entwickelt. Auf der Schule hat sie gut gelernt. Von körperlichen Erkrankungen ist nichts bekannt geworden, nur soll sie mit etwa 14 Jahren häufiger Ohnmachtsanfälle gehabt haben, die sich aber später ganz verloren. Pat. war stets ein ruhiges stilles Mädchen, nicht extra heiter und auch nicht extra trüb in ihren Stimmungen. Mit Unangenehmem wurde sie rasch fertig und hat niemals unnötig trüben Gedanken nachgehangen. Doch hat sie im ersten Augenblick die Dinge eher schwer als leicht aufgenommen, mehr die traurigen als die heiteren Seiten gesehen und im ganzen das Leben recht ernst aufgefaßt. Von äußeren Einflüssen war sie wenig abhängig und ihre Stimmung sehr gleichmäßig ohne alle Schwankungen. Auch ihre affektiven Reaktionen waren wenig heftig, sie erschien in unangenehmen Lagen stets ruhig und gelassen. Nur etwas weich und empfindsam war sie von jeher. Sie hatte mit allem Mitleid und geriet bei jeder Gelegenheit in Tränen. Vom Verkehr und Geselligkeit hielt sie sich eher zurück, doch war sie durchaus nicht einsiedlerisch. Ihr praktischer schaffensfroher Sinn ließ sie keine Freude an den allgemeinen Vergnügungen empfinden, doch war sie, wenn sie sich einmal beteiligte, stets heiter und bei der Sache und durchaus keine Spielverderberin. Sie war stets sehr fleißig und tüchtig und in der Arbeit sehr brauchbar, wenn auch etwas langsam und schwerfällig. Mit 17 Jahren wurde sie menstruiert. Seitdem setzten von Zeit zu Zeit ganz leichte Verstimmungen ein, die sich hauptsächlich in Erschwerung der Arbeit und Müdigkeit bemerkbar machten. An einzelnen Tagen wollte die Arbeit gar nicht gehen, sie konnte sich zu nichts entschließen, und das sonst fleißige und tätige Mädchen blieb einfach zu Bett liegen. Ganz allmählich nahmen diese depressiven Zeiten an Ausdehnung zu und auch in den zwischenliegenden Wochen wurde sie nun nicht mehr völlig frei; eine ganz leichte Verstimmung blieb dauernd bestehen. Diese verschlimmerte sich unmerklich und außerordentlich langsam, doch stetig immer mehr und mehr, bis es im Laufe des Jahres 1907 zu einer richtigen schweren Depression kam. Dauernd stand die Hemmung im Vordergrunde. Pat. saß wie schlafend umher, brachte kaum ein Wort heraus und war gegen alles vollständig gleichgültig. November 1907 bei ihrer Einlieferung in die Klinik bot sie das klassische Bild einer einfachen schwer gehemmten Depression. Trotz bestem Willen war sie völlig unfähig, mehr als ein paar leise Worte hervorzubringen, und nur an gelegentlichen Tränen und an ihrer gepreßten Atmung war der Affekt zu erkennen. Dezember 1907 setzte unter Gewichtszunahme langsam die Besserung ein. Noch wenig verändert wurde sie Ende Januar 1908 nach Hause genommen. Seitdem hat die Genesung langsam weitere Fortschritte gemacht, doch genau in der gleichen schleppenden Weise, wie die Erkrankung einsetzte. Noch im Februar 1909, als sie sich in der Klinik vorstellte, war sie leicht gedrückt und nicht so arbeitsfähig wie in früheren Jahren. Doch war ähnlich wie beim Beginn der Erkrankung auch jetzt der Zustand kein ganz gleichmäßiger. Bessere Zeiten wurden wochenweise von Zeiten schwererer Verstimmung unterbrochen; im ganzen war aber die Tendenz zur Genesung deutlich ausgesprochen. Dezember 1908 hatte man sie noch zur Arbeit anhalten müssen. Jetzt ging das ganz von selbst, auch in den schlechtesten Zeiten, nur noch mit gewissen Schwierigkeiten,. Pat. machte einen ruhigen verständigen Eindruck, erschien nur etwas ungewandt und schwerfällig, was natürlich teilweise Folge krankhafter Hemmung sein kann.

Diese Kranke mit ihrer ausgesprochen ernsten und stillen Wesensart erinnert schon etwas an die konstitutionell Depressiven, doch wird man sie noch nicht zu dieser Gruppe hinzurechnen dürfen, wenn man sieht, wie wenig empfänglich sie für die trüben Erfahrungen des Lebens ist, und wie gleichmäßig und von allem Äußeren unbeeinflußt ihre Stimmung bleibt. Als Andeutung psychopathischer Veranlagung tritt hier wieder eine übertriebene Weichmütigkeit sehr ausgesprochen in Erscheinung. Bei der Kranken beginnen mit dem 17. Lebensjahre leichte depressive Schwankungen, die ganz allmählich im Verlauf von Jahren zu einer schweren Depression von einfach gehemmtem Charakter zusammenfließen, und ganz genau in der gleichen Weise wieder im Verlaufe von Monaten und Jahren tritt die Lösung ein. Hier haben wir die leichten depressiven Schwankungen nicht nur als Nachstadium der eigentlichen Gemütskrankheit, wie wir es schon mehrfach gesehen hatten, sondern sie leiten auch die Erkrankung in ganz ähnlicher Weise ein. Irgendwelche manischen Züge sind bei der Kranken bis jetzt noch nicht hervorgetreten.

Fall 67.

L. S., Fabrikarbeiterin aus B., geb. den 21. April 1885, hat einen trunksüchtigen reizbaren Vater. Ein Bruder ist gleichfalls Trinker, ein anderer Bruder ist leichtsinnig und sehr unternehmend. Die Mutter hat wie Pat. mehrfach Schwermutsanfälle nur leichteren Grades durchgemacht, ebenso eine Schwester. Pat. selbst war ein gesundes kräftiges Kind, das gut lernte und sich normal entwickelte. Sie war immer eine stille und ernste Natur, die für das Traurige im Leben mehr Verständnis besaß als für heitere Ausgelassenheit; doch war sie nicht direkt schwernehmend. Sie konnte sich der angenehmen Seiten des Lebens schon freuen und neigte durchaus nicht zu grundlosen Grübeleien. Wenn sie aber einmal etwas wirklich berührt hatte, dann ging es sehr tief, und es bedurfte langer Zeit, ehe sie ganz darüber hinauskam. Sie schloß alles in sich hinein, zeigte ihr Inneres nur ungern anderen und fand in der Aussprache keine Erleichterung. Gegen unfreundliche Behandlung war sie etwas empfindlich, ohne aber hinter allem etwas zu suchen. Im Verkehr mit Fremden zeigte sie sich schüchtern und leicht verlegen. Sie war auch am liebsten für sich allein oder unter sehr guten Bekannten. Die Arbeit ging ihr gut von der Hand. Sie war leistungsfähig und überall brauchbar und wußte das auch. Von sich und ihren Leistungen hat sie nicht zu gering gedacht, sich auch niemals mit unberechtigter Selbstkritik abgegeben. In religiösen Dingen war sie wie ihre Umgebung und neigte nicht zu Skrupeln und Grübeleien. Ihre Stimmungslage ist nicht ganz gleichmäßig gewesen. Bis in die früheste Jugend hinein traten ohne jeden Anlaß ganz leichte depressive Schwankungen auf, in denen alles nicht so recht ging, und trübe Gedanken sich aufdrängten. Die Dauer war sehr wechselnd, von Tagen bis zu Wochen, doch überwogen die kürzeren Perioden. Sie kann sich bestimmt erinnern, schon in ihrer Schulzeit solche Schwankungen gehabt zu haben. Eine schwerere Gemütsverstimmung trat zum ersten Male mit 20 Jahren auf, wo sie 4 Wochen lang gehemmt und leistungsunfähig war. Bei der zweiten Erkrankung November 1907 spielte eine Verlobungsgeschichte herein, doch scheinen ihre Zweifel, ob sie nicht zurücktreten solle, schon der Beginn der Erkrankung gewesen zu sein. Dazu gesellten sich allerlei körperliche Beschwerden, die allmählich in eine schwer verzweifelte Depression übergingen, in der sie einen sehr ernsten Selbstmordversuch machte, der nur durch einen glücklichen Zufall verhindert werden konnte. Daraufhin wurde sie im Februar 1908 in die hiesige Klinik eingeliefert. Sie kam in einer schwer gehemmten einfachen Depression mit heftigen Selbstvorwürfen wegen des Suicidversuches und wegen ihres ganzen früheren Lebens, besonders des Verhaltens den Angehörigen gegenüber, das aber in Wirklichkeit keine Veranlassung dazu gab. Wenig gebessert wurde sie im April gegen ärztlichen Rat nach Hause genommen. Ganz allmählich trat nun im Laufe des Sommers Genesung ein, so daß sie im Herbste wieder völlig arbeitsfähig war und ihr altes Stimmungsgleichgewicht wiedergewonnen hatte. Bei ihrer Vorstellung im Januar 1909 war sie ganz gesund. Die leichten Schwankungen, die seit frühester Jugend bestehen, waren aber bis in die letzte Zeit hinein aufgetreten, unbeeinflußt von der Auflösung der Verlobung, die sie nach völliger Genesung vorgenommen hatte. Das hierdurch bewirkte Ende aller Zweifel war ihr eine sichtliche Beruhigung, sie ist noch heute sehr froh darüber, obschon die Angehörigen mit dieser Handlungsweise gar nicht einverstanden waren.

Hier haben Vater und Bruder anscheinend ein heiteres Temperament,

Mutter und Schwester sind, ebenso wie Pat., still und ernst und neigen etwas nach der Seite der konstitutionell Depressiven hin, doch wird man wenigstens die Kranke selbst bei ihrer ruhigen gleichmäßigen Stimmungslage, die von äußerem wenig beeinflußt blieb, und dem Fehlen einer wirklich traurigen Lebensauffassung nicht als depressive Psychopathie betrachten dürfen. Sie erinnert in ihrem Temperamente ganz an den vorhergehenden Fall, doch fehlt ihr die Weichmütigkeit, die dort sehr ausgesprochen war. Wahrscheinlich bis in die früheste Jugend, sicher bis in die Schulzeit hinein, hat die Kranke an leichten endogenen Schwankungen depressiver Natur gelitten, für die niemals irgendein äußerer Anlaß hatte aufgefunden werden können. Mit dem 20. und 22. Jahre machte sie schwere Depressionen durch, von denen die zweite vielleicht mit einem inneren Konflikt, der ihre Verlobung betrifft, in Zusammenhang steht. Manische Schwankungen oder nur Andeutung von gehobenen Zeiten sind niemals bei ihr beobachtet worden. Das ganze hier geschilderte Bild weckt sehr lebhaft die Erinnerung an die endogenen Depressionen auf konstitutionellem Boden, wie wir sie in einem der vorhergehenden Abschnitte (S. 102ff.) besprochen haben.

Fall 68.

K. S., Näherin aus K., geb. den 23. April 1864, stammt aus belasteter Familie. Der Vater ist leicht depressiv veranlagt, die Mutter eine ernste Frau, doch sehr leistungsfähig. Ein Bruder ist konstitutionell depressiv (war in Behandlung der Klinik), dessen Tochter hat an Schwermut gelitten. Ein Stiefbruder des Vaters war geisteskrank. Die Schwester des Großvaters mütterlicherseits hat eine Depression durchgemacht, der Sohn eines Mutterbruders starb an Suicid, desgleichen die Tochter einer Mutterschwester. Pat. selbst war ein gesundes kräftiges Kind, das sich normal entwickelte. Ihr Temperament war ruhig und still, doch nicht grüblerisch. Sie nahm das Leben ernst und achtete wohl etwas mehr auf die trüben als auf die heiteren Seiten, hat aber, wenn sie etwas Unangenehmes traf, es durchaus nicht besonders schwer aufgenommen oder sich unnötig Sorgen gemacht. Von äußeren Einflüssen war sie wenig abhängig, nur wenn Dinge unerwartet kamen, verlor sie leicht den Kopf und erwies sich dann als ganz unbrauchbar. Auch gegen Kränkungen war sie stets empfindlich; sie geriet in heftigen Zorn und innere Erregung, jedoch ohne es äußerlich merken zu lassen, wie überhaupt ihre Affekte nur wenig hervortraten. Fremden gegenüber hat sie sich immer sehr verschlossen gezeigt, sich aber auch vor ihren Angehörigen eher zurückgezogen und alles allein mit sich selbst abgemacht. Dafür hatte sie auch lange zu tun, ehe sie innerlich zur Ruhe kommen konnte, wenn sie einmal etwas wirklich tiefer berührt hatte. In ihren Arbeiten war sie pflichteifriger und pünktlicher als notwendig und quälte sich gern mit dem Gedanken, ob sie ihre Pflicht denn wirklich getan habe. Vielfach war sie auch ohne Grund mit sich unzufrieden und ihre eigenen Leistungen schätzte sie immer sehr niedrig ein. Ja gelegentlich, und nicht nur in Verstimmungszuständen, kam es zu ganz ausgesprochenem Kontrollierzwange. In religiösen Dingen war sie normal und tat sich nicht vor ihrer Umgebung hervor. So lange sie sich erinnern kann, sind bei ihr ganz leichte depressive Schwankungen aufgetreten. Nur angedeutet in früherer Jugend, ausgesprochener seit dem 18. Lebensjahre. Es waren so Stimmungen, die ganz unabhängig von Wetter und äußeren Anlässen sich einstellten und „von denen man gar nicht wußte, was es ist“. Erst später, als die Perioden schwerer wurden, bekam die Kranke ein richtiges Verständnis dafür. Die Dauer war eine ganz verschiedene, doch gingen solche trübe Zeiten nicht über mehrere Wochen hinaus. Manische Schwankungen hat sie sicher niemals gehabt; niemals sind Zeiten aufgetreten, wo sie sich besonders glücklich, anders als sonst gefühlt hätte, darin stimmen ihre eigenen, wie die Angaben ihrer Umgebung überein. Die erste schwerere Erkrankung trat ohne Anlaß im Alter von 20 Jahren auf. Sie war damals eine Reihe von Wochen schwer gedrückt, weinte viel, war mit allem unzufrieden, hatte Zwang zum Grübeln und schwere Selbstvorwürfe. Man hielt sie für bleichsüchtig und behandelte sie körperlich. Mit 24 Jahren bekam sie ein uneheliches Kind und wurde darauf vom Bräutigam verlassen. Das brachte natürlich viel Sorgen und trübe Erfahrungen mit sich, auf die sie mit einer gemütlichen Verstimmung reagierte. Doch hat es sich nach ihrer eigenen Ansicht damals nicht um eine Gemütskrankheit gehandelt. Sie beschäftigte sich ganz allein mit dem auslösenden Anlasse und der Grübelzwang und die unbegründeten Befürchtungen fehlten diesmal vollkommen. Außer den leichten, schon geschilderten Schwankungen hat sie in den nächsten Jahren mehrfach ausgesprochene Depressionen durchgemacht, die gewöhnlich ohne Anlaß kamen und eine Reihe von Monaten anhielten. Manische Zeiten sind dabei niemals in Erscheinung getreten. Die Erkrankungen begannen meist mit körperlichen Beschwerden, an die sich dann die schwere Depression mit Versündigungsideen und Insuffizienzgefühl anschloß. 1890 und 1895 sind solche Verstimmungen in besonders schwerem Maße aufgetreten. 1902 ging ein verunglückter Hausbau voraus, der die Familie in eine bedrängte pekuniäre Lage brachte. Sie beschäftigte sich sehr mit dieser Angelegenheit und war voller Sorgen für ihre Angehörigen. Daraus entwickelte sich dann eine tiefe gemütliche Verstimmung, die an Schwere alle vorausgegangenen Erkrankungen übertraf und sie im Dezember 1902 in die Klinik brachte. Pat. war schlaflos, ängstlich, unruhig, drängte fort und machte sich die heftigsten Selbstvorwürfe. Ziemlich rasch trat Besserung ein, und es blieb eine gehemmte Depression zurück, die im Verlaufe von einigen Wochen allmählich wieder verschwand. Die nächste schwere Erkrankung setzte im Oktober 1905 ein, diesmal ohne äußeren Anlaß, und zwar unter dem Bilde einer schweren Melancholie mit Nahrungsverweigerung, Suicidneigung und unaufhörlichem, lautem Jammern. Da die Verpflegung zu Hause unmöglich war, kam sie im November 1905 zum zweiten Male in die Klinik, wo sie sich wieder rasch beruhigte und dann in der Hauptsache das Bild einer leicht gehemmten, vorwiegend hypochondrischen Depression bot. Mai 1906 wurde sie in Besserung entlassen und hat sich zu Hause in wenigen Wochen völlig erholt. Seitdem ist der Zustand auffallend viel besser als in früheren Jahren. Ihre ganze gemütliche Stimmungslage ist die gleiche geblieben, sie ist unverändert ruhig und soweit auch heiter, doch die depressiven Schwankungen sind völlig verschwunden. Nur zur Zeit der Periode ist Pat. entschieden reizbarer und hat dann, wenn nicht alles nach Wunsch geht, für ein oder zwei Tage trübe Stunden. Sie hat sich im Juni 1909 wieder in der Klinik vorgestellt und machte damals durchaus nicht den Eindruck einer psychopathischen Persönlichkeit. Sie wirkte ruhig und sehr verständig und gab eine ausgezeichnete Schilderung ihrer Erkrankung, für die sie ein großes Verständnis besaß.

Auch hier ist die depressive Note wieder recht ausgesprochen, und Pat. steht zweifellos an der Grenze zu den konstitutionell Verstimmten. Doch ist es weniger die Neigung zu trüber Verarbeitung der Lebensreize als ein gewisser Zwang zur Selbstbeobachtung und ein Mangel an Selbstvertrauen, der an die erste Gruppe unserer Depressiven erinnert. Gelegentlich kommt es sogar bei ihr zu richtigem Kontrollierzwange. Die Affekte sind heftig, treten aber nicht nach außen hervor, sie ist, wie es ihrem übrigen Charakter entspricht, eine verschlossene Natur. Auch bei ihr treffen wir, ganz ähnlich wie bei dem vorhergehenden Falle, leichte depressive Schwankungen, die bis in die früheste Jugend zurückgehen. Seit ihrem 20. Lebensjahre hat sie neben den leichten Perioden eine ganze Reihe schwerer Depressionen durchgemacht, von denen sich nur bei einer einzigen ein äußerer Anlaß wahrscheinlich machen läßt. Seit 1906 sind die Erkrankungen nicht mehr aufgetreten, und damit auch die leichten Schwankungen ausgeblieben. Nur zur Zeit der Periode besteht noch eine gewisse Reizbarkeit und Empfindlichkeit, die aber von der Kranken scharf gegenüber ihren früheren depressiven Schwankungen unterschieden wird. Auch die Grundstimmung, besonders, was ihr gesteigertes Pflichtgefühl und ihre Neigung zu Selbstbeobachtung anbetrifft, ist seitdem etwas leichter geworden. So stehen wir vor der merkwürdigen Tatsache, daß im 42. Lebensjahre depressive Schwankungen, die seit der frühesten Jugend bestanden haben, endgültig verschwinden unter leichter Besserung des Allgemeinzustandes, und nun ist Pat. schon über drei Jahre völlig frei geblieben. Irgendwelche manischen oder gehobenen Zeiten sind niemals bei ihr beobachtet worden. Auch unter den Mitgliedern ihrer Familie haben auffallend viele Depressionen durchgemacht oder sind depressiv veranlagt.

Überblicken wir die hier zusammengestellten Beispiele, so sehen wir bei dem ruhig heiteren Temperament durchweg zirkuläre und zyklothyme Erkrankungsformen, während bei den ernsten Naturen die traurigen Verstimmungszustände in ganz besonderem Maße überwiegen. Ein Fall, 65, macht eine Ausnahme. Dort finden wir nur eine einzige leichte Depression neben sehr ausgesprochenen langdauernden Hypomanien; doch steht dieser Kranke seiner ganzen Veranlagung nach den ruhig heiteren viel näher als die übrigen Patienten, die in ihrem Temperamente schon sehr an die konstitutionell Depressiven anklingen. Im allgemeinen geben die Beispiele ganz den Eindruck wieder, den ich aus meinem Materiale gewann, d. h. bei heiterer Veranlagung pflegen die manischen Psychosen zu überwiegen, bei depressivem Temperamente aber das Umgekehrte der Fall zu sein. Als unbedingte Regel ohne Ausnahme darf dieser Satz aber nicht aufgestellt werden. Wir hatten schon bei den ausgesprochen heiteren Naturen der richtigen hypomanischen Veranlagung Kranke gesehen, die nur Depressionen im Leben durchgemacht haben, und wir werden gleich in einem der folgenden Abschnitte konstitutionell Depressive finden, bei denen zyklothyme Schwankungen, Hypomanien und gar echte Manien aufgetreten sind.

4. Zirkuläre Erkrankungen bei psychogener Veranlagung.

Schon bei einer ganzen Reihe von Kranken, sowohl mit heiterer als mit depressiver gemütlicher Veranlagung, war uns eine hochgradige Gemütsweichheit und Empfindlichkeit und eine Neigung zu heftigen motorischen Affektreaktionen aufgefallen. Sind diese Züge sehr ausgesprochen, so bekommen wir Persönlichkeiten, wie wir sie bei der Betrachtung der hysterischen Depressionszustände als grundlegende Veranlagung gefunden haben. Um etwas ganz Ähnliches handelt es sich bei der Gruppe von Kranken, der wir uns jetzt zuwenden wollen. Dort haben wir die Verstimmungszustände betrachtet, die aus solchem Boden heraus erwachsen und gezeigt, daß gewisse Beziehungen zwischen der gemütlichen Veranlagung und den Formen der depressiven Psychosen bestehen. Nun wollen wir hier an einer Reihe von Beispielen untersuchen, wie sich zirkuläre Erkrankungen auf solchem Boden verhalten, und welche von ihren Formen da überhaupt beobachtet werden. Die entsprechende depressive Gemütsveranlagung ist schon eingehend bei der zweiten Form der konstitutionellen Verstimmung und bei den Depressionszuständen mit hysterischem Gepräge besprochen worden, so werden wir es hier durchweg mit heiteren Temperamenten zu tun haben.

Kranke, die Beziehungen zu der hier zu besprechenden Gruppe zeigen, haben wir schon mehrfach unter den in den letzten Abschnitten aufgeführten Beispielen angetroffen, sowohl bei den echten Zirkulären, wie bei der hypomanischen Veranlagung, sowie bei den ruhigen heiteren und den ernsten Temperamenten (49, 53, 54, 60, 61, 62). Die beiden letzten Fälle, die den stillen und ernsten Naturen angehören, zeigen nur die auffallende Gemütsweichheit, lassen aber die Neigung zu heftigen motorischen Affektreaktionen vermissen, und gerade das Ungezügelte und Übertriebene im Affektleben war es ja, was uns für die Gruppe der psychogenen Veranlagung charakteristisch schien. Nun erhebt sich aber eine gewisse Schwierigkeit; sehr heftige motorische Affektreaktionen sind auch dem manischen Temperamente eigen, und zweifellos gibt es konstitutionelle Erregungen, die durch ihre Reizbarkeit und Sprunghaftigkeit in Gefühlen und Vorstellungen sehr an Hysterische erinnern und nicht selten auch zu Unrecht diese Diagnose davongetragen haben, worauf übrigens schon Nitsche hingewiesen hat. Doch verbindet sich diese Labilität dort gewöhnlich mit einer allgemeinen Steigerung der psychomotorischen Erregbarkeit, wie sich das sehr schön bei 53 und 54 in der ewigen Unruhe und Vielgeschäftigkeit kundgibt. Wo diese Züge fehlen, und wir neben einfach heiterer, nicht ausgesprochen manischer Stimmungslage explosive, ganz übertriebene Affektreaktionen finden, bei Ängstlichkeit, Schreckhaftigkeit und Gemütsweichheit und einer gewissen Labilität des Stimmungslebens, da ist die Übereinstimmung mit den früher geschilderten Formen psychogener Veranlagung so evident, daß wir zweifellos das Recht haben, die Kranken hier nur als die heitere Varietät jener Gruppe anzusehen, deren depressiven Typus wir schon besprochen haben. Dazu kommt, daß wir bei diesen Kranken nicht selten auch hysterische Anfälle in und außerhalb der Psychose antreffen.

Fall 69.

M. B., Hafnerstochter aus G., geb. am 24. November 1883, stammt aus einer recht belasteten Familie. Der Vater ist ein aufgeregter Mensch mit sehr labiler Stimmung und zahlreichen gemütlichen Schwankungen. Die Mutter ist ganz ähnlich veranlagt; sie hat im Wochenbett eine Psychose durchgemacht, über die nichts Näheres bekannt geworden ist. Eine Schwester ist depressiv veranlagt und äußerst empfindlich. Der Vater des Vaters war Trinker. Die Schwester der Mutter war angeboren schwachsinnig. Ein Bruder der Mutter war ein leichtsinniger Abenteurer, der in Amerika verschollen ist. Pat. selbst war ein etwas zartes, aber sonst gesundes Kind, das sich gut entwickelte und auf der Schule ausgezeichnet lernte. Sie war stets ein ruhiges und stilles Mädchen, weich und sensitiv, das mit allem Mitleid hatte und sofort in Tränen geriet. So war die Stimmung stets von äußeren Einflüssen in gewissem Maße abhängig, doch war ihr Temperament heiter, und wenn kein Anlaß vorlag, hat sie sich auch niemals Gedanken gemacht und ist nicht den trüben Seiten des Lebens nachgegangen. Gegen Kränkungen war sie stets außerordentlich empfindlich und hat oft auch da etwas gesucht, wo nur eine harmlose Bemerkung vorlag. Sie dachte überaus rechtlich, gab sich die größte Mühe, niemand zu nahe zu treten und erwartete das gleiche auch von jedem anderen. Kam sie in Affekt, so brauste sie auf und entlud sich heftig nach außen. Sie hat überhaupt niemals etwas mit sich allein abgemacht. Was sie bedrückte, mußte heraus; dann war aber auch mit dem heftigen Affektausbruch alles für sie erledigt. Trüben Erfahrungen hat sie im allgemeinen nicht lange nachgehangen. In der Arbeit war sie flink und sehr geschickt. Sie nahm es mit ihrer Pflicht sehr genau, wußte aber, wenn sie etwas recht gemacht hatte und gab sich nicht unberechtigter Selbstkritik hin. Leichte Schwankungen des gemütlichen Gleichgewichts scheinen schon seit vielen Jahren bei ihr zu bestehen, doch war darüber nichts ganz Bestimmtes zu erfahren. Sicher traten sie mit dem 20. Jahre hervor. Seitdem stellten sich von Zeit zu Zeit ohne Anlaß Glückstage ein, wo alles von selbst ging und es ihr so leicht und glückselig war, und dann kamen auch wieder Tage, in denen sie mit keiner Arbeit vorankommen wollte, wo sie zu gar nichts recht in Stimmung war, ohne daß sie eigentlich wußte, woher das kommen könne. Ende 1906 nahm eine der depressiven Schwankungen etwas schwereren Charakter an, doch handelte es sich nur um Gefühl der Leistungsunfähigkeit und von Müde und allgemeinem Drucke. Nach wenigen Wochen war alles vorüber. Frühjahr 1907 wurde sie unvermittelt heiterer und erregter und verließ ohne Grund ihre Stellung. Zu Hause entwickelte sich eine gereizte hypomanische Erregung, in der sie den Angehörigen allerlei Vorwürfe machte, viel sprach und grundlos lachte. Nach wenigen Wochen besserte sich der Zustand wieder, doch im Juni setzte eine erneute Erregung ein, in der sie sang, schrie und tobte, so daß sie in die Klinik verbracht werden mußte. Hier befand sie sich anfangs in einer heiteren, etwas gereizten manischen Erregung, in der sie allerhand Unfug verübte, lachte und tollte. Nach wenigen Wochen beruhigte sie sich, verfiel aber nun in einen Stupor mit ausgesprochen heiterer scherzhafter Stimmung, der gelegentlich kurz unterbrochen wurde, um irgendeine Neckerei zu verüben. Noch unverändert wurde sie im September in eine der Landesanstalten überführt, wo sie sich ganz allmählich besserte, ohne daß die Stimmungslage gewechselt hätte. Sehr gebessert wurde sie Ende Oktober nach Hause entlassen, wo sie sich in kurzer Zeit vollkommen erholte. Januar 1909 stellte sie sich völlig genesen in der Klinik vor. Sie hatte an einen großen Teil der Psychose nur eine unklare Erinnerung, von allerlei traumhaften Erlebnissen, von Krieg und Weltuntergang und was alles sie damals mitgemacht hatte. Die leichten Schwankungen der letzten Jahre bestehen noch weiter fort, sonst ist Pat. völlig genesen und wieder ganz arbeitsfähig.

Die Kranke zeigt die Veranlagung sehr ausgesprochen. Sie ist scheu und ängstlich, ganz übertrieben empfindlich bis zu paranoider Mißdeutung und zeigt auf kleinste Ursachen hin die heftigsten motorischen Affektreaktionen. Daß es dadurch zu Schwankungen im gemütlichen Gleichgewicht kommen mußte, ist klar; doch waren diese äußerlich veranlaßten Störungen bei ihrer schnellen und steilen Affektkurve stets nur ganz vorübergehend und ohne nachhaltige Wirkung. Daneben treten aber schon seit früher Jugend, deutlicher seit dem 20. Jahre echte zyklothyme Schwankungen auf, deren Natur sich schon unzweifelhaft in den ausgesprochenen manischen Phasen zu erkennen gibt. Aber auch die depressiven Zeiten unterscheiden sich durch ihre längere, mehrtägige Dauer und das ausgesprochene Insuffizienzgefühl deutlich von den einfachen reaktiven Ausschlägen. Diese Schwankungen nahmen im Lauf der Zeit einen ausgeprägteren Charakter an, und schließlich entwickelte sich daraus eine schwere Psychose von teils manischem, teils depressivem Charakter, die längere Zeit als ausgesprochener Mischzustand verlief. An einen großen Teil der Psychose bestand hinterher nur ganz unklare Erinnerung; die Kranke hatte die phantastischsten Erlebnisse auf Grund traumhafter Sinnestäuschungen durchgemacht, wie Krieg, Weltuntergang usw., Zustandsbilder, wie sie bei Zirkulären ja nicht selten beobachtet werden. Nun erfährt man bei genauer Erhebung der persönlichen Anamnese von einer ganzen Reihe solcher Kranken, daß sie ganz ähnlich wie hier eine ängstliche, labile an Hysterische erinnernde gemütliche Veranlagung haben, die vielfach sogar noch ausgesprochener ist. Da nun die besagten Zustände eine unleugbare Ähnlichkeit mit hysterischen Dämmerzuständen haben, so liegt hier der Gedanke nahe, ihr Auftreten auf die eigentümliche gemütliche Veranlagung zu beziehen und anzunehmen, daß es sich um psychogene Erscheinungen handele, die durch die zirkuläre Erkrankung ausgelöst würden. Das mag für einen Teil der Fälle richtig sein; bei den schweren ängstlichen Verwirrtheitszuständen mit Bewußtseinstrübung und phantastischen Sinnestäuschungen scheint mir das noch am ehesten zuzutreffen. Hier habe ich bei allen Kranken eine entsprechende Veranlagung gefunden. Nun sehen wir aber auch innerhalb schwerer verworrener Manien, in ähnlichen Fällen wie hier, die gleichen Zustandsbilder auftreten und dann vermissen wir bei der Mehrzahl der Kranken die psychogene ängstliche Veranlagung (vgl. 55). Man wird daher auch bei den ängstlichen Verwirrtheitszuständen der Zirkulären, selbst wenn eine ausgesprochen hysterische Persönlichkeit vorliegt, mit einer solchen Deutung vorsichtig sein müssen.

Fall 70.

C. R., Schmiedsfrau aus B., geb. den 11. Dezember 1861, stammt von Vaters Seite her aus einer auffallend heiteren Familie. Der Vater selbst war ein hitziger lebenslustiger Mann. Die Mutter ist dagegen übertrieben religiös und etwas grüblerisch, doch ohne direkt konstitutionell depressiv zu sein. Auch deren Vater war ein sehr religiöser Mann und Stundengänger. Die Brüder der Kranken sind weich und sehr empfindlich. Sie selbst hat von der Mutter die weiche und sensitive Natur geerbt. Sie ist schüchtern, errötet bei jeder Gelegenheit und kommt in ungewohnten Situationen vor Angst in völlige Verwirrung. Aus lauter Verlegenheit hat sie in der Schule vielfach direkt versagt. Für ihre Kinder war sie stets ganz übertrieben besorgt und wollte ihnen die harmlosesten Dinge nicht erlauben in der Furcht, es könne irgendein Unglück geschehen. Auch vor häßlichen Worten und vor allem, was roh ist, hat sie sich immer scheu zurückgezogen und Schimpfworte mochte sie schon gar nicht hören. Entsprechend ihrer Erziehung war sie stets sehr religiös und hat auf Einhaltung aller Gebote streng gesehen. Doch hat sie sich niemals mit Skrupeln oder Grübeleien gequält; sie wußte, wenn sie etwas tat, daß sie richtig handelte und man zufrieden mit ihr sein könne. Im ganzen hat sie das Leben leicht genommen und sich niemals unnötig Sorgen gemacht. Außer daß sie in ihrer übertriebenen Angst Kleinigkeiten viel zu sehr beachtete; und daß sie gegen Kränkungen außerordentlich empfindlich war, ist ihre Stimmung immer gleichmäßig heiter gewesen und ohne gemütliche Schwankungen wenigstens in früheren Jahren. Die Arbeit ging ihr leicht von der Hand, sie war fleißig und tätig, man nannte sie eine richtige Schafferin. Gegen Leute, die sie kannte, war sie immer zutraulich und sehr offen und sprach sich über alles, was sie bewegte, aus. Einen Affekt zu unterdrücken, gelang ihr niemals. Sie schwatzte sogar ein bißchen gern und erzählte oft Dinge, die sie besser verschwiegen hätte. Im kleinen Kreise war sie eine gesellige Natur, die das Alleinsein nur ungern ertrug. Auf der Schule hat sie gut gelernt, sich auch sonst normal entwickelt und niemals etwas Besonderes geboten. Sie heiratete mit 31 Jahren glücklich. Die Menopause trat schon mit 41 ein. Auch sonst ist Pat. relativ früh gealtert. Die erste gemütliche Störung zeigte sich im Jahre 1905. Es traten damals auf einmal grundlos kurze Perioden von wenigen Tagen auf, in denen sie apathisch und verstimmt wurde, sich nicht recht besinnen konnte und über allerlei unnötige Dinge nachgrübeln mußte. Sie war dann außerordentlich gereizt, so daß es leicht Streit mit den Angehörigen gab. Dabei wurde sie im allgemeinen ernster und viel frömmer als in früheren Jahren. Sie trat trotz des Widerspruches des Ehemannes in die Methodistengemeinde ein und beteiligte sich eifrig an deren Betstunden. Allmählich nahmen die depressiven Zeiten an Stärke und Dauer zu, sie wurde völlig leistungsunfähig, konnte sich zu nichts mehr entschließen und brachte auch ihre Hausarbeit nicht mehr zusammen. Bei unerwarteten Anforderungen wurde sie völlig ratlos und dann gereizt. Sie aß nicht mehr recht, schlief nicht mehr und äußerte allerlei hypochondrische Befürchtungen, so daß man sie im November 1906 in die hiesige Klinik brachte. Hier war sie sehr niedergedrückt, voller hypochondrischer Vorstellungen, mutlos und zu allem unfähig; doch traten von vornherein einzelne Tage auf, in denen sie außerordentlich redselig und direkt heiterer Stimmung war und einen leicht hypomanischen Eindruck machte, wenigstens für jemand, der ihr gewöhnliches Temperament nicht kannte. Wesentlich gebessert wurde sie im Februar 1907 nach Hause entlassen, wo sich ihr Zustand allmählich weiter hob, ohne daß eine völlige Genesung eingetreten wäre. Wie sie uns bei ihrer Vorstellung im Dezember 1908 berichtete, war damals der Schlaf noch ungenügend. Sie war viel empfindlicher als früher geworden, die Arbeit wuchs ihr sogleich über den Kopf, sie fühlte sich müde und nicht mehr so recht leistungsfähig. Doch hielt der Zustand nicht immer in gleicher Stärke an. Bessere und schlechtere Tage wechselten miteinander ab. Sie hat Zeiten, in denen sie mit der Arbeit gar nicht fertig werden kann. Dann ist die Stimmung trübe, und unnötige pekuniäre Sorgen bedrücken sie, es kommen aber wieder auch Tage, wo sie voll Mut und Hoffnungsfreudigkeit ist, ohne daß sie direkt ausgelassen würde, und ihre Stimmung über ihr früheres Temperament hinausginge. Im ganzen ist eine allmähliche Besserung zu beobachten, insofern als die schlechten Zeiten an Dauer abnehmen und dafür die guten allmählich die Oberhand gewinnen. Sie war bei ihrer Vorstellung in heiterer Stimmung, da sie extra einen guten Tag abgewartet habe; doch machte sie durchaus keinen hypomanischen Eindruck. Ihr Verhalten entsprach vielmehr ganz der von ihr geschilderten Persönlichkeit.

Diese Kranke stammt von Vaters Seite her aus einer auffallend heiteren Familie, die man wohl als konstitutionell manisch bezeichnen darf. Die mütterliche Familie ist gerade das Gegenteil, sehr sensitiv und steht an der Grenze zu den konstitutionell Depressiven. Die Kranke, die eigentlich heiteren Temperamentes ist, hat diese sensitive Gemütsweichheit von der Mutter geerbt. Sie ist scheu, verlegen, ängstlich, empfindlich und neigt zu den heftigsten affektiven Reaktionen, die in ihrem Ausdrucke oft ganz übertrieben und theatralisch erscheinen. Die Kranke alterte ganz außerordentlich früh. Die Menopause trat schon mit dem 41. Lebensjahre auf, und auch sonst machte sie entschieden den Eindruck des beginnenden Seniums. Drei Jahre später setzten die gemütlichen Störungen mit leichten depressiven Schwankungen ein, die sich allmählich bis zu richtigen Depressionen steigerten. Der Zustand war außerordentlich schwankend, immer wieder schoben sich kurze Zeiten gehobenerer Stimmung dazwischen, von denen es fraglich ist, ob es sich um richtige Hypomanien oder nur um ein Durchbrechen ihres Temperamentes handelt. Nach dreijährigem Verlaufe setzte allmähliche Besserung ein, die genau ebenso schwankend verlief und bis heute noch nicht zum völligem Abschluß gelangt ist. Hier darf man die gemütliche Veranlagung der Kranken zweifellos für die Form der Verstimmungen mit verantwortlich machen; die ewige Unruhe, die Neigung zu übertriebenem Klagen und Jammern, die nörgelnde Stimmungslage und Sehnsucht nach Trost und Zuspruch sind ohne Frage individuelle Züge. Für den verspäteten Eintritt der Störungen ist das auffällige frühe Altern der Kranken vielleicht nicht ohne Bedeutung. Wir hatten Ähnliches schon bei den Fällen 23, 25 beobachtet.

Fall 71.

K. H., Bahnarbeitersfrau aus T., geb. den 21. Juni 1871, soll in ihrer Familie keinerlei Geistes- oder Nervenkrankheiten gehabt haben, doch sind die Angaben unsicher, da sie als uneheliches Kind über die Familie des Vaters gar nichts weiß. Pat. selbst war von jeher überaus ängstlicher und schreckhafter Natur. Sie fürchtete sich in ganz übertriebener Weise vor Gewittern, vor Sturm, Brand, Diebstahl u. dgl. und war auch mit den Kindern ganz außergewöhnlich fürsorglich. Nachdem es einmal nachts im Hause gebrannt hatte, konnte sie jahrelang vor Angst nicht mehr ruhig schlafen. Überhaupt machten alle Dinge im ersten Augenblicke einen ganz außerordentlichen Eindruck auf sie. Vor allem Unerwarteten oder Besonderen war sie gleich völlig fassungslos und konnte sich anfänglich nur schwer hineinfinden. Auch trübe Aussichten, die sie unvermittelt überraschten, nahmen ihr jede Besinnung, doch immer nur für den ersten Moment. Eine nachhaltige tiefgehende Wirkung haben weder Kränkungen noch trübe Erfahrungen auf sie ausgeübt, im Gegenteil, sie wurde mit allem, es mochte sein, was es wollte, sehr rasch und ohne Schwierigkeiten fertig, und niemals hatte sie die Neigung, gerade den traurigen Seiten im Leben besonders nachzugehen. Im allgemeinen hat sie alles leicht genommen und sich, wenn der erste Schreck vorbei war, auch in das Unangenehmste gut hineinfinden können. Alle ihre Affekte waren sehr heftig, oft übertrieben und traten stark nach außen hervor. Sie weinte, jammerte und klagte schon bei Kleinigkeiten, mußte sich aussprechen und mit anderen über alles verhandeln; aber wenn sie einmal etwas draußen hatte, dann war sie auch damit fertig und hat sich in Gedanken nicht mehr damit abgegeben. Sie ist eine gesellige lebhafte Natur, die gern Verkehr hat, doch ist sie Fremden gegenüber außerordentlich empfindlich und leicht geneigt, harmlose Dinge im schlechten Sinn auszulegen. Der Verdacht, daß andere ihre Handlungen ungerecht beurteilen könnten, liegt ihr sehr nahe, und auch gleichgültige Bemerkungen faßt sie häufig in diesem Sinne auf. Daß sie damit gewöhnlich den anderen Unrecht tut, ist ihr oft bewußt, selbst im Augenblicke, wo ein solcher Gedanke aufsteigt, doch reißt sie der Affekt zu dem ungerechten Verdachte hin. Im Arbeiten ist sie flink und gewandt, auch fleißig und tätig. Doch hat sie immer gern gelesen und etwas Sinn für höhere Bildung besessen. Von früher Jugend her besteht die Angewohnheit, alle Dinge zu zählen, ohne daß sie dies jemals als Zwang oder als krankhaft empfunden hätte. Auffallenderweise zeigt der erst 7jährige Junge der Pat. dieselbe Eigenschaft, obschon, wie sie behauptet, Nachahmung ganz ausgeschlossen sei, da das Zählen niemals laut vor sich gehe. An müßigen Träumereien und dem Bauen von Luftschlössern hat sie niemals Freude gefunden; sie war im Gegenteil eine tätige und praktische Natur. Auch in religiösen Dingen unterschied sie sich nicht von ihrer Umgebung. Nach Entlassung aus der Schule war sie bis zum 28. Lebensjahre in Stellung, wo sie ihren Dienst gut versehen konnte, und man mit ihr recht zufrieden war. Nur regelmäßig im Frühjahr kam eine innere Unruhe über sie, ein Drang, ihre Stellung zu wechseln und auf und davon zu gehen, dem sie aber niemals wirklich nachgab. Sie hatte dann allerlei großartige Pläne im Kopf, hatte Lust zu Geselligkeit und Vergnügungen, sprach viel mehr und war außerordentlich reizbar, doch soll die Stimmung nicht direkt gehoben gewesen sein. In wenigen Wochen ging das stets vorüber, und es schloß sich dann eine Zeit an, wo sie sich außerordentlich müde und leistungsunfähig fühlte, und man sie für bleichsüchtig erklärte. Sie ging dann nur ungern aus dem Hause, wollte von Geselligkeit gar nichts wissen, und alles, was sie anfing, ging ihr nicht recht von der Hand. Nach einer Reihe von Wochen stellte sich der gewöhnliche Zustand wieder ein. Sie glaubt, daß eine gewisse Abhängigkeit vom Wetter bestanden habe, hat dies aber nicht genau genug beobachtet. 1899 heiratete sie, und seit dieser Zeit sind keinerlei solche Schwankungen mehr bemerkt worden, nur in den Schwangerschaften war sie entsprechend ihrer Veranlagung immer unnötig ängstlich. Ohne direkten Anlaß begann sie während des vierten Wochenbettes im

Dezember 1907 allmählich verstimmt zu werden. Sie machte sich Sorgen wegen des Lebensunterhaltes, die nicht recht begründet waren, wurde übertrieben sparsam und litt viel an Kopfschmerzen und anderen körperlichen Beschwerden. Februar 1908 wurde die Verstimmung ernster. Sie wurde still, leistungsunfähig, bekam nun direkt Verarmungsideen und schwere Selbstvorwürfe, und schließlich nahm die Depression derart zu, daß sie einen Suicidversuch machte, auf den hin man sie Anfang Mai 1908 in die Klinik einlieferte. Hier zeigte sie eine sehr ausgesprochene Verstimmung mit starkem Insuffizienzgefühl, doch ohne objektive Hemmung. Sie hatte großes Trostbedürfnis und es war ihr eine Wohltat, sich aussprechen zu können. Die gleichen Ideen wie zu Hause bestanden auch hier noch weiter fort. Auffallend war die Zunahme der Zählneigung in der Depression, so daß sie alle Gegenstände, die ihr vorkamen, nachzählte, und während es ihr sonst ganz gleichgültig gewesen war, wurde es nun als krankhaft empfunden, ohne daß Angst oder ein direkter Zwang, wie bei den echten Zwangsvorstellungen, vorhanden gewesen wäre. Schon Ende Juni wurde sie gegen ihren Willen von dem unverständigen Ehemanne nach Hause genommen. Erst nach zwei Monaten setzte langsam die Besserung ein und es dauerte noch bis November 1908, ehe sie völlig genesen war. Doch blieb auch jetzt noch bis zu ihrer Vorstellung im Februar 1909 eine größere Reizbarkeit und Empfindlichkeit als vor der Erkrankung zurück. Dann traten von Zeit zu Zeit ohne Grund schlechte Tage auf, in denen sie innerlich unruhig, besonders reizbar und sehr verstimmt war, ohne daß ein greifbarer Anlaß vorgelegen hätte. Stimmungsschwankungen wie vor der Ehe wurden nicht beobachtet. Pat. machte bei der Vorstellung einen empfindlichen und psychopathischen Eindruck.

Hier haben wir wieder die gleiche psychogene Art, auf äußere Eindrücke zu reagieren, nur vielleicht noch ausgesprochener als im vorhergehenden Falle. Die Kranke ist ganz außerordentlich ängstlich, schreckhaft, schwankend in ihren Stimmungen und Affekten und fassungslos bei allem, was sie unerwartet trifft. Sie ist empfindlich, direkt paranoid, ihre Affektreaktionen sind übertrieben, erscheinen oft theatralisch und klingen mit großer Schnelligkeit zur Norm wieder ab. Dabei ist ihre eigentliche Gemütslage heiter und leicht nehmend, sie gleicht darin völlig der soeben geschilderten Kranken. Doch setzen hier die gemütlichen Störungen früher ein. Von der späteren Jugendzeit an bis zum 28. Lebensjahre hat die Kranke regelmäßig im Frühjahr eine kurze heiter erregte und daran anschließend eine leichte depressive Periode durchgemacht, die wohl als zyklothyme Schwankungen gedeutet werden müssen. Auffallenderweise sind dann diese Schwankungen völlig verschwunden, und erst mit 36 Jahren setzt wieder eine Erkrankung ein, diesmal eine schwere depressive Psychose, in der auch ihre individuellen Züge in ganz ähnlicher Weise wie bei der vorigen Kranken deutlich zutage traten. Große innere Unruhe, Neigung zu übertriebenen Affektausbrüchen, hochgradige Empfindlichkeit, Beeinflußbarkeit und großes Trostbedürfnis geben der Psychose ein besonderes Gepräge. Nach Abklingen der Erkrankung blieb eine größere Reizbarkeit und Empfindlichkeit zurück, und auch leichte depressive Schwankungen stellten sich ein, die bis jetzt weiter angehalten haben.

Fall 72.

R. G., Tagelöhnerswitwe aus O., geb. den 24. April 1871, stammt von einem sehr stillen Vater, der im Alter schwachsinnig wurde. Ein Bruder ist auffallend heiteren Temperamentes, ein Trinker und Verschwender, eine Schwester hat durch Selbstmord geendet. Der Bruder des Vaters war hitzig, streitsüchtig und schwierig, eine Schwester der Mutter ist nicht richtig im Kopf. Pat selbst war gesund und kräftig und hat sich normal entwickelt. Auf der Schule hat sie nur mittelmäßig gelernt. Ihre Gemütsstimmung war von jeher sehr schwankend, wie es sich gerade nach den äußeren Umständen machte. Ging es ihr gut, so war sie heiter, sobald aber irgendeine Kleinigkeit ihr in den Weg kam, geriet sie gleich ganz außer sich und sah für den Augenblick alles in dem schlimmsten Lichte. Sie gebärdete sich verzweifelt, jammerte und stellte an, als ob nun alles zu Ende sei, war aber im nächsten Augenblick wieder getröstet und beruhigt. Ebenso konnte sie sich über heitere Dinge freuen und ausgelassen glücklich sein und im nächsten Moment bei der geringsten Ursache wieder völlig verzweifeln. Grundlos hat sie sich niemals eine Stunde verdorben und sich auch nicht Grübeleien über die Zukunft hingegeben. Gegen unfreundliche Behandlung war sie stets sehr empfindlich und jede Kleinigkeit konnte sie übelnehmen, ohne jedoch hinter allem direkt etwas zu suchen. Ihre Affektreaktionen waren immer sehr heftig und richteten sich nur nach außen. Irgendeine Stimmung oder einen Affekt zu verbergen, war ihr nicht gegeben. Alles, was sie bewegte, mußte sie weiter erzählen und bei anderen Rat und Anteilnahme suchen. Alleinsein war ihr unangenehm, sie war eine gesellige Natur, die stets Verkehr wünschte. Von jeher war sie etwas weich, sensitiv und übertrieben mitleidig. Neinsagen fiel ihr außerordentlich schwer, und wenn sie nur richtig gebeten wurde, war sie für alles zu haben. Vor Blut und schrecklichen Dingen hatte sie einen ängstlichen Abscheu. Sonst war sie kein besonders furchtsames Naturell, auch im Verkehr nicht schüchtern oder verlegen. In der Arbeit war sie fleißig und tüchtig, und sie wußte, daß man mit ihr zufrieden sein könne. Mit ihrem 14. Lebensjahr soll sie psychogene Anfälle gehabt haben, doch ist darüber nichts Näheres bekannt geworden. Nach ihrer eigenen Erinnerung traten die Anfälle erst im 20. Jahre, anschließend an eine außereheliche Entbindung, auf. Sie waren von typisch hysterischem Charakter, dauerten stunden- bis tagelang und stellten sich in der ersten Zeit sehr häufig ein, während sie später selten wurden, nur in der Aufregung sich gelegentlich noch einmal zeigten, und dann gewöhnlich sich mit depressiver Verstimmung verbanden, die einige Tage anhielt. Sonst sind keinerlei gemütliche Schwankungen bei ihr beobachtet worden, wenn man von ihren heftigen Affektreaktionen absieht, die sich bei jeder Gelegenheit einstellten. Dezember 1903 beging die Schwester, die ihre Stütze gewesen war, und an die sie sich in allen Dingen zuerst gewandt hatte, in einem Anfall von Schwermut Suicid, was sie natürlich außerordentlich mitnahm, ohne daß es aber über eine ihrer gewöhnlichen Reaktionen hinausgegangen wäre. Ein halbes Jahr später, im Juni 1904, starb ganz plötzlich ihr Ehemann. Wieder setzte, wie zu erwarten war, eine sehr heftige depressive Reaktion ein. Sie heulte, jammerte und klagte und gebärdete sich ganz verzweifelt, doch nur kurze Zeit, und erwies sich dann so gefaßt, daß von einer wirklichen Gemütsverstimmung nicht gut die Rede sein kann. Dagegen setzte im Oktober 1904 ganz unvermittelt eine heitere Erregung ein, die sich rasch zur Tobsucht steigerte, und Pat. schon nach wenigen Tagen der Klinik zuführte. Hier befand sie sich in einer stark ideenflüchtigen bis zur Verworrenheit gehenden manischen Erregung mit teils heiter ausgelassener, teils gereizter Stimmungslage, die in eine richtige flotte Manie überging. Einzelne depressive Stunden mit hypochondrischen Ideen schoben sich dazwischen, doch nur ganz vereinzelt. März 1905 wurde die Kranke in eine der Landesanstalten überführt, wo die Erregung noch monatelang zwischen ausgelassener Heiterkeit und Gereiztheit schwankte. Von August an ging es allmählich unter Krankheitseinsicht durch ein hypomanisches Stadium mit großer Vielgeschäftigkeit der Genesung zu. Im Oktober traten hysterische Anfälle auf, ganz in der Art, wie sie schon früher sich gezeigt hatten. Seit dieser Zeit sind die Anfälle dauernd weggeblieben. Auch sonst haben sich keinerlei gemütliche Schwankungen bei der Pat. mehr bemerkbar gemacht. Im Februar 1909 hat sie sich wieder bei uns vorgestellt. Sie hat damals angegeben, daß sie in den Zeiten schwerer verworrener Erregung, an die sie keine deutliche Erinnerung besitze, habe Stimmen rufen hören, der Mann werde zu ihr kommen. Sonst war über Sinnestäuschungen, die man damals bei ihr beobachtet zu haben glaubte, nichts zu erfahren. Pat. machte einen heiter lebhaften und ganz verständigen Eindruck.

Depressives und heiteres Temperament scheint bei dieser Kranken in der Familie in gleicher Weise vertreten zu sein. Sie selbst hat im allgemeinen eine heitere Lebensauffassung und ist, ihrer ganzen Veranlagung nach, der soeben geschilderten Kranken sehr ähnlich. Sie ist ängstlich, sensitiv und hochgradig empfindlich und hat eine übertriebene Scheu vor schrecklichen und grausigen Dingen. Auf alle äußeren Reize reagiert sie mit sehr heftigen gemütlichen Ausschlägen, die vielfach übertrieben und theatralisch erscheinen. In der gesamten Veranlagung der Kranken steht die Neigung zu heftiger motorischer Entladung der Affekte ganz außerordentlich im Vordergrunde. Wahrscheinlich schon in ihrer Jugend, sicher von dem 20. Jahre ab und dann noch einmal später in der Psychose, hat sie typisch-hysterische Anfälle gehabt, die seit der schweren Erkrankung dauernd ausgeblieben sind. Die erste gemütliche Störung trat im Anschluß an den Selbstmord der Schwester auf und scheint eine einfache reaktive Verstimmung gewesen zu sein. Auch die zweite viel ernstere Gemütsverstimmung, die sich an den Tod des Mannes anschloß, ist sicher in diesem Sinne zu deuten. Ein halbes Jahr später finden wir unvermittelt das Einsetzen einer typischen flotten Manie, die nach monatelanger Dauer zu völliger Genesung führt, ohne daß irgend welche Schwankungen zurückgeblieben wären. Auch hier waren in der verworrenen manischen Erregung Sinnestäuschungen und phantastische Erlebnisse aufgetreten, über die uns aber die Krankengeschichte keine genügende Auskunft gibt. Depressionen endogener Natur haben sich bei dieser Kranken niemals gezeigt. Aus Gründen der Analogie würde man wohl auch hier geneigt sein, die Verstimmungen als endogen bedingt anzufassen. Für die zweite scheint mir das bei ihrem kurzen Verlaufe und der Form, die einer der gewöhnlichen affektiven Reaktionen der Kranken so außerordentlich gleichkommt, unmöglich zu sein. Über die erste sind wir weniger genau unterrichtet, doch ist auch dort der Anlaß so eingreifend, daß man mindestens die Frage offen lassen muß.

Fall 73.

B. B., Tagelöhnersfrau aus T., geb. 31. Juli 1873, stammt von einem heiteren Vater, der allgemein als Spaßvogel bekannt ist. Eine Schwester war vorübergehend gemütskrank. Sonst ist nichts über erbliche Belastung bekannt geworden. Die nicht sehr intelligente und etwas schwerfällige Kranke hat als Kind keinerlei Besonderheiten gezeigt. Nur war sie von jeher ein etwas ängstliches und verzagtes Gemüt. In der Schule hat sie oft aus lauter Angst versagt. Unerwartete Schwierigkeiten oder drohende Unannehmlichkeiten brachten sie leicht aus dem Gleichgewichte; doch war das immer nur ganz vorübergehend. Sobald sie nur einigermaßen weiter sah, war die Stimmung gleich wieder gut und zuversichtlich. Auch um die Kinder hat sie sich stets in unnötiger Weise Sorgen gemacht, jedes kleine Unwohlsein gleich tragisch genommen und in ihrer Ängstlichkeit die harmlosesten Dinge nicht erlauben wollen. So ist ihre Stimmung viel von äußeren Einflüssen abhängig gewesen; doch handelte es sich nur um augenblickliche Reaktionen, die rasch vorübergingen. Im Grunde ist ihre Affektlage eine gleichmäßig heitere gewesen. Sie war durchaus nicht geneigt, das Leben von der trüben Seite anzusehen und sich unnötigen Gedanken und Grübeleien hinzugeben. Auch gegen Kränkungen war sie nicht sehr empfindlich und nahm unfreundliche Behandlung ohne weiteres hin. In ihren Arbeiten war sie tüchtig und brauchbar, ohne sich allzusehr zu quälen. Was sie machte, schien ihr gut. Nur wenn etwas eine besondere Wichtigkeit hatte, dann kam ihre ängstliche Gemütsart zutage, sie mußte noch einmal nachsehen, ob auch wirklich alles in Ordnung sei. In religiösen Dingen unterschied sie sich nicht von ihrer Umgebung. Das wesentlichste ihres Temperamentes war aber ihre heftige Art gemütlich zu reagieren. Kam sie einmal in einem Affekt, sei es freudiger oder depressiver Natur, so entlud er sich mit aller Macht nach außen. So übertrieben sie ihrer Freude Ausdruck gab, so sehr stellte sie an, wenn einmal etwas schief zu gehen drohte, sie jammerte und heulte und machte gleich eine furchtbare Szene. Ebenso konnte sie auch gar nichts für sich behalten, was irgend in ihr vorging, sie mußte es anderen erzählen, sie um Rat und Trost ansprechen. Es ist daher selbstverständlich, daß es bei ihr im Leben gelegentlich einmal zu heftigen depressiven Reaktionen kam, und daß die Stimmungslage nicht dauernd durchaus gleichmäßig verlief. Es scheinen aber niemals irgendwelche endogenen Schwankungen weder heiterer noch depressiver Natur bei ihr aufgetreten zu sein. Über ihr äußeres Leben ist nicht viel zu bemerken. Die Verhältnisse waren ganz günstig und die Ehe scheint glücklich zu sein. Mit 17 Jahren trat die erste Gemütserkrankung auf, die sich sehr allmählich entwickelte und etwa 2 Jahre lang bestehen blieb, allerdings mit starken Schwankungen, so daß Pat. zeitweise wieder einigermaßen arbeitsfähig war. Äußere Umstände hatten keinerlei Einfluß auf den Verlauf. Sie hatte damals Versündigungsideen wechselnden Inhaltes und ausgesprochenes Insuffizienzgefühl. Das Denken ging nicht recht, Arbeiten war fast unmöglich und auf der Brust lagerte ein Druck, wie wenn ein Stein darin wäre. Dabei war sie schwer verstimmt, hochgradig lebensüberdrüssig und hatte ernsthafte Suicidideen. Nach allmählichem Abklingen der Depression blieb sie frei bis 1898. Damals erkrankte die Schwester an Schwermut und Pat. war mit der Pflege sehr angestrengt. Es stellten sich Kopfschmerzen und Müdigkeit ein, und ihre gewöhnliche Ängstlichkeit nahm in ganz auffälliger Weise zu. Ganz unvermittelt setzte im Juni eine schwere ängstliche Erregung ein mit phantastischen Sinnestäuschungen. Sie hörte Klingeln, allerlei Geräusche und glaubte, daß man sie und die Familie umbringen wolle, daß Zigeuner da seien u. dgl. m. Nach wenigen Tagen schlug die Angst plötzlich in Heiterkeit und lautes Toben um, so daß sie in die Klinik verbracht werden mußte. Hier befand sie sich in einer ausgelassenen ideenflüchtigen Erregung mit Singen und Schimpfen und Freude an Neckereien, in die sich einzelne ängstliche Stunden einschoben. Nach etwa 2 Wochen trat rasche Beruhigung ein; sie wurde auffallend einsilbig bei anhaltender heiter ausgelassener Stimmung. In diesem Zustand nahm man sie nach Hause, wo sie innerhalb weniger Wochen völlig genaß. Nun blieb sie ganz gesund bis November 1900. Damals setzte ohne allen Grund eine erneute Erregung ein, die aber von Anfang an heiter ausgelassen gefärbt war. Pat. aß nicht, schlief nicht, sprach, lachte und schimpfte durcheinander, so daß sie sofort in die hiesige Klinik verbracht werden mußte. Hier bot sie das Bild einer schwer motorisch erregten, stark ideenflüchtigen Manie. Auch diesmal trat rasche Beruhigung ein, mit Übergang in einen gehemmten Stupor unter Beibehalten der heiteren Stimmungslage. Januar 1901 wurde sie nach Hause geholt. Hier schlug nach kurzer Zeit die Stimmung in eine leichte Depression mit Insuffizienzgefühl um, die nach etwa 6 Wochen in völlige Genesung überging. Seit dieser Zeit ist Pat. vollkommen gesund geblieben und hat auch nichts mehr von irgend welchen Schwankungen gezeigt. Bei ihrer Vorstellung im Februar 1909 erwies sie sich als eine nicht sehr intelligente, etwas schwerfällige Frau. Die Schilderung ihrer Persönlichkeit und des weiteren Verlaufes der Erkrankungen ist durchweg durch die Aussagen ihres Schwagers und ihres Ehemannes ergänzt und bestätigt worden, da ihre eigenen Angaben nicht genügend gesichert erschienen; doch erwiesen sie sich in der Hauptsache als zutreffend.

Was die Veranlagung anbetrifft, gleicht diese Kranke vollkommen der vorhergehenden. Auch bei ihr steht die Neigung zu motorischen Affektausbrüchen durchaus im Vordergrunde, und zwar sind es vor allem ihre Ängstlichkeit und Kleinmütigkeit, die sie wegen der harmlosesten Dinge in die schlimmste gemütliche Erregung geraten lassen. Endogene Schwankungen sind auch hier niemals beobachtet worden. Dagegen hat die Pat. mehrfach im Leben schwere Depressionszustände durchgemacht, von denen der erste ohne Anlaß eintrat und sich mit vielen Schwankungen über die lange Zeit von zwei Jahren hinzog. Die zweite Erkrankung schloß sich an eine schwere gemütliche Erschütterung an und verlief im Gegensatz zur ersten als Angstzustand mit phantastischen Sinnestäuschungen, so daß man wohl den Gedanken haben könnte, es liege hier eine reaktive Verstimmung vor. Doch unvermittelt schlug schon nach kurzer Zeit die Stimmung zur heiteren Manie um, die rasch in einen manischen Stupor überging. Sehr ähnlich war der Verlauf bei der dritten Erkrankung. Auch hier finden sich also wieder ängstliche Verwirrtheitszustände im Beginne der Psychose als Einleitung der manischen Phase, wie wir sie schon bei der ersten Krankengeschichte dieser Gruppe näher besprochen hatten. Der ganze Verlauf der Erkrankungen war hier übrigens auffallend ähnlich wie dort, nur daß die zyklothymen Schwankungen bei dieser Kranken völlig fehlen, während sie im früheren Falle sehr ausgesprochen waren.

Wir haben also bei den Kranken mit psychogener Veranlagung und heiterem Temperamente durchweg zirkuläre Erkrankungen gefunden, in einem Falle sogar eine richtige, bis in die frühe Jugend zurückgehende

Zyklothymie. Eine gewisse individuelle Färbung der Psychosen scheint allerdings vorhanden zu sein, soweit es sich um Depressionszustände handelt, und zwar im gleichen Sinne wie wir es bei den psychogenen Erkrankungen gefunden hatten. Leider reicht mein Material von selbstbeobachteten Fällen, und nur solche können hier in Frage kommen, nicht aus, bestimmtere Schlüsse zu ziehen. Für die manischen Erkrankungen vermag ich nichts Bestimmtes zu sagen, ein Vorwiegen der Verwirrtheitszustände ist jedenfalls nicht nachzuweisen.

5. *Zirkuläre Erkrankungen bei konstitutionell Depressiven.*

Wenn wir den Einfluß der Veranlagung auf Form und Verlauf der Gemütserkrankungen kennen lernen wollen, so ist es von besonderer Wichtigkeit, auch danach zu forschen, ob nicht bei konstitutionell Depressiven manische Phasen auftreten. Daß bei heiterem hypomanischen Temperamente rein depressive Erkrankungen als einzige Psychose vorkommen, hatten wir schon gesehen (Fälle 59 und 60). So ist auch das Umgekehrte an und für sich wahrscheinlich. Bei Beginn meiner Arbeit war ich allerdings der Ansicht gewesen, daß wirkliche konstitutionell Depressive keine gehobenen Phasen zeigen würden. Die Beobachtungen in der Klinik und die Durchsicht der Krankengeschichten schien diese Auffassung zu bestätigen. Als ich aber allen den Kranken mit konstitutioneller Verstimmung im einzelnen nachging und genaue Anamnesen erhob, ergab sich die mir überraschende Tatsache, daß ich von einer ganzen Reihe Schilderungen über typische hypomanische Phasen erhielt, die an deren tatsächlichem Vorkommen keine Zweifel mehr zuließen. Und um mir den völligen Beweis zu erbringen, stellte sich eine Kranke, die nach eingehender Anamnese als echte konstitutionell Depressive gelten mußte, und bei der wir während der Erkrankung lange gezweifelt hatten, ob es sich nicht um eine einfache psychopathische Verstimmung handele, in der sich anschließenden typisch hypomanischen Erregung in der Klinik vor. Da diese Gruppe eine ganz besondere Wichtigkeit für uns besitzt, so bringe ich, ebenso wie bei den manisch Veranlagten mit nur depressiven Erkrankungen, alle völlig sichergestellten Fälle, während ich mich im übrigen immer nur auf einzelne Beispiele beschränkt habe.

a) Depressionen mit anschließenden Hypomanien.

Fall 74.

M. S., Mechanikerswitwe aus E., geb. den 2. Juli 1859, hatte einen sehr religiösen, aber nicht gerade schwerblütigen Vater und eine Mutter, die genau den gleichen Charakter aufwies, wie die Pat. selbst. Diese Mutter war eine sehr empfindliche und gleich niedergeschlagene Frau, die von ihrem 50. Jahre bis zu ihrem

Tode im 62. an einer leichten Depression mit starken Schwankungen litt. Eine der Schwestern ebenso wie deren Kind haben genau den gleichen Charakter. Auch von drei eigenen Söhnen besitzen zwei diese Veranlagung, während der dritte alles auf die leichte Achsel nimmt. Die Mutter der Mutter und eine Schwester des Vaters waren gleichfalls etwas schwer veranlagt; Pat. selbst ist eine gesunde kräftige Person, die niemals ernstlich körperlich krank gewesen ist. Dagegen hat sie gemütlich immer sehr schwer am Leben getragen. Wenn sie glaubte, sie könne irgend etwas Unrechtes getan oder gesagt oder sich nur ungeschickt benommen haben, und das war eigentlich immer der Fall, so konnte sie derartige Gedanken nicht mehr aus dem Kopf herausbringen. Auch die besten Zeiten im Leben hat sie sich mit Grübeleien verdorben, da sie sich an allen Kleinigkeiten aufhielt und über Befürchtungen und Sorgen nicht hinauskommen konnte. Mit Recht habe man es ihr immer vorgehalten, daß sie an allen Dingen herummache, die gar keinen Wert haben. Selbst über die gewöhnlichsten Unannehmlichkeiten des Lebens konnte sie nicht zur Ruhe kommen und bei der geringsten Schwierigkeit wurde sie völlig niedergeschlagen und hoffnungslos. Ihre ganze Stimmungslage war ungleichmäßig, schwankend und außerordentlich abhängig von äußeren Einflüssen. Sprach man ihr Mut zu, schien alles gut zu gehen, so hatte sie gleich den Kopf in der Höhe, um bei der nächsten Schwierigkeit sofort wieder ganz zu versagen. Auch gegen unfreundliche Behandlung war sie stets außerordentlich empfindlich und sofort tief gekränkt, wenn man sie einmal scharf anfaßte. Doch war nach einem guten Wort auch alles rasch wieder vergessen. Nachgetragen hat sie nie, ist überhaupt mit unangenehmen Erlebnissen an und für sich rascher und leichter fertig geworden als mit Sorgen und Befürchtungen für die Zukunft, da sie ihre Affekte nach außen zu entladen vermochte. Sie sprach sich aus, schalt und zankte, war überhaupt leicht aufgeregt, hitzig und verlor im Augenblick den Kopf. Dafür war aber auch im nächsten Momente wieder alles gut. Sie war fleißig, arbeitete gern und leistete Tüchtiges; das wußte sie aber auch, und wenn sie auch stets darauf hielt, ihre Pflicht zu tun, so hat sie sich doch ganz im Gegensatz zu ihrem sonstigen Verhalten niemals mit Selbstkritik und Kleinmut nach dieser Richtung hin übertrieben gequält. In religiösen Dingen war sie ihrer Erziehung entsprechend streng, aber nicht anders wie ihre Umgebung. Die äußeren Verhältnisse waren günstige. Gemütliche Schwankungen sind nicht beobachtet worden, nur zur Zeit der Periode war sie von jeher etwas empfindlicher und noch gedrückter als sonst. Den Tod ihres Mannes im Jahre 1893 nahm sie sehr schwer. Gleich hinterher war sie schwer verstimmt und brauchte außerordentlich lange, um dies Erlebnis verwinden zu können. Etwa ein halbes Jahr sei sie doch so gewesen, daß man es, wie sie selbst meint, gemütskrank nennen könne. Doch hat sie sich damals nur mit dem traurigen Erlebnis selbst und mit Sorgen für die Zukunft beschäftigt, die nicht ganz unbegründet waren. Etwas Ähnliches ist niemals wieder im Leben aufgetreten, mit Ausnahme der Erkrankung im Jahre 1908, die sie in die Tübinger Klinik führte. Im Herbst 1907, ehe die Verstimmung einsetzte, hatte sie eine Zeit, wo sie glaubte, ihren Frieden mit Gott gemacht zu haben, wo sie auf einmal so ein eigentümlich freudiges und glückliches Gefühl hatte, das sie sonst gar nicht kannte. Ganz das Gleiche war auch nach der Genesung für einige Wochen vorhanden. Alles hat sie in diesen Zeiten leichter aufgenommen, und ihren Kindern ist es aufgefallen, wie sie auf einmal wieder jung geworden sei. Die traurige Verstimmung setzte ganz unvermittelt ohne Anlaß im Dezember 1907 ein. Sie wurde gedrückt, wortkarg, arbeitsunfähig und klagte über die Unmöglichkeit, ihre Gedanken zusammenzubringen. Sie weinte und klagte sich selber an, ohne eigentlich zu wissen, was sie begangen haben sollte, und lief in ängstlicher Unruhe ratlos in ihrem Hause umher. Lebensüberdruß und Suicidgedanken veranlaßten schließlich am 4. Januar 1908 die Aufnahme in die Klinik, wo sie das Bild einer ängstlichen Depression mit leichter Hemmung und zahlreichen unklaren Versündigungsideen bot. In der Furcht, gar nicht mehr heim zu dürfen, drängte sie derart nach Hause, daß man sie schon am 22. Februar wieder aus der Klinik herausnahm. Die Besserung setzte nur ganz allmählich ein, und es hat mehr als ein Vierteljahr gedauert, ehe sie einigermaßen genesen war, und die obengeschilderte heitere Zeit auftrat, die für einige Wochen ihr ganzes Temperament völlig veränderte. Dann wurde sie wieder wie in früheren Jahren, und bei ihrer Vorstellung am 27. Juli 1909 machte sie den Eindruck einer ruhigen, verständigen, etwas sensitiven, aber durchaus nicht schwer psychopathischen Frau. Die eigene Schilderung der Persönlichkeit war gut und wurde durch die Beobachtungen der Söhne in allen Einzelheiten bestätigt.

Die meist verbreitete Anlage in der Familie ist hier eine konstitutionell depressive, die durch ihre Übertragung auf die Kinder sich als exquisit erblich erweist. Der Großvater väterlicherseits war anders veranlagt, ob ausgesprochen heiter, ist unsicher. Ein ähnliches Temperament beim eigenen Sohne ist für die Erblichkeitsfrage natürlich nicht zu verwerten, da es von seiten Ehemanns stammen könnte. Die Kranke selbst ist ausgesprochen konstitutionell depressiv. Labil in ihren Stimmungen, ängstlich, alles schwer nehmend, an jeder Kleinigkeit hängend und immer grübelnd in die Zukunft schauend, entspricht sie am meisten den Formen des zweiten Typus, bei denen die depressive Seite ganz besonders ausgesprochen ist und erinnert in ihrer Selbstkritik sehr an Fall 8. Mit Ausnahme ihrer ziemlich heftigen affektiven Augenblicksreaktionen hat sie niemals im Leben irgendwelche gemütlichen Schwankungen durchgemacht. Im Jahre 1893 rief der Tod des Mannes eine so schwere depressive Verstimmung hervor, daß sie selbst zweifelhaft ist, ob man diese Zeit nicht als Gemütskrankheit bezeichnen solle, doch hat sich die damalige Erkrankung anscheinend inhaltlich völlig im Rahmen der aktuellen Erlebnisse gehalten. Dann bleibt Pat. wieder vollkommen gesund bis zur zweiten Verstimmung 1908, die diesmal ohne Anlaß einsetzte und ganz das Bild einer typischen leichten Depression bot. Bis dahin entspricht alles den Krankheitsbildern, wie wir sie von endogenen Depressionen auf konstitutioneller Grundlage geschildert haben. Nun erfahren wir aber, daß sich dieser Erkrankung eine typische hypomanische Phase angeschlossen habe, und daß auch eine ebensolche vorausgegangen sei, die beide nach der klaren Schilderung der Kranken wohl nicht in Abrede gestellt werden können.

Fall 75.

L. D., Fabrikarbeiterin aus S., geb. den 23. März 1884, stammt von einem eigenen, sehr stillen und strengen Vater und einer leicht depressiv veranlagten Mutter. Ein Bruder ist auffallend leichtsinnig und heiter veranlagt, die übrigen Geschwister sind wie die Pat. Der Großvater väterlicherseits soll ganz das gleiche Temperament wie der Vater gehabt haben. Und ihnen ist auch Pat. nachgeschlagen. Sie hat von jeher alles im Leben schwer aufgenommen und sich gern mit unnötigen

Kleinigkeiten Sorgen gemacht. Sie sah nicht gerade schwarz in die Zukunft, aber es genügte doch, daß nur das Geringste nicht ganz nach Wunsch ausfiel, oder irgendeine Schwierigkeit nicht völlig behoben war, daß sie zu grübeln anfing und sich so Sorgen machte, daß sie gänzlich unfähig wurde zu jeglichem Genießen. Jede größere Anforderung, ja nur daß eine Sache eine gewisse Wichtigkeit besaß, reichte schon aus, sie in Unruhe, Angst und depressive Stimmung zu versetzen. So kam sie niemals recht zum Genusse heiterer und glücklicher Stunden. Gegen Tadel, unfreundliche Behandlung oder Kränkungen war sie außerordentlich empfindlich. Sie fühlte sich sofort zurückgesetzt, und gleich drängten sich die Gedanken auf, daß dies wohl seine Berechtigung haben müsse, denn sie hat stets von sich selbst eine sehr geringe Meinung besessen und ist dementsprechend in ihren Arbeiten immer außerordentlich genau und pünktlich gewesen; zwei-, dreimal mußte sie regelmäßig nachsehen, ob auch alles stimme, was sie bei ihrem Berufe als Uhrfedermacherin außerordentlich aufhielt, so daß sie in den Leistungen tatsächlich hinter den anderen zurückblieb. Auch in ihren häuslichen Angelegenheiten war sie sehr peinlich und genau und hielt auf pünktliche Ordnung. Ihre Gemütsbewegungen verliefen langsam und schleppend, und ehe sie mit irgendeiner trüben Erfahrung fertig werden konnte, vergingen regelmäßig lange Zeiten. Nach außen hin hat man von ihren Stimmungen wenig gemerkt. Sie pflegte die Dinge mit sich allein abzumachen, nur der Schwester gegenüber war sie völlig offen und hat mit ihr alles besprochen. Im Verkehr mit Fremden war sie verlegen und besonders ungeschickt dem männlichen Geschlechte gegenüber. Von allen Vergnügungen hat sie sich überhaupt zurückgehalten. In religiösen Dingen war sie entsprechend den Gewohnheiten der Familie streng, doch zeichnete sie sich in keiner Weise aus. Auch ihre übertriebene Empfindlichkeit gegen Häßliches und Obszönes mag zum Teil auf Erziehung beruhen. Sie hat auf der Schule gut gelernt und sich normal entwickelt. Sie kam dann in eine Uhrenfabrik, wo sie dauernd Beschäftigung fand. Besondere äußere Erlebnisse sind nicht bekannt geworden. Ohne irgendwelchen nachweislichen Anlaß entwickelte sich von Weihnachten 1907 an eine leichte Depression mit Insuffizienzgefühl und Arbeitserschwerung. Dazu traten Versündigungsideen meist religiösen Inhaltes und Zwang zum Grübeln über die eigene Vergangenheit hinzu. April 1907 machte Pat. einen ernstlichen Suicidversuch, der die Veranlassung zur Verbringung in die Klinik wurde. Hier befand sich die Kranke in einem einfachen Depressionszustand ohne rechte Lebensfreude, mit Befürchtungen für die Zukunft und dauerndem Grübeln über sich selbst und die Gründe zu ihrer Erkrankung. Sie schien äußerlich nicht sehr schwer verstimmt und schilderte die Erscheinungen nur als eine Verschlimmerung ihrer gewöhnlichen Veranlagung, so daß man wohl den Eindruck gewinnen konnte, es liege nur eine psychopathische Depression vor, deren Gründe uns nicht klar erkennbar seien. Die Stimmung war äußerlich beeinflußbar, d. h. Pat. ließ sich durch eine Unterredung ohne Schwierigkeit herausreißen, und es bestand volle Einsicht für das Krankhafte ihrer Versündigungsideen. Auffallend war ihre starke vasomotorische Erregbarkeit, die sich in Erröten, Schwitzen usw. kund tat, sobald man sich mit ihr beschäftigte. Im Verlaufe weniger Wochen hob sich das Befinden unter körperlicher Gewichtszunahme rasch, und Mitte Juni konnte Pat. sehr gebessert nach Hause entlassen werden. Anfangs bestand noch ein gewisses Gefühl der Unsicherheit und die Stimmung war noch leicht gedrückt. Doch das verschwand im Laufe von einigen Monaten und machte einer ausgesprochen gehobenen Stimmung Platz. Sie fühlte sich ganz anders, so froh und heiter, wie sie niemals im Leben gewesen war. Während sie früher bei Vergnügungen immer an die Zukunft dachte, konnte sie sich jetzt ganz dem Augenblicke hingeben und in vollen Zügen genießen. Die Arbeit ging viel leichter und alle Bedenklichkeiten waren verschwunden. Sie sprach viel mehr, war gesellig und lange nicht mehr so schüchtern. Der ganzen Familie fiel es auf, wie sie sich verändert hatte. In diesem Zustande hat sich Pat. im Februar 1909 wieder bei uns vorgestellt. Sie machte in der Tat einen ausgesprochen hypomanischen Eindruck und die begleitende Schwester bestätigte, daß man Pat. noch nie so heiter wie in den letzten Monaten gesehen hätte, daß sie völlig verändert sei, als ob sie ein ganz neuer Mensch geworden wäre.

Auch hier haben wir die gleiche ausgesprochen depressive Familienanlage. Aber während es im vorigen Falle zweifelhaft bleiben mußte, ob einzelne anders Veranlagte nicht Folge fremder Erblichkeitseinflüsse seien, finden wir hier bei doppelseitiger depressiver Belastung ein ausgesprochen manisches Temperament beim Bruder der Pat., der gegen seine sämtlichen Geschwister grell absticht. Die Veranlagung der Kranken ist ausgesprochen vom ersten Typus. In ihrer durch innere Hemmungen bedingten Schwerfälligkeit und Umständlichkeit ist sie sogar geradezu ein klassisches Beispiel. Niemals hatte man sie froh und heiter gesehen, selbst die besten Stunden verdarb sie sich seit früher Jugend mit ganz unnötigen Grübeleien. Mit dieser Anamnese kam die Kranke zu uns, in einer leichten Verstimmung, die eigentlich nichts weiter schien, als eine Verschlimmerung ihres angeborenen Temperamentes, für die wir allerdings umsonst nach einer greifbaren Ätiologie suchten. Bei der Schüchternheit und ängstlichen Scheu der Kranken, sich andern mitzuteilen, konnte auch dieses Bedenken nicht ganz ausschlaggebend sein. Einige Monate nach der Entlassung kam ein typisch hypomanischer Brief und schließlich stellte sich die Kranke selbst in ihrer leichten, heiteren Erregung bei uns vor, so daß hier an dem tatsächlichen Bestehen einer echten Hypomanie kein Zweifel sein kann. Die nochmals auf das genaueste erhobene Anamnese ergab sowohl nach den Aussagen der Schwester, wie denen der Pat. selbst vollkommen die gleiche Schilderung einer typischen konstitutionellen Depression.

Fall 76.

K. G., Näherin aus H., geb. den 8. September 1854, stammt von einem etwas depressiv veranlagten jähzornigen Vater, der an Trunksucht litt und im hohen Alter geisteskrank wurde. Die Mutter war eine ruhige stille Frau von ausgesprochen konstitutionell depressivem Temperamente, das der Bruder der Pat. von ihr geerbt hat. Pat. selbst war als klein schwächlich und zart, litt stark an Rachitis und hat eine schwere Kyphoskoliose davongetragen. Von jeher war sie ein scheues ängstliches, außerordentlich schüchternes Gemüt, das sich vor allem fürchtete. Als Kind hat sie sich aus Angst vor der Schule versteckt, und wenn ein Gewitter am Himmel stand, sich völlig verkrochen. Stets war sie außerordentlich empfindlich und sensitiv. Sie weinte bei jeder Gelegenheit, nahm die harmlosesten Kleinigkeiten krumm und suchte hinter allem eine böse Absicht. Kam irgend etwas unerwartet über sie, dann verlor sie vollends den Kopf und wußte sich gar nicht zu helfen. In der Arbeit war sie ganz außerordentlich pflichteifrig und quälte sich in ihrer Ängstlichkeit immer damit, ob sie es denn auch wirklich richtig mache, und man zufrieden mit ihr sein könne. Stets hat sie sich vergewissern müssen, ob alles in Ordnung ist und auch in religiösen Dingen hat sie sich ganz unnötig mit Gewissensskrupeln gequält. Selbstvertrauen besaß sie gar nicht, und sie dachte immer recht gering von sich und ihren eigenen Leistungen. Gegen Häßliches und Obszönes war sie ganz außerordentlich empfindlich, während man sonst in ihrer Familie sich gegenüber solchen Dingen nicht so besonders feinfühlig erwies. Sie war überhaupt außerordentlich empfindsam und sensitiv; Blut oder Schlachten konnte sie nicht sehen und bei Tierquälereien lief sie gleich davon. Wenn man nur an ihr Mitleid appellierte, konnte sie keine Bitte abschlagen, und vor lauter Rührung kamen ihr gleich die Tränen. Alles im Leben hat sie schwer aufgenommen und stets nur die trüben Seiten gesehen. Doch hatte sie nicht die Neigung ohne jeden Grund über kommendes Unglück zu grübeln oder sich grundlos bei allen Dingen Sorgen zu machen. Ging alles gut und drohten keinerlei Schwierigkeiten, da war sie wohl imstande eine frohe Stunde wirklich zu genießen; doch genügte die geringste Kleinigkeit, um ihr jede Freude zu rauben. Und ehe sie dann mit etwas Trübem fertig werden konnte, dauerte es außerordentlich lange. Auch daß sie gewöhnlich ihre Affekte nach außen ließ und sich aussprach, soweit es ihre Ängstlichkeit zuließ, änderte daran nichts. Es kam auch bei ihr niemals zu wirklich heftigen Affektentladungen, alle Gemütsbewegungen klangen langsam tief in ihrem Innern ab. Sie war im allgemeinen keine zurückgezogene Natur; sie liebte Verkehr, kam aber wegen ihrer Schüchternheit nicht über einen ganz kleinen Kreis von Bekannten hinaus. Irgendwelche gemütlichen Schwankungen sind niemals bei ihr beobachtet worden.

Ganz unvermittelt ohne jeden nachweislichen Anlaß entwickelte sich Anfang 1900 in ihrem 46. Lebensjahre ein ängstlicher Depressionszustand. Er begann mit allgemeinem Krankheitsgefühl, Müde und Schwere, so daß sie sich zu allem unfähig fühlte. Dann traten Selbstvorwürfe hinzu, daß sie in der Jugend nicht ganz keusch gelebt habe. Auch sonst glaubte sie sich versündigt zu haben und grübelte in ihrem ganzen früheren Leben nach Verfehlungen, für die sie nun bestraft werden sollte; der Landjäger werde kommen und sie ins Gefängnis holen. Sie glaubte sich beobachtet, sah Teufel, Geister u. dgl. und war vollkommen verwirrt und verzweifelt ängstlich. Da die Erregung zunahm, wurde sie im Juni 1906 in die Klinik eingeliefert, wo anfangs noch die gleichen Ideen bestanden aber die Verwirrtheit sehr bald nachließ. Es trat eine ungehemmte Depression von mehr melancholischer Form hervor, bei denen Selbstvorwürfe und Kleinheitsideen im Vordergrunde standen. Sie wollte nicht essen, sich nicht setzen, weil sie für alles zu schlecht sei. Im Juli trat langsame Besserung ein, sie begann angestrengt zu arbeiten, um alles wieder gut zu machen. Im August wurde sie mit vollkommener Krankheitseinsicht nur noch leicht gedrückt entlassen. An die schwerverwirrte Zeit, besonders die Wochen zu Hause, bestand keine rechte Erinnerung mehr. In der Heimat erholte sie sich sehr rasch und es kam nun eine Zeit, wo sie so glücklich war, so ganz verändert gegen früher. Sie kann gar nicht schildern, wie glückselig sie sich damals fühlte. Allen Leuten fiel es auf, wie anders sie geworden sei, so frei und ungeniert. Sie konnte mit jedermann sprechen, war viel gewandter im Verkehre, und die Arbeit ging ihr viel leichter von der Hand. Der glückliche Zustand hielt eine Reihe von Jahren an (2—3) und verschwand ganz allmählich wieder, so daß sie schließlich genau wieder so war, wie vor ihrer Erkrankung. 1906 wurde sie im Anschluß an ein Unterleibsleiden einige Wochen gedrückt, doch nicht direkt gemütskrank, und ein gleicher rasch vorübergehender depressiver Zustand zeigte sich nach einer Myomoperation im Dezember 1908. Sonst hat Pat. keinerlei gemütliche Schwankungen durchgemacht. Wann die Menopause eingetreten ist, ließ sich wegen der Myomblutungen nicht bestimmen.

Bei ihrer Vorstellung im Mai 1909 erwies sie sich als eine recht intelligente, aber körperlich sehr dürftige Person, die außerordentlich dankbar und anhänglich war für die ihr in der Klinik zuteil gewordene Behandlung, obschon sie von Ärzten und Personal kaum mehr jemand kannte.

Hier hören wir in der Familie nur von ausgesprochen depressiven Temperamenten, wobei wieder die mütterliche Seite bei weitem zu überwiegen scheint. Wie bei all den vorhergehenden Fällen ist die Erblichkeit der Familiendisposition recht ausgesprochen. Das tritt schon hervor, obwohl wir nur über die allernächsten Angehörigen genügend unterrichtet sind. Pat. selbst ist schwer depressiv veranlagt, mit besonderer Betonung der sensitiven ängstlichen Seite. Ihre Abhängigkeit von den äußeren Verhältnissen ließ sie bei ihrer Grübelsucht und ihrer depressiven Lebensauffassung niemals zur Ruhe kommen, doch scheinen endogene Schwankungen nicht aufgetreten zu sein. Die Kranke erinnert in ihrer ängstlichen Empfindlichkeit sehr an die Naturen, die wir bei den endogenen Depressionszuständen, welche im Rückbildungsalter erstmalig sich einstellten, gesehen hatten, und tatsächlich finden wir auch hier die erste Erkrankung im 46. Jahre auftreten, in Form einer ängstlichen Melancholie, die vorübergehend mit Steigerung der Angst zu Verworrenheit und Sinnestäuschungen führte. Daran schloß sich eine typische leichte Hypomanie an, die dann ganz auffallenderweise eine Reihe von Jahren (2—3) bestehen blieb. Nach ihrem Abklingen stellte sich genau wieder das alte depressive Temperament mit allen seinen psychopathischen Eigenschaften ein, das nun unverändert bis heute bestehen geblieben ist. Zwei in den letzten Jahren an körperliche Erkrankungen sich anschließende leichte Verstimmungen hatten keinerlei manisches Nachstadium.

Fall 77.

B. Z., Verkäuferin aus H., geb. den 4. Dezember 1856, stammt von einer empfindlichen und aufgeregten Mutter, die das Leben immer schwer genommen hat. Ein Bruder ist sehr nervös, ein Hitzkopf und Trinker, ein anderer war als jung sehr leichtsinnig und hat später durch Suicid geendet. Zwei Schwestern sind leicht depressive Naturen; die Kinder der einen sind sehr nervös. Die eine Schwester der Mutter hat einen Depressionszustand durchgemacht, die andere ist konstitutionell depressiv veranlagt. Der Bruder des Vaters war ein Trinker, die Tochter eines anderen Vaterbruders war vorübergehend schwermütig, die Tochter einer Vaterschwester war eine schwernehmende Natur. Pat. selbst hat genau das gleiche Temperament wie die Mutter und wie ihre Schwestern. Sie war von jeher still und ernst und hat alles Unangenehme außerordentlich schwer aufgenommen; doch war ihre Stimmung nicht gleichmäßig gedrückt, sondern stets von äußeren Einwirkungen abhängig. Traf sie auf irgendwelche kleinen Schwierigkeiten und waren die Aussichten für die kommenden Zeiten trübe, so war sie sofort völlig niedergeschlagen und verzweifelt. Auch sah sie an allen Dingen vorwiegend die traurigen Seiten und machte sich Sorgen über ganz unnötige Kleinigkeiten. Alles das aber nur, wenn wirklich Schwierigkeiten vorlagen. War der Blick in die Zukunft einmal frei und gut, dann konnte sie auch ganz heiter sein und alles froh genießen. So hat ihre Stimmung im Leben sehr vielfach geschwankt, zumal sie auch gegen Kränkungen außerordentlich empfindlich war, die harmlosesten Kleinigkeiten übel nahm und hinter allem etwas suchte. Mit solchen Erfahrungen konnte sie auch nur schwer fertig werden, da sie dann in allem eine Bestätigung ihrer paronoiden Vermutungen erblickte, während sonst traurige Erlebnisse nicht lange nachzuwirken pflegten. Die Affekte gingen bei ihr nach außen und zeigten sich in starken Ausdrucksbewegungen, ohne daß es zu übertriebenen Entladungen und theatralischen Szenen gekommen wäre. Sie hatte die Neigung sich auszusprechen, bei anderen Trost und Hilfe zu suchen, kam aber infolge ihrer angeborenen Ängstlichkeit nur selten dazu, da es ihr meist an Vertrauen fehlte. Auch sonst hat ihre Schüchternheit ihre Wünsche nach Geselligkeit und Anschluß häufig durchkreuzt. In ihren Arbeiten war sie tüchtig und brauchbar, aber ganz übertrieben fleißig. Sie besaß ein sehr starkes, eher übertriebenes Pflichtbewußtsein und nahm es mit allem sehr genau, so daß sie oft nicht recht mit sich zufrieden war und auch getane Arbeiten noch einmal nachkontrollierte. Doch war ihre eigene Selbsteinschätzung ganz von der Meinung ihrer Umgebung abhängig und nur in Zeiten, in denen sehr viel von ihr verlangt wurde, und man große Ansprüche an sie stellte, traten diese Zweifel an der eigenen Leistungsfähigkeit deutlicher hervor. Sie war überhaupt von jeher eine unsichere unselbständige Persönlichkeit, die stets der Leitung durch andere bedurfte. Ihre Intelligenz ist nicht schlecht. Körperlich war sie stets wenig kräftig; sie hat im mittleren Lebensalter Tbc. durchgemacht und später viel an Herzbeschwerden gelitten. Wie es bei solchen psychopathischen Naturen häufig ist, hat sie für Krankenpflege immer besonderes Interesse gezeigt und war auch mit 20 Jahren eine Zeit lang Pflegerin in einer Irrenanstalt, wurde dort aber wegen beginnender Tuberkulose entlassen. Von da an hat sie sich als Verkäuferin ihren Unterhalt verdient und ist ganz gut im Leben durchgekommen.

Leichte psychische Schwankungen als Einwirkung auf äußere Verhältnisse hat sie schon immer gehabt, ob aber auch solche endogener Natur aufgetreten sind, ist fraglich. Eine bestimmte Ansicht ließ sich darüber nicht gewinnen. Winter 1894 wurde sie nervös und weniger leistungsfähig. Die Ursache hierzu schreibt sie einem Hausbrande in jener Zeit zu, doch ist ein direkter Zusammenhang sehr ungewiß. März 1895 setzte dann ganz unvermittelt eine schwere Verstimmung ein, vorwiegend mit Versündigungsideen. Sie glaubte den Dienstherrn durch unaufmerksame Kassenführung geschädigt zu haben, ohne daß irgend etwas Tatsächliches dem zugrunde lag. Sie legte 10 M. in die Ladenkasse, um alles wieder gut zu machen, befürchtete aber trotzdem ins Gefängnis zu kommen. Bald steigerte sich die Angst zu einer verworrenen Erregung; sie glaubte Geschrei von Teufeln und Geistern zu hören, die sie in die Hölle schleifen sollten, befürchtete gerädert und mißhandelt zu werden, und erblickte eine Höllenmaschine unter dem Bette. In diesem Zustande wurde sie am 11. März 1895 in die Klinik eingeliefert. Auch hier sah sie allerlei bedrohliche Erscheinungen, die sich mit phantastischen religiösen Vorstellungen vermengten. Sie drängte in verzweifelter Angst fort, jammerte ohne Unterlaß und war fast ganz unzugänglich. Nach wenigen Wochen trat rasche Besserung ein, der ein kurz dauernder Rückfall in schwere Angst mit Nahrungsverweigerung folgte. Im Juni schlug die Erregung unvermittelt in einen apathischen schwer gehemmten depressiven Stupor um, der sich im Laufe der nächsten Monate allmählich löste und im September in eine leichte Hypomanie überging, in der die Kranke entlassen wurde. Sie hatte damals ein Glücksgefühl wie sonst nie im Leben. Alles ging ihr leicht von der Hand, wie von selbst. Sie war lebhafter, geselliger, sprach mehr, so daß es allen in ihrer Umgebung auffiel. Der Zustand hat eine Reihe von Monaten angehalten und ging dann wieder langsam in ihr früheres Temperament über. 1905 nach dem Tode des Bruders war sie noch einmal kurz depressiv. Lebensüberdruß und Versündigungsideen stellten sich ein. Sie war mit allem, was sie tat, nicht zufrieden, fühlte sich völlig leistungsunfähig, selbst das Sprechen fiel ihr schwer. Nach wenigen Wochen setzte genau wie bei der ersten Erkrankung auch diesmal wieder eine leichte Hypomanie ein, die völlig den gleichen Verlauf nahm, nur daß sie diesmal bloß wenige Wochen andauerte. Seit der Zeit ist die Pat. ganz gesund geblieben. Februar 1909 stellte sie sich wieder in der Klinik vor. Sie befand sich damals gerade in leicht gedrücktem Zustande auf die Nachricht hin, daß ihr Bruder viel Geld verloren habe und in ziemlich bedrängte Verhältnisse geraten sei. Sie selbst war wegen einer organischen Herzerkrankung nicht mehr arbeitsfähig und lebte in ihrem Heimatorte von ihrem Ersparten in ganz auskömmlichen Verhältnissen.

Auch hier finden wir wieder in der mütterlichen Familie ein ausgesprochen depressives Temperament, das sich unverändert auf die Kranke übertragen hat. In der väterlichen Familie sind gleichfalls einzelne Mitglieder, die Verstimmungen durchgemacht haben oder das Leben schwer aufnahmen. Die Brüder der Kranken sind dagegen heiter veranlagt, wobei nur zu bemerken ist, daß der eine von ihnen Suicid begangen hat; also doch ein Hinweis auf zirkuläre Schwankungen in der Familie. Pat. selbst entspricht dem zweiten Typus mit sehr starker Betonung der depressiven Lebensauffassung und einer übertriebenen Ängstlichkeit und Empfindlichkeit. Die Zweifel an der eigenen Leistungsfähigkeit scheinen mir hier mehr durch ängstliche Unsicherheit und Abhängigkeit von anderen, als durch wirkliche Selbstkritik bedingt zu sein; sie entsprechen daher nicht den äußerlich sehr ähnlichen Erscheinung, die wir als charakteristisch für die erste Veranlagung angesehen hatten. Daß leichte gemütliche Schwankungen eintreten mußten, ist bei ihrer völligen Abhängigkeit von äußeren Einflüssen selbstverständlich, doch ließen sich keinerlei endogene Störungen des gemütlichen Gleichgewichtes nachweisen, mit Ausnahme der beiden schwereren Erkrankungen. Die erste trat ohne Anlaß mit 38 Jahren auf und zeigte im Beginn der akuten Erscheinungen einen schweren ängstlichen Verwirrtheitszustand mit Sinnestäuschungen. Daraus erwuchs ein depressiver Stupor, und an ihn schloß sich eine typische Hypomanie, die nach einer Reihe von Monaten zur Norm abklang und die alte depressive Grundstimmung zurückließ. Eine leichte Verstimmung, welche die Kranke im 49. Lebensjahre befiel, hatte aber hier im Gegensatze zu dem vorhergehenden Falle auch wieder eine Hypomanie im Gefolge, so daß wir von einer typisch zirkulären Erkrankung bei einer konstitutionell Depressiven sprechen müssen, bei der die Anfälle allerdings sehr selten aufgetreten sind, und die manische Phase so wenig ausgesprochen war, daß man sie damals bei Entlassung aus der Klinik kaum beachtet hat. Die Kranke leitet damit zu den nächsten Beispielen hinüber, wo wir echte zyklothyme Schwankungen auf konstitutionell depressivem Boden finden werden.

b. Konstitutionell Depressive mit zyklothymen Schwankungen.

Fall 78.

L. M., Dienstmädchen aus S., geb. den 9. Juli 1870, hat einen stillen konstitutionell depressiven Vater, dessen Mutter ähnlich gewesen sein soll. Der Großvater war Trinker. Ein Bruder und eine Schwester sind hitzigen und jähzornigen Temperamentes. Sonst ist nichts über die Angehörigen bekannt geworden. Pat. selbst war ein schwächliches Kind, das zu schwerer Arbeit nicht zu brauchen war, das sich aber später ganz gut entwickelte. Auf der Schule hat sie nur mittelmäßig gelernt; trotzdem hat sie sich im späteren Leben immer ganz gut durchgebracht. Sie war von klein auf sehr fleißig und brav. Schon als Kind fiel sie durch ihre ernste Stimmung auf; sie konnte niemals so harmlos heiter sein wie ihre Altersgenossen. Sie hat zwar nicht das Traurige direkt aufgesucht, doch wenn sie irgendein unangenehmes Erlebnis traf, es brauchte gar nichts von Bedeutung zu sein, dann ließ sie sich gleich vollkommen zu Boden drücken, und kam nur schwer und mühsam wieder darüber hinaus. Auch in religiösen Dingen war sie außerordentlich peinlich. Sie war ganz übertrieben fromm, quälte sich viel mit Skrupeln über ganz gleichgültige Dinge und war übertrieben gewissenhaft. So hat sie sich in ihren Arbeiten auch immer grundlos Sorgen gemacht, ob sie wirklich ihre Pflicht tue. Sie begriff in praktischen Dingen schnell und war in der Ausführung gewandt und tüchtig, und obschon sie das wußte, hatte sie doch immer das Gefühl, man könne nicht zufrieden mit ihr sein, und hat sich gegen bessere Einsicht immer wieder nachkontrolliert. Im Verkehr mit andern war sie stets schüchtern und verlegen; sie fühlte sich unter Fremden nicht wohl und war am liebsten für sich allein. Niemals hatte sie das Bedürfnis, sich bei andern auszusprechen, sie um Rat oder Hilfe anzugehen. Alles hat sie mit sich allein abgemacht, und ihre Affekte traten nie recht an die Oberfläche, sie mochten so schwer sein, wie sie wollten. Gegen Kränkungen war sie außerordentlich empfindlich, und sie suchte auch da, wo gar kein Grund vorlag, stets Zurücksetzungen. Solche Erfahrungen gingen außerordentlich tief bei ihr, und es dauerte sehr lange, ehe sie damit fertig werden konnte. Auch sonst war sie weich und sensitiv. Sie hatte mit allem ein übertriebenes Mitleid und die Tränen kamen ihr sehr leicht vor lauter Rührung. Seit vielen Jahren, wie lange ließ sich nicht feststellen, hat sie ganz leichte gemütliche Schwankungen gehabt, die ohne jeden Anlaß auftraten, nur schien ihr die Witterung einen gewissen Einfluß auszuüben. Es waren bald Tage, wo sie sich verstimmt fühlte, und die Arbeit nicht recht gehen wollte, bald Tage, wo sie überglücklich war. Doch traten diese Schwankungen nicht sehr häufig auf, und immer waren sie von sehr kurzer Dauer. Mit 20 Jahren kam Pat. zu einem alten Mann in Stellung, den sie zu pflegen und später auch zu katheterisieren hatte. Wegen ihrer auffälligen Pflichttreue und der Zurückhaltung allen anderen gegenüber, wurde ihr allerlei Sexuelles nachgesagt, auch von Erbschleicherei gesprochen. Das kam ihr zu Ohren, als sie etwa 12 Jahre in der Stellung gewesen war; und daß sie durch solche Verleumdungen auf das tiefste gekränkt wurde, ist bei ihrem ganzen Naturell selbstverständlich. Etwa zur gleichen Zeit, wie sie angab, als Reaktion auf diese trüben Erfahrungen, entwickelte sich schleichend im Sommer 1902 eine Gemütsverstimmung mit Angst, Versündigungsideen und Lebensüberdruß. Sie verkroch sich auf dem Speicher aus Furcht, umgebracht zu werden, und wollte sich in den Brunnen stürzen, um den Verfolgern zu entgehen, deren Handlungsweise ihr aber berechtigt schien, da sie sich als die verworfenste Person vorkam, die überhaupt existiere. September 1902 wurde sie in einer schwer ängstlichen melancholischen Verstimmung in die Klinik eingeliefert. Sie machte sich die phantastischsten Vorwürfe, glaubte nachts den Teufel zu sehen und hielt sich für ewig verloren. In verzweifelter Angst trieb sie sich in zielloser Unruhe umher, verweigerte die Nahrung und war gänzlich unzugänglich. Anfang 1904 trat allmähliche Besserung ein. Bei der Entlassung im Februar war sie noch leicht gedrückt und hatte noch einzelne Versündigungsideen. Sie war ausgesprochen leutescheu, das Denken wollte gar nicht gehen und zur Arbeit war sie noch völlig unfähig. Ganz allmählich im Verlauf eines Jahres ist sie dann völlig genesen, doch unter sehr starken Schwankungen. Schließlich schoben sich einzelne heitere Tage dazwischen und dann kurze hypomanische Zeiten, die immer wieder von einzelnen depressiven Schwankungen gefolgt waren, und allmählich durch Zunahme der zwischenliegenden normalen Zeiten in die geschilderten leichten Schwankungen übergingen, genau so, wie sie in all den früheren Jahren schon bestanden hatten. Februar 1909 hat sie sich bei uns wieder vorgestellt. Sie machte den Eindruck einer etwas engen, nicht sehr intelligenten Frau, doch war die Schilderung ihrer Persönlichkeit nicht schlecht und stimmte mit der früheren Anamnese von anderer Seite überein. Die Angaben über die Stimmungsschwankungen waren sehr prägnant und ließen keinen Zweifel an deren tatsächlichem Vorhandensein übrig.

Bei dieser Kranken ist die väterliche Familie anscheinend depressiv veranlagt; doch haben die Geschwister der Pat. ein ganz anderes Temperament. Sie selbst entspricht vollkommen dem ersten Typus. Gemütsweichheit, Empfindlichkeit und Ängstlichkeit sind stärker entwickelt, als wir es sonst gewöhnlich bei diesen Kranken finden. Seit ihrer frühesten Jugend hat sie an leichten Schwankungen gelitten, die teils depressiver Natur waren, sich teils als heitere Zeiten ganz aus dem Bilde ihrer normalen Stimmungslage heraushoben. Die Schwankungen erfolgten ohne jeden äußeren Anlaß und waren ganz unabhängig von den zufälligen Verhältnissen, nur der Witterung glaubt sie eine gewisse Einwirkung zuschreiben zu sollen. Im 32. Lebensjahre entwickelt sich bei ihr auf einen äußeren Anlaß hin eine schwere Verstimmung, die in ihren akutesten Zeiten verzweifelte Angst mit Sinnestäuschungen aufweist. Man könnte an eine reaktive Erkrankung denken, doch spricht schon der außerordentlich lang hingezogene Verlauf mit Bestimmtheit gegen eine solche Auffassung. In der Besserung traten einzelne heitere Tage, die ganz ihren gewöhnlichen gehobenen Zeiten glichen, etwas ausgesprochener hervor, doch ohne daß es zu einer abgeschlossenen eigentlichen Hypomanie gekommen wäre; und nach der Genesung bestanden die früheren leichten Schwankungen unverändert in der alten Weise fort. Die Grundstimmung ist ganz die gleiche geblieben. Die Psychose als solche entspricht durchaus den Bildern, die wir als endogene Erkrankungen auf depressivem Boden gesehen haben, doch statt der leichten Schwankungen, die wir in solchen Fällen vielfach neben der ausgesprochenen Psychose beobachteten, finden sich hier typische zyklothyme Phasen, allerdings von so geringer Ausprägung, daß sie bei nicht besonders darauf gerichteter Aufmerksamkeit leicht übersehen werden konnten.

Fall 79.

A. S., Weberstochter aus H., geb. den 31. Dezember 1874, stammt von einem ruhigen, depressiv veranlagten Vater, der gern trank, und einer heiteren leichtnehmenden Mutter mit sehr jähzornigem Temperamente. Eine Schwester ist leichtsinnig und ausgelassen; deren Buben haben ein auffallend heiteres Temperament, während die Mädchen ausgesprochen schwernehmend sind. Ein Bruder des Vaters hat im Alter in einem Schwermutsanfall Suicid begangen. Ein Sohn einer Vaterschwester ist epileptisch. Der Stiefbruder der Mutter ist ein Trinker. Pat. selbst war ein schmächtiges und schwächliches Kind, das von klein auf durch sein depressives Temperament auffiel. Schon in der Schule hielt sie sich stets für sich allein, hat niemals mit den anderen gespielt und getollt und konnte gar nicht so recht heiter sein, wie es sich für ein Kind gehört. Stets hat sie alles schwer genommen, auch in guten Zeiten immer an die Zukunft gedacht und sich mit derartigen Gedanken selbst glückliche Stunden verdorben. Immer mußte sie grübeln, alle nur erdenklichen Möglichkeiten erwägen, und bei allen Dingen fielen ihr stets die unangenehmen und trüben Seiten auf, während sie für das Gute und Schöne im Leben kein Auge besaß. Über Unangenehmes kam sie sehr schwer hinweg, und wenn sie irgend etwas tiefer berührt hatte, so tauchte es immer wieder in der Erinnerung auf, und immer wieder mußte sie sich in Gedanken damit beschäftigen. Alles hat sie mit sich allein abgemacht und sich niemals zur Aussprache entschließen können. Auch ihre Affekte traten wenig nach außen hervor. An Verkehr und Geselligkeit hat sie niemals Gefallen gefunden; bei Fremden war sie schüchtern und verlegen, sogar unter Bekannten hielt sie sich sehr zurück. Stets war sie gleich beleidigt und tief gekränkt, ohne es aber nach außen merken zu lassen, doch hatte sie nicht die Neigung unnötigerweise hinter allem etwas zu suchen. Sie war außerordentlich weichmütig und sensitiv, konnte keine Bitte abschlagen und geriet bei allem gleich in Tränen. Ganz besonders empfindlich war sie aber gegen Häßliches und Obszönes, und derartigen Dingen ging sie nach Möglichkeit aus dem Wege. Auf Frömmigkeit hat sie sehr gehalten, ohne sich aber in religiöser Beziehung unnötigen Skrupeln hinzugeben. Auf der Schule hat sie nur mittelmäßig gelernt, und in allem, was den Kopf anbetraf, blieb sie ihr ganzes Leben etwas langsam und schwerfällig. Aber in körperlichen Arbeiten war sie flink und gewandt und überall zu brauchen. Infolge ihrer großen Empfindlichkeit war ihre Gemütsstimmung von äußeren Eindrücken abhängig und daher niemals völlig gleichmäßig. Aber abgesehen davon hat sie von ihrem 18. Lebensjahr, dem Eintritt der Periode, ab, an leichten Schwankungen gelitten, die ganz von selbst kamen und gingen. Sie war dann einige Tage lang gedrückt, hatte ein Gefühl der Schwere, gab sich ganz besonders mit religiösen Dingen ab und wollte gar keinen Menschen sehen. Oft, aber nicht immer, schlossen sich dann Tage an, in denen sie besonders heiter war, und alles so leicht, so glücklich, ganz gegen ihr eigentliches Temperament. Doch traten solche heitere Zeiten niemals allein, sondern nur im Anschluß an die depressiven Schwankungen auf. Zahl und Dauer der Verstimmungen war ganz verschieden, im Sommer pflegte es besser als im Winter zu sein. Bei schweren Anfällen traten auch ernstliche Suicidgedanken auf, doch kam es niemals zu einem wirklichen Versuche. Eine Verschlimmerung dieser Schwankungen ist im Laufe des Lebens nicht aufgetreten.

Von klein auf hat sie viel an Kopfschmerzen gelitten; von der Pubertät bis zum 22. Lebensjahre hat sie ganz vereinzelte Anfälle mit Bewußtlosigkeit gehabt, über die aber nichts Näheres zu erfahren war. Mit 17 Jahren litt sie an Caries des Knies. Sonst ist nichts über körperliche Erkrankungen bekannt geworden. Die erste wirkliche Gemütskrankheit setzte im Frühjahr 1897 ohne jeden Anlaß ein. Der Schlaf wurde schlechter, sie fühlte sich müde und elend und die Arbeit ging nicht mehr von der Hand. Im November traten Angstzustände mit schweren Versündigungsideen und Suicidgedanken hinzu, die sie im Dezember 1897 der Klinik zuführten. Hier befand sie sich in einer schwergehemmten Depression mit wechselnden Versündigungsideen und Kleinheitswahn. In dem Gedanken, zu schlecht zu sein, um je wieder nach Hause zu dürfen, machte sie einen Erhängungsversuch auf dem Klosett. Unter schwankendem Verlaufe trat im Mai 1898 allmählich Besserung ein; doch hatte sie bei der Entlassung im Juli noch immer Selbstvorwürfe und Befürchtungen, sie werde wegen ihrer Schlechtigkeit gerichtlich bestraft werden. Auch die Kopfschmerzen traten wieder sehr heftig auf. Erst nach weiteren 4—6 Monaten kam es zur völligen Genesung. 1900 machte sie eine richtige Hypomanie durch, von etwa sechswöchiger Dauer. Sie war so leicht, so glücklich und froh, ganz anders, als es ihrer Natur entsprach, und alles ging wie von selbst. Noch bei ihrer Vorstellung 1909 kam während des Erzählens von dieser Zeit ein strahlender glücklicher Gesichtsausdruck über sie, und Pat. erschien für einen Augenblick wie verwandelt. Außerdem hat sie nur 1908 noch eine leichte Depression durchgemacht, damals auch ohne jeden Anlaß. Sie war 6 Wochen lang wieder gedrückt und müde; die Arbeit ging nicht mehr recht, sie hatte keine Freude mehr am Leben, und die Kopfschmerzen traten wieder sehr heftig auf. In der Besserung zeigte sich ein sehr schwankender Verlauf. Auf ein paar depressive Tage folgten immer ein paar ausgelassene heitere, doch kam es nicht zu einer länger dauernden richtigen Hypomanie. Februar 1909 hat sich Pat. wieder bei uns vorgestellt. Sie machte einen stillen schüchternen Eindruck und sprach nur langsam und mühselig. Der Gesichtsausdruck war müde und apathisch und hellte sich nur für einen Augenblick auf, als sie von ihrer Hypomanie erzählte. Nach ihrer Angabe handelte es sich bei dem augenblicklichen Zustande nicht um eine richtige Depression, sondern nur um so einen leichten Druck, wie er öfters auf einige Stunden sich zeige.

Hier ist der Vater depressiv veranlagt, die Mutter eine ausgesprochen heitere Natur. Das Temperament scheint sich getrennt vererbt zu haben. Auch diese Kranke entspricht durchaus dem ersten Typus und kann im ganzen als eine schwer depressive Veranlagung gelten. Seit der Pubertät finden sich bei ihr ganz leichte Schwankungen, die beide Phasen in schöner Ausprägung zeigen. Und dementsprechend hat sie neben mehreren Depressionen auch einmal eine richtige Hypomanie durchgemacht, die anscheinend vollkommen selbständig verlief. Ihre traurigen Verstimmungen haben aber sonst kein manisches Nachstadium gehabt; es ist bei den leichten Schwankungen dauernd geblieben. Hier haben wir es also mit einer richtigen leichten Zyklothymie zu tun, deren einzelne Anfälle sich gelegentlich bis zur Psychose verstärken; sie hat sich auf einem typisch konstitutionell depressivem Boden entwickelt, der unbeeinflußt durch die Erkrankungen dauernd bestehen bleibt.

Fall 80.

R. F., Schmiedsfrau aus B., geb. den 24. August 1857, stammt angeblich aus gesunder Familie. Das einzige, was ermittelt werden konnte, ist, daß die Mutter eine aufgeregte Trinkerin gewesen ist. Pat. selbst war ein gesundes kräftiges Kind, das sich normal entwickelt hat und auf der Schule ganz gut lernte. Von jeher soll sie schwer nehmend und depressiv veranlagt gewesen sein. Schon als Kind war sie still gedrückt, hielt sich von ihren Schulkameraden zurück und konnte keine Freude daran finden, wenn die anderen ausgelassen tollten. Überall sah sie nur die trüben und unangenehmen Seiten und kaum jemals in gesunden Zeiten soll sie wirklich heiter und lebensfroh gewesen sein. Gegen Kränkungen war sie außerordentlich empfindlich und ertrug auch schon kleine Zurücksetzungen nur äußerst schwer. Derartige Dinge konnte sie gar nicht vergessen und kam immer wieder darauf zurück, da sie, überzeugt, daß man ihr übel wolle, nun hinter allem neue Unfreundlichkeiten witterte. Sonst wurde sie mit traurigen Erfahrungen eher fertig. Ihre Affekte waren im allgemeinen heftig und traten stark nach außen hervor. Sie polterte und schalt, wenn etwas nicht nach Wunsch ging, sprach sich auch über alles, was sie bedrückte, aus, und kam so rasch über Unangenehmes hinaus. Sie war überhaupt eine offene gerade Natur und ziemlich derb und einfach in ihrem Wesen. In der Arbeit war sie gewandt und flink und nicht durch psychopathische Hemmungen behindert. Grübelzwang und religiöse Bedenken kannte sie nicht. Ihre Stimmung war von äußeren Umständen abhängig, und die Schwere ihrer depressiven Lebensauffassung wechselte, je nachdem es ihr gerade ging; doch auch in den besten Zeiten war sie geneigt, alles von der trüben Seite zu sehen, und ließ sich durch jede Kleinigkeit wieder umwerfen, wenn sie wirklich einmal in etwas gehobener Stimmung war. Aber außerdem berichtet sie von leichten Stimmungsschwankungen, die seit der frühesten Jugend aufgetreten sein sollen, Tage, wo sie ohne Grund besonders trübe ins Leben sah. Daß es sich hier nicht nur um reaktive psychopathische Verstimmungen gehandelt hat, wird schon dadurch wahrscheinlich, daß wir erfahren, es seien auch ähnliche Zeiten leicht gehobener Stimmung bis weit in die Jugend zurückgehend beobachtet worden, nur daß diese an Zahl und Stärke bedeutend zurücktraten. Beide Phasen scheinen das ganze Leben hindurch, wenn auch nicht sehr häufig, immer wieder hervorgetreten zu sein.

Über ihr äußeres Leben ist nichts Besonderes zu bemerken. Sie heiratete mit 25 Jahren und lebt in glücklicher Ehe und auskömmlichen Verhältnissen. Die erste schwerere Gemütskrankheit setzte ohne äußeren Anlaß 1895 ganz unvermittelt ein. Die Kranke fühlte sich arbeitsunfähig, zu nichts mehr zu gebrauchen, hatte Suicidgedanken, weil die ganze Familie zugrunde gehen müsse, Verarmungsideen und jammerte monoton den ganzen Tag. Nach etwa 3 Monaten trat völlige Genesung ein. Ein stärkeres manisches Nachstadium fehlte. Frühjahr 1898 erkrankte sie zum zweiten Male, wieder ohne Anlaß ganz in der gleichen Weise. Insuffizienzgefühl, Verarmungsideen und Lebensüberdruß waren auch diesmal die Erscheinungen. In diesem Zustande wurde sie August 1898 in die Klinik aufgenommen. Bei Krankheitseinsicht bestand lebhaftes Insuffizienzgefühl, Verarmungsideen und schwere Angst, die sich in allerlei unruhigen Bewegungen und zwecklosen Handlungen und lautem Jammern äußerte. Auffallend war die große Reizbarkeit, die in der Besserung hervortrat. Noch nicht genesen, wurde sie im September nach Hause entlassen, wo sie gleichfalls durch ihre Reizbarkeit, ihren Jähzorn und ihren hartnäckigen Eigensinn sich unliebsam bemerkbar machte, was man sonst von ihr nicht kannte. 1903 erkrankte sie zum dritten Male ganz in der gleichen Weise, doch stellte sich zu Hause schon nach 2 Monaten Genesung ein. Erst im Mai 1904 entwickelte sich wieder eine so schwere Verstimmung, daß die Aufnahme in die Klinik erforderlich schien. Es war wieder genau das gleiche Bild. Verarmungsideen, einzelne Selbstvorwürfe und schwere verzweifelte Angst, die sich bis zur Ratlosigkeit steigerte. Sie drängte fort, war in ewiger zielloser Unruhe und jammerte ohne Unterlaß. Diesmal war die Angst noch mehr ausgesprochen. Sie bezog alles auf sich, glaubte, man spreche von ihr, hörte Drohungen und Vorwürfe aus harmlosen Unterhaltungen heraus. Sie befürchtete, der Landjäger werde sie ins Gefängnis holen u. dgl. m. Im Laufe von einigen Monaten nahm die Angst allmählich ab und wich einer mehr mißmutigen polternden Stimmung, die nach der Entlassung zu Hause noch deutlicher in Erscheinung trat. Sie blieb nun gesund bis Juli 1907; damals setzte eine leichte Verstimmung ein, doch ohne die schwere Angst der vorhergehenden Erkrankungen, so daß sie zu Hause verpflegt werden konnte; sonst war es ganz das gleiche Bild. Ende 1907 war sie genesen. Nun schloß sich aber eine ausgesprochen heitere Zeit an, wie sie Pat. in dem Maße noch niemals gehabt hatte. Sie war glückseliger Stimmung, machte Scherze und sang. Alles ging so leicht und gut. Sie war in ihrem ganzen Wesen so verändert, daß sie allen Bekannten auffiel. Diese Stimmung hat mit leichten Schwankungen angehalten. Und als sich Pat. im Januar 1909 vorstellte, machte sie einen entschieden hypomanischen Eindruck. Sie erschien geputzt. Sprach auffallend laut und gesucht hochdeutsch und beteuerte mit strahlendem glückseligem Gesicht, daß sie noch niemals so glückliche Zeiten durchgemacht habe, wie in dem letzten Jahre. Von ihrer depressiven Veranlagung, wie sie von ihr selbst und von den Angehörigen bestimmt bei früheren Aufnahmen angegeben worden war, ließ sich damals nicht das geringste nachweisen. Doch lieferte sie selbst eine gute Schilderung, die mit den früheren Notizen völlig übereinstimmte.

Hier fehlt uns leider eine genaue Familienanamnese. Die Kranke selbst entspricht dem zweiten Typus, ist aber sehr ausgeprägt depressiv veranlagt und auch in ihren besten Zeiten unfähig, das Leben wirklich zu genießen. Auch sie hat, ebenso wie die vorhergehenden Beispiele richtige zyklothyme Schwankungen seit der frühesten Jugend, die zwar nur von geringer Stärke und kurzer Dauer sind, aber das ganze Leben hindurch unverändert bestehen bleiben. Mehrfach im Leben hat sie ohne jeden Anlaß schwere Verstimmungen durchgemacht, deren Symptomenbild in früheren Jahren mehr einfach gehemmten Depressionen, in späteren mehr ängstlichen Melancholien entsprach. Während sich sonst niemals an die Verstimmungszustände ein manisches Nachstadium angeschlossen hatte, entwickelte sich in der Genesung der letzten Depression im Jahre 1907 eine echte leichte Hypomanie, die bei der Vorstellung in der Klinik seit über einem Jahre unverändert weiterbestand, so daß Pat. damals ganz das Bild eines heiteren hypomanischen Temperamentes bot.

Fall 81.

M. K., Schreinerstochter aus R., geb. den 16. April 1879. Der Vater war ein etwas unruhiger Geist, die Mutter eine tätige, energische und gesunde Person. Die Mutter der Mutter hat im Alter einen Schwermutsanfall durchgemacht. Das Kind einer Vaterschwester ist ethisch defekt und ganz degeneriert. Von klein auf ist Pat. durch ihre Gemütsveranlagung aufgefallen. Sie war schon als Kind furchtbar ernst, so arg geschäftig und voller Sorgen. Sie dachte nur an die Arbeit und an ihre Pflichten, wenn die andern zum Spielen gingen. Auch später im Leben war sie übertrieben pünktlich und furchtbar gewissenhaft. Sie achtete bei allen ihren Arbeiten auf das Peinlichste, daß sie ja nichts versäume, und obschon sie wußte, daß sie alles zur Zufriedenheit erledigte, hat sie doch immer den Zwang gefühlt, alles noch einmal nachzusehen und sich zu vergewissern, ob denn auch wirklich alles stimme. Dabei dachte sie nicht schlecht oder kleinlich von sich. Sie wußte genau, daß sie mehr als andere leiste und gar keinen Grund hatte, sich Gedanken zu machen. Besonders gegrübelt hat sie nicht, auch nicht die Neigung gehabt, überall nach den unangenehmen Dingen zu suchen. Aber jede Kleinigkeit, die ihr in den Weg trat, erschien als überwindliches Hindernis, und mit den geringsten betrübenden Erlebnissen vermochte sie nicht fertig zu werden. Alle Gemütsbewegungen klangen bei ihr sehr langsam ab, und es dauerte Wochen und Monate, manchmal auch Jahre, ehe eine peinliche Erinnerung abgeblaßt war. Auch bei Kränkungen verhielt sie sich nicht anders. Doch war sie nicht besonders empfindlich und auch nicht geneigt, grundlos absichtliche Zurücksetzungen zu vermuten. Stets hat sie alles mit sich allein abgemacht und niemals die Hilfe und den Rat anderer in Anspruch genommen. Sich dritten anzuvertrauen, hat sie niemals vermocht. Sie stand überhaupt im Leben ziemlich allein da, da sie an Geselligkeit und den allgemeinen Vergnügungen keine Freude hatte und infolge ihrer ernsten Gesinnung bei den meisten Menschen kein richtiges Verständnis fand. Sie hat auch nie das Bedürfnis nach Anlehnung empfunden; sie wußte, was sie wollte, und ging trotz der Schwierigkeiten, die ihr ihre Veranlagung bereitete, ruhig ihren Weg. Die Stimmung war dauernd gleichmäßig ernst und zu depressiven Ausschlägen geneigt, doch ohne den äußeren Einflüssen entsprechend hin und her zu schwanken. Außer Gichtern als ganz klein hat sie keine körperlichen Erkrankungen durchgemacht; sie hat sich kräftig und gut entwickelt und auf der Schule ausgezeichnet gelernt. Mit 15 Jahren kam sie als Dienstmädchen in Stellung und hat seitdem weiter in diesem Berufe ihr Brot verdient. Seit dem 17. Lebensjahr leidet sie an leichten Migräneanfällen, während deren sie leutescheu, müde und abgespannt war, doch niemals direkt verstimmt. 1901 sollte sie zu einer Heirat gezwungen werden, die ihr nicht recht war. Anschließend wurde sie für wenige Wochen leicht gedrückt und weinerlich, konnte nicht mehr recht schaffen und auch nicht mehr gut denken. 1902 wiederholte sich ohne Anlaß der gleiche Zustand, nur daß diesmal das Insuffizienzgefühl viel ausgesprochener war, und daß Versündigungsideen hinzutraten. Sie machte sich Vorwürfe, daß sie in der Heiratsangelegenheit der Mutter nicht gefolgt habe, glaubte ganz schlecht und ewig verloren zu sein, und weigerte sich, sich behandeln oder pflegen zu lassen, da sie das ja gar nicht verdiene. Allmählich verschlimmerte sich der Zustand und ging in eine ratlose ängstliche Erregung über, die zu Suicidversuchen führte. Daraufhin wurde sie im Juli 1902 in die hiesige Klinik verbracht. Sie befand sich im Zustand schwerster verzweifelter Angst mit Beziehungsideen und wahnhafter Umdeutung der ganzen Umgebung. Sie glaubte an allem schuld zu sein, gestohlen zu haben, die Mutter, ihre ganze Familie umgebracht zu haben, und befürchtete deshalb in der scheußlichsten Weise hingerichtet zu werden. Sie war überzeugt, daß die anderen Kranken die schlimmsten Dinge von ihr behaupteten, flehte um Gnade und beteuerte, nicht so schlecht zu sein, wie man es von ihr aussage. Im August trat die Angst mehr zurück, und die Selbstvorwürfe gewannen die Oberhand. Sie besserte sich jetzt rasch und konnte im September noch leicht gedrückt nach Hause entlassen werden. Anfänglich war sie ängstlich und unsicher und nahm alles viel schwerer auf, als es ihrer gewöhnlichen Natur entsprach, auch war sie reizbar und empfindlich, so daß es überall Schwierigkeiten gab. Nach einem halben Jahre waren alle diese Erscheinungen verschwunden, und Pat. genau wieder die alte wie vor der Erkrankung geworden; doch traten seit dieser Zeit in Pausen von etwa 2 Jahren ziemlich regelmäßig Verstimmungszustände von mehrmonatlicher Dauer auf. Es war ihr dann alles entleidet, sie sah alle Dinge nur von der schwärzesten Seite und war völlig lebensüberdrüssig. Der Schlaf war schlecht, das Denken wollte gar nicht gehen und sie mußte sich zu jeder Arbeit, auch der einfachsten, furchtbar anstrengen. Zwischen diesen Depressionen kamen auch einzelne Tage vor, wo sie ohne Anlaß besonders gedrückt und verstimmt war. Aber auch heitere Tage zeigten sich, in denen sie ganz auffallend glücklich war, alles viel leichter nahm und ganz verändert erschien. Selbst ihren Angehörigen ist das aufgefallen, weil man so etwas von ihr gar nicht gewohnt war. Besonders nach der schweren Erkrankung soll eine derartige mehrwöchige Periode gefolgt sein. Alle diese gemütlichen Schwankungen sind erst seit der Erkrankung 1902 deutlich hervorgetreten. In normalem Zustande stellte sie sich im Februar 1909 wieder bei uns vor. Sie machte einen ruhigen freundlichen Eindruck und gab eine ausgezeichnete Schilderung ihrer Persönlichkeit und ihrer Erkrankung, die von viel Verständnis zeugte.

Außer einem Verstimmungszustand bei der Großmutter haben wir keinerlei depressive Züge in der ganzen Familienanamnese wahrnehmen können. Die Kranke selbst läßt aber nichts von all den Symptomen einer schweren depressiven Veranlagung des ersten Typus vermissen. Seit der Jugend leidet sie an Migräneanfällen, bei denen sich depressive Erscheinungen einstellen, die aber wohl als der Migräne zugehörig und nicht als gemütliche Schwankungen aufgefaßt werden müssen, zumal es sich mehr um körperliche Mißempfindungen, als um eine wirkliche Verstimmung handelt. 22jährig machte sie eine leichte Verstimmung durch, die sich auf äußeren Anlaß hin einstellte, und die ganz den Eindruck einer einfachen psychopathischen Reaktion erweckt. Doch im folgenden Jahre trat eine ganz ähnliche Erkrankung ohne jeden äußeren Anlaß auf und steigerte sich allmählich zu einem schweren verzweifelten Angstzustand. In der Genesung zeigte sich eine mehrwöchige ganz leichte Hypomanie mit völliger Veränderung der ganzen Persönlichkeit, die allgemein ihrer Umgebung auffiel. Seit dieser Zeit sind ziemlich regelmäßig alle zwei Jahre leichte Verstimmungen bei ihr aufgetreten. Daneben stellen sich von Zeit zu Zeit einzelne Perioden ein, in denen ohne Anlaß die hypomanische Stimmung wiederkehrte, und die Kranke völlig verändert erschien, doch hat es sich immer nur um wenige Tage gehandelt. Eine längere Hypomanie hat sich nicht mehr gezeigt. Auch hier haben wir also wieder eine ganz ausgesprochene Zyklothymie leichtester Form vor uns, die sich aber im Gegensatze zu den vorigen Beispielen erst im Anschluß an die schwere Erkrankung im 23. Lebensjahre entwickelt hat, dann aber dauernd bestehen blieb.

c. Konstitutionell Depressive mit schweren manischen Erkrankungen.

Fall 82.

A. S., Seifensiederstochter aus G., geb. den 21. November 1864, stammt aus schwerbelasteter Familie. Der Vater war ein hitziger Mensch, die Mutter ist konstitutionell depressiv mit leichten depressiven Schwankungen und hat im Wochenbett einmal eine geistige Störung durchgemacht. Ein Bruder ist ein aufgeregter reizbarer Trinker, ein anderer zirkulär, eine Schwester ist konstitutionell depressiv, eine andere zyklothym, eine dritte ist eine heitere, sehr rasche Natur, die übrigen

Geschwister sind leicht depressiv veranlagt. Der Großvater väterlicherseits ist an Schlaganfall gestorben, ein Vaterbruder, eine ängstliche schüchterne Natur, hat einen Depressionszustand durchgemacht, ein anderer ist zurückgezogen und eigen. Das Kind einer Vaterschwester ist nervenkrank. Ein Mutterbruder ist konstitutionell depressiv, ein anderer hat durch Suicid geendet, ein dritter ist schwer imbezill, und ein vierter ist, wie sein Sohn, ein Trinker. Pat. selbst war als klein schwächlich, hat sich aber später gut entwickelt und hat niemals schwerere Erkrankungen durchgemacht. Auf der Schule hat sie gut gelernt. Von jeher war sie eine stille Natur, die alles im Leben schwer aufnahm und sich viel unnötige Sorgen machte. Doch war ihre Stimmung nicht ganz gleichmäßig schwer depressiv. Es hing viel von den äußeren Verhältnissen ab, mit welchen Augen sie in das Leben sah, so daß sie, wenn es ihr gut ging, und keinerlei Aussicht auf irgendwelche Schwierigkeiten vorlagen, sich einer heiteren Stunde wohl freuen konnte. Doch es genügten schon Kleinigkeiten, sie aus ihrer Stimmung herauszureißen; immer sah sie alles Unangenehme in weit vergrößertem Maßstabe, und für die Schattenseiten des Lebens war sie ganz außerordentlich empfänglich. An den allgemeinen Vergnügungen hat sie niemals Freude besessen, und stets hat sie sich vom Tanzen, der gewöhnlichen Geselligkeit und dem Wirtshausbesuche zurückgehalten. Unter Fremden war sie schüchtern und verlegen, hielt sich daher lieber für sich allein; schon als Kind hat sie keine rechten Freundinnen besessen und meist auch nicht mitgemacht, wenn die anderen spielten. Stets hatte sie nur ihre Arbeit und ihre Pflichten im Kopfe, nahm alles ganz übertrieben ernst und, wenn einmal irgendeine Verantwortung dabei war, geriet sie sofort in große Unruhe und war zu keiner rechten Überlegung mehr fähig. Aus lauter Ängstlichkeit hatte sie gar kein Selbstvertrauen und glaubte nicht, ihre Aufgaben richtig erfüllen zu können. Handelte es sich aber um eine gewohnte Tätigkeit oder Angelegenheiten, die keine weitere Wichtigkeit besaßen, so war sie flink und geschickt, gut zu brauchen und machte sich selbst auch keine besonderen Sorgen. So war ihre Gemütsstimmung stark von äußeren Eindrücken abhängig, und nur bei gleichmäßiger Tätigkeit ohne Verantwortung und Schwierigkeiten fühlte sie sich einigermaßen wohl. Stets war sie sehr empfindlich, weich und sensitiv und ganz besonders mitleidig. Das Geringste entlockte ihr Tränen, und häßliche oder obszöne Dinge vermochte sie gar nicht zu hören. Schon durch ein hartes Wort konnte man sie tief kränken und ohne jeden Grund fühlte sie sich bei den harmlosesten Dingen zurückgesetzt, ja sie suchte hinter allem und jedem, ob da nicht eine böse Absicht dahinterstecken könne. Ihre gemütlichen Reaktionen erfolgten rasch und außerordentlich heftig, liefen aber auch ebenso schnell wieder ab, so daß sie mit allen Dingen, auch den unangenehmsten, in verhältnismäßig kurzer Zeit fertig zu werden vermochte. Stets hat sie sich anderen gegenüber vollkommen ausgesprochen. Sie war eher viel zu offen und hat öfters Dinge ausgeplaudert, die sie besser bei sich behalten hätte. In religiöser Hinsicht verhielt sie sich nicht auffällig und unterschied sich nicht von ihrer Umgebung. Irgendwelche leichteren gemütlichen Schwankungen hat sie niemals im Leben gehabt, mit Ausnahme der Reaktionen auf unangenehme Erlebnisse, wie es ihrem Temperamente entsprach. Doch scheint ihre Empfindlichkeit nicht ganz gleichmäßig stark gewesen zu sein. In langen Intervallen zeigten sich doch gewisse Schwankungen die grundlos auftraten, und ohne daß es zu einer faßbaren Verschlimmerung ihrer depressiven Grundstimmung oder gar zu einer abgeschlossenen Depression gekommen wäre. 1883 erkrankte sie ohne jeden Anlaß ziemlich plötzlich an einer schweren Depression, die rasch zu hohem Grade anstieg. Sie konnte nicht mehr denken, war zu allem unfähig, und es entwickelten sich zahlreiche Versündigungsideen, deren Bestätigung sie durch allerlei Mißdeutungen aus den Vorgängen in ihrer Umgebung herauszuhören glaubte. Die Erkrankung hielt vom März bis September an und verlor sich dann ganz allmählich wieder. Sie war gesund bis Oktober 1906, wo sich eine leichte manische Erregung einstellte, an der sie allerlei unnötige Ausgaben machte, Freunde reichlich beschenkte und sehr reizbar und schwierig war. Nach vierwöchentlicher Dauer klang diese ab und Pat. blieb nun gesund bis Februar 1897. Damals erkrankte sie von neuem an einer Depression, die nun das ganze Jahr 1897 anhielt. Sie war wieder sehr gedrückt, zu allem unfähig und zog sich von der Umgebung zurück, da sie auch diesmal wieder ihre zahlreichen Selbstvorwürfe durch die anderen bestätigt glaubte. Nur wenige Wochen erschien sie normal, dann trat im Februar 1898 eine zweite manische Erregung auf mit heiter ausgelassener Stimmung, unnötigen Geldausgaben, Reizbarkeit und Ideenflucht. Diesmal wurde sie so störend, daß sie im März 1898 in die Klinik verbracht werden mußte. Hier machte sie eine typische flotte Manie mit einzelnen tobsüchtigen Erregungen durch, die erst im Dezember allmählich in Beruhigung überging. Januar wurde sie leicht hypomanisch entlassen, und es dauerte noch ein Vierteljahr, ehe sie ihr früheres Temperament wieder erlangt hatte. Ohne daß faßbare Schwankungen eingetreten wären, ist sie nun bis Frühjahr 1908 völlig gesund geblieben. Eine leichte Depression von 2—3monatlicher Dauer, die genau den gleichen Charakter hatte wie die früheren, hat sie damals durchgemacht, doch ohne daß sich ein manisches Nachstadium angeschlossen hätte. Januar 1909 stellte sie sich wieder in der Klinik vor. Sie machte einen offenen, gutmütigen und intelligenten Eindruck, erschien aber etwas ängstlich und schüchtern. Ihre weichmütige Natur zeigte sich beim Erzählen ihrer früheren depressiven Erkrankungen, die allein genügten, Tränen hervorzulocken. Eine Verstimmung bestand damals nicht.

Unter den Angehörigen dieser Kranken finden wir eine Anzahl konstitutionell Depressiver; aber auch typisch Zirkuläre sind darunter, wie anscheinend auch manisch Veranlagte. Sie selbst gehört mit ihrer außerordentlichen Beeinflußbarkeit zum zweiten Typus und ist ausgesprochen depressiv veranlagt, dabei sehr scheu zurückhaltend und überaus empfindlich. Die Stärke ihrer Empfänglichkeit für depressive Affekte hat nicht völlig gleichmäßig während des ganzen Lebens angehalten, sondern in weiten Perioden etwas geschwankt, ähnlich wie wir das schon mehrfach bei konstitutionellen Verstimmungen gefunden hatten. 19jährig machte sie ohne Anlaß eine schwere Depression von einfach gehemmtem Charakter durch, in der die Mißdeutung der Vorgänge ihrer Umgebung besonders hervortrat, wohl auch hier wieder ein Zug individueller Veranlagung, der sich auch bei den späteren Erkrankungen stets in der gleichen Weise wiederfindet. Neigung zum Übelnehmen und Mißdeuten ist ja bei ihr ein sehr ausgesprochener Charakterzug. 13 Jahre später erkrankte sie unvermittelt an einer leichten, doch ausgesprochenen manischen Erregung, die nur wenige Wochen anhielt. Nach einjähriger Ruhepause setzte eine leichte Depression ein, die nun in eine schwere flotte Manie überging. 10 Jahre später stellte sich wieder eine leichte traurige Verstimmung ein, die aber diesmal kein manisches Nachstadium besitzt. Zyklothyme Schwankungen sind niemals beobachtet worden. Wir haben hier also eine typisch zirkuläre Erkrankung mit nicht sehr häufigen Anfällen, die sich aus einem konstitutionell depressiven Boden heraus erhebt.

Fall 83.

A. S., Bauerntochter aus L., geb. den 30. September 1879, hat in ihrer Familie außer einem schwachsinnigen Bruder, der trinkt, keinerlei erbliche Belastung aufzuweisen. Pat. selbst soll auf der Schule ganz ordentlich gelernt haben und dank ihres Fleißes immer eine der ersten gewesen sein, während ihre Begabung eigentlich nicht besonders war. Von jeher fiel sie auf durch ihr stilles und ernstes Temperament. Schon auf der Schule war sie zurückhaltend, hatte keine Freundinnen und blieb immer für sich. Sie war gar kein rechtes Kind und hat niemals so wie die anderen lustig und glücklich sein können. Stets quälte sie sich mit ihrer Arbeit, mit der sie niemals zufrieden sein wollte. Sie nahm alles ganz übertrieben pünktlich und genau und kam durch ihre ewigen Versuche, alles möglichst gut zu machen, gar nicht vom Fleck. Stets war sie außerordentlich empfindlich; alles nahm sie übel und bei der geringsten Kleinigkeit kamen ihr die Tränen. Unter fremden Leuten war sie ängstlich und schüchtern. Sie wagte es nicht, den Mund aufzutun, und ging Verkehr und Geselligkeit nach Möglichkeit aus dem Wege. Alles im Leben hat sie schwer aufgenommen und sich immer schon wegen der geringfügigsten Kleinigkeiten Sorgen gemacht. Sie sah überall nur das Unangenehme und hat sich niemals in gesunden Tagen so recht von Herzen freuen können. Dabei dauerte es sehr lange, ehe sie mit trüben Erlebnissen fertig zu werden vermochte; an allem grübelte sie ewig herum und immer drängten sich die unerfreulichen Dinge mit unwiderstehlicher Gewalt in ihre Erinnerung. Zur Aussprache bei anderen hat sie sich niemals entschließen können, dazu fehlte ihr das Bedürfnis, auch hätte sie bei ihrer Verschlossenheit kaum je das Zutrauen gefunden. Alles machte sie ganz allein mit sich ab. Ihre Affekte waren tief und nachhaltig, doch traten sie wenig an die Oberfläche hervor. Von jeher war sie übertrieben fromm und hat sich auch in religiösen Dingen gern unnötige Skrupel gemacht. Hier hielt sie besonders streng auf Einhaltung aller Gebote. Irgendwelche gemütlichen Schwankungen sind niemals bei ihr beobachtet worden. Juni 1897, kurze Zeit nachdem sie zum erstenmal im Leben von Hause fortgekommen war, erkrankte sie ganz plötzlich ohne direkten Anlaß an einer schweren Depression. Sie wurde leistungsunfähig, fühlte sich elend, matt und müde und mußte in die Heimat zurückgeschickt werden. Hier stand sie wie traumverloren herum, jammerte und klagte, machte sich Selbstvorwürfe und glaubte sofort zur gerichtlichen Bestrafung geholt zu werden. Im September schlug die Stimmung um, sie wurde gereizt und aggressiv, lachte und sang viel und war ausgelassen heiterer Laune. Oktober 1897 wurde sie in die hiesige Klinik verbracht, wo sie das Bild einer stark ideenflüchtigen verworrenen Manie mit heiter ausgelassener Stimmung und hochgradiger motorischer Unruhe zeigte. Januar 1898 wurde sie klarer; sehr schöne ideenflüchtige Schriftstücke existieren aus dieser Zeit. Im Februar trat Beruhigung ein, und Pat. begann nun allmählich leicht gedrückt zu werden. Apathisch und gehemmt wurde sie nach Hause genommen, wo erst im Verlauf von wenigen Wochen völlige Heilung sich einstellte. Seit jener Zeit sind immer wieder Wochen aufgetreten, in denen sie sich grundlos gedrückt, müde und matt fühlte und zu keiner Arbeit recht fähig war. Sie hat dann alles besonders schwer genommen und war so still und niedergestimmt, daß es ihren Angehörigen auch trotz ihrer gewöhnlichen Stimmungslage auffiel. November 1907 trat sie auf eigenen Wunsch in eine Irrenanstalt als Pflegerin ein, wurde dort aber nach kurzer Zeit entlassen, da sie sich ungebührlich aufführte, doch ohne daß man die beginnende Psychose erkannt hätte. Wenige Tage darauf wurde der Vater telegraphisch nach U., einer benachbarten Stadt, gerufen, wo er seine Tochter in schwerster manischer Erregung im Polizeilokale antraf. Sie wurde sofort in eine der Landesanstalten verbracht, wo sie eine typische flotte Manie mit allen charakteristischen Symptomen durchmachte, die bis Sommer 1908 währte. Seit dieser Zeit sind keine faßbaren gemütlichen Schwankungen mehr aufgetreten, doch hat sich die Kranke dauernd leicht depressiv gefühlt. Sie klagte häufig über Kopfschmerzen, über Müdigkeit und Arbeitsunfähigkeit und war viel apathischer und gleichgültiger als in gesunden Zeiten. An einzelnen Tagen bestand auch ausgesprochene Denkhemmung und gelegentlich traten Suicidideen auf. Noch in diesem leicht depressiven Zustande hat sie sich im Februar 1909 in Begleitung ihres Vaters bei uns vorgestellt. Sie machte einen ängstlich schüchternen und sehr schwerfälligen Eindruck, ja sie schien direkt gehemmt. Nur mit Mühe gelang es ihr, die nötigen Angaben zu machen, so daß der Vater alle Augenblicke einspringen mußte. Dabei war die Stimmung äußerlich nicht nachweisbar depressiv, subjektiv wie objektiv stand die Leistungsunfähigkeit im Vordergrunde.

Bei dieser Kranken ist angeblich keine Belastung vorhanden. Sie selbst ist eine schwerfällige, etwas beschränkte Persönlichkeit mit ausgesprochen depressiver Veranlagung vom ersten Typus. Irgendwelche Schwankungen sind in ihrer Jugend bis zur ersten Verstimmung nicht beobachtet worden. 18jährig machte sie eine schwere Depression durch, die in eine flotte Manie überging und dann wieder in einer Depression endete. Seit dieser Zeit sind öfters leichte Verstimmungen aufgetreten, doch niemals heitere Phasen. 10 Jahre später stellte sich erst wieder aufs neue eine Manie ein mit anschließender leichter Depression, die bei der Vorstellung im Februar 1909 noch nicht ganz abgeklungen war. Der Verlauf ist immerhin auffallend. Wir sehen schwere manische Erkrankungen vereinzelt neben schweren und leichten Depressionen auftreten, während leichte heitere Erregungen völlig ausbleiben. Sieht man von den Manien ab, so entspricht die Veranlagung mit den sich darauf entwickelten Psychosen durchaus den Bildern, wie wir sie bei den endogenen Schwankungen der konstitutionell Depressiven geschildert haben.

Fall 84.

A. B., Bauerntochter aus S., geb. den 22. Januar 1881, stammt aus schwer belasteter Familie. Der Vater ist ein leichtsinniger Mensch und Trinker, die Mutter hat zweimal Schwermutsanfälle durchgemacht, der Bruder des Vaters war ein Abenteurer, der Großvater väterlicherseits ein Trinker. Der Bruder der Mutter ist typisch zirkulär (in der Klinik behandelt), ein anderer hat durch Suicid geendet. Der Vater der Mutter, ein Trinker, hat mehrfach Depressionen durchgemacht. Mehrere weitläufige Verwandte aus der mütterlichen Familie waren vorübergehend geisteskrank. Pat. selbst war als klein schwächlich und litt viel an Gichtern. Sie war nur gering begabt und hat mäßig gelernt, hat aber durch ihren hervorragenden Fleiß und außerordentlichen Pflichteifer stets einen guten Platz behauptet. Schon als klein hat sie sich immer viel mehr als notwendig mit ihren Arbeiten gequält und ist vor lauter Pflichtgefühl niemals zu rechter kindlicher Munterkeit gekommen. Auch später im Leben hat sie es ähnlich gehalten. Stets hat sie alles von der trüben Seite angesehen, sich unnötige Sorgen gemacht und ist niemals zu uneingeschränktem Lebensgenusse gelangt. Der Geselligkeit ging sie immer aus dem Wege. Schon als klein hielt sie sich ganz entfernt von ihren Altersgenossen und auch später hat sie sich niemals an den allgemeinen Vergnügungen beteiligt, ist niemals zum Tanzen oder in eine Wirtschaft gegangen. Von dem anderen Geschlecht hielt sie sich vollkommen zurück und war im Verkehr sehr schüchtern und ungelenk. Sie war überhaupt in allem schwerfällig und wenig schmiegsam. Auch in der Arbeit erwies sie sich langsam und unbehilflich, zumal sie wegen ihres übertriebenen Pflichteifers gar nicht recht vom Flecke kommen wollte und alles immer wieder nachkontrollierte. Trotzdem hat sie in ihren Stellen als Dienstmädchen ganz Brauchbares geleistet; denn wenn mit der Tätigkeit keine Verantwortung verbunden war, und sie sich einmal eingewöhnt hatte, dann ging es meist ganz ordentlich, so daß man mit ihr zufrieden sein konnte. Sie selbst hat immer sehr gering von sich gedacht und ihre eigenen Leistungen noch niederer eingeschätzt, als diese es wirklich verdienten. Auch in religiöser Hinsicht war Pat. außerordentlich streng und hielt mit peinlicher Genauigkeit auf die Einhaltung aller Gebote, doch scheint sie sich da weniger mit Selbstvorwürfen und Zweifeln abgequält zu haben. Gegen Häßliches war sie sehr empfindlich und übertrieben prüde. Zurücksetzungen nahm sie außerordentlich schwer und bei jeder Kleinigkeit fühlte sie sich gekränkt und so behandelt, wie es ihrer eigenen Einschätzung entsprach, was sie dann aber tief verletzte. Über solche Erfahrungen wie überhaupt über alles Unangenehme kam sie nur sehr schwer hinweg und hat sich immer furchtbar lange quälen müssen, ehe sie einen traurigen Affekt verwand. Alle gemütlichen Vorgänge spielten sich in ihrem Innern ab, ohne daß viel nach außen hervorgetreten wäre. Selbst gegen ihre Angehörigen war sie völlig verschlossen und hat auch nicht einmal über ihre äußeren Erlebnisse im Dienst zu Hause etwas verlauten lassen. Auch als sie sich bei uns vorstellte, hat sie nur ungern und recht ungewandt Auskunft gegeben. Das meiste, was wir über sie wissen, verdanken wir den Angehörigen, vor allem einer verwandten Jugendbekannten, die sie damals begleitete und der sie noch am meisten Einblick in ihr Inneres gewährt hatte. Vom 16. Lebensjahr an war sie als Dienstmädchen in Stellung. Über besondere Erlebnisse ist nichts bekannt geworden. Die häuslichen Verhältnisse der Eltern sind gute. Gemütliche Schwankungen hat sie niemals im Leben gehabt. Ohne Anlaß erkrankte sie mit 21 Jahren 1902 an einer Depression, die langsam und allmählich mit Insuffizienz einsetzte. Sie wurde vergeßlich, leistungsunfähig, klagte über Müde und Mattigkeit und äußerte auch einzelne religiöse Ideen. Mehrfach soll sie auch ängstlich erregt gewesen sein. Man schickte sie nach Hause, wo aber nicht viel an ihr auffiel; der Zustand hatte sich inzwischen gebessert und Pat. konnte mühelos in Haus und Feld mitarbeiten. Da trat ganz unvermittelt im November 1902 eine heitere Erregung mit starker motorischer Unruhe, Redseligkeit und Größenideen auf. Pat. wurde stark erotisch, sprach vom Heiraten, wollte sich ein Haus bauen und in der elterlichen Wohnung zahlreiche Neuerungen einführen, da ihr alles zu altmodisch und gewöhnlich vorkam. Schließlich wurde sie so schwer erregt, daß sie alles durcheinander warf und zum Fenster hinaussprang, worauf man sie im Dezember 1902 in die Klinik einlieferte. Hier befand sie sich in einer schwer verworrenen manischen Erregung mit allerlei phantastischen Erlebnissen, sah Teufel, den Heiland und dergleichen und war außerordentlich unruhig und zerstörungssüchtig. In der Beruhigung, die etwa im März einsetzte, trat die heiter ausgelassene Stimmung mit Neigung zu Dummheiten und Neckereien mehr hervor. Im Juni wurde sie völlig geordnet und fleißig, nur noch etwas gehoben entlassen. Zu Hause schloß sich eine leichte Depression an, die etwa ein Vierteljahr währte, ehe Pat. völlig genas. Sie blieb gesund bis Herbst

1908. Damals hatte sie wohl einen gewissen Verdruß, weil es ihr wegen der häuslichen Verhältnisse nicht möglich war, wie sie gewünscht hatte, in Stellung zu gehen, sonst lag aber keine Veranlassung für die Verstimmung vor, die sich zu jener Zeit allmählich entwickelte. Sie wurde noch stiller und zurückgezogener als sonst, klagte über Druck auf der Brust und Erschwerung des Denkens und die Arbeit wollte ihr gar nicht von der Hand gehen. Ohne daß äußere Momente einen deutlichen Einfluß hatten, schwankte der Zustand hin und her, nahm aber nicht wesentlich an Stärke zu. Auch bei ihrer Vorstellung im Februar 1909 bestand die Verstimmung noch, und es ist wohl möglich, daß der schwerfällige und lahme Eindruck, den die Kranke damals machte, zum Teil auf sie zurückzuführen ist. Nach Angabe ihrer Begleiterin soll Pat. sich aber unter Fremden immer ähnlich verhalten haben.

In der väterlichen Familie hören wir hier mehrfach von heiter erregten Temperamenten, die den Verdacht hypomanischer Veranlagung sehr nahe legen. In der mütterlichen Familie sind Depressionen und echte Zirkuläre vorgekommen. Die Kranke selbst erinnert in ihrem ganzen Temperament und Charakter, sowie Form und Verlauf der Psychosen außerordentlich an den vorhergehenden Fall. Auch sie ist eng und beschränkt, schwerfällig und verschlossen und hat die typische gemütliche Veranlagung der ersten Form mit dem schleppenden Affektverlaufe. Nur sind leichte depressive Schwankungen, wie bei jener Kranken, bei ihr nicht beobachtet worden. Mit 21 Jahren machte sie eine einfach gehemmte Depression mit anschließender flotter Manie durch, die zeitweise schwer verworren war und durch eine leichte Depression wieder in Genesung überging. Winter 1908 setzte dann, ohne daß ein genügender Anlaß vorlag, eine neue Depression ein, die bei der Vorstellung noch andauerte. Wir haben hier also wieder eine typisch Zirkuläre bei schwerer konstitutioneller Verstimmung vor uns.

Fall 85.

K. F., Dienstmädchen aus P., geb. den 7. August 1888. Mutter, Bruder und Schwester sind konstitutionell depressiv. Ein Bruder der Mutter starb in einer Geisteskrankheit. Pat. selbst hat genau die gleiche Veranlagung wie ihre Geschwister. Schon als klein fiel sie unter ihren Altersgenossen durch ihr ernstes und stilles Temperament auf. Immer hat sie das Leben schwer genommen, sich viel unnötige Sorgen gemacht, stets nur das Unangenehme gesehen und sich, so alt wie sie ist, niemals so recht des Lebens freuen können. Stets dachte sie an die Zukunft, erwog alle erdenklichen Möglichkeiten und verdarb sich damit selbst die heiteren Stunden der Gegenwart. Kam dann irgend etwas Schweres, so war sie gleich völlig niedergeschlagen und sah nicht mehr aus und ein. Auch ihre Pflichten nahm sie stets sehr ernst und quälte sich, daß sie ja auch alles genau und pünktlich besorgte. Doch wenn sie einmal etwas erledigt hatte, dann wußte sie auch, daß sie ihr Möglichstes getan hatte und machte sich keine Gedanken mehr darüber. Mit unnötiger Selbstkritik und mangelndem Selbstvertrauen hat sie sich in gesunden Zeiten niemals schwere Stunden bereitet. Gegen schlechte Behandlung war sie sehr empfindlich und unter Kränkungen litt sie ganz furchtbar, doch hatte sie nicht die Neigung, hinter harmlosen Dingen absichtliche Zurücksetzungen zu suchen. Auch war sie nicht übertrieben weich und mitleidig, nur als Kind war sie mit Tränen gleich bei der Hand. Alle Gemütsbewegungen gingen bei ihr außerordentlich tief, ohne sich nach außen zu zeigen. Andere haben es niemals so recht gemerkt, wie es in ihr aussah. Sie hat alles ganz allein mit sich abgemacht und niemals die Neigung gehabt, sich bei ihrer Umgebung auszusprechen oder bei ihr Trost und Hilfe zu suchen. Dafür dauerte es auch sehr lange, ehe sie mit Unangenehmem fertig zu werden vermochte, und trübe Erinnerungen stellten sich mit großer Zähigkeit immer wieder bei ihr ein. Im Verkehr war sie schüchtern und zurückhaltend und hat sich nie etwas aus Geselligkeit und den allgemeinen Vergnügungen gemacht. Körperlich ist sie niemals krank gewesen. Sie hat sich gut und kräftig entwickelt, besitzt eine ausgezeichnete Begabung und hat auf der Schule sehr gut gelernt. Wegen ihrer ruhigen freundlichen Art war sie trotz ihrer Zurückhaltung allgemein beliebt. Schon als Schulkind hat sie leichte depressive Schwankungen gehabt, die sie tageweise zu allem unfähig machten, so daß sie ganz zu Bett blieb und die Nahrung verweigerte. Manische Zeiten sind aber, wie mit Bestimmtheit angegeben wird, in früheren Jahren niemals aufgetreten. 1905 erkrankte sie ohne Anlaß an einer schweren Depression, die mehrere Monate lang anhielt. Sie war völlig niedergeschlagen, zu allem unfähig und saß wochenlang apathisch zu Hause herum. Eine erneute Erkrankung setzte ganz unvermittelt im September 1906 ein. Sie verließ ihre Stelle und kam völlig verwirrt in heiterer Stimmung mit allerlei Größenideen nach Hause gefahren. Man verbrachte sie in das Stadtasyl, von wo sie in schwerer verwirrter heiterer Erregung im Oktober zu uns in die Klinik verbracht wurde. Anfangs war sie auffallend unproduktiv und erschien direkt läppisch und maniriert. Doch bald setzte eine typische flotte Manie ein mit hochgradiger motorischer Unruhe, Ideenflucht und witzigen Neckereien. Mitte September trat von einem Tag auf den anderen plötzlich ein Umschlag in schwer gehemmte Depression mit verzweifelter Angst ein, in der sie sich hilfesuchend an die Umgebung anklammerte. Ein Versuch der Angehörigen, sie nach Hause zu nehmen, mißlang. Sie wurde im Januar 1907 in eine der Staatsanstalten überführt, wo schon nach wenigen Wochen Besserung eintrat und sie im März geheilt entlassen werden konnte. Seitdem haben sich keinerlei Schwankungen mehr gezeigt. März 1909 stellte sich Pat. wieder in der Klinik vor in gesundem Zustande. Sie war damals verlobt, ohne daß dies auf ihren Zustand wesentlich eingewirkt hätte. Sie machte einen offenen freundlichen Eindruck und erschien sehr intelligent.

Hatten wir es in den beiden letzten Fällen mit zwei schwerfälligen und beschränkten Persönlichkeiten zu tun, so finden wir hier ebenso wie in dem nächsten Beispiele ein sehr intelligentes Mädchen mit ähnlicher gemütlicher Veranlagung. Die Kranke hier gehört dem ersten Typus an. Ängstlichkeit, Schüchternheit und übertriebene Empfindlichkeit sind auch bei ihr wieder sehr stark vertreten. Bis in die früheste Jugend hinein finden sich ganz leichte depressive Zeiten, die ohne Anlaß in ganz unregelmäßigen Pausen sich einstellen und das Bild leichter, einfach gehemmter Depressionen zeigen. Heitere Erregungen ähnlicher Art sind dagegen niemals aufgetreten. 18jährig machte sie eine typisch zirkuläre Erkrankung mit beiden Phasen durch, die durch ihre schweren Bilder und ihre raschen völligen Umschläge auffällt. Seit der Erkrankung ist sie über zwei Jahre von den leichten depressiven Schwankungen, die in früheren Jahren so häufig auftraten, völlig frei geblieben.

Fall 86.

M. K., Stickerin aus H., geb. den 22. August 1885, hatte eine aufgeregte und ängstliche Mutter. Der Vater hat sich in einer Gemütskrankheit erhängt. Pat. selbst war ein ruhiges stilles Kind, das stets für sich blieb und sich von seinen Altersgenossen sehr zurückhielt. Schon immer war sie außerordentlich ängstlich, konnte in der Schule vor lauter Furcht kein Wort herausbringen und hat sich in fremder Umgebung stets sehr geniert. Sie war von auffallend ernster Gesinnung, nahm alles im Leben sehr schwer und ließ sich durch unangenehme Erfahrungen leicht völlig niederdrücken. Doch war ihre Stimmungslage nicht dauernd depressiv. Sie konnte sich schon des Augenblickes freuen, wenn alles einmal gut ging. Es genügte aber die geringste Kleinigkeit, sie umzuwerfen und in verzweifelte Depression zu versetzen. Vor Verantwortung und allen wichtigen Handlungen hat sie sich immer sehr gescheut, und der Gedanke, daß etwas eine größere Bedeutung besitze, war völlig ausreichend, ihr jede Ruhe zu rauben. Auch gegen unfreundliche Behandlung und Kränkungen war sie außerordentlich empfindlich, ein hartes Wort konnte sie schwer treffen und jede zufällige Zurücksetzung nahm sie als wohlüberlegt und beabsichtigt auf. Vor Häßlichem und Obszönem hatte sie eine übertriebene Scheu, Wirtshausgehen und Tanzen erschien ihr als eine Sünde und vor dem anderen Geschlecht hat sie sich stets ängstlich zurückgezogen, ohne daß der Erziehung hierfür die Schuld gegeben werden könnte. In religiöser Hinsicht war sie nicht übertrieben und unterschied sich in keiner Weise von ihrer allerdings recht frommen Umgebung. Unangenehme Erfahrungen schmerzten sie sehr tief, doch wurde sie verhältnismäßig rasch damit fertig. Sie hatte ein Bedürfnis nach Aussprache und Halt bei anderen; doch ihre Ängstlichkeit und Schüchternheit ließen sie nur schwer dazu kommen, und die selbst depressive Mutter war ihr keine rechte Stütze. Im Arbeiten war sie sehr pflichteifrig und hielt auf übertriebene Pünktlichkeit, auch hatte sie nie ein rechtes Vertrauen, daß man mit ihr zufrieden sei, doch handelt es sich dabei mehr um Unsicherheit und Mangel an innerem Halt als um Selbstkritik und schlechte Meinung von ihrer Persönlichkeit. Sie war von Natur aus etwas langsam und umständlich, aber sonst geschickt und brauchbar. Sie besitzt eine gute Begabung und hat auf der Schule leicht gelernt. Körperliche Erkrankungen hat sie nicht durchgemacht, doch ist sie von Hause aus schmächtig und wenig kräftig. Gemütliche Schwankungen endogener Natur sind in früheren Jahren niemals bei ihr aufgetreten, wenn man von den zahlreichen depressiven Reaktionen, die ihre Veranlagung mit sich brachte, absieht. Eine ganz leichte kurz dauernde Verstimmung, vorwiegend mit Insuffizienzgefühl, machte sie im 15. Lebensjahre durch. Die erste schwerere Erkrankung stellte sich 1905 ein. Sie war schwer niedergedrückt, fühlte sich zu allem unfähig, machte sich zahlreiche unbegründete Selbstvorwürfe und hatte auch lebhafte Suicidgedanken. Nach wenigen Wochen war mit einem Schlage alles verschwunden; doch stellten sich in den folgenden beiden Jahren mit kurzen Zwischenzeiten häufiger solche Perioden depressiver Stimmung ein, in denen es auch mehrfach zu Suicidgedanken kam. Heitere Zeiten fehlten aber vollkommen, bis sich Mitte Juli 1907 ganz unvermittelt ziemlich schnell eine schwere manische Erregung entwickelte, die sie in die Klinik führte. Sie befand sich hier in einer typischen flotten Manie mit allen klassischen Symptomen und wurde noch unverändert im August in eine der Landesanstalten überführt. Hier trat im Laufe des Herbstes allmähliche Besserung ein, so daß sie im Dezember noch leicht hypomanisch nach Hause entlassen werden konnte. Nach 2 Monaten war sie völlig gesund. Und blieb so bis kurz vor ihrer Vorstellung in der Klinik im Januar 1909. Damals bestand wieder eine ganz leichte Verstimmung mit Angst und Insuffizienzgefühl, doch war Pat. noch voll arbeitsfähig.

Was wir von erblicher Belastung erfahren konnten, ist hier wieder typisch depressiv. Die Kranke selbst entspricht dem zweiten Typus in der Form ihrer Affektreaktion, hat aber die Empfindlichkeit, Schüchternheit und übertriebene Scheu vor allem Häßlichen mit der vorigen Pat. gemein. Auch bei ihr ist die geistige Begabung ausgezeichnet. Schon mit 15 Jahren setzt eine leichte Depression ein, an die sich leichte depressive Schwankungen anschließen, wie sie im vorigen Falle schon seit frühester Jugend bestanden hatten. Leichte manische Erregungen hat auch sie niemals gehabt. 22jährig machte sie eine schwere Manie durch ohne jedes depressive Vor- oder Nachstadium, und 24jährig bei der Vorstellung befand sie sich gerade wieder in einer leichten Depression. Das Fehlen aller leichten manischen Phasen bei so häufigen Depressionen ist in beiden Fällen sehr bemerkenswert.

So haben wir die verschiedensten Varianten zirkulärer Erkrankungen bei konstitutionell Depressiven gefunden, ohne daß die Form der Veranlagung irgendeinen Einfluß auf die Art der Erkrankung auszuüben schien. Nur einfache oder periodische Manien fehlen uns. Auffallend ist das häufige Vorkommen leichter depressiver Schwankungen neben echten Zyklothymien. Leichte manische Schwankungen ohne entsprechende depressive sind nicht beobachtet worden.

6. Kranke mit heiterer Veranlagung, die im späteren Leben dauernd depressiv bleiben.

Schwankungen in der gemütlichen Veranlagung haben wir mehrfach beobachtet, doch hat es sich immer nur um graduelle Unterschiede gehandelt, einer völligen Umkehrung der dauernden Stimmungslage waren wir bisher nicht begegnet. Daß in einem Falle die Hypomanie in leichter Form schon über ein Jahr währte, ist noch eine zu kurze Zeit, um hier wirklich von einer Verwandlung der Veranlagung reden zu dürfen. Daß aus einem konstitutionell Depressiven ein dauernd Hypomanischer würde, haben wir bisher niemals gesehen. Um so auffallender sind die folgenden Beobachtungen, wo sich in der frühen Jugend bis zur Pubertät hin ausgesprochen hypomanisches Temperament findet, das ziemlich unvermittelt in das volle Gegenteil übergeht und nun so dauernd bleibt.

Fall 87.

W. K., Bauerntochter aus S., geb. den 1. Dezember 1864, hatte einen sehr gutmütigen und in seinen Stimmungen sehr labilen Vater. Ein Bruder ist leichtsinnig, ein anderer Trinker. Die Schwester des Vaters starb an einer Hirnkrankheit mit Geistesstörung; ein Sohn vom Vatersbruder ist gemütskrank gewesen. Die Mutter der Mutter war eine zarte gemütsweiche Frau. Die Kranke, die sehr gut gelernt hat, war ein außerordentlich wildes und ausgelassenes Kind. Heiter couragiert wie ein Bub. Sie wollte nichts von ihren Spielgenossinnen wissen, liebte nur die tollen Knabenspiele und trieb sich nur mit ihren Brüdern und deren Freunden zusammen umher, ging auf die Jagd und dergleichen. Allgemein fiel sie auf durch ihr heiteres glückliches Wesen. In der Entwicklungszeit veränderte sie sich auf einmal ganz merkwürdig. Sie wurde ernst und still, zog sich ganz von ihren bisherigen Vergnügungen zurück und hatte nur noch Sinn für ernste Lektüre. Sie begann sich mit religiösen Dingen zu beschäftigen, machte sich allerlei Skrupel und Gedanken und wurde übertrieben pflichteifrig und pünktlich. Ganz im Gegensatz zu ihrer früheren heiteren Lebensart nahm sie nun alles schwer auf, sah überall nur die trüben Seiten und ließ sich schon durch Kleinigkeiten schwer niederdrücken. Mit allem Unangenehmen wurde sie nur langsam fertig, sie quälte sich und grübelte immer wieder daran herum, ohne zu einem Ende gelangen zu können. Mit ihren Leistungen war sie nicht zufrieden, glaubte stets nicht ihre volle Pflicht getan zu haben und hatte immer den Gedanken, sie habe sich nicht genügend angestrengt. Sobald jemand ihrer Bekannten starb, glaubte sie ihm gegenüber etwas versäumt oder nicht richtig gehandelt zu haben, und brachte solche Vorstellungen nicht mehr aus ihrem Kopfe. Richtige Zwangserscheinungen hat sie dabei niemals gehabt; es ist sogar trotz ihres übertriebenen Pflichtbewußtseins nicht einmal zu Kontrollierzwang gekommen. Gegen barsche Behandlung und gegen Kränkungen war sie außerordentlich empfindlich und brauchte lange Zeit, bis sie nur ein böses Wort verwinden konnte. Dabei hatte sie entsprechend ihrem geringen Selbstvertrauen stets die Befürchtung, man könne schlecht von ihr denken und legte die harmlosesten Kleinigkeiten unberechtigt in diesem Sinne aus. So zog sie sich von anderen fast ganz zurück. Sie hatte wohl das Bedürfnis nach Freundschaft und Aussprache, konnte aber nirgends völliges Vertrauen gewinnen und mußte daher alles ganz allein mit sich abmachen, was nur langsam und schleppend gelingen wollte. Ihre Affekte hat sie immer in sich hineingedrückt und niemals anderen gezeigt, wie tief sie gemütlich reagierte. Wie hier geschildert, ist Pat. ihr ganzes Leben lang geblieben. Sie selbst hat das Gefühl, anders wie ihre Umwelt zu sein, und stellt ihren jetzigen Dauerzustand in direkten Gegensatz zu ihrer Jugendzeit. Von dem was ihr das Leben geboten, ist sie bitter enttäuscht und unbefriedigt von sich und ihrem Schicksal.

Seit ihrer gemütlichen Veränderung litt sie viel an Magenbeschwerden, die sich im Jahre 1894 auf die Nachricht von der Operation einer Verwandten sehr verschlimmerten. Es traten allerlei hypochondrische Gedanken auf, die sich zu einer leichten Verstimmung steigerten und sie vorübergehend arbeitsunfähig machten; Frühjahr 1895 trat eine erneute Verschlimmerung ein. Sie wurde schwer verstimmt und völlig teilnahmslos und schließlich so schwer gehemmt, daß sie sich kaum mehr rührte und bat, man möge sie nur begraben. Dabei war sie beherrscht von den schwersten Versündigungsideen und voll der ängstlichen Befürchtungen für die Zukunft. So wurde sie im Mai 1905 in einer schwer ängstlichen gehemmten Depression zu uns gebracht. Zeitweise steigerte sich die Angst, sie wurde unklar und verwirrt, glaubte Stimmen zu hören, die ihr Vorwürfe machten, ihr drohten, weil sie eine schlechte, ewig verlorene Person sei. Dann kam es zu ganz verzweifelten ängstlichen Erregungen, während sie sonst völlig gehemmt im Stupor dalag. Im Verlaufe von Monaten trat ganz allmählich die Genesung ein. Bei der Entlassung im Dezember war sie noch leicht gedrückt, erholte sich aber zu Hause rasch und nun schloß sich eine ausgesprochene Hypomanie an, die etwa ein halbes Jahr währte. Sie war auf einmal so glücklich wie nie, mochte singen und jubilieren, und erschien um 10 Jahre jünger. Allen fiel es auf, daß sie, die sonst niemals den Mund aufgetan hatte, auf einmal so unterhaltend und gewandt sein könne.

Niemals in ihrem Leben hat sie wieder eine so glückliche Zeit gehabt. Anschließend daran kam es im Sommer 1896 wieder zu einer ganz leichten Verstimmung, in der sie Heimweh nach der Klinik hatte, weil sie sich wieder zu allem unfähig fühlte und zu Hause nicht verstanden wurde. Doch das ging in wenigen Wochen vorüber. Seit dieser Zeit hat die depressive Lebensauffassung eher etwas nachgelassen. Die Grundstimmung ist wohl noch die gleiche geblieben, doch ist Pat. nicht mehr so empfindlich und kommt auch eher über unangenehme Dinge hinweg, sie meint, weil sie etwas aufgeklärter geworden sei, was möglicherweise richtig ist. Eine weitere ganz leichte Depression mit Insuffizienzgefühl und körperlichen Beschwerden ist 1903 oder 1904 noch aufgetreten, aber in wenigen Wochen abgeklungen. Sonst hat Pat. keinerlei Schwankungen mehr durchgemacht. Als sie sich im Januar 1909 bei uns vorstellte, machte sie den Eindruck einer sehr gemütsweichen psychopathischen Persönlichkeit. Sie hing mit viel Dankbarkeit an der Klinik und entwarf mit großem Verständnis eine ausgezeichnete Schilderung ihrer Persönlichkeit. Besonders die gemütliche Veränderung in der Jugend hat sie mit großer Bestimmtheit dargestellt. Ihre Angaben deckten sich durchaus mit dem, was die Schwester im Jahre 1895 bei der Einlieferung in die Klinik dem behandelnden Arzte mitgeteilt hatte.

Anscheinend sind in der Familie mehrere ausgesprochen heiter Veranlagte. Die Mutter steht dagegen mindestens den konstitutionell Depressiven nahe. Pat. selbst war nach der sehr eingehenden Schilderung, die wir von mehreren Seiten erhielten, in ihrer Jugend ausgesprochen hypomanisch, jedenfalls für ein Mädchen toll ausgelassen. In der Pubertätszeit schlägt die Stimmung um, und wir bekommen nun ganz das Bild unserer ersten depressiven Veranlagung, das in der gleichen Weise während des ganzen Lebens bestehen bleibt. Übertriebene Empfindlichkeit für traurige Erlebnisse, langsame Affektreaktion, die nie zu Ende zu kommen vermag, mangelndes Selbstvertrauen, quälende und zernagende Kritik der eigenen Persönlichkeit, übertriebener Pflichteifer und völlige Verschlossenheit, kurz ganz das Bild, wie wir es eingangs ausführlich geschildert hatten. 30jährig machte sie eine schwer gehemmte, lange und schleppend verlaufende Depression mit vereinzelten Angstzuständen durch, an die sich in der Genesungszeit eine leichte Hypomanie anschloß, die wiederum mit einer depressiven Schwankung zur Genesung führte. Seit dieser Zeit sind noch mehrere leichte Depressionen aufgetreten, doch keinerlei manische Phase mehr. Die Schwere der trüben Lebensauffassung hat auch etwas nachgelassen, doch bietet Pat. auch heute noch das ausgesprochene Bild einer konstitutionell Depressiven.

Fall 88.

D. M., Schneidersfrau aus L., geb. 1857. Über erbliche Belastung konnte nichts Sicheres in Erfahrung gebracht werden, außer daß der Vater der Mutter Trinker gewesen sein soll. Sie selbst war ein gesundes Kind, das auf der Schule nur mäßig gut vorankam, sonst aber nichts Auffälliges zeigte. Sie war heiterer gleichmäßiger Stimmung, spielte und verkehrte wie alle anderen und war durchaus nicht ernst, grüblerisch oder schwernehmend. Nur gegen Kränkungen war sie immer sehr empfindlich und litt unter unfreundlicher Behandlung von jeher ganz besonders stark. Sie galt als ein heiteres normales Kind und niemals ist an ihr irgend etwas Besonderes aufgefallen. Mit dem 20. Lebensjahre trat jedoch eine merkwürdige allgemeine Veränderung ihres Wesens auf, die nicht nur von ihr selbst bemerkt wurde, sondern auch ihrer gesamten Umgebung auffiel. Sie wurde stiller und zurückgezogener, nahm von da an alles schwer und ließ sich von jeder Kleinigkeit zu Boden drücken. Sie quälte sich mit religiösen Fragen, machte sich unnötige Sorgen, sobald die Zukunft nicht ganz sonnig vor ihr lag, und war geneigt, alle Dinge im Leben nur von der traurigsten und unangenehmsten Seite anzusehen. Traf sie wirklich etwas Schweres, so kam sie relativ leicht darüber hinaus, wenn sie auch länger damit zu tun hatte als normale Menschen. Auch war sie nicht so einfach durch freundliche Behandlung oder günstige Aussichten aus einer trüben Stimmung herauszureißen. Während umgekehrt jede Kleinigkeit ihr eine heitere Stunde verderben konnte. Im allgemeinen war ihre Stimmung doch sehr von den äußeren Umständen abhängig. Traf sie etwas unerwartet, so verlor sie völlig den Kopf und war gleich ganz verzweifelt. Zu heftigen Affektausbrüchen kam es aber dabei niemals. Sie war gewöhnt, alles mit sich allein abzumachen und sprach sich auch Dritten gegenüber nur ungern aus. Diese uns auf das bestimmteste geschilderte Veränderung ihrer Persönlichkeit setzte ohne jeden äußeren Anlaß ziemlich unvermittelt bei ihr ein und wurde nun zu ihrem dauernden Temperamente. In seiner Stärke und Ausgesprochenheit hat es allerdings in längeren Zeiträumen etwas gewechselt. Die Kranke hatte Jahre, wo sie alles viel schwerer aufnahm, und dann wieder Jahre, wo alles viel leichter ging; doch blieb der gleiche Grundcharakter des im 20. Jahre angenommenen Temperamentes, die übergroße Empfänglichkeit für das Traurige, im ganzen ferneren Leben dauernd bestehen. Mit 26 Jahren hat sie geheiratet. Die Ehe war anfangs nicht glücklich und mit den Kindern kam viel äußere Not hinzu, die ihr das Dasein außerordentlich erschwerte. Die erste Gemütskrankheit trat mit 31 Jahren im Jahre 1888 auf und dauerte etwa 6—7 Wochen bis zur völligen Genesung. Sie war ganz verzweifelt wegen der, wie sie glaubte, trostlosen Lage und machte sich die bittersten Vorwürfe über ihre Heirat, weil sie sich im Manne so getäuscht habe. Irgendein direkter Anlaß soll nicht vorgelegen haben. Auch die zweite Erkrankung 1895 trat ganz ohne erkennbare äußere Ursache auf und begann mit den gleichen Vorwürfen wegen ihrer unglücklichen Ehe. Daran schlossen sich aber bald ausgesprochene Versündigungsideen, vor allem religiöser Natur. Sie konnte nicht mehr beten, gar nichts mehr ging ihr von der Hand, sie fühlte sich völlig leer und verlassen. Untätig lag sie im Bett umher, ganz verzweifelt, daß sie zu nichts mehr zu brauchen wäre. Ein ernsthafter Suicidversuch brachte sie im Dezember 1896 in die hiesige Klinik. Sie befand sich damals in einer einfach gehemmten schweren Depression, die aber schon den Höhepunkt überschritten zu haben schien. Gegen ärztlichen Rat wurde sie nach wenigen Wochen wieder nach Hause genommen. Hier zog sich die Erkrankung mit vielen Schwankungen noch etwa 2 Jahre hin. Sie war wohl nach einer Reihe von Wochen wieder äußerlich völlig gesund, doch blieb eine ganz außerordentliche Empfindlichkeit gegen alles Unangenehme zurück, so daß auf den geringsten Anlaß hin stärkere Depressionen auftraten, die wochenlang bis zu ihrem Abklingen brauchten. Seit der Genesung sind keinerlei Schwankungen mehr aufgetreten. Nur 1905 nach dem Tode des Mannes war sie einige Wochen lang wieder schwermütig, viel mehr als der Trauer entsprach, so daß sie den damaligen Zustand selbst als eine Gemütskrankheit betrachten muß. Sie fühlte sich völlig verlassen, war innerlich unruhig, weinte viel und machte sich Gedanken wegen der Zukunft. Allerdings war ihre Lage auch recht traurig, da sie in äußerst dürftigen Verhältnissen lebte und noch zwei kleine schulpflichtige Kinder besaß. Seitdem sind keinerlei Verstimmungen mehr aufgetreten. Die nicht sehr intelligente Pat. machte bei ihrer Vorstellung im Januar 1909 einen ernsten und stillen Eindruck. Ihre Angaben waren bestimmt und brauchbar und bestätigten völlig die Aussagen, die ihr Mann bei der Behandlung 1896 in der Klinik gemacht hatte.

Leider fehlt in diesem Falle wieder eine genaue Familienanamnese. Hier ist die Stimmungslage in der Kindheit nicht so ausgesprochen manisch wie im vorhergehenden Falle, doch gleichmäßig heiter und von einer depressiven Lebensauffassung wie in späteren Jahren ist in der Jugendzeit, wie sich mit Bestimmtheit nachweisen ließ, keine Rede. Mit dem 20. Lebensjahre setzt eine ganz merkwürdige Veränderung ein, die sowohl der Kranken als ihrer Umgebung deutlich aufgefallen ist. Es entwickelt sich genau wie im vorigen Falle das typische Bild einer schweren konstitutionellen Verstimmung vom ersten Typus. Und wie dort die Stärke des Dauerzustandes nach der schwereren Erkrankung etwas nachgelassen hat, so finden wir auch hier im Laufe des Lebens ganz leichte Schwankungen der gemütlichen Empfänglichkeit, ohne daß aber die Grundstimmung als solche noch einmal wesentlich sich geändert hätte. Drei Depressionen hatte die Kranke in ihrem Leben durchgemacht, von denen die letzte wohl als Reaktion auf die sehr mißlichen äußeren Verhältnisse aufgefaßt werden darf, die anderen beiden aber sicher endogener Natur sind. Manische Zeiten sind bei ihr niemals aufgetreten. Wenn auch hier der Unterschied in der gemütlichen Grundstimmung nicht so grell wie im vorhergehenden Falle ist, so wird die Schilderung der völligen Umwandlung der Persönlichkeit uns mit einer solchen Bestimmtheit gegeben, daß wir hier als sicher annehmen müssen, die Form der Veranlagung, die wir bisher als angeborene Eigentümlichkeit behandelt hatten, habe sich erst zu Beginn des dritten Lebensjahrzehnt entwickelt. Äußere ungünstige Verhältnisse können auch in diesem Falle nicht die Ursache gewesen sein, da die späteren unerfreulichen Lebensschicksale erst lange nach der Umwandlung sich einstellten. Beidemal erfolgt die Änderung der gemütlichen Konstitution in der Nähe des Pubertätsalters. Man wird nach solchen Erfahrungen es nicht völlig in Abrede stellen können, daß die ganze depressive Gemütsart bei einem Teil der Fälle erst die Folge irgendwelcher psychologischer Momente sei, wie das Freud allgemein annimmt. Sonst bleibt nur übrig, diese Dauerzustände auch einfach den zirkulären Verstimmungen gleich zu stellen und sie auf endogene, uns gänzlich unbekannte Momente zurückzuführen.

Ergebnisse.

In dem vorstehenden Kapitel ist der Versuch gemacht worden, die verschiedenartigen dem Entartungsirresein angehörigen Depressionszustände und die zirkulären Geistesstörungen nach der individuellen gemütlichen Veranlagung und deren Beziehungen zu Verlauf und Eigenart der Psychosen in einzelne Gruppen zu sondern. Doch anstatt daß es uns gelungen wäre, einer Anzahl klarer, scharf umschriebener und wohl abgegrenzter Krankheitsformen herauszuschälen, trat nur der innige Zusammenhang aller dieser so vielgestaltigen Symptomenbilder um so deutlicher zutage. Überall fanden sich Beziehungen und Übergänge, und es gelang ohne die geringsten Schwierigkeiten, aus den vielen, an und für sich so verschiedenartigen Beispielen eine lange völlig lückenlose Kette herzustellen, die bei den einfachen reaktiven Verstimmungen der konstitutionell Depressiven beginnend auf der einen Seite zu den hysterischen Psychosen, auf der anderen zu den endogenen periodischen Verstimmungen und weiterhin dann zu den typisch zirkulären Erkrankungen hinüberleitete. Die Fortsetzung des Weges zu den periodischen Manien und zur konstitutionellen Erregung haben wir nur angedeutet, nicht im einzelnen verfolgt. Dafür wandten wir uns der hysterischen Veranlagung zu und fanden auch hier wieder Beziehungen zu dem manischen Temperamente, so daß der Ring nun völlig geschlossen ist. Wenn auch die einzelnen Typen in ihrer vollen Ausprägung noch so charakteristische und wohlumrissene Bilder darboten, der Versuch einer scharfen Abgrenzung erwies sich als völlig undurchführbar, denn überall fanden sich fließende Übergänge und verbindende Zwischenstufen. Die ersten unserer Beispiele waren reaktive Psychosen auf vorbereitetem Boden. Daran schlossen sich eine ganze Reihe ähnlicher Zustandsbilder an, die wir gleichfalls rein als Folge äußerer Erlebnisse deuten zu müssen glaubten, und die sich auch in ihrem Verlaufe in keiner Weise von den einfach reaktiven psychopathischen Depressionen unterschieden; doch trafen wir hier bei näherem Zusehen vor oder nach der Erkrankung leichte gemütliche Schwankungen, die nur als endogene Störungen aufgefaßt werden können. Oder die Verstimmungen selbst, die ganz in der Form der reaktiven eingesetzt hatten, wurden länger und schwerer, als man es nach dem Anlasse erwarten durfte, und es traten hinterher gemütliche Schwankungen leichteren Grades auf, für die sich keinerlei auslösende Ursachen nachweisen ließen. Bei weiteren Fällen wurden diese leichten Schwankungen schwerer und ausgesprochener, und schließlich hatten wir, ohne daß sich ein greifbares Merkmal dargeboten hätte, richtige periodische Depressionen anscheinend völlig endogenen Ursprunges vor uns. Andeutungen von Hypomanien fanden sich hier und da, oder es ließen sich in der Anamnese richtige zyklothyme Schwankungen nachweisen, und zuletzt trafen wir sogar schwere manische Erkrankungen auf konstitutionell depressivem Boden an. So waren wir ganz allmählich Schritt für Schritt bis zu den echten zirkulären Erkrankungen gelangt. Und umgekehrt fanden sich zirkuläre Störungen mehr oder weniger ausgeprägt bei allen Formen gemütlicher Veranlagung, sowohl bei dem ernsten ruhigen Temperamente, das den konstitutionell Depressiven noch nahesteht, wie bei den heiteren und den hypomanischen Naturen. Und geradeso wie wir bei den konstitutionell Depressiven manische Erkrankungen gefunden hatten, beobachteten wir in zwei Fällen bei ausgesprochen manischem Temperamente nun das Auftreten von schweren Depressionen als einzigen Psychosen (59, 60). Daß auch nach der Seite der hysterischen Veranlagung hin sich keine scharfe Grenze ziehen läßt, hat sich bei einer ganzen Reihe von Beispielen deutlich gezeigt. Da waren die nahen Beziehungen zur zweiten Form der depressiven Veranlagung, die wir ausführlich besprochen haben. Wir hatten gesehen, wie auf diesem Boden sich vielfach psychogene Symptome dem Krankheitsbilde beimengen, so daß die dann entstehenden Zustandsbilder sehr an hysterische Verstimmungen erinnerten. 24, 31, 32 und 33 waren solche Beispiele. Ja unter Umständen konnte die Unterscheidung zwischen hysterischer Depression und psychogen gefärbter endogener Melancholie gänzlich unmöglich werden, wie wir das bei 43 und 44 erlebt hatten. Und selbst bei Kranken vom ersten Typus, die sonst in ihrer gemütlichen Reaktionsweise gänzlich abweichen, kamen vereinzelt in der Psychose heftige und übertriebene Affektentladungen vor, die direkt an hysterisches Verhalten erinnerten (10, 16, 21, 28), allerdings meist als Antworten auf schwere gemütliche Erschütterungen. Die Verbindung von heiterem Temperamente mit einer gewissen hysterischen Veranlagung bei zirkulären Kranken hatten wir gleichfalls an ein paar Beispielen zeigen können, die wir in einer eigenen Gruppe zusammengestellt haben, ohne daß diese Krankheitsbilder etwas Besonderes geboten hätten und sich irgendwie von den anderen Formen des zirkulären Irreseins abgrenzen ließen. Wir haben dabei auch der Bedeutung gedacht, die möglicherweise psychogene Symptome für die Entwicklung der Verwirrtheitszustände besitzen und auf den Zusammenhang mit einer ängstlich sensitiven Gemütsveranlagung hingewiesen. Aber auch hier gelang es nicht, klare Gesichtspunkte zu gewinnen. So scheint der Versuch nach den einzelnen Veranlagungen, die daraus sich entwickelnden Psychosen zu sondern und danach selbständige Krankheitsgruppen mit klarer Abgrenzung schaffen zu wollen, in der Form wenigstens, wie wir es ursprünglich vorhatten, völlig gescheitert zu sein. Einfache, periodische und echt zirkuläre Formen, psychogen gefärbte Verstimmungen, melancholieartige Bilder und gehemmte Depressionen fanden sich, wenn auch nicht überall mit derselben Häufigkeit, doch in gleicher Weise bei den verschiedensten Veranlagungstypen, wobei die wirklich schwer gehemmten Depressionen insofern eine gewisse Ausnahmestellung einnehmen, als sie vor allem den typisch zirkulären Erkrankungen anzugehören scheinen. Das ist eine volle Bestätigung der Kraepelinschen

Anschauungen, wie wir sie in den Eingangskapiteln ausführlich erörtert haben.

Noch schwieriger gestaltet sich aber die Sachlage, wenn wir bedenken, daß auch das, was wir als die persönliche Gemütsveranlagung zu unserem Ausgangspunkt genommen haben, sich mit unseren heutigen Mitteln nicht einfach als ein angeborener, das ganze Leben hindurch bleibender Dauerzustand nachweisen läßt. Schon von der hysterischen Gemütsbeschaffenheit wissen wir, daß sie zwar häufig als angeborene Eigenschaft vorkommt. Dann sehen wir aber auch bei Leuten, die sonst niemals im Leben faßbare hysterische Erscheinungen dargeboten haben, ganz unvermittelt nach äußeren Schädigungen, oder auch ohne daß sich solche nachweisen ließen, psychogene Symptome auftreten können, und daß bestimmte Lebensalter, wie Pubertät und Rückbildungszeit, hierzu besonders disponiert zu sein scheinen. So stellt die Neigung zu hysterischen Reaktionen nicht in allen Fällen eine angeborene Veranlagung dar, die das ganze Leben hindurch in gleicher Stärke fortbestände. Etwas Ähnliches beobachten wir bei der konstitutionellen Verstimmung. Bei einer ganzen Reihe unserer Kranken mit trüber Lebensauffassung hatten wir in großen Intervallen ganz leichte wenig abgegrenzte Schwankungen des depressiven Grundzustandes auftreten sehen, die die Schwere der chronischen Gemütsverstimmung ganz erheblich wechseln ließen, ohne allerdings die Art der affektiven Reaktionsweise wesentlich zu verändern. Wir hatten diese Fälle im Beginne des sechsten Abschnittes der Depressionen auf konstitutionellem Boden zusammengestellt und dort noch drei weitere Beispiele hinzugefügt, wo die Änderungen des Dauerzustandes so im Vordergrunde standen, daß sie das Krankheitsbild völlig beherrschten. Bei einem der Fälle war die Einwirkung äußerer Momente wahrscheinlich zu machen, bei den anderen spielten aber zweifellos für die eingetretene allgemeine Verschlimmerung endogene Gründe die Hauptrolle. Umgekehrt konnte im dritten Fall eine äußerlich unbegründete Besserung ganz wesentlicher Natur nachgewiesen werden, die mitten im Leben anschließend an eine schwere Verstimmung aufgetreten war (32); doch blieb hier die Gemütslage noch ganz im Rahmen des angeborenen Temperamentes. Darüber hinaus führen schon die Beobachtungen von Kranken des ersten Typus, wie 10, 16 und 22, bei denen in der Psychose so heftige Affektreaktionen auftraten, daß sie vorübergehend ganz dem Verhalten der zweiten Gruppe der konstitutionell Depressiven gleichen. Beobachtungen, die zum mindesten darauf hinwiesen, daß wir die wirklich wesentlichen Seiten der gemütlichen Veranlagung mit unserer heutigen Umschreibung noch nicht völlig getroffen haben. Weiterhin scheint die konstitutionelle Verstimmung gar nicht in allen Fällen bis in die früheste Jugend zurückzureichen; bei der Kranken 22 setzte sie erst mit der Pubertät ein, und ähnliches findet sich in den beiden im allerletzten Abschnitte zusammengestellten Krankengeschichten, wo wir das eine Mal in der Kindheit ein heiteres, das andere Mal sogar ein ausgesprochen manisches Temperament antreffen, bei Patienten, die später das typische Bild schwerer konstitutioneller Verstimmung boten. Hier haben wir es direkt mit einer Umkehr der gemütlichen Veranlagung zu tun. Auffallend heitere Stimmungslage in frühester Jugend scheint auch sonst bei echten zirkulären Formen nicht selten zu sein. 52 ist ein solches Beispiel, wo die, wenn man so sagen darf, manische Periode bis zum 12. Lebensjahre anhielt, und dann eine längere depressive Zeit einsetzte, die allerdings erst mit 17 Jahren eine pathologische Stärke erreicht zu haben scheint. Späterhin bot der Kranke während der wenigen Jahre, die wir ihn bisher verfolgen konnten, ein typisch zirkuläres Bild. Etwas Analoges haben Specht [118]) und Nitsche [88]) bei der konstitutionellen Erregung beobachtet. Auch hier machen sich die krankhaften Symptome vielfach erst im späteren Leben, oft im 3. oder 4. Jahrzehnt, bemerkbar, während die Kindheit häufig frei von allen Störungen bleiben kann. Verschwinden einer anscheinend konstitutionellen, jahrelang anhaltenden Verstimmung hat Nitsche gleichfalls gesehen und führt bei dieser Gelegenheit als Beispiel eines ähnlichen Verlaufs den Dichter C. F. Meyer an, den er, im Anschluß an die Ausführungen von Heß [48]) für einen echten konstitutionell Depressiven erklärt. Nach der Biographie von Frey [32]), die auch diesen Autoren als Quelle gedient hat, scheint mir das im strengsten Sinne nicht ganz richtig zu sein. Die Angaben, daß Meyer ein unlenksamer, selbstbewußter Junge gewesen sei, der seine Meinungen öfters im Gegensatz zur Umgebung höchst freimütig vortrug, und gelegentlich einen sehr guten Humor gezeigt habe, lassen vermuten, daß zum mindesten kein völlig gleichmäßiger depressiver Dauerzustand vorgelegen habe, und daß neben den sicher vorhandenen apatischen Zeiten, auch solche von Leistungsfähigkeit und gehobener Stimmung sich eingeschoben haben. Interessant ist, daß Meyer, genau wie der vorhin erwähnte Kranke, bis zu seinem 6. Jahre ein auffallend lustiger und ausgelassener Junge war, und dann erst sich völlig veränderte. So sehen wir nicht ganz selten, daß gerade das, was wir als angeborene gemütliche Anlage betrachtet haben, nach den verschiedensten Richtungen hin gewissen Änderungen und Umgestaltungen unterliegt, und daß eine Abtrennung solcher Umstimmungen von den auf konstitutionellem Boden entstandenen Depressionen sich oft recht schwierig gestaltet. Da sind nicht nur die endogenen Schwankungen leichterer und ernsterer Natur, die jenen Verschlimmerungen des Dauerzustandes in Form und Verlauf so nahe kommen können, daß sie völlig mit ihnen übereinstimmen, sondern wir treffen auch gelegentlich im Anschluß an schwerere Erkrankungen sich jahrelang hinziehende leichte

Nachstadien, die gelegentlich nur in einer gesteigerten Empfänglichkeit für traurige Erlebnisse oder in einer erhöhten Empfindlichkeit und Reizbarkeit bestehen, also ganz wie eine einfache Verstärkung der angeborenen gemütlichen Veranlagung wirken. In einem Teil der Fälle ging auch ein längeres depressives Vorstadium ganz ähnlicher Natur der Erkrankung voraus, was uns die Möglichkeit gab, mit Sicherheit festzustellen, daß diese leichten protrahierten Verstimmungen wirklich nur eine weniger stark ausgesprochene Periode der akuten Erkrankung darstellen. Man hätte sonst in solchen Fällen eine Auffassung wohl kaum direkt ablehnen können, welche die ganze Veränderung auf eine Verschlimmerung der angeborenen Konstitution als Folge der durchgemachten Psychose zurückführt. Daß es sich hier aber gewöhnlich um wirkliche Erkrankungen, nicht um Schwankungen des Dauerzustandes handelt, dafür spricht auch die Beobachtung in Fall 70, wo bei einer heiter veranlagten Kranken sich eine ganz ähnliche depressive Psychose mit vielen Schwankungen über Jahre hinaus erstreckt. Die gleichen protrahierten Nachstadien hat Gaupp[37]) unter seinen Heidelberger Fällen mehrfach als Folgezustände klimakterieller Melancholien beobachten können, und Bumke[9]), Dieckhoff[17]) und Soukhanoff[113]) haben bei ihrem Materiale dasselbe gesehen. Handelt es sich in solchen Fällen um schwer konstitutionell depressive Kranke, so wird die Abgrenzung von Psychose und Dauerzustand vollends zur Unmöglichkeit. Immerhin ist es auch noch eine offene Frage, ob hier wirklich grundverschiedene Dinge vorliegen. Nitsche hat gerade in diesen Schwankungen der gemütlichen Konstitution eine der wesentlichsten Tatsachen erblickt, die ihm für eine völlige Eingliederung der angeborenen Verstimmung in das zirkuläre Irresein beweisend zu sein schienen. Er spricht direkt von drei Formen manisch-depressiver Konstitution: der konstitutionellen Erregung, der konstitutionellen Verstimmung und der Zyklothymie, in denen die in der Persönlichkeit begründete Anlage zur Erkrankung dauernd manifest sei. Er geht mit dieser Anschauung noch über Kraepelin hinaus, der die konstitutionellen Verstimmungen nur als Vorformen des manisch-depressiven Irreseins bezeichnet und sich, was die völlige Identität beider Erkrankungen anbetrifft, nur sehr zurückhaltend äußert. Eine Auffassung, welche die depressive Gemütsveranlagung nur als einen protrahierten Anfall des manisch-depressiven Irreseins betrachtet, ist gewiß sehr plausibel; würde sie ja doch mit einem Schlage uns über alle die vielen Schwierigkeiten hinweghelfen, die der allmähliche Übergang der verschiedenen Formen untereinander, die Unmöglichkeit einer scharfen Abgrenzung, sowie das sonst schwer verständliche Auftreten entgegengesetzter Phasen auf einem konstitutionell andersartigen Boden uns bereitet hatte. Die vielen Schwankungen und Ungleichmäßigkeiten im Dauerzustand scheinen eine solche Auffassung direkt zu fordern. Gleichen sie doch vollkommen protrahierten leichten Depressionen, wie wir sie sonst als endogene Erkrankungen gesehen haben, während umgekehrt die weniger akuten Zeiten der Psychosen als Nach- und Vorstadien vielfach direkt an konstitutionelle Zustände erinnern. So sehen wir eine konstitutionell Depressive (76) im Anschluß an eine Verstimmung eine 2—3jährige Hypomanie erleiden, in der sie in ihrem ganzen Wesen durchaus den heiter Veranlagten gleicht, oder eine Patientin mit manischem Temperamente (60) wird von einer 7 Jahre andauernden Depression befallen, die ebenfalls in ihrem späteren chronischen Stadien ganz den schweren konstitutionell depressiven Formen ähnelt, und das bei beiden Kranken, ohne daß die angeborene Veranlagung dadurch berührt worden wäre. Und trotzdem, wenn wir uns die typischen Fälle der konstitutionellen Depression und die echten zirkulären Erkrankungen nebeneinanderstellen, finden wir so schwergreifende Unterschiede, daß wir auch dann den beiden Formen eine völlig gesonderte Stellung einräumen müssen, wenn wir sie tatsächlich in einer großen Gruppe miteinander vereinigen und nur als verschiedene Ausdrucksform ein und derselben Störung auffassen. Auch schwinden die aufgeführten Ähnlichkeiten und Analogien bei näherer Betrachtung ganz erheblich zusammen. Denn die Fälle, die solche fließenden Übergänge bilden, sind immerhin seltenere Erscheinungen und treten gegenüber den Typen doch sehr in den Hintergrund. Dann ist häufig die wirkliche Identität der Symptome recht zweifelhaft. Die geschilderten Schwankungen des gemütlichen Dauerzustandes dürfen wohl in einer großen Zahl von Fällen mit endogenen leichten Verstimmungen in Parallele gesetzt werden. Ebenso oft stellen sie aber zweifellos nur die Folge äußerer ungünstiger Verhältnisse dar, und müssen daher mit den psychopathischen reaktiven Depressionen in eine Linie gerückt werden, die mit den richtigen zirkulären Verstimmungen doch nur sehr entfernte Beziehungen haben. Bei der großen Empfänglichkeit für traurige Eindrücke, die für alle depressive Kranke charakteristisch ist, wird man gerade diese Schwankungen im einzelnen Falle nur schwer im Sinne einer zirkulären Erkrankung verwerten dürfen. Da blieben uns für den Beweis der engen Zusammengehörigkeit nur die Kranken mit völligem Umschlag der gesamten gemütlichen Konstitution, und diese sind nach meinen Erfahrungen recht selten. Ob Patienten hierhergerechnet werden dürfen, bei denen nur die Kinderjahre durch eine ausgesprochen heitere und glückliche Stimmungslage von dem ganzen späteren Gemütsleben grell abstechen, das scheint mir sehr die Frage zu sein, selbst wenn man sich auf die Fälle beschränkt, wo ein ausgelassenes, an Manische erinnerndes Temperament ausdrücklich angegeben wird. Im kindlichen Lebensalter ist ja wohl die heitere Stimmungslage das Normale, so daß man nur mit großer Vorsicht hier von krankhaft heiterem Temperamente wird reden dürfen; zumal bei Leuten, die im späteren Leben an dem Verantwortungsgefühle besonders schwer zu tragen haben, gerade die von selbständigen Pflichten freie Jugendzeit häufig in der Erinnerung in viel zu goldenem Lichte erscheint. Dann ist es aber auch nicht unmöglich, daß die gemütliche Veranlagung vielfach erst mit der Pubertätszeit oder kurz vorher voll in Erscheinung tritt, möglicherweise weil die Labilität und die geringe Nachhaltigkeit des infantilen Gemütslebens die leichteren Störungen nicht recht zur Geltung kommen lassen. Sehen wir doch auch bei den echten zirkulären Formen in der überwiegenden Mehrzahl der Fälle die ersten sicher greifbaren Erscheinungen nicht vor der Pubertät auftreten. Allerdings zeigt nur eine unserer konstitutionell depressiven Kranken deutlich diese verspätete Entwicklung, bei den übrigen scheint die depressive Stimmungslage weiter zurückzugehen, so daß die Kranken mit heiterer Jugendzeit sicherlich in der Minderzahl sind. Als Regel möchte ich das allerdings nicht ohne weiteres hinstellen, denn es fehlt uns auch hier wieder an einer genügenden Anzahl völlig einwandsfreier Beobachtungen. Die beiden Kranken, bei denen manisches Temperament in konstitutionelle Verstimmung umgeschlagen ist, zeigen diese Veränderung schon in der Pubertät oder kurz darnach, so daß man bei der einen wenigstens Bedenken haben könnte, ob hier wirklich eine Umwandlung vorliegt; die andere, und zwar die mit dem ausgesprocheneren Temperamente, stammt, was mir bedeutungsvoll scheint, aus einer auffallend lebenslustigen und ausgelassenen Familie. Da wird denn doch ein Umschlagen der Konstitution das Näherliegende sein. Der zweite Punkt, der für die völlige Gleichstellung beider Formen sprach, war das Auftreten zirkulärer Erkrankungen bei konstitutionell Depressiven; doch scheint das durchaus nicht häufig vorzukommen, vor allem soweit es sich um schwere manische Erkrankungen handelt. Einfache oder periodische Manien habe ich überhaupt bei derartigen Kranken nicht beobachtet. Nur das Umgekehrte wurde in zwei Fällen festgestellt. Patientinnen mit chronisch-manischem Temperamente haben als einzige Psychosen im Leben nur Depressionszustände durchgemacht. Das Vorkommen von Übergangsformen kann also nicht bezweifelt werden. Immerhin stellt es die Ausnahme dar. Denn wenn wir das ganze Material überblicken, das mir zur Verfügung gestanden hat, so stoßen wir doch im allgemeinen auf die Tatsache, daß bei heiterer Veranlagung die manischen, bei ausgesprochen depressiver die traurigen Verstimmungszustände überwiegen, und daß gerade die ausgesprochenen gemütlichen Veranlagungen besonders zu gleichartigen Psychosen neigen. Eine gewisse, oft recht weitgehende Bedeutung für die Verlaufsform wird daher der affektiven Konstitution nicht abzusprechen sein, wie ja auch sonst der Einfluß individueller Momente gerade bei den Affektpsychosen deutlich zutage getreten ist. Die Form der gemütlichen Reaktion, die Neigung zu psychogenen Erscheinungen und andere persönliche Züge konnten wir vielfach im Symptomenbild der Erkrankung wiedererkennen. Leider reichen für wirklich genaue vergleichende Untersuchungen meine Krankengeschichten nicht aus. Bei so heiklen Fragen dürfen nur eigene, direkt darauf gerichtete Beobachtungen Verwertung finden. Doch läßt sich an einer Eigenschaft, die sich besonders deutlich bemerkbar zu machen pflegt, ich meine die übertriebene Empfindlichkeit mit Nachtragen und Mißdeuten harmloser Kleinigkeiten, das einigermaßen zeigen. Wo solche Züge im normalen Leben vorhanden waren, finden wir während der Psychose in der Mehrzahl der Fälle die entsprechenden Symptome in starker Ausprägung vertreten (16, 20, 26, 28, 29, 70, 71). So bleibt von den vielen Tatsachen, die uns bewegen könnten, die konstitutionellen Zustände den zirkulären Erkrankungen einfach einzureihen, in der Hauptsache nur das eine übrig, daß zweifellos eine große Zahl von Übergängen vorhanden sind, die wohl die enge Verwandtschaft beider Zustände beweisen; aber alle die aufgefundenen Analogien, Ähnlichkeiten und Zwischenformen können die Bedenken, die einer völligen Identifizierung entgegenstehen, nicht völlig beseitigen. Es sprechen doch zu gewichtige Gründe für die Bedeutung, die der speziellen gemütlichen Veranlagung für die Form und den Verlauf der Psychosen innewohnt. Allzuweit entferne ich mich mit dieser Auffassung gar nicht von der zitierten Meinung Nitsches, wenn ich ihn darin recht verstehe, daß auch er drei gesonderte Gruppen von affektiver Veranlagung annimmt, die wohl sicher umschreibbare Typen darstellen, die aber durch zahlreiche Übergänge ihre Zugehörigkeit zu der großen Gruppe aller Affektpsychosen, dem manisch-depressiven Irresein, beweisen. Eine Auffassung aber, die wie Hellpach und Hirth es tun, von einem zyklischen Temperamente redet, und dies als Grundlage des gesamten manisch-depressiven Irreseins auffasst, scheint mir den Formen der konstitutionellen Verstimmung nicht gerecht zu werden.

Gerade für die Frage, ob auf Grund der gemütlichen Veranlagung eine Abtrennung gesonderten Formen des manisch-depressiven Irreseins möglich sei, sollte uns die Art der Vererbung eine wesentliche Unterstützung gewähren. Daß Affektpsychosen im allgemeinen die Neigung besitzen, sich auf die Nachkommenschaft zu übertragen, hatten wir an der Hand der Literatur dargelegt. Und damit stimmen meine eigenen Beobachtungen durchaus überein. Auch sie zeigen völlig getrennte Vererbung, soweit es sich um die Dementia praecox handelt; von dieser Erkrankung habe ich keinen einzigen sicheren Fall in der Aszendenz meiner Patienten gefunden. Doch das nur nebenbei. Uns interessierte ja vor allem die Frage, ob auch die besondere Form der gemütlichen Veranlagung auf die Nachkommenschaft übergehe. Wir hatten das auf Grund der Angaben anderer Autoren, die der allgemeine Eindruck an unserem Materiale zu bestätigen schien, für wahrscheinlich gehalten. Trotzdem durften wir, auch wenn sich diese Annahme als richtig erwies, keine völlig getrennte Vererbung von zirkulärer und konstitutionell depressiver Veranlagung erwarten. Schon die Analogie mit den übrigen klinischen Erfahrungen, wo gleichfalls keine Möglichkeit bestanden hatte, beide Formen scharf von einander abzugrenzen, läßt auch hier fließende Übergänge vermuten. Immerhin wäre noch eine andere Möglichkeit denkbar, nämlich, daß es sich wirklich um grundverschiedene affektive Störungen handle, deren gemeinsames Vorkommen gerade in einer gemischten Vererbung seine Ursache habe. Wenn diese Ansicht auch nicht viel für sich hat, so mußte doch gerade auf die Übergangsformen besonders sorgfältig geachtet werden, weil man hier hoffen durfte, einen klaren Einblick in die Beziehungen von Anlage und Psychose zu erhalten. Sind doch über die Vererbung pathologischer Gemütsveranlagungen mit Ausnahme der Beobachtungen von Lippschütz für die depressive und von Nitsche für die heitere Komponente in der Literatur keine Beobachtungen niedergelegt. Specht, der sich mit der chronischen Manie eingehend befaßt hat, spricht nur allgemein von schwerer Belastung.

Die Schwierigkeiten von Hereditätsuntersuchungen bei einem Materiale wie dem meinigen, sind in der Besprechung der Methodik schon ausführlich behandelt worden. Bei den ungenügenden Angaben, die sich im besten Falle bis auf die Großeltern zurückerstreckten, und dem häufigen völligen Ausfallen jeglicher brauchbarer Nachrichten über Psychosen oder abnorme Veranlagungen in der Familie, vermag ich über den Umfang der durchschnittlichen Belastung keinerlei nur einigermaßen sichere Angaben zu machen. Daß konstitutionelle Verstimmung ohne entsprechende erbliche Belastung in der näheren Verwandtschaft vorkommt, das scheint mir Fall 28 zu lehren, wo wir trotz einer nach jeder Richtung hin guten Anamnese keine diesbezüglichen Angaben erhielten. Ob nicht auch in diesem Falle in weiter zurückliegenden Generationen entsprechende pathologische Veranlagungen vorhanden sind, ließ sich leider nicht feststellen. Unsere Kenntnis geht nur bis auf die Großeltern zurück. Der Mangel an Nachrichten über die weiter zurückliegenden Aszendenten ist überhaupt der wundeste Punkt in meinen Untersuchungen. Nur etwa in einem Drittel der Fälle erhielt ich drei einigermaßen vollständige Generationsreihen, mehr nur ganz vereinzelt, so daß ich zur Feststellung der familiären Veranlagung neben allgemeinen Angaben über Familientemperament vor allem auf das gleichzeitige Auftreten bei Geschwistern und die Weitergabe auf die Kinder angewiesen war.

Entsprechend den klinischen Beobachtungen ergeben auch die Hereditätsuntersuchungen im allgemeinen eine Tendenz zu gleichartiger Vererbung. Unter den reinen Formen der konstitutionellen Depression habe ich bei keinem meiner Kranken eine manische Psychose in der Familienanamnese nachweisen können. Bei einer Reihe von Fällen (16, 30, 38) finden sich unter den Verwandten einzelne heiter Veranlagte, die aber in keiner Weise auffielen und wohl kaum als manische Temperamente aufgefaßt werden dürfen. Bei anderen, wo ebenfalls heitere Naturen unter den Angehörigen auftraten, ließ sich neben der Vererbung des konstitutionell depressiven Temperamentes deutlich eine solche des heiteren nachweisen, und zwar so, daß Depressionszustände nur bei depressiv Veranlagten vorkamen. Auch scheint es der Fall zu sein, wenn man so allgemeinen Angaben überhaupt Vertrauen schenken darf, daß zusammen mit der Art, gemütlich zu reagieren, meist auch die übrigen persönlichen Eigenschaften in gleicher Weise vererbt zu werden pflegen; gewöhnlich vermochten die Kranken ganz bestimmt anzugeben, wer in der Familie dem Vater, wer der Mutter nachgeschlagen sei. Am ausgesprochensten fand sich diese Form getrennter Vererbung bei Beobachtung 17 und bei einem weiteren Falle, der nicht unter den Beispielen aufgeführt ist, und der in die Gruppe der depressiv Veranlagten mit reaktiven und endogenen Verstimmungen hinein gehört. Hier ließen sich deutlich zwei Linien, eine ausgesprochen heitere und eine andere mehr depressive, unterscheiden, die in der vorletzten Generation zusammentrafen und nun eine völlig getrennte Vererbung besaßen, so daß die einzelnen Familienglieder trotz nächster Verwandtschaft keinerlei Ähnlichkeit miteinander aufwiesen. Konstitutionelle Familienanlage mit Tendenz zur Vererbung konnte ich noch in 11 weiteren Fällen nachweisen, immerhin eine ganz beträchtliche Zahl, wenn man bedenkt, daß ich im ganzen nur über 59 Kranke sicherer depressiver Veranlagung verfüge. Dabei habe ich von denjenigen Patienten abgesehen, die später zirkuläre Erscheinungen geboten haben, und auch die Patienten ausgeschieden, von denen über erbliche Belastung nichts zu erfahren war. Fast alle diese Kranken haben übrigens spontan angegeben, daß sie über die erblichen Verhältnisse nicht recht orientiert seien. Vererbung depressiver Konstitution auf die Kinder traf ich im ganzen nur viermal an, wobei übrigens nur in zwei Fällen sämtliche Nachkommen ohne Ausnahme betroffen waren. Die geringe Zahl hat wohl darin ihren Grund, daß viele der Kranken sich noch in relativ jugendlichem Alter befanden, und erwachsene Kinder daher verhältnismäßig wenig zahlreich waren. Nur in zwei von diesen vier Fällen hat sich die erbliche Belastung schon in frühester Jugend deutlich bemerkbar gemacht. Unter den konstitutionell Depressiven, die später zirkuläre Erscheinungen geboten haben, finden sich bei den beiden ersten Gruppen, den Kranken mit vereinzelten anschließenden Hypomanien und denen mit zyklothymen Schwankungen, ausgenommen eines einzigen Falles, überall vereinzelte Heitere in der Familienanamnese. Auffälligerweise sind es vielfach Geschwister, die als besonders heiter, unternehmend und leichtsinnig geschildert werden, meist ohne daß sich in der Aszendenz entsprechende Veranlagungen vorfänden. Nun handelt es sich ja hierbei um persönliche Eigenschaften, die an der Grenze des Normalen stehen, und die nur dann, wenn sie zu völligem Schiffbruch im Leben geführt haben, als pathologisch betrachtet zu werden pflegen, sonst aber keine besondere Beachtung erhalten. Ihr Ausfallen in der Hereditätsanamnese will daher nicht allzuviel besagen. Ebensowenig läßt sich aus dem Auftreten einzelner heiterer Temperamente der Schluß einer gemischten Belastung rechtfertigen. Wir hatten ganz Ähnliches auch bei typischen Fällen konstitutionell Depressiver gesehen. Auffallend ist, daß wir auch bei dieser letzten Gruppe nur in einer einzigen Beobachtung Zirkuläre unter den Anverwandten haben. Bei den Kranken mit ausgesprochen manischen Phasen fehlt in einem Falle jede brauchbare Hereditätsanamnese, in einem zweiten ist sie typisch zirkulär. In den drei übrigen haben wir aber ausgesprochen konstitutionell Depressive unter den Familienangehörigen. Bei einer der Kranken müssen wir sogar direkt von depressiver Familienveranlagung reden, während wir bei den zwei anderen nur über die nächsten Angehörigen (Eltern und Geschwister) unterrichtet sind, und weitergehende Schlüsse daher nicht möglich erscheinen. Diese Erfahrungen können wohl als Bestätigung dafür angesehen werden, daß wir es bei dieser Gruppe wirklich mit konstitutionell Depressiven zu tun haben. Von den beiden Fällen, die unter Umkehr ihrer gemütlichen Veranlagung erst in der Pubertät chronisch depressiv wurden, hat die Kranke mit der ausgesprochen hypomanischen Stimmungslage auch eine ganz entsprechende Belastung in der Familie, so daß man, wie schon erwähnt wurde, hier wohl eine wirkliche Umkehr der anscheinenden gemütlichen Veranlagung nicht gut in Abrede stellen kann. So bilden diese Kranken, wie sie klinisch ganz aus dem Rahmen der übrigen herausfallen, auch in ihrer erblichen Belastung eine entsprechende Gruppe für sich allein. Es kann nach alle dem keine Frage mehr sein, daß wirklich fließende Übergänge zu den zirkulären Formen vorhanden sind, und daß eine grundsätzliche Abtrennung der konstitutionellen Störungen von den echten zirkulären ganz ausgeschlossen ist.

Wichtig wäre es auch gewesen, festzustellen, wie sich unsere beiden Gruppen depressiver Veranlagung bei der Vererbung verhalten. Schien uns doch gerade die Neigung zu gleichsinniger Übertragung auf die Nachkommen einen wichtigen Fingerzeig für die Abgrenzung solcher degenerativer Zustände abzugeben, und rein klinisch waren wir ja auf recht erhebliche Schwierigkeiten gestoßen, wenn wir in allen Fällen eine klare Trennung durchzuführen versuchten. Leider hat sich aber ein genaueres Verfolgen dieser Frage als ganz unmöglich erwiesen, da man wohl über depressive Veranlagung bei den Angehörigen ganz allgemein etwas in Erfahrung bringen kann, welcher Art diese Veranlagung aber ist, das läßt sich nur in den seltensten Fällen mit genügender Sicherheit festlegen. Nur bei den allernächsten Angehörigen, bei Eltern, Kindern und bei Geschwistern erhielt man detailliertere Mitteilungen, und dann begegnete man recht häufig der Angabe, daß die Art des Temperamentes und des ganzen Charakters völlig übereinstimme, so daß man den allgemeinen Eindruck gewinnt, auch hier sei eine ganz gleichsinnige Vererbung das Häufigere. Nur in zwei Fällen habe ich Paare von Familienmitgliedern als Patienten der Klinik genügend persönlich kennen gelernt. In dem einen Falle war die Veranlagung völlig übereinstimmend, während es sich im anderen bei Mutter und Sohn (27 und 1) direkt um Typen der ersten und zweiten Veranlagung handelte. Man wird also hier auch nicht über einen allgemeinen Eindruck hinauskommen und die klinische Erfahrung bestätigen müssen, daß Übergänge zwischen beiden Formen zweifellos zu existieren scheinen. Ganz ähnlich verhielt es sich bei der psychogenen Veranlagung, wo wir uns mit allgemeinen Angaben über Nervosität und Empfindlichkeit bei den Vorfahren zufrieden geben müssen. Vielfach hören wir auch dort von Depressionszuständen, doch läßt sich über deren Natur selbstredend nichts Genaueres feststellen. Unter den angeführten Beispielen von psychogener Veranlagung haben wir bei all den vier, die überhaupt Auskunft über hereditäre Verhältnisse gaben, unter den Vorfahren mehrfach die gleichen Züge von Weichmut und Empfindlichkeit angetroffen.

Hatten wir bei unseren depressiven Psychopathen ein weitgehendes Interesse an der eigenen krankhaften Konstitution und deren Verbreitung in der Familie gefunden, was uns anamnestische Angaben sehr erleichterte, so trifft das bei den echten Zirkulären nicht im gleichen Maße zu. Die Auskunft über Vererbungsfragen ist daher noch wesentlich schlechter, wenigstens soweit es sich um leichte Störungen handelt. Immerhin ließ sich doch feststellen, daß unsere schweren Formen manisch-depressiver Erkrankung, von denen wir in der ersten Gruppe Beispiele zusammengestellt haben, sämtlich, soweit überhaupt eine sichere Anamnese sich erheben ließ, typisch Zirkuläre unter ihren Vorfahren hatten, daß sich sogar in einzelnen Fällen die zirkuläre Veranlagung über mehrere Generationen vererbt hatte. Bei Kranken mit manischem Temperamente trafen wir nur bei zweien eine rein manische Familienanamnese. Für die übrigen sind wir nicht genügend orientiert. Im Fall 59, der nur depressive Erkrankungen durchgemacht hat, finden sich unter den Angehörigen neben ausgesprochen manischen Temperamenten auch einzelne, die schwere Depressionszustände durchgemacht haben. Ob konstitutionell Depressive unter ihnen sind, ließ sich nicht mit Sicherheit feststellen. Unter den einfach heiter Veranlagten zeichnet sich 61 wieder dadurch aus, daß sich hier als Erbteil von der väterlichen Linie eine Anzahl depressiv veranlagter Brüder finden, während die Kranke selbst mit ihrem Temperament vollkommen der Mutter nachgeschlagen ist. 64 stammt von Mutterseite her aus einer ausgesprochen konstitutionell depressiven Familie und hat zwei ebenso veranlagte Geschwister, eine auffallend heitere Schwester hat eine Depression durchgemacht, während der Patient selbst richtig zyklothym ist. Leider sind wir über die väterliche Familie und die Geisteskrankheiten, die dort aufgetreten sein sollen, nicht genauer unterrichtet. Von den „ruhig-stillen“ steht Fall 68 schon den konstitutionell Depressiven nahe. Die Kranke hat nur Verstimmungszustände durchgemacht und hat auch eine typisch konstitutionell depressive Familienanamnese. Bei den heiter psychogen Veranlagten fanden sich heitere und schwernehmende Temperamente in gleicher Weise unter den Familienmitgliedern, ohne daß sich irgendwelche einwandsfreien Schlüsse daraus hätte ziehen lassen.

Bei Untersuchungen über die Vererbung von Charaktereigenschaften hat man mehrfach die Frage aufgeworfen, ob der väterlichen oder der mütterlichen Seite der größere Einfluß zukomme, und es existieren in der Literatur eine ganze Reihe diesbezüglicher Bemerkungen, die sich bis auf Griesinger zurückverfolgen lassen. Auf eine genauere Besprechung der Literatur kann ich hier verzichten, da ich selbstverständlich bei meinem unsicheren Materiale doch keine entscheidenden neuen Tatsachen beizubringen vermag. Im ganzen fand ich bei männlichen wie bei weiblichen Kranken wahllos bald von seiten der Mutter, bald von seiten des Vaters her die entsprechende Belastung. Eines ist mir indessen aufgefallen. Unter den weit zurückgehenden Anamnesen, d. h. bis auf Großeltern und Urgroßeltern, überwiegt bei den konstitutionell Depressiven ganz überraschend die Übertragung durch die weibliche Linie, und zwar scheint das für Männer wie für Frauen in ganz der gleichen Weise zuzutreffen. Überhaupt habe ich den Eindruck gewonnen, als ob der Belastung durch die Mutter eine etwas größere Bedeutung innewohne, wie der von Vaterseite. Kranke, bei denen sich eine konstitutionelle Gemütsveranlagung in der Aszendenz feststellen ließ, haben ihr Temperament $1^1/_2$mal so häufig von der Mutter wie von dem Vater geerbt. Wichtig ist auch die Häufigkeit der gleichmäßigen Belastung von beiden Seiten; bei fast einem Viertel aller Patienten mit gleichsinniger Heredität und einigermaßen brauchbaren Familienanamnesen fanden sich bei beiden Eltern oder wenigstens in den beiden elterlichen Familien entsprechende konstitutionelle Veranlagungen und Psychosen. Das würde gut mit Strohmayers Erfahrung übereinstimmen, der auf Grund seiner genealogischen Studien an Fürstenhäusern der konvergierenden Belastung einen ganz besonderen Wert beilegen zu müssen glaubt.

Das ist, was sich mit einiger Sicherheit über unsere Erblichkeitsuntersuchungen sagen läßt. So wenig beweisend sie auch im einzelnen sind, das eine scheint mir doch mit unzweifelhafter Deutlichkeit daraus hervorzugehen, daß auch bei der Vererbung krankhafter Gemütsveranlagungen in der überwiegenden Mehrheit der Fälle nicht nur die allgemeine Disposition, sondern auch die spezielle Form auf die Nachkommen übermittelt wird, also ein Ergebnis, das sich mit unseren klinischen Beobachtungen vollkommen deckt. Und zwar ist überall da, wo typische Fälle pathologischer Verstimmungen oder die echten Formen zirkulärer Erkrankung vorliegen, auch die Vererbung im gleichen Sinne am ausgesprochensten, während wir bei den vielen atypischen zirkulären Formen auch die verschiedensten affektiven Störungen in der Aszendenz der Kranken antreffen können. Doch gilt das alles nur ganz im allgemeinen. Wie wir bei den klinischen Bildern Übergänge und Mischungen verschiedener Formen feststellen konnten, so spotteten auch in der Art ihrer Belastung einzelne Fälle allen Regeln Hohn. Mehr als solche ganz allgemeine Schlüsse wird man sich bei den vielen Fehlerquellen und den Unvollkommenheiten meines Materiales nicht erlauben dürfen. Doch scheint mir diese unverkennbare Übereinstimmung der klinischen wie der Hereditätsuntersuchungen schon einem positiven Resultate gleichzukommen und die Bedeutung der konstitutionellen Verstimmung als eines besonderen wesentlichen Typus affektiver Störung damit über allen Zweifel erhoben zu sein. Dann müssen wir aber auch versuchen, uns theoretisch klar zu machen, wie die sicher vorhandenen fließenden Übergänge zum zirkulären Irresein zu verstehen sind, und welche Stellung dann konstitutionelle Verstimmung und manisch-depressiver Irresein einander gegenüber einnehmen.

Am besten gehen wir dabei von den richtig zirkulären Formen aus. Sie heben sich am stärksten von den übrigen nah verwandten Gruppen psychopathischer Zustände ab, und sie besitzen für die Auffassung des gesamten Formenkreises die ausschlaggebende Bedeutung, wie sie auch der ganzen Psychose den Namen verliehen haben. Jede klinische Betrachtung muß sich, um eine gesicherte Grundlage zu erhalten, zuerst einmal auf die typischsten und klarsten Symptomenbilder beschränken. So werden wir hier vorerst von all den verschiedenen Verlaufsformen des zirkulären Irreseins absehen und unser Augenmerk einzig und allein auf diejenigen Fälle richten, bei denen sich die Erkrankung in leichten zyklischen Schwankungen oder auch in schweren Anfällen bis in die früheste Jugend hinein erstreckt und unbekümmert um die äußeren Verhältnisse in gleichmäßigen Perioden das ganze Leben hindurch anhält. Ich habe dabei Patienten im Auge, wie sie als erste Gruppe der echten zirkulären Erkrankungen geschildert worden sind. Hier dokumentiert sich die Krankheit auf das deutlichste als eine Störung, die in einer eigentümlichen angeborenen Anlage ihre Ursache haben muß. Denn rein aus sich heraus ohne Einwirkung äußerer Einflüsse entwickelt sie sich, und in Form und Verlauf gehorcht sie nur eigenen uns unbekannten Gesetzen. Mit dieser Einschränkung auf ein kleines, aber um so charakteristischeres Material umgehen wir all die Schwierigkeiten, die uns eingangs die Abgrenzung des Begriffes vom manisch-depressiven Irresein in seinem weitesten Sinne verursacht hatte; und so wird es wohl ohne besondere Mühe gelingen, sich vor allem darüber zu verständigen, was eigentlich das wesentliche dieser echten zirkulären Formen gegenüber den anderen nahverwandten psychischen Störungen darstellt. Zwei Punkte kommen hier als kennzeichnende Merkmale in Betracht, die Periodizität des Verlaufes und die endogene Entstehung der einzelnen Anfälle bei völliger Unabhängigkeit vom Temperament und gemütlicher Veranlagung.

Die Periodizität kann für die zirkulären Formen im engsten Sinne, mit denen wir uns hier allein beschäftigen wollen, als ein ausschlaggebendes Kennzeichen gelten, wenn wir diesen Begriff etwas präzise fassen und darunter mit Hoche[52]),, nicht einfach verstehen wollen, daß die Psychose öfters im Leben auftritt, sondern auch verlangen, daß die einzelnen Anfälle sich ohne äußeren Anlaß, oder doch ohne entsprechenden äußeren Anlaß aus Gründen, die in der Organisation des Betroffenen liegen, wiederholen". Damit haben wir wenigstens den typischen Formen der konstitutionellen Verstimmung gegenüber eine sichere Abgrenzung gewonnen. Denn bei ihnen bedeuten die leichten Schwankungen der Veranlagung im Laufe des Lebens, wie auch die ausgesprochenen Psychosen, nichts als Reaktionen auf ungünstige äußere Verhältnisse. Aber das gilt nur für die reinen wirklich typischen Fälle. Den übrigen Formen der Entartung gegenüber ist eine Trennungslinie, die sich vor allem auf die Periodizität stützen will, erst recht nur verschwommen und ungenau. Wir haben ja schon eingangs die Neigung zu periodischer Wiederkehr krankhafter Störungen als ein Merkmal aller degenerativen Erkrankungen kennen gelernt. Doch auch nach der Gesundheitsbreite hin bestehen hier nur fließende Übergänge. Daß zwischen den einfachen Zyklothymien und den schweren nur mit psychotischen Anfällen verlaufenden Erkrankungen kein prinzipieller Unterschied vorhanden ist, und daß die ersteren nur die leichteren Formen der letzteren darstellen, wird jetzt wohl allgemein anerkannt. Auch in Frankreich neigt, wie die neueste Zusammenstellung von Kahn[59]) zeigt, die Mehrheit der Autoren dieser Ansicht zu. So erscheinen gerade diese leichten Schwankungen als der Ausdruck einer dauernd vorhandenen Anlage zur Krankheit, und man hat behauptet, daß sie auch in den anfallsfreien Zeiten sich bei genauer Beobachtung deutlich nachweisen ließen. Da besteht aber eine Schwierigkeit; wir finden derartige leichte Schwankungen nicht nur bei zirkulären, sondern auch bei einer großen Mehrzahl aller Menschen, vielfach Leuten, die sicherlich nichts von einer nachweisbaren psychopathischen Anlage an sich tragen. Und bekannt ist ja die auffällige Tatsache, daß gerade bei intellektuell besonders Hochstehenden, selbst bei genialen Persönlichkeiten, ein solcher Wechsel von guten Zeiten mit großer Produktivität und schlechten mit völligem Versagen der Arbeitskraft gar nicht selten beobachtet wird. Hoche spricht hier nicht mit Unrecht von Quartalsarbeitern und zieht eine gewisse Parallele zu den sogenannten Quartalstrinkern, unter denen ja auch, wenn man von den gewiß nicht sehr häufigen Epileptikern absieht, eine große Zahl ähnlichen Gemütsschwankungen ihre krankhaften Exzesse verdankt. In ausgesprochenen Fällen kann man wohl mit Recht hier noch von leichten Zyklothymien sprechen. Wenn man aber die außerordentliche Verbreitung solcher ganz leichter Schwankungen auch unter anscheinend normalen Menschen beobachtet, so wird man Bedenken haben müssen, hier in allen Fällen einfach von zyklothymer Anlage zu reden, und damit diese Erscheinungen ausnahmslos zu krankhaften Störungen zu stempeln. Da lag es viel näher, nach Beziehungen zu allgemeinen biologischen Vorgängen zu suchen. In der Tat wissen wir, daß ein großer Teil aller Lebensvorgänge einen periodischen Ablauf zeigt. Am handgreiflichsten tritt das in der Menstruation zutage. Hegar hat als erster darauf aufmerksam gemacht, welch eingreifende Bedeutung sie für den Ablauf der gesamten Stoffwechselvorgänge besitzt, und wie der ganze Lebensprozeß normalerweise in Wellenbewegungen verläuft, deren einzelne Phasen mit der Regel zusammenfallen. Daß sich ihr Einfluß auch auf psychische Störungen erstreckt, ist bekannt. Ich brauche nur an die Hysterie zu erinnern, wo nicht selten mit dem Einsetzen der Periode das Auftreten der akuten Erscheinungen zusammenfällt, oder an die affektiven Erkrankungen, bei denen wir sehr häufig starke Schwankungen und Änderungen des Zustandes zur Zeit der Menses beobachten können. Recht deutlich spiegeln sich solche allgemeinen Erfahrungen in der Volksanschauung wieder, wenn sie in ihrer übertreibenden Art sozusagen alle Geisteskrankheiten auf die Periode zurückführen will. Wie allgemein verbreitet sich überhaupt periodisches Schwanken unter allen Lebensvorgängen findet, darauf haben neben anderen Gaupp[36]) und Hoche[52]) bei Besprechung der affektiven Krankheitsformen hingewiesen. Im Wechsel von Bewegung und Ruhe, von Wachen und Schlafen, in den periodischen Steigerungen der Sexualität, wie sie gewöhnlich im Frühsommer statthat, tritt diese Neigung deutlich zutage. Am ausführlichsten hat sich mit diesen Fragen Havelock Ellis[22]) beschäftigt. Er zieht den rhythmischen Ablauf aller organischen Funktionen mit in die Betrachtung hinein und weist auf Atmung, Herztätigkeit, Muskelarbeit, Körpertemperatur, Entbindungsvorgänge, und schließlich auch auf das Wachstum der Kinder hin, das gleichfalls keinen kontinuierlichen Fortgang habe, sondern schubweise in einzelnen getrennten Abschnitten erfolge. So glaubt er, daß sämtliche biologischen Vorgänge einen rhythmischen Ablauf aufweisen, ja, daß das ganze Leben in einzelne Perioden von bestimmter Dauer zerfalle, in denen sich der Lebensprozeß immer wieder erneue, wie sie in der Menstruation der Frau ihren Ausdruck fänden. Dafür, daß auch bei den Männern eine ähnliche Periodizität nachweisbar sei, stützt er sich auf die Untersuchungen von Fließ, der hier eine 23tägige gleichmäßige Periode nachgewiesen haben will; doch gibt Ellis selbst zu, daß das bisher gesammelte Material noch keinen ausreichenden Überblick gewähre, und daß daher alle diese Fragen für eine endgültige Entscheidung noch nicht spruchreif seien. Wesentlich bestimmter drückt sich Swoboda[126]) aus. Er will eine vollständige regelmäßige Periodizität aller Lebensvorgänge beobachtet haben, die sogar so weit gehe, daß Erinnerungen, Vorstellungen, Träume, ja überhaupt alle psychischen Vorgänge sich in ganz bestimmten Intervallen oder deren Multiplen wiederholen, daß der ganze Assoziationsverlauf von diesem Gesetze beherrscht werde, und daß auch das plötzliche Auftauchen von Erinnerungen und dergleichen hierin seine Ursache habe. Ja er will seiner Untersuchungen so gewiß sein, daß er allein aus der Kenntnis dieser Schwankungen das genaue Datum des Geburtstages eines Menschen mit unfehlbarer Sicherheit festzustellen vermöge, allerdings ohne daß er mit seinen Ausführungen überzeugend wirkte. Pailhas[90]), der gegen die spezifische Bedeutung der Periodizität für irgend eine Krankheitsform polemisiert, hat in jüngster Zeit alles zusammengestellt, was von hierhergehörigen Tatsachen bekannt geworden ist. Er kommt dabei zu dem Ergebnisse, es spreche alles dafür, daß ein großer Teil der Lebensvorgänge periodisch ablaufe, und daß in der Tat hier ein allgemeines biologisches Gesetz vorliege. Das ist wohl auch das einzige, was sich augenblicklich über diese Fragen mit einiger Bestimmtheit sagen läßt; aber bei Berücksichtigung aller angeführten Tatsachen scheint diese Annahme auch soweit gesichert, daß man den Schlußfolgerungen P.s wird völlig zustimmen dürfen. Dann haben wir aber auch das Recht, die allgemeine Neigung zu periodischen Störungen, die gerade die Entartungszustände vor allem auszeichnet, mit diesen psychologischen Vorgängen in Parallele zu setzen und die Grundlage für diesen eigentümlichen Krankheitsverlauf in einer allgemeinen biologischen Anlage zu suchen. Vor allem trifft das für

Erkrankungsformen zu, die, wie das manisch-depressive Irresein, in ihren ganzen Symptomenbildern den entsprechenden normalen Vorgängen so nahestehen, und die eigentlich nur eine Steigerung und krankhafte Verzerrung normaler Gemütsbewegungen darstellen. Die Beobachtung, daß alle Formen leichter periodischer Schwankungen von der Gesundheitsbreite bis zu den ausgesprochenen zyklothymen Erkrankungen hinüberführen, ließe sich auch in diesem Sinne verwerten. So darf die Neigung zu periodischen Störungen als Ausdruck einer allgemeinen biologischen Konstitution betrachtet werden; sie kann dann aber nur in organischen Faktoren ihre Ursache haben. Ob es sich dabei um Störungen gewisser Regulationszentren handelt, deren fehlerhaftes Arbeiten zu abnorm starken Ausschlägen führe, wie das von verschiedenen Seiten vermutet worden ist, kann hier außer Betracht bleiben. Wichtiger erscheint mir nur das eine, daß wir hierdurch für einen Teil der manisch-depressiven Störungen organische Faktoren alls Grundlage annehmen müssen, deren engste Beziehungen zu normalen Vorgängen uns den allmählichen Übergang nach der Gesundheitsbreite hin ohne weiteres verstehen lassen. Wie wir uns die Störung des Affektlebens zu denken haben, ist rein problematisch. Es mag genügen, auf die Vasomotorentheorie von Lange und Thalbitzer[127]) hinzuweisen, die wohl gewisse anschauliche Vorstellungen geben, dafür aber rein hypothetischer Natur sind. Auch bei ihnen wird eine Störung von Regulationszentren angenommen. Der Frage, worin diese Störung eigentlich bestehen könne, im einzelnen nachzugehen, verspricht zurzeit keinerlei Erfolg. So viel scheint mir aber sicher zu sein, daß wir gerade für die echten zirkulären Formen ohne eine gewisse organische Grundlage gar nicht auskommen können. Damit wäre ein gewisses Verständnis für die endogene Entstehung und den von äußeren Verhältnissen ganz unabhängigen Verlauf dieser Erkrankungsgruppe gewonnen.

Noch ein zweiter Punkt ist es, der gegenüber den konstitutionell Depressiven ein wichtiges Unterscheidungsmerkmal bedeutet, ich meine die völlige Unabhängigkeit von der angeborenen gemütlichen Veranlagung, dem Temperamente des Patienten, das bei jener Krankheitsgruppe in innigste Beziehungen zu den pathologischen Störungen tritt. Allerdings gilt dies auch hier wieder, das soll noch einmal betont werden, nur für die relativ kleine Gruppe der echten Zirkulären. Bei diesen aber entwickeln sich rein von innen heraus aus uns völlig unbekannten Gründen ohne Rücksicht auf das angeborene Temperament die beiden einander so völlig entgegengesetzten Phasen und stempeln den Menschen, mag er vorher gewesen sein, wie er wolle, bald zu einem heiteren Sonntagskinde, bald zu einem schwerblütigen Pessimisten. Und so erscheint, wenn wir die leichten Fälle ins Auge fassen, bei denen alles Psychotische fehlt, die ganze Krankheit nichts weiter zu sein, als eine stets wechselnde völlige Umwandlung der gesamten Persönlichkeit. Hier, das ist ohne weiteres klar, können keinerlei tiefere Beziehungen zwischen den der Erkrankung zugrunde liegenden Störungen und der persönlichen gemütlichen Veranlagung, kurz gesagt, dem Temperamente, gesucht werden. Für diese Formen ist daher allerdings Neißers[87]) schroffe Ablehnung einer individuellen Betrachtungsweise als vollberechtigt anzuerkennen. Daß auch in solchen Fällen einzelne individuelle Züge in der Erkrankung zur Geltung kommen können, ist selbstverständlich, doch fehlt das Herauswachsen aus der Persönlichkeit, wie es die konstitutionelle Verstimmung charakterisiert. Tilings[133]) Auffassung, der selbst ein völliges Umschlagen des Temperamentes als Folge psychologischer Vorgänge auffassen will und hierfür eine besondere Gemütsveranlagung als Grundlage annimmt, die er als Kontrastnatur bezeichnet, ist unbedingt abzulehnen, wie das schon in der Einleitung näher ausgeführt wurde. Sein Beispiel ist einer Zeit des allgemeinen Fanatismus entnommen und schildert eine Massenerregung, die sich am besten einer hysterischen Epidemie vergleichen läßt; mit den affektiven Psychosen, von denen wir hier reden, hat sie hingegen nichts zu tun. Dort wirkt die allgemeine Massensuggestion, die alle persönlichen Züge unterdrückt, das Verantwortungsgefühl des einzelnen gänzlich aufhebt und jeglichen Trieben und Instinkten, die tief im Menschen lauern, freie Bahn schafft. Gudden[43]) hat solche Zustände ausführlich besprochen und gezeigt, wie hier alle individuellen Eigenschaften verschwinden, und wie durch die Übermacht der Suggestion alle ihr Verfallenen zu einer willenlosen Herde werden. Die natürliche Anlage zu all den verschiedenen Affektzuständen, die krankhaft gesteigert als Symptomenbilder des manisch-depressiven Irreseins auftreten, liegt in jedem Menschen. Warum sollte es da nicht unter ganz besonderen Umständen zu einem Verhalten kommen können, das ganz aus der gewöhnlichen Charakteranlage herauszufallen scheint. Doch ist das etwas ganz anderes, als die bis in die früheste Jugend zurückgehenden zirkulären Schwankungen, und ich sehe keinerlei Möglichkeit, wie man diese, so völlig endogen auftretenden Umschläge als eine Art der Reaktion auf äußere Umstände deuten, und als deren Grundlage ein besonderes Temperament annehmen kann, wie Tiling das tut. Tiling beruft sich bei seinen Darlegungen auf Hirth[50]), der in einer Arbeit über die Temperamente von der manisch-depressiven Anlage in einer Fassung spricht, die leicht den Eindruck erwecken könnte, als stelle er sie mit den übrigen Formen gemütlicher Reaktionsweise auf eine Stufe. Tiling hat es jedenfalls so aufgefaßt. Eine derartige Anschauung scheint mir nicht ganz den Tatsachen zu entsprechen. Wenn mit manisch-depressiver Anlage nur eine gewisse, uns nicht näher bekannte Veranlagung bezeichnet werden soll, die durch ihre Neigung zu Stimmungsumschlägen gekennzeichnet ist, und die die Grundlage für die zirkulären Erkrankungsformen abgibt, so ist eine solche Umschreibung an und für sich wohl berechtigt. Denn wir müssen ja für alle diese Kranken eine gemeinsame, das ganze Leben hindurch dauernd vorhandene Anlage annehmen, die sich allerdings nur zeitweise in den leichteren oder schwereren Anfällen bemerkbar macht. Aber warum eine solche Anlage ein Temperament nennen. Wir haben ja gerade eben festgestellt, daß sie mindestens zum Teile in einer organischen Störung begründet liegen muß, die mit der persönlichen gemütlichen Veranlagung gar nicht das geringste zu tun hat. Wenn bei zirkulären Kranken tatsächlich, was wohl vorkommen kann, auf irgendwelche äußeren Schädigungen hin die Umschläge und Schwankungen stärker einsetzen, so wird man das niemals als eine direkte psychologisch vermittelte Reaktion betrachten dürfen. Von einem Temperamente kann hier also gar keine Rede sein, auch wenn wir uns an das halten, was Hirth selbst unter diesem Begriffe verstanden wissen will. Einmal umfaßt er nach Hirths Ansicht die Verschiedenheiten, welche die einzelnen Menschen in Schnelligkeit, Maß und Kraft ihrer Bewegungen zeigen, also die verschiedenen Betätigungsweisen, in denen sich jeder bei allen seinen Handlungen zeigt. Dann aber auch vor allem sein Verhalten den Reizen gegenüber, also seine ganz bestimmte Reaktionsweise, wie sie in der Art der Aufnahme, in der Art der Rückwirkung und der Art seiner Affektäußerung zutage tritt, mit anderen Worten, die ganze formale Seite des Gemütslebens. Die psychischen Inhalte sind dagegen nicht mit einbezogen; da sie aber als Triebfedern enge Beziehungen zu den Temperamenten gewinnen können, so werden einzelne von ihnen häufig auch mit unter den Temperamenten aufgeführt, und es entsteht so ein weiterer Begriff, der auch Teile des Charakters mit einschließt. Im ganzen handelt es sich um einen angeborenen Dauerzustand, der aber gewissen biologischen Änderungen unterliegt, wie wir von jugendlichem Temperamente und dergleichen reden können. So allgemein diese Definition auch gefaßt ist, — eine schärfere ist zurzeit noch unmöglich —, die zirkulären Störungen in unserem engbegrenzten Sinne fallen nicht darunter. Soll doch gerade mit Temperament die persönliche Seite des Gemütslebens näher bezeichnet werden; wir wollen damit ausdrücken, wie ein einzelnes Individuum gemütlich zu reagieren pflegt — und das hat zweifellos mit den echten zirkulären Schwankungen gar nichts zu tun. Wir brauchen nur eine der leichten Formen der Zyklothymie anzusehen, um uns klar vor Augen zu führen, daß es nicht das persönliche Temperament ist, das sich in diesen Schwankungen äußert. Die Art der gemütlichen Reaktion und alle die anderen individuellen Züge, die wir unter Temperament zusammengefaßt haben, finden wir daneben noch unverändert fortbestehen, und nur in den Zeiten, wo die zirkuläre Anlage sich in akuten Anfällen äußert, werden sie vollkommen überlagert und zurückgedrängt. Dis zirkuläre Störung als solche, wie wir sie oben betrachtet haben, kann daher sicherlich nicht als eine Form gemütlicher Reaktion angesehen werden, zumal, wenn die Auffassung richtig ist, daß ihr eine organische Schädigung zugrunde liegt, die vielleicht in einer Schwäche von Regulationszentren ihre Ursache haben mag. Auch daß gelegentlich zirkuläre Störungen durch eine Gemütsbewegung ausgelöst werden, gibt uns nicht das Recht, hier von wirklichen gemütlichen Reaktionen zu reden. Hellpach, der wohl im allgemeinen eine der unsrigen ähnliche Anschauung vertritt, sprach früher einmal von einem zyklischen Temperamente, ein Ausdruck, der wohl nicht ganz das trifft, was hier vorliegt, da es sich hier eben nur um eine eigentümliche Neigung zu Stimmungsumschlägen, nicht aber um die formale Gleichung der persönlichen Reaktionsart handelt, womit wir ungefähr das umschreiben können, was wir unter Temperament zu verstehen haben.

Ganz anders liegen die Verhältnisse bei der zweiten der von uns betrachteten Veranlagungsformen, den echten konstitutionell Depressiven, die auch wieder mit der gleichen Einschränkung auf die allein typischen Fälle betrachtet werden sollen. Hier findet sich die Störung durchaus auf das Gebiet der persönlichen Reaktionsweise beschränkt. Das, was uns für diese Veranlagung charakteristisch schien, war die Art, wie von solchen Kranken alle die verschiedenen Lebenserfahrungen aufgenommen werden, wie sich ihre Affekte in Ausdrucksbewegungen entladen, und wie sie innerlich verarbeitet werden, und wie sich das ganze Willensleben abspielt; es war also die ganze formale Seite des Gemütslebens. Damit haben wir aber gerade die Züge aufgezählt, die den einzelnen Menschen zur Persönlichkeit stempeln, die Züge, die ihn aus seiner Umgebung herausheben und ihm seine besondere Individualität verleihen. So läßt sich die ganze konstitutionell depressive Veranlagung als eine besondere Art gemütlicher Konstitution, kurzweg als ein besonderes Temperament bezeichnen, und gewinnt so zu der Persönlichkeit, zur individuellen Veranlagung des Menschen die innigsten Beziehungen, ganz anders wie bei den echten zirkulären Formen, die in ihrem ausgeprägtesten Typus von allen äußeren und inneren Einflüssen völlig unberührt blieben. Auch die Psychosen, die sich bei den konstitutionell Depressiven entwickeln, sind, soweit sie Reaktionsformen darstellen, nur eine Verschlimmerung der angeborenen Veranlagung und stehen in allernächster Beziehung zu dem persönlichen Temperamente; sie entfernen sich damit weit von den echten zirkulären Erkrankungen. Dann sind wir aber auch nicht mehr berechtigt, den Dauerzustand der konstitutionell Verstimmten mit der zirkulären Depression direkt in Parallele zu setzen und diesen nur als eine verlängerte zirkuläre Verstimmung anzusehen. In den typischen Fällen liegen für beide Formen zweifellos ganz verschiedene genetische Momente vor. Aber wir haben ja deutlich gesehen, daß eine so scharfe Abgrenzung nur für eine relativ geringe Anzahl von Fällen Gültigkeit haben kann. Nahezu bei dem Gros unserer depressiven Kranken sahen wir endogene Störungen als Schwankungen leichten Grades hinzutreten, die in dem Temperamente keinerlei genügende Erklärung finden, und umgekehrt scheinen auch richtig zirkulär verlaufende Fälle nicht immer frei von Einwirkungen der gemütlichen Veranlagung zu sein. Beide Formen gehen ja auch in gleicher Weise auf Störungen des Affektlebens zurück und sind schon dadurch zueinander in innige Beziehungen gebracht. Nur daß wir uns bei der einen Gruppe mehr eine Störung der organischen Regulation der Affekte, bei der anderen mehr eine Störung der Empfänglichkeit und der Verarbeitung der Gemütsbewegungen selbst vorzustellen haben, im letzteren Falle also eine Störung der affektiven Vorgänge selbst. Nun finden wir zwischen beiden Formen überall fließende Übergänge, und es lassen sich die beiden Momente in der Mehrzahl der Fälle wenigstens andeutungsweise in beiden Gruppen nachweisen. Da liegt es nahe, anzunehmen, daß wir es hier überhaupt nur mit zwei besonderen ätiologischen Faktoren zu tun haben, die mehr oder weniger an der Entwicklung sämtlicher manisch-depressiven Erkrankungen beteiligt sind, und daß, je nach dem stärkeren oder schwächeren Auftreten einer der beiden, die Symptomenbilder der Psychosen sich wechselnd gestalten. So würde es sich hier nicht um zwei verschiedene selbständige Krankheitsformen handeln, sondern nur um zwei besondere Typen affektiver Störungen, die aber nur selten wirklich rein in Erscheinung treten. Die Mehrzahl aller Gemütserkrankungen würde dann einer ungleichen Betonung dieser gemeinsamen ätiologischen Momente ihre Unterschiede verdanken. Damit hätten wir aber den Schlüssel für ein gewisses Verständnis der außerordentlichen Variabilität der manisch-depressiven Erkrankungen gefunden. In der ganzen großen Gruppe affektiver Störungen, die wir unter dem Begriffe des manisch-depressiven Irreseins zusammenfassen, haben wir es eben sicherlich nicht mit einfachen Prozessen zu tun, sondern es handelt sich hier um zusammengesetzte Bilder, die auf mehrere Faktoren zurückgehen, von denen wir einmal die organische Störung der echten zirkulären und dann die Störung der gemütlichen Reaktion, des Temperamentes, bei den konstitutionell Verstimmten unterscheiden können. Hellpach scheint zu einer ganz ähnlichen Auffassung über die Natur der manisch-depressiven Erkrankung gekommen zu sein, und selbst die Anschauung von Nitsche entfernt sich nicht allzuweit von der unsrigen. Nur daß ich statt seiner drei Grundveranlagungen lieber zwei große Gruppen annehmen möchte, einmal die konstitutionellen Verstimmungen heiterer wie depressiver Natur, und auf der anderen Seite die echten Zyklothymien, wobei mir die Trennung viel tiefer zu gehen scheint, als sie Nitsche bei seiner Abgrenzung im Auge hatte; denn er stellt seine drei Typen als völlig gleichwertig nebeneinander. Wir haben aber ein gewisses Recht, die echten Zyklothymien weiter von den übrigen Formen der Psychopathie abzurücken. Sind es doch gerade Störungen in der gemütlichen Reaktionsfähigkeit, die den affektiven Psychopathen kennzeichnen. Und diese brauchen bei der echten Zyklothymie nicht in der gleichen Weise vorhanden zu sein. Daß sie trotzdem in den meisten Fällen sich tatsächlich nachweisen lassen, soll nicht in Abrede gestellt werden. Daher wird gerade bei den leichten Schwankungen praktisch nur schwer eine sichere Abtrennung durchzuführen sein, und wir werden oft nicht angeben können, ob es sich um endogene periodische Verstimmungen oder um reaktive Ausschläge auf vorbereitetem Boden handelt, sobald nur eine ausgesprochene gemütliche Veranlagung sich nachweisen läßt. Solche praktischen Schwierigkeiten dürfen aber theoretischen Erwägungen keinerlei Eintrag tun.

Mehrfach ist von den verschiedensten Seiten darauf hingewiesen worden, daß gerade bei den genial veranlagten Persönlichkeiten zyklothyme Schwankungen nicht selten gefunden werden, und man hat hieraus entnehmen wollen, daß direkte Beziehungen zu der zirkulären Veranlagung beständen. Das ist nach den soeben gemachten Darlegungen recht unwahrscheinlich. Eher könnte man annehmen, daß überall da, wo eine feinere Differenzierung des Affektlebens angetroffen wird, auch Neigung zu gemütlichen Störungen besteht. Und das scheint ja sicher zu sein, daß sich eine pathologische Gemütsveranlagung in der größten Mehrzahl aller Fälle mit jener Disposition verbindet, die der Neigung zu periodischer Wiederkehr bei Zirkulären zugrunde liegt. Die Frage, ob und inwieweit zirkuläre Schwankungen die Leistungsfähigkeit bedeutender Menschen beeinflussen, soll hier nicht erörtert werden. Auf ähnlichen Gründen beruht möglicherweise die auffallende Tatsache, daß wir unter den Gewohnheitsverbrechern fast niemals wirklich Zirkuläre oder konstitutionell Depressive finden, worauf gleichfalls schon mehrfach von verschiedenen Seiten aufmerksam gemacht worden ist. Die Höhe gemütlicher Differenzierung, welche die Voraussetzung zu der großen Gruppe affektiver Psychopathien zu sein scheint, verträgt sich offenbar nicht mit ausgesprochener moralischer Minderwertigkeit, so daß wir, trotzdem Straftaten bei Zirkulären als Folgen der Psychosen gar nicht selten sind, keine eigentlichen Verbrechernaturen unter ihnen finden. Interessant wäre es, zu wissen, ob die Verbreitung affektiver Psychosen in irgendwelcher Beziehung zu der allgemeinen Kulturhöhe steht. Ich habe über diese Fragen nichts in der Literatur auffinden können.

So haben wir hier zwei verschiedene Formen der Veranlagung herausgehoben, die von ausschlaggebender Bedeutung für die Entwicklung der manisch-depressiven Psychosen sind. Wir werden aber nicht erwarten dürfen, damit auch tatsächlich alle wesentlichen Momente aufgeführt zu haben. Zurzeit ist unter den uns bekannten angeborenen Dispositionen nur noch eine dritte Gruppe faßbar, die eine wesentliche Einwirkung auf das Symptomenbild des manisch-depressiven Irreseins auszuüben scheint, das ist die psychogene Veranlagung. Ihr weitgehender Einfluß auf die Form der Psychosen ist an einer ganzen Reihe von Beispielen gezeigt worden, und die engen Beziehungen zur zweiten depressiven Veranlagung haben wir ja ausführlich erörtert. Wie überhaupt die individuellen Züge in den Symptomenbildern der Psychosen zur Geltung kommen, so werden natürlich auf dem Boden der hysterischen Veranlagung auch psychogene Erscheinungen sich bemerkbar machen, ja sie können vielleicht einmal so in den Vordergrund treten, daß sie alles andere verdecken. Das wären dann die Erkrankungen mit hysterischen Zügen, die uns aber keinesfalls das Recht geben, wie es z. B. Imboden[56]) tut, hier von einer Kombination zweier Psychosen zu reden. Auch dann scheint mir eine solche Benennung nicht gerechtfertigt zu sein, wenn bei einer psychogen veranlagten Persönlichkeit einmal neben zirkulären Schwankungen eine hysterische Depression reaktiven Charakters sich erheben sollte, was ja wohl zweifellos vorkommen kann. Wir haben gesehen, daß vermutlich das gesamte Symptomenbild von einer Reihe verschiedener Faktoren abhängig ist, und wollen wir überhaupt beim Zusammentreffen mehrerer Dispositionen von kombinierten Psychosen reden, so müßten wir das eigentlich bei der großen Mehrzahl aller zirkulären Erkrankungen tun. Welchen Einfluß die psychogene Veranlagung auf die Entstehung von Verwirrtheitszuständen ausübt, haben wir offen lassen müssen, möglicherweise ist sie bei einem Teil der Fälle von ausschlaggebender Bedeutung. Auch Saiz[103]) hat beobachtet, daß gerade bei Manischen auf solchem Boden Sinnestäuschungen auffallend häufig gefunden werden. Über die Bedingungen, unter denen es zu Mischzuständen kommt, wissen wir heute noch gar nichts. Die zyklothyme Veranlagung allein vermag uns hierfür keinerlei greifbare Anhaltspunkte zu geben.

Doch damit wären nur die Dispositionen zur Erkrankung gegeben. Für den engsten Kreis der echten zirkulären Formen, die wir ja als rein endogene, in gleicher Weise das ganze Leben hindurch fortdauernde Erkrankungen kennen gelernt haben, ist das völlig ausreichend. Hier ist ebenso wie bei den einfachen Formen konstitutioneller Verstimmung ohne psychotische Steigerungen schon in der Veranlagung selbst das ganze Krankheitsbild gegeben. In den meisten Fällen sehen wir aber die akuten Erscheinungen nur vereinzelt im Leben auftreten, so daß wir für deren Entwicklung irgendwelche ätiologischen Momente annehmen müssen. Am klarsten liegt der Fall bei den zuerst geschilderten reaktiven Formen auf konstitutionell depressivem Boden. Hier steht der auslösende Anlaß durchaus im Vordergrunde und bestimmt Stärke und Verlauf der ganzen Psychose, die eigentlich nichts weiter darstellt, als eine der gemütlichen Veranlagung entsprechende adäquate Reaktion, wobei natürlich die angeborene Gemütsdisposition als die zweite Größe das Produkt ganz wesentlich mit bestimmt. Inwieweit solche äußeren Anlässe auch für die uns endogen erscheinenden Depressionen konstitutionell Verstimmter mit in Frage kommen, ist nicht so ganz einfach zu entscheiden. Die leichten Schwankungen mit periodischem Verlaufe und anscheinender Unabhängigkeit von äußeren Einflüssen wird man wohl kaum als irgendwie psychologisch vermittelt betrachten dürfen; sie können daher unbedenklich in Parallele zu den echten zirkulären Schwankungen gesetzt werden, allerdings ohne daß wir heute schon in der Lage wären, hier eine endgültige Entscheidung zu treffen. Die Frage, ob alles, was wir heute unter endogen zusammenfassen, auch tatsächlich auf dieselben ätiologischen Ursachen zurückgeht, ist durchaus noch strittig. Noch schwieriger wird die Entscheidung bei den stärkeren depressiven Ausschlägen, die nur vereinzelt im Leben auftreten. Das Fehlen einer äußeren Ätiologie berechtigt uns nicht ohne weiteres, hier auch jede psychologisch vermittelte Kausalität abzulehnen. Für gewöhnlich sehen wir lange nicht tief genug in die komplizierten psychischen Zusammenhänge bei unseren Patienten hinein, um bei etwas verwickelt liegenden Verhältnissen einen klaren Einblick gewinnen zu können. Bei den Hysterischen dürfen wir doch gewiß die depressiven Psychosen, wie sie Specht[116]) als Hystero-Melancholien beschrieben hat, als eine reaktive Erkrankung par excellence betrachten. Und doch wie schwer hält es gelegentlich, die Genese wirklich aufzuklären. Wie Specht mit Recht betont, scheint vielfach die Form der Psychose durchaus nicht dem äußeren Anlaß zu entsprechen. Schwere Verstimmungen brechen erst dann aus, wenn die Gefahr überwunden ist, oder im Augenblick einer traurigen Nachricht finden wir heftige Erregungszustände, deren Affekt gar nicht ihrem Inhalt entspricht. Diese Erfahrungen haben Specht zu der Annahme geführt, es sei wahrscheinlich gar nicht das Ereignis selbst, das die hysterische Störung herbeiführe, sondern die Lösung der psychischen Spannung müsse als der eigentliche Anlaß betrachtet werden. Das mag ja wohl im allgemeinen richtig sein; aber bei einer hysterischen Erkrankung muß auch die Form der Stimmungsanomalie eine psychologisch verständliche Genese haben. Daß wir sie nicht immer auffinden, liegt in unserer vielfach nur oberflächlichen Kenntnis vom Seelenleben unserer Kranken. Für solche Fälle wird man auch die Wirkung affektbetonter verdrängter Erlebnisse, denen Freud eine so wichtige Rolle einräumt, sicherlich nicht ganz bestreiten können. Ähnliches mag auch für einen Teil der uns heute endogen erscheinenden Depressionen zutreffen. Möglicherweise ist auch eine Anzahl der Verstimmungen, die unter dem Bilde psychogen gefärbter Melancholien verlaufen, auf psychische Momente zurückzuführen und gehört der Gruppe an, die Freud als Angsthysterie beschrieben hat. Bei den psychogen gefärbten Depressionen hatte ich auf solche Formen hingewiesen. Zu einer eigenen Stellungnahme reicht meine persönliche Erfahrung nicht aus.

Nun sehen wir aber, daß äußere Momente nicht stets in dem gleichen Maße wirksam sind, und daß nicht immer auf denselben Anlaß hin auch dieselbe schwere Reaktion auftritt. Dinge, die heute, ohne einen tieferen Eindruck zu machen, hingenommen werden, können bei der nächsten Gelegenheit zum heftigsten Depressionszustande Veranlassung geben. Diese Tatsache findet, ohne daß wir noch andere Momente zum Verständnis mit heranziehen müßten, schon einfach darin ihre Erklärung, daß, wie oben besprochen wurde, die persönliche gemütliche Veranlagung nicht dauernd während des ganzen Lebens völlig unverändert bleibt, wofür neben allgemeinen körperlichen Schädigungen auch biologische Vorgänge, wie das Lebensalter, verantwortlich gemacht werden müssen. Und dann haben wir auch bei der Mehrzahl aller Kranken leichte periodische Schwankungen nachweisen können, die uns endogener Natur zu sein schienen. Trifft ein solcher depressiver Ausschlag zufällig mit einer vielleicht ganz geringfügigen auslösenden Ursache zusammen, so kann diese unter den ungünstigen Umständen so wirksam werden, daß es zu einer schweren Gemütsverstimmung kommt.

Wenn wir auch für die echten zirkulären Formen eine völlig endogene Entstehung angenommen haben, so trifft das doch nur für eine beschränkte Anzahl von Fällen in diesem strengen Sinne zu. Kahn[59]), der für alle manisch-depressiven Erkrankungen eine rein endogene Entwicklung durchfechten will, hat darin sicherlich unrecht, und seine etwas apodiktische Ablehnung von Wilmanns entspricht nicht dem wirklichen Tatbestande. Wir sehen zu oft, daß einer zirkulären Erkrankung ein entsprechendes Ereignis vorausgeht, und daß sich die Psychose so unmittelbar daran anschließt, daß wir hier zum mindesten von einer Auslösung reden dürfen. Dann finden wir bei einzelnen Kranken die anscheinend endogenen Schwankungen in ihrer Stärke und ihrer äußeren Form in so hohem Maße von den zufälligen Ereignissen abhängig, daß wir in solchen Fällen den äußeren Momenten wenigstens für das Symptomenbild eine größere Bedeutung nicht absprechen können. Auch die Tatsache, daß es bei einzelnen Kranken gelingt, einfach durch Änderung der herrschenden Vorstellungen manische und depressive Phasen je nach Belieben abwechseln zu lassen, gehört hierher. Allerdings erleben wir es umgekehrt nicht allzu selten, daß an das auslösende Ereignis sich ganz die entgegengesetzte Phase unmittelbar anschließt, so daß hier wohl die vorausgehende Gemütsbewegung nur zur Auslösung der Schwankung gedient hat, eine psychologische Vermittlung aber undenkbar erscheint. Wir hatten als wahrscheinlich angenommen, daß bei allen Fällen, die nicht den echten zirkulären Typus zeigen, eine affektive Störung mitspiele, deren ausgesprochenste Form uns in der konstitutionellen Verstimmung entgegengetreten war. So könnte eine starke Beeinflußbarßeit durch äußere Momente regelmäßig nur die Folge einer Verbindung der beiden von uns beschriebenen Veranlagungstypen sein. Das Auftreten echter reaktiver Psychosen bei sonst zirkulären Kranken wäre damit ohne weiteres verständlich.

Wir haben uns bisher nur mit einer psychologisch vermittelten Entstehungsweise beschäftigt. Ganz im gleichen Sinne können aber auch körperliche Störungen wirken. Selbst für die ausgesprochenen zirkulären Formen wird ein gewisser auslösender Einfluß allgemein anerkannt. Daß arteriosklerotische Veränderungen oder daß ein Schlaganfall die zirkuläre Erkrankung zum erstenmal in Erscheinung treten lassen kann, ist mehrfach beschrieben worden. Gaupp und Emmen haben solche Fälle angeführt. Auch daß ein schweres Kopftrauma die Entwicklung der Psychose hervorrufen könne, hat man behauptet. Ganz vereinzelt habe ich bei meinen Kranken derartige ätiologische Angaben erhalten, doch wiegen sie nicht sehr schwer, da regelmäßig noch andere zirkuläre Anfälle vorausgehen oder nachfolgten, die ganz unabhängig von solchen Umständen aufgetreten waren. Nur bei einem meiner Patienten hat sich angeblich erst nach einer schweren Kopfverletzung im höheren Lebensalter eine echte Zyklothymie entwickelt, die nun dauernd fortbestand und den früher tüchtigen und brauchbaren Mann völlig arbeitsunfähig machte. So läßt sich hier nicht daran zweifeln, daß das Trauma zum mindesten eine starke Verschlimmerung hervorgerufen habe. Ob und inwieweit schon früher zirkuläre Erscheinungen sich bemerkbar gemacht haben, ließ sich leider nicht genau ermitteln, da der Kranke eine Unfallrente anstrebte, und wir daher keine einwandfreie Anamnese erhalten konnten. So scheinen für die zirkulären Formen schwere körperliche Traumen gelegentlich als auslösend in Betracht zu kommen; daß auch allgemeine Schädigungen im gleichen Sinne wirken, ist wahrscheinlich. Noch größer ist aber die ätiologische Bedeutung allgemeiner Schädigungen für die Fälle, welche den konstitutionell Depressiven nahestehen; das wurde bei Besprechung der einzelnen Beispiele ausführlich erörtert. Krankheit, Überanstrengung, Erschöpfung und überhaupt allgemeine Schädigung jeder Art, deren Aufzählung im einzelnen hier unterbleiben kann, vermögen in diesem Sinne zu wirken. Friedmann[33]) hat der Erschöpfung einen besonders wichtigen Einfluß eingeräumt und unter der Bezeichnung neurasthenische Melancholie eine große Zahl von Fällen beschrieben, die er direkt auf diese Ursache zurückführt und von den anderen Formen deutlich geschieden wissen will. Der Beweis aber, den er für seine Ansicht beibringt, wirkt nicht überzeugend, da es ihm genügt, wenn sich ein solcher Anlaß in der Anamnese nachweisen läßt und wenn dann die Erholungs- und Ernährungstherapie gute Erfolge zeitigt. Noch skeptischer wird man gegen seine Ausführungen, wenn man von ihm hört, daß bei einer großen Anzahl seiner Kranken im Anschluß an die Verstimmung eine manische Phase aufgetreten ist. Er spricht dann allerdings nur von einer reaktiven Gehobenheit und sucht scharf von den Zyklothymien abzutrennen, wozu wir m. E. keinerlei Recht besitzen, da wir bei manischen Zuständen alle Formen und Übergänge von der leichtesten bis zu der schwersten Erregung finden. Daß in den vorliegenden Fällen die Erschöpfung zum mindesten bei einem Teil der Kranken eine gewisse ätiologische Bedeutung besitzt, wird wohl niemand Friedmann bestreiten, nur sein Versuch, eine eigene Krankheitsform abzugrenzen, erscheint mißglückt, und gegen die Art, wie er auf Grund ganz unzulänglicher Kriterien eine der wahrscheinlichsten Bedingungen als alleinige Ursache hinstellt, sollte hier Front gemacht werden. Wie schwierig die Beurteilung ätiologischer Momente ist, das tritt sehr schön zutage, wenn man nur die Neigung des Rückbildungsalters zu depressiven Zuständen ins Auge faßt. Niemand wird zu entscheiden vermögen, ob es hier allgemeine biologische Faktoren sind, die eine Änderung der ganzen Gemütskonstitution ad pejus herbeiführen, oder ob hier nur mit dem Nachlassen der Spannkräfte eine seit Geburt vorhandene Anlage deutlicher in Erscheinung tritt. Da im allgemeinen bei den senilen Erkrankungen individuelle Eigentümlichkeiten, die bis dahin nur angedeutet schienen und durch moralische Hemmungen, Erziehung und andere Momente zurückgehalten wurden, sich bemerkbar zu machen pflegen, wird man letzteren Modus wenigstens für einen Teil der Fälle bevorzugen dürfen, wie wir das bei einer kleinen Gruppe wahrscheinlich machen konnten. Den Krankheitsbegriff der alten Kraepelinschen Melancholie wird man heute nicht mehr aufrecht erhalten können; darin ist Dreyfuß, Specht und den anderen Autoren durchaus recht zu geben. Auch kann es wohl nicht abgestritten werden, daß bei den früher hierher gerechneten Fällen sich nicht selten zirkuläre Erscheinungen in allen Formen und Andeutungen finden. Aber auch die Kranken, bei denen es nicht möglich ist, solche Symptome nachzuweisen, darf man ohne Bedenken hier einbeziehen. Sie gehören, soweit ich es nach meinem Materiale beurteilen kann, zum allergrößten Teile den leichten Formen der konstitutionellen Verstimmung an. Es sind mehr oder weniger depressive Psychopathen. Ob eine solche Anlage immer vorhanden sein muß, vermag ich nicht zu sagen. Unter den

Kranken, die ich genau zu untersuchen Gelegenheit hatte, fand sich keiner mit normaler gemütlicher Veranlagung, der im Alter an einer melancholischen Depression erkrankt wäre. Aber wenn wir, wie im Falle 51, eine periodische Manie, in den Fällen 64 und 70 eine zyklothyme Erkrankung sich erst in der Rückbildungszeit entwickeln sehen, ohne daß eine entsprechende Veranlagung vorher nachweisbar gewesen wäre, so werden wir höchst wahrscheinlich auch gelegentlich Depressionen antreffen können, die erst in jener Lebenszeit zur Entwicklung kommen. Mir scheint das allerdings höchst selten zu sein, möglicherweise gilt das aber nur für die hiesige Bevölkerung. Will man diese Depressionszustände, die zum erstenmal im späten Leben auftreten, für sich zu einer eigenen Gruppe absondern, so hat das wohl eine gewisse Berechtigung, da hier ja ein Moment eine Rolle zu spielen scheint, das bei den übrigen fehlt, die Veränderungen des Rückbildungsalters. Dadurch wird aber für die praktische Beurteilung die Grenze nach den senilen Erkrankungen hin leicht verschwommen und ungenau werden. Denn wir dürfen annehmen, daß auch die auf dem Boden organischer Veränderungen sich entwickelnden Psychosen im Beginne, soweit es sich um affektive Störungen handelt, so viel individuelle Züge an sich tragen, und so der persönlichen gemütlichen Veranlagung folgen, daß erst der Ausgang in geistige Schwäche eine sichere Unterscheidung gestattet.

So haben wir im manisch-depressiven Irresein eine große Gruppe affektiver Störungen vor uns, deren Symptomenbilder anscheinend auf mehrere verschiedene Typen krankhafter Veranlagungen des Affektlebens zurückgehen. Zwei von diesen Typen können wir heute einigermaßen umschreiben, und welcher von beiden im Vordergrunde steht, ob und inwieweit noch andere Momente (psychologische, biologische und organische Faktoren) Einfluß gewinnen, das bestimmt die Form und den Verlauf der einzelnen Psychosen, und das ist die Ursache der außerordentlichen Variabilität in dieser Krankheitsgruppe. Ist das richtig, so werden wir zweifellos den individuellen Momenten eine größere Aufmerksamkeit schenken müssen, als wir es bisher zu tun pflegten, wenn wir überhaupt ein tieferes Verständnis für die einzelnen Zusammenhänge gewinnen wollen. Solange das manisch-depressive Irresein als ein einheitlicher Krankheitsprozeß erschien, konnte leicht die Auffassung Platz greifen, daß mit der Diagnose alles gesagt sei und man nun nichts weiter zu tun habe als ruhig abzuwarten. Das ist aber zweifellos unrichtig. Denn wenn unter Umständen ein Teil der Erscheinungen, vielleicht eine schwerere Depression bei einem sonst zyklothymen Kranken durch äußere Verhältnisse bedingt sein kann, so wird man wohl in allen Fällen den psychologischen Zusammenhängen und der gemütlichen Veranlagung nach Möglichkeit nachgehen müssen. Es ist nicht ausgeschlossen, daß auch die Therapie bei einer Anzahl von

Fällen, die uns wegen des Auftretens beider Phasen als typisch zirkulär und daher als ganz unbeeinflußbar erscheinen könnten, von einer solchen Auffassung Nutzen ziehen würde. Erleben wir es doch auch heute schon nicht ganz selten, daß bei anscheinend endogenen Depressionen besonders bei Kranken, die aus Heimweh sehr nach Hause drängen, mit der Erfüllung ihres Wunsches die Genesung auffallend rasche Fortschritte macht, ohne daß uns eine manische Phase dies Verhalten verständlich machen könnte. Daß ich damit nicht einer rein psychologischen Auffassung aller zirkulären Erkrankungen das Wort reden möchte, glaube ich in den vorhergehenden Darlegungen genügend betont zu haben.

Wir hatten uns eingangs die Frage vorgelegt, ob vielleicht das Überwiegen der Depressionszustände auf eine besondere Veranlagung des hiesigen Volksstammes zurückgeführt werden könne. Leider muß ich hierauf eine bestimmte Antwort schuldig bleiben. Zu statistischen Untersuchungen ließen sich meine Krankengeschichten nicht verwerten. Auch fehlt es durchaus an dem nötigen Vergleichsmateriale. Es existieren eine Reihe von deutschen und ausländischen Arbeiten, die sich mit dem Vergleich der Psychose bei den einzelnen Rassen beschäftigen, und die dabei auch auf die Gemütskrankheiten eingehen. Doch sind es meist nur allgemeine Anstaltsstatistiken, die über das wirkliche Auftreten manischer oder depressiver Erkrankungen keine sicheren Anhaltspunkte abgeben, da die Anstaltsbedürftigkeit bei beiden Formen ja ganz verschieden zu sein pflegt. Im allgemeinen scheint die Tatsache festzustehen, daß die germanische Rasse besonders zu Melancholie und Selbstmord neige; doch fehlt es für die einzelnen deutschen Stämme vollkommen an vergleichenden Untersuchungen. Am besten ist noch das Vorkommen der Suicidneigung studiert. Hier bestehen zweifellos unter den einzelnen deutschen Landesteilen sehr große Unterschiede, die für eine besondere Disposition bestimmter Bevölkerungsgruppen sprechen. Ob und inwieweit hier Beziehungen zu depressiver Gemütsveranlagung bestehen, ist unbekannt. So müssen wir uns mit der allgemeinen Feststellung begnügen, daß tatsächlich die konstitutionelle Depression hier in Schwaben ziemlich häufig vorzukommen scheint, und daß sie in ihren leichteren Formen etwa mit dem übereinstimmt, was man so ganz allgemein als schwäbische Charaktereigentümlichkeiten hervorgehoben hat. Ob darin ein wesentlicher Unterschied gegenüber anderen deutschen Gauen besteht, könnte erst eine genaue Untersuchung auf Grund einer jahrelang durchgeführten Statistik nachweisen. Das relativ starke Zurücktreten der Manien hinter den Verstimmungszuständen in unserem eigenen Materiale, das man im Sinne einer solchen Bevorzugung depressiver Erkrankungen verwerten könnte, kann rein durch äußere Verhältnisse hervorgerufen sein, da wir wegen dauernder Überfüllung unserer unruhigen Abteilungen gezwungen sind, verhältnismäßig viel mehr Manien zurückzuweisen als andere Formen von Psychosen. Es wäre recht wichtig, diesen Fragen genauer nachzugehen, und zweifellos ließe sich bei Anstalten, die einen abgeschlosseneren Aufnahmebezirk als die hiesige Klinik haben, bei jahrelang durchgeführter genauer Familien- und Persönlichkeitsanamnese ein wirklich einwandfreies Material gewinnen, das eine gesicherte Grundlage zu solchen vergleichenden Untersuchungen abgäbe.

Zum Schlusse ist es mir ein Bedürfnis, meinem verehrten Chef Herrn Professor Gaupp für die Anregung zu dieser Arbeit und für die freundliche Überlassung des Materials meinen verbindlichsten Dank auszusprechen.

Literaturverzeichnis.

1. Albrecht, Psychische Ursachen der Melancholie. Monatsschr. f. Psych. **20.** 1906.
2. Amand, La senescenza precoce nei melancholici. Riv. d. path. nerv. et ment., IV. Ref. Neurol. Centralbl. 1900.
3. Binswanger, Pathologie und Therapie der Neurasthenie. Jena 1896.
4. Birnbaum, K., Psychosen mit Wahnbildung und wahnhafte Einbildungen bei Degenerativen. Halle 1908.
5. Bischoff, G., Über familiäre Geisteskrankheiten. Jahrb. f. Psych. u. Neurol. **26.**
6. Boissier, Essai sur la neurasthénie et la mélancolie dépressives considerées dans leurs rapports réciproques. T. Paris 1894.
7. Bonhoeffer, Klinische Beiträge zur Lehre von den Degenerationspsychosen. Halle 1907.
8. Bonhoeffer, Die symptomatischen Psychosen. Leipzig und Wien 1910.
9. Bumke, O., Über die Umgrenzung des manisch-depressiven Irreseins. Centralbl. f. Psych. 1909.
10. Bresler, Analyse eines Falls von Melancholie mit Verbigeration. Neurol. Centralbl. 1897.
11. Capgras, Essai de la reduction de la mélancolie en une psychose d'involution présénile. T. Paris 1900.
12. Crocq, L'hérédité en psychopathologie. Progrès médical 1896.
13. Crzellitscher, Zur Methodik der Untersuchung der Vererbung geistiger Eigenschaften. Zeitschr. f. angew. Psychol. **3.** 1909.
14. Dally, Influence de la première éducation dans l'évolution des désordres mentaux. Communic. à la Soc. médic. psychol. 1878.
15. Dejerine, L'hérédité dans les maladies du système nerveux. T. Paris 1886.
16. Deny et Camus, Les folies intermittentes. Paris 1907.
17. Dieckhoff, Psychosen bei psychopathisch Minderwertigen. Zeitschr. f. Psych. **55.**
18. Diem, Die psychoneurotische erbliche Belastung der Geistesgesunden und Geisteskranken. Archiv f. Rassenbiologie **2.** 1905.

19. Dreyfuß, Die Melancholie ein Zustandsbild des manisch-depressiven Irreseins. Jena 1907.
20. Ducosté, De l'involution présénile dans la folie maniaque-dépressive. Annal. méd. psych. **65**.
21. Ducosté, A propos de la psychose maniaque-dépressive. Progrès médical **26**. 1907.
22. Ellis, Havelock, Studies on the psychologie of sex. Philadelphia 1902.
23. Eschle, Das Erblichkeitsproblem in Eulenburgs Realenzyklopädie. 1908.
24. Escudié, De la neurasthénie et de la mélancolie. T. Bordeaux 1908.
25. Esquirol, Die Geisteskrankheiten in Beziehung zur Medizin und Staatsarzneikunde. Berlin 1838.
26. Farquarson, Melancholia with special reference to its characteristics in Cumberland and Westmooreland. Lancet 1895.
27. Fauser, Zur Kenntnis der Melancholie. Centralbl. f. Nervenheilk. 1906.
28. Finckh, Beitrag zur Charakteristik des schwäbischen Volks. Schwäb. Merkur 1907.
29. Fitchen, Hérédité et la folie périodique. Monatsschr. f. Psych. **7**, 1900.
30. Foerster, Über die klinischen Formen der Psychosen bei direkter Erblichkeit. Zeitschr. f. Psych. **64**.
31. Forster, E., Über Melancholie. Charité-Annalen **30**. 1906.
32. Frey, Adolf, Conrad Ferdinand Meyer. Stuttgart 1900.
33. Friedmann, Max, Über neurasthenische Melancholie. Deutsche med. Wochenschr. 1893 und Monatsschr. f. Psych. **15**.
34. Gaupp, Über die Grenzen psychiatrischer Erkenntnis. Centralbl. f. Psych. 1903.
35. Gaupp, Zur Frage der kombinierten Psychosen. Centralbl. f. Psych. 1903.
36. Gaupp, Über den psychiatrischen Begriff der Verstimmung. Centralbl. f. Psych. 1904.
37. Gaupp, Die Depressionszustände des höheren Lebensalters. Münch. med. Wochenschr. 1905.
38. Geist, Über die Klassifikation der Psychosen, insbesondere der periodischen. Zeitschr. f. Psych. **64**.
39. Graßmann, Kritischer Überblick über die gegenwärtige Lehre von der Erblichkeit der Psychosen. Zeitschr.. f. Psych. **52**.
40. Griesinger, Pathologie und Therapie der psychischen Krankheiten. Braunschweig 1876.
41. Grober, Bedeutung der Ahnentafeln für die biologische Erblichkeitsforschung. Archiv f. Rassenbiologie **1**. 1904.
42. Grüneisen, Die evangelische Gottesdienstordnung in oberdeutschen Landen. 1856.
43. Gudden, Über Massensuggestion und psychische Massenepidemien. München 1908.
44. Hähnle, Der heutige Stand der Erblichkeitsfrage in der Neuro- und Psychopathologie. Neurol. Centralbl. 1904.
45. Heilbronner, Hysterie und Querulantenwahn. Centralbl. f. Psych. 1907.
46. Hellpach, Zur pathographischen Diagnose über Conrad Ferdinand Meyer. Centralbl. f. Psych. 1909.
47. Herrmann, Über psychische Störungen depressiver Natur, entstanden auf dem Boden der gegenwärtigen politischen Ereignisse. Zeitschr. f. Psych. **64**.
48. Heß, Über Conrad Ferdinand Meyer. Zeitschr. f. Psych. **58**.
49. Heymanns und Wiersma, Beiträge zur speziellen Psychologie auf Grund einer Massenuntersuchung. Zeitschr. f. Psychol. **42**. 1906.

50. Hirth, Ed., Die Temperamente. Grenzfragen des Nerven- und Seelenlebens. 1905.
51. Hitzig, Über die nosologische Auffassung und über die Therapie der periodischen Geistesstörungen. Berl. klin. Wochenschr. 1898.
52. Hoche, Über die leichteren Formen des periodischen Irreseins. Zwangslose Abhdl. **1**, 1897.
53. Hoche, Die Melancholiefrage. Centralbl. f. Psych. 1910.
54. Hohnbaum, Über Erblichkeit der Geisteskrankheiten. Zeitschr. f. Psych. **5**.
55. Hübner, Klinische Studien über Melancholie. Archiv f. Psych. **43**.
56. Imboden, Beitrag zur Frage der Kombination des manisch-depressiven Irreseins mit der Hysterie. Zeitschr. f. Psych. **65**.
57. Jörger, Die Familie Zero. Archiv f. Rassenbiologie **2**, 1905.
58. Jung, Untersuchungen über die Erblichkeit der Seelenstörungen. Zeitschr. f. Psych. **21**.
59. Kahn, La cyklothymie. T. Paris 1909.
60. Kalischer, Zur Frage über den Einfluß der erblichen Belastung auf Entwicklung, Verlauf und Prognose der Geistesstörungen. J. D. Berlin 1885.
61. Kalmus, Untersuchungen über erbliche Belastung. Zeitschr. f. Psych. **62**.
62. Kirchhoff, Lehrbuch der Psychiatrie. 1892.
63. Koch, Leitfaden der Psychiatrie. 1889.
64. Koch, Die psychopathische Minderwertigkeit. 1891.
65. Koch, Abnorme Charaktere. Grenzfragen d. Nerven- u. Seelenlebens 1900.
66. Kölle, Karl, Hundert Paragraphen über Schwaben überhaupt und Württemberg insbesondere. Württ. Jahrb., herausg. v. Memminger, 1836.
67. Koller, Beitrag zur Erblichkeitsstatistik. Archiv f. Psych. **27**.
68. Kölpin, Klinische Beiträge zur Melancholiefrage. Archiv f. Psych. **39**.
69. Kraepelin, Klinische Stellung der Melancholie. Monatsschr. f. Psych. **6**.
70. Kraepelin, Lehrbuch der Psychiatrie. 7. Aufl. 1904.
71. Kraepelin, Vergleichende Psychiatrie. Centralbl. f. Psych. 1904.
72. Kraepelin, Die Fragestellung in der klinischen Psychiatrie. Centralbl. f. Psych. 1905.
73. Krafft-Ebing, Lehrbuch der Psychiatrie. 1897.
74. Krauß, A., Die schwäbische Gemütlichkeit. Staatsanzeiger f. Württemberg, Beil. 13. 1886.
75. Kreichgauer, Rosa, Zur Frage der Vererbung von Geisteskrankheiten. J. D. Freiburg 1909.
76. Kowalewski, Arnold, Studien zur Psychologie des Pessimismus. Grenzfragen d. Nerven- u. Seelenlebens 1904.
77. Kurz, Hermann, Die Schwaben. In „Schwaben wie es war und ist", herausg. von Ludwig Bauer. 1842.
78. Lippschütz, Die Ätiologie der Melancholie. Monatsschr. f. Psych. **18**.
79. Lomer, Die Beziehungen von Selbstmord und Geisteskrankheit zur Rasse. Politisch anthropol. Revue 1906.
80. Magnan, De la coexistence de plusieurs délires de nature differente chez le même aliéné. Recherches sur les centres nerveux. 1893.
81. Magnan, Psychiatrische Vorlesungen, übersetzt von Möbius. 1891.
82. Marandon de Montyel, La prédisposition aux vésanies dans ses origines et dans son influence sur l'état mental. Journ. de Neurol. 1904.
83. Martius, Das Problem der Vererbung in der Pathologie. Berl. klin. Wochenschrift. 1901.
84. Meilhon, L'aliénation mentale chez les arabes. Annal. médico-psychologiques. 1896.

85. Meyer, Die Ursachen der Geisteskrankheiten. 1907.
86. Moebius, Über Entartung, Stachyologie. 1901.
87. Neißer, Individualität und Psychose. Berl. klin. Wochenschr. 1905.
88. Nitsche, Über chronisch manische Zustände. Zeitschr. f. Psych. **67**.
89. Obersteiner, Das psychische Moment in der Ätiologie und Therapie der Seelenstörungen. Vierteljahrsschr. f. Psychiatr.. 1905.
90. Pailhas, Périodicité et alternances psychiques. Psychoses périodiques. Journ. de Neurol. 1907.
91. Pilcz, Die periodischen Geistesstörungen. Jena 1901.
92. Pilcz, A., Lehrbuch der speziellen Psychiatrie. Wien 1904.
93. Pilcz, Zur Lehre vom Selbstmord. Jahrb. f. Psych. **26**, 1905.
94. Pilcz, Beitrag zur vergleichenden Rassenpsychiatrie. Wien 1906.
95. Pilcz, Beitrag zur Lehre von der Heredität. Obersteiners Festschrift 1907.
96. Rehm, Die Verlaufsformen des manisch-depressiven Irreseins. Sitzungsber. Zeitschr. f. Psychiatr. **64**.
97. Risch, Forensische Bedeutung der psychogenen Zustände und ihre Abgrenzung von der Hysterie. Centralbl. f. Psychiatr. 1909.
98. Rivière, Statistique de 74 cas de manie et de mélancolie. T. Bordeaux 1908.
99. Roemheld, Über die leichten Formen der periodischen Störungen des Nerven- und Seelenlebens. Sommers Klinik f. psych. u. nerv. Krankheiten. 1907.
100. Rohde, Über den gegenwärtigen Stand der Frage nach der Entstehung und Vererbung individueller Eigenschaften und Krankheiten. Jena 1895.
101. Roussy, Les mélancoliques homicides. T. Bordeaux 1908.
102. Rümelin, G., Altwürttemberg im Spiegel fremder Beobachtung. Württ. Jahrb. f. Statistik u. Landeskunde. 1864.
103. Saiz, Untersuchungen über die Ätiologie der Manie usw. Berlin 1907.
104. Schott, Beitrag zur Lehre von der Melancholie. Archiv f. Psych. **36**.
105. Schub, Über Geisteskrankheiten bei Geschwistern. Zeitschr. f. Psych. 1909.
106. Schüle, Klinische Psychiatrie. Leipzig 1886.
107. Sérieux, La nouvelle classification de prof. Kraepelin. Revue de Psychiatrie 1900.
108. Siefert, E., Über Geistesstörungen in der Strafhaft usw. Halle 1907.
109. Sioli, Über die direkte Vererbung von Geisteskrankheiten. Archiv f. Psych. **16**.
110. Sollier, Paul, Über Natur und Entstehung der Hysterie. Centralbl. f. Psych. 1898.
111. Sommer, R., Familienforschung und Vererbungslehre. Leipzig 1907.
112. Sommer, Goethe im Lichte der Vererbungslehre. Leipzig 1908.
113. Soukhanoff et Gannouchkine, Étude sur la mélancolie. Annal. méd. psych. **61**.
114. Soukhanoff, Sur les associations psychiques obsédantes de contraste dans les états mélancoliques. Arch. de Neurol. **58**.
115. Soukhanoff, Sur la combination des états dépressifs aigues avec processus psychiques obsédantes. Encéphale 1906.
116. Specht, Über Hysteromelancholie. Centralbl. f. Psych. 1906.
117. Specht, Über den Angstaffekt im manisch-depressiven Irresein. Centralbl. f. Psych. 1907.
118. Specht, Die klinische Stellung der Paranoia. Centralbl. f. Psych. 1908.
119. Stern, W., Die Psychologie der individuellen Differenzen. 1900.
120. Stern, W., Nachrichten aus dem Institut für angewandte Psychologie. Zeitschr. f. angew. Psych. **3**. 1909.

121. Stransky, Zur Lehre von den kombinierten Psychosen. Zeitschr. f. Psych. **63.**
122. Strohmayer, Über die Bedeutung der Individualstatistik bei der Erblichkeitsfrage in der Neuro- und Psychopathologie. Münch. med. Wochenschr. 1901.
123. Strohmayer, Ziele und Wege der Erblichkeitsforschung. Zeitschr. f. Psych. **61.**
124. Strohmayer, Über den Wert genealogischer Betrachtungsweise der psychiatrischen Erblichkeitslehre. Monatsschr. f. Psych. **22.**
125. Strohmayer, Zur Kritik der Feststellung und Bewertung psychoneurotischer erblicher Belastung. Archiv f. Rassenbiologie. 1908.
126. Swoboda, Die Periode des menschlichen Organismus in ihrer psychologischen und biologischen Bedeutung. Wien 1904.
127. Thalbitzer, Die manio-depressive Psychose. Archiv f. Psych. **43.**
128. Thoma, Über hysterische Symptome bei organischen Hirnkrankheiten. Zeitschr. f. Psych. **60.**
129. Tigges, Die Gefährdung der Nachkommenschaft durch Psychosen usw. Zeitschr. f. Psych. **63.**
130. Tigges, Untersuchungen über die erblich belasteten Geisteskranken. Zeitschr. f. Psych. **64.**
131. Tiling, Zur Ätiologie der Geistesstörungen. Centralbl. f. Psych. 1903.
132. Tiling, Individuelle Geistesartung und Geistesstörung. Grenzfragen d. Nerven- u. Seelenlebens. 1904.
133. Tiling, Kritik von Neißers Individualität und Psychose. Centralbl. f. Psych. 1906.
134. Validive, Statistiques de 1251 cas de manie et de mélancolie. T. Bordeaux 1908.
135. Vestberg, Referat im Jahresbericht von Mendel, **10.** 1906.
136. Villiger, Beitrag zur Ätiologie der Melancholie. J. D. Basel 1898.
137. Vischer, F. Th., „Auch Einer", 34. Aufl. 1906.
138. Vorster, Über die Vererbung endogener Psychosen und ihre Beziehungen zur Klassifikation. Monatsschr. f. Psych. **9.**
139. Wagner, Über erbliche Belastung. Wien. klin. Wochenschr. 1902.
140. Westphal und Kölpin, Bemerkungen zu dem Aufsatz von Prof. Specht usw. Centralbl. f. Psych. 1907.
141. Wilmanns, Die leichten Fälle des manisch-depressiven Irreseins und ihre Beziehungen zu Störungen der Verdauungsorgane. Volkmannsche Sammlung. 1906.
142. Wilmanns, Zur Differentialdiagnostik der funktionellen Psychosen. Centralbl. f. Psych. 1907.
143. Wilmanns, Referat über Siefert, Die Geistesstörungen der Strafhaft. Centralbl. f. Psych. 1907.
144. Ziehen, Über einige Lücken und Schwierigkeiten in der Gruppierung der Geisteskrankheiten. Monatsschr. f. Psych. **15.**
145. Ziehen, Lehrbuch der Psychiatrie. 1908.
146. Ziermer, Genealogische Studien über die Vererbung geistiger Eigenschaften usw. Archiv f. Rassenbiologie **5.** 1908.

Weitere Literatur siehe bei Dreyfuß, Die Melancholie, ein Zustandsbild des manisch-depressiven Irreseins. Jena 1907.

GPSR Compliance

The European Union's (EU) General Product Safety Regulation (GPSR) is a set of rules that requires consumer products to be safe and our obligations to ensure this.

If you have any concerns about our products, you can contact us on ProductSafety@springernature.com

In case Publisher is established outside the EU, the EU authorized representative is:

Springer Nature Customer Service Center GmbH
Europaplatz 3
69115 Heidelberg, Germany

Batch number: 10844655

Printed by Printforce, the Netherlands